此项研究得到国家社科基金重大项目(19ZDA049)、国家自然科学基金项目(71903085)资助

国家社科基金丛书
GUOJIA SHEKE JIJIN CONGSHU

中国的地方政府行为与经济增长

Local Government Behavior and Economic Growth in China

沈坤荣　金 刚　等著

人 民 出 版 社

策划编辑：郑海燕
责任编辑：郑海燕　张　燕　孟　雪　李甜甜　张　蕾
封面设计：石笑梦
版式设计：胡欣欣
责任校对：周晓东

图书在版编目(CIP)数据

中国的地方政府行为与经济增长/沈坤荣 等著. —北京:人民出版社,2022.8
ISBN 978-7-01-024785-4

Ⅰ.①中… Ⅱ.①沈… Ⅲ.①地方政府-经济行为-关系-中国经济-经济增长-研究 Ⅳ.①F127②F124.1

中国版本图书馆 CIP 数据核字(2022)第 084489 号

中国的地方政府行为与经济增长

ZHONGGUO DE DIFANG ZHENGFU XINGWEI YU JINGJI ZENGZHANG

沈坤荣　金　刚　等著

人民出版社 出版发行
(100706　北京市东城区隆福寺街 99 号)

中煤(北京)印务有限公司印刷　新华书店经销

2022 年 8 月第 1 版　2022 年 8 月北京第 1 次印刷
开本:710 毫米×1000 毫米 1/16　印张:30.75
字数:410 千字

ISBN 978-7-01-024785-4　定价:152.00 元

邮购地址 100706　北京市东城区隆福寺街 99 号
人民东方图书销售中心　电话 (010)65250042　65289539

前　言

改革开放以来，中国经济快速成长，创造了举世瞩目的增长奇迹，实现了长达四十多年年均9%左右的经济增速。这一经济成就，即使与全世界其他高速增长经济体相比，也有过之而无不及。为何中国作为一个发展中大国能够持续展示出如此强劲的增长趋势？其动力和潜力源自哪里？这是宏观经济学研究多年来面临的重大现实问题。大量研究给出的答案无一例外地指向了地方政府竞争，认为地方政府竞争是中国造就经济增长奇迹最为根本的原因。然而，这些研究多以单篇论文为载体，缺乏关于中国地方政府竞争的系统性研究，并且忽视了中国地方政府之间的互动行为绝不仅仅止于竞争，在某种情况下地方政府之间形成的合作，同样是解开中国经济增长腾飞之门的密码。从这样宏大而细微的研究视角展开，相关的内容必然超越了单篇论文能够承载的范围，因此，我觉得有必要开展对中国地方政府行为与经济增长的系统研究。就当下中国而言，"十四五"时期，我国面临的内外部环境更加复杂多变，经济增长不确定性更大。面对新的形势和任务，"在危机中育新机、于变局中开新局"，需要厘清国内地方政府竞争与合作的表现与机理，以改革的办法规范地方政府行为，释放增长潜力、构筑增长动力。

在本书中，我们尝试从多个视角理解中国地方政府行为与经济增长之间的内在关系。围绕中国地方政府，我们既关注政府行为演变与增长动力转换互为耦合、共同编织而成的中国经济增长轨迹，也关注地方政府竞争抑或地方政府合作的具体表现，以及随之产生的经济增长效应。

地方政府行为对中国经济增长的重要性，决定了相关研究一旦离开地方政府行为的视角，便无法透视中国经济增长的基本逻辑。地方政府行为演变为经济增长的主要动力，在某种程度上是计划经济时代中央政府主导经济发展面临困境的必然选择。因此，如果不能理解中央政府主导经济发展产生的一系列经济后果及其内在机理，就很难明白为何改革开放以后发挥地方政府主观能动性能够迅速释放经济活力。本书的导论部分首先厘清了新中国成立以来不同经济发展阶段政府行为的演变过程：中央政府主导→地方政府竞争→政府让位于市场→政府与市场协作。这部分内容勾勒出中国经济发展的历史脉络和未来蓝图，为本书后续的研究提供了指引。在政府行为演变的推动下，地方政府开始发挥经济发展的主角作用，并且与市场功能实现协作，使中国经济增长从投入要素驱动不断向自主创新驱动转变。随着增长动力的不断优化和增长潜力的不断挖掘，中国经济逐渐从粗放式增长的旧模式转向高质量增长的新常态，向着建立健全绿色低碳循环发展的经济体系目标不断迈进。

众所周知，地方政府竞争是地方政府行为的核心内容。对应于不同的经济发展阶段，地方政府竞争的焦点各有侧重。其中，税收竞争与土地竞争是地方政府为吸引流动性生产要素开展竞争的主要领域。1994 年分税制改革以后，地方政府的财政汲取能力下降，面临的地方性事务不减反增。在这样的背景下，一方面，地方政府利用税收征管的自由裁量空间给予流动性生产要素税收优惠，以短期的税率换取长期的税基，保障预算内财政收入稳定增长；另一方面，地方政府参与土地出让竞争，以低价甚至零价的方式出让工业用地，建设了一个又一个工业园区，同时限制商住房用地供给，使房价不断攀升。本书的第一章总结了税收竞争与土地竞争对经济增长方式转变的影响。总的来说，在改革开放后的很长一段时间，地方政府的竞争行为体现为市场互补功能，正面效应大于负面效应。中国的市场是不完善的，恰恰由于市场存在的种种不足,使地方政府竞争在推动经济高速增长中发挥了无可替代的作用。但是,任何事情都具有两面性。随着地方政府竞争愈演愈烈,合理的约束机制被不断突破,地方政府间的博弈呈现异样化,对中国经济走向高质量发展造成了负面的影响。

近年来,地方政府的竞争内涵不断拓展,一些新的竞争形式不断出现。例如,地方政府围绕人才引进展开激烈的竞争。在第二章中,我们辨析了人才竞争与城市竞争力的基本概念,剖析了人才竞争与城市竞争力之间的耦合关系,并在此基础上实证检验了人才竞争对城市综合竞争力提升的价值。随着中国经济增长越发强调质量而非速度,从要素投入驱动的粗放型发展模式转向自主创新驱动的集约型发展模式是必然的发展趋势,这决定了以人才为核心的竞争将能够推动中国经济走向高质量发展阶段。但同时需要警惕的是,部分地方政府参与人才竞争的目的并非表面看到的那样旨在提升本地的创新能力和技术进步。一些一、二线城市的地方政府为争夺年轻人不惜降低落户门槛,提高人才补贴力度。这看上去似乎是为城市的创新积累人力资本,实际上背后仍然是土地出让竞争的逻辑。年轻人有买房的刚需,一旦年轻人来了,房价就不可能下跌,土地出让金就能一直维持高位。

本书的核心内容是地方政府竞争行为对中国经济增长的影响效应,但我们认为,地方政府之间的合作同样也是地方政府行为的重要体现。为此,在第三章,我们以江苏省政府推动实施的南北共建园区为例,剖析了地方政府之间的经济合作如何实现不同地区经济发展的"双赢"。地方政府之间的竞争,容易在经济发展水平相当的地方政府之间产生。对于经济发展差距过大的地区而言,实际上缺乏相互竞争的必要和可能,此时合作对于双方而言是更优的选择。尽管在改革开放以后,中国经济总量获得了惊人的增长,但是地区间的发展差距也同步拉大。抛开东部、中部、西部这样的空间大尺度,即使在一省内部,各地之间的经济差异也不容小觑。对处于不同发展阶段的地区而言,所需的生产要素不尽相同,因而容易促成合作,避免无序竞争。在发达地区因"腾龙换鸟”政策而被迫迁出的“落后产能”对欠发达地区而言可能又是“先进产能”，这些产业尽管难以继续作为发达地区经济发展的“中流砥柱”，却能够对欠发达地区的经济增长起到不可或缺的作用。

从地方政府之间的合作回到地方政府之间的竞争，本书以环境治理为突破点，全面厘清了地方政府环境治理竞争产生的一系列影响效应。本书的第四章和第五章分别以地理邻近地区与河流上下游地区为研究对象，分析了地方政府环境规制非对称性竞争导致的地区间环境规制差异对环境全局治理造成的负面影响。我们提供的一系列经验证据证实了，无论是控制空气污染，还是治理水污染，地理相邻地区或上下游地区就环境治理的联防联控达成共识尤为关键。如果地方政府之间不能就协同治理达成共识，造成的影响不仅会削弱全局性环境治理的效果，还可能会阻碍城市生产率增长与能源利用效率改善，不利于新常态下中国经济顺利转向高质量发展阶段。本书在第六章和第七章为这一观点提供了翔实的经验证据。当然，需要指出的是，即使在环境治理领域，地方政府之间的竞争产生的也不尽是负面效应。在中央政府集权治理的体制下，地方政府处理地方性事务的自由裁量空间实际上也为地方政府的政策创新提供了“沃土”，弥补了中央政府大一统政策容易在地方上水土不服的缺陷。本书的第八章以近年来地方政府在水污染治理领域的政策创新——河长制为研究对象，通过识别这一政策创新产生的治污效应，显示出因地方政府之间的竞争孕育出的环境政策创新，同样是地区经济增长向绿色转型的关键动力。

除了地方政府围绕环境治理展开的竞争外，地方政府之间的土地竞争也是本书试图讨论的主要内容。我们首先从宏观经济增长和波动的视角切入，分析了地方政府土地出让竞争导致的土地功能演变对长期增长与短期波动的影响。概言之，地方政府围绕土地出让展开的竞争遵循“土地财政”与“土地引资”的双重逻辑。一方面，地方政府需要通过土地出让金弥补税收分成下降产生的公共支出缺口，出让越多的土地能够获得越多的土地出让收入。另一方面，为了吸引流动性生产性要素进而在地区竞争中获胜，地方政府具有巨大的激励宽松土地出让政策，大量吸引流动性资本。以本地最优为目标的土地出让竞争虽然在短期内为地方政府的经济发展注入了活力，但却引发了长期增长和短期波动的危机。抛开经济增长的宏大视角，地方政府围绕土地出让展开的竞争产生的影响不止于土地市场本身，还会波及住房市场与债务市场。尤其是后者，与地方政府土地财政相伴生的城投债问题成为近年来影响中国经济增长最大的“灰犀牛”，加剧了经济可持续增长的风险。在本书的第十一章、第十二章以及第十三章，我们将逐一对这些问题进行了详尽的研究。

从中国的客观现实到中国的理论研究，一定要把握住中国情境下最为特色的细节。中国经济学的研究不仅仅要关注国际化的问题，更要直面中国经济的鲜活现实。在本书的写作过程中，我们一直试图努力做到这一点。本书是国家社科基金重大项目（19ZDA049）“我国高质量发展的能力基础、能力结构与推进机制”和国家自然科学青年基金项目（71903085）“地方性环境治理政策的扩散机制与政策效应研究：以‘河长制’为例”的阶段性成果。从税收竞争、人才竞争、环境竞争、土地竞争以及南北合作等多个方面的视角切入，本书对地方政府行为与经济增长的内在关联和微观机理进行了深入的探讨。在当前中国经济增长的重要转折期和机遇期，如何矫正地方政府异样的博弈，是决定中国经济未来能否走向高质量发展阶段的关键。我们希望本书的研究能够为回答这一问题提供些许的参考和启示。

本书的大部分阶段性成果已在《中国社会科学》《经济研究》《管理世界》等学术期刊上发表。本书的提纲和研究思路由我提出，初稿撰写的分工是：导论：沈坤荣、金刚；第一章：沈坤荣、赵驰宁；第二章：沈坤荣、高佳焕；第三章：马骏、何敏、沈坤荣；第四章：沈坤荣、金刚；第五章：沈坤荣、周力；第六章：金刚、沈坤荣；第七章：刘宇、徐怿潮、沈坤荣；第八章：金刚、沈坤荣；第九章：沈坤荣、赵倩；第十章：赵倩、沈坤荣；第十一章：余吉祥、沈坤荣；第十二章：沈坤荣、张弛；第十三章：熊虎、沈坤荣。南京大学经济学院金刚助理研究员，博士生李敏、闫佳敏和史梦昱协助我为本书的阶段性成果和初稿形成做了大量具体工作。初稿完成之后，我又对各章进行了仔细的修改和完善。

本书是我们进行中国经济发展方式转变系列研究的阶段性成果。中国经济正处在快速转型与发展中，有待深入探讨的研究课题既复杂又丰富。由于我们的理论功底和研究水平有限，书中的错误和不足可能有许多，恳请专家学者不吝指正。

沈坤荣

2021 年 11 月 8 日于南京大学安中楼

目　　录

导　论　中国经济增长与政府行为演变 ………………………… 001

第一章　地方政府竞争与经济增长方式转变 ………………………… 023

第一节　地方政府竞争的内涵与行为 ………………………… 025

第二节　地方政府竞争影响经济增长方式转变的机理分析 ……… 031

第三节　地方政府竞争影响经济增长方式转变的实证检验 …… 039

第四节　优化地方政府竞争促进经济增长方式转变 …………… 051

第二章　城市间人才竞争与城市综合竞争力 ………………………… 053

第一节　人才竞争与城市竞争力的概念辨析 ………………………… 056

第二节　城市间人才竞争的驱动因素与典型事实 ………………… 061

第三节　城市间人才竞争对城市综合竞争力的影响效应 ……… 076

第四节　城市间人才竞争影响城市综合竞争力的实证检验 …… 087

第三章　南北共建园区的经济增长效应 ………………………… 099

第一节　南北共建园区的基本特征与研究进展 ………………… 101

第二节　南北共建园区的基本模式及其评价 ………………………… 109

第三节　南北共建园区的发展绩效:博弈分析 ………………………… 112

第四节 南北共建园区的增长效应:要素分析 …………………… 119
第五节 南北共建园区增长效应的实证检验及政策建议 ……… 129

第四章 地方环境治理与污染就近转移 ………………………… 139
第一节 中国早期环境治理低效的成因 ……………………… 140
第二节 污染就近转移的特征事实 …………………………… 141
第三节 地方环境治理加剧污染就近转移 …………………… 142
第四节 地区间联防联控与污染治理效率提升 ……………… 166

第五章 地方环境治理与污染回流效应 ………………………… 169
第一节 地方环境治理研究的进展与不足 …………………… 172
第二节 地方环境治理加剧污染回流效应 …………………… 175
第三节 地方环境治理加剧污染回流效应的拓展分析 ……… 186
第四节 改革地方环境治理的基本思路 ……………………… 189

第六章 地方环境治理与城市生产率增长 ……………………… 191
第一节 地方环境治理的异化与研究进展 …………………… 192
第二节 环境规制影响城市生产率的理论机理 ……………… 199
第三节 地方政府环境规制策略性互动研究 ………………… 202
第四节 环境规制策略性行为对城市生产率增长的影响 …… 212
第五节 促进城市生产率增长的环境治理路径 ……………… 239

第七章 地方政府干预与能源利用效率 ………………………… 242
第一节 中国能源效率提升的价值 …………………………… 242
第二节 政府干预与能源效率的概念与关联 ………………… 245
第三节 地方政府干预影响能源利用效率的实证分析 ……… 254
第四节 发挥政府干预对能源效率的促进作用 ……………… 272

第八章　地方环境政策创新的治理效应 …… 274
第一节　中国地方环境治理现状 …… 274
第二节　中国地方环境政策创新——河长制 …… 278
第三节　河长制的治理效应 …… 281
第四节　深化河长制改革的路径 …… 299

第九章　土地功能演变与经济增长持续性 …… 301
第一节　土地功能演变的制度背景及主要表现 …… 303
第二节　土地功能演变对经济持续性的影响 …… 310
第三节　深化建设用地制度改革的路径选择 …… 315

第十章　地方政府土地出让与宏观经济波动 …… 319
第一节　土地财政的定义与特点 …… 322
第二节　土地财政、宏观调控与经济波动的机理分析 …… 326
第三节　土地财政、宏观调控与经济波动的实证分析 …… 333
第四节　优化地方政府土地财政的路径选择 …… 357

第十一章　建设用地指标配置与住房市场发展 …… 361
第一节　土地指标的制度背景 …… 363
第二节　建设用地指标配置的理论模型 …… 366
第三节　建设用地指标配置的实证检验 …… 375
第四节　优化建设用地指标配置的路径选择 …… 386

第十二章　新增建设用地减量化对地方城投债的影响 …… 387
第一节　新增建设用地的减量化趋势与研究进展 …… 388
第二节　新增建设用地减量化对地方城投债的影响机制分析 …… 397

第三节　新增建设用地减量化对地方城投债影响的实证分析 …… 406
第四节　以新增建设用地减量化政策抑制地方城投债 …… 426

第十三章　地方政府债务的经济增长效应 …… 428
第一节　地方政府债务的研究进展 …… 428
第二节　地方政府举债的增长效应 …… 431
第三节　经济增长质量评价 …… 435
第四节　模型构建与数据说明 …… 439
第五节　优化地方政府债务规模 …… 450

参考文献 …… 452

导　论　中国经济增长与政府行为演变

新中国成立至今70多年，中国经济增长在波折中实现了奇迹般的腾飞。期间，中国经济增长历经几个重要的阶段，在每一个阶段，政府行为演变与增长动力转换互为耦合，共同编织了中国经济增长的轨迹。将70多年来的中国经济增长划分为四个阶段：新中国成立后30年（1949—1978年）、改革开放后至党的十八大期间（1979—2012年）、党的十八大至十八届五中全会期间（2013—2015年）以及党的十八届五中全会以后（2016年至今）。对应于不同的经济发展阶段，政府行为实现了从中央政府主导→地方政府竞争→政府让位于市场→政府与市场协作的演变。相应地，政府行为演变推动增长动力实现从投入要素驱动向创新驱动的转换。随着增长动力的不断优化，中国经济逐渐从粗放式增长的旧模式转向高质量增长的新常态。回溯70多年来的经济发展历程，中国经济增长走过了一条接力式发展的道路。每一个阶段发展弊端的显现，都推动了下一阶段政府行为的演变，构成了增长动力转换与增长潜力释放的内在机制。

70多年来，中国经济在波折中实现了奇迹般的腾飞。1978年改革开放以后，作为一个转型中的发展中大国，中国在接近10%的增速轨道上行进了长达三十余年，这一增长奇迹使中国从新中国成立初期的落后农业国成功转变为经济总量排名世界第二的制造业大国。在这一现象的背后，有一系列问题值得我们思考。比如，从新中国成立开始，为什么在经济维持缓慢增长甚至时而下滑的30年后，中国经济在改革开放后的发展面貌截然不同？以改革开放为历史节点，在前30年和后40多年的经济发展过程中，驱动经济增长与波动的因素是什么？鉴往知来，回答这些问题不仅有助于我们更好地理解中国这样一个转型中大国的发展逻辑，也能够为促进中国经济走上持续稳定的发展道路提供富有价值的启示。

学者们围绕中国改革开放前30年和后40多年的经济增长动力展开了十分详细和富有洞见的讨论。但遗憾的是，纵观现有研究，要么偏向制度性视角，强调中国政府行为对经济增长与波动的主要影响；要么专注经济性因素，认为中国经济增长与波动源于工业化、城市化、市场化以及国际化等方面的成败。相对而言，综合两种视角进行全面分析的研究较少。我们试图从政府行为演变与增长动力转换两个视角梳理驱动中国经济增长与波动的关键因素。与已有的研究相比，我们试图搭建起政府行为与增长动力之间的桥梁，更加强调在中国经济发展的各个阶段，政府行为演变与增长动力转换之间的内在关联。事实上，归根结底，中国经济增长的大逻辑应该是：政府行为的演变依靠特定的激励机制，推动了增长动力的转换，最终影响经济的发展。

我们将新中国成立以来70多年的经济发展阶段分为四个部分：第一，新中国成立至改革开放的经济增长阶段，时间跨度为1949—1978年；第二，改革开放以后至党的十八大召开期间，时间跨度为1979—2012年；第三，党的十八大召开至党的十八届五中全会期间，时间跨度为2013—2015年；第四，党的十八届五中全会开启的中国经济增长，时间跨度为2016年以后。在每一个阶段，政府行为经历了不同的演变形式，与市场构成不同的耦合关系，因而催生了推动经济发展的差异性增长动力。针对每一阶段，我们分别阐述政府行为演变与增长动力转换，并试图建立起两者之间的联系。

一、经济复苏与中央集权:1949—1978年

(一)经济增长的特征事实:经济复苏

新中国成立伊始,经历多年的战争创伤,中国经济基础可谓一穷二白。根据联合国“亚洲及太平洋社会委员会”统计的结果显示,中国人均国民收入在1949年仅达到27美元,不足亚洲同期平均水平的2/3,也不及印度同期水平的一半(王传利,2018)。即使与中国过去的经济发展水平相比,新中国成立初期的国内生产总值也处在一个低谷。基于麦迪逊数据库(Maddison Project Database)的相关数据,新中国成立初期中国国内生产总值低于1930—1940年的平均水平,人均国内生产总值甚至仅相当于1820年(清朝道光元年)的水平。在这样不利的初始条件下,中国共产党领导下的各级政府不断推进制度改革与地方治理,使中国经济增长开始了“摸着石头过河”的30年历程。

从整体性视角追溯新中国成立初期至改革开放前夕这一期间的中国经济增长,可以发现这30年的国民经济变化总体而言既有增长也有波动。经济增长整体上呈现稳中有升的变化趋势。但是分阶段来看,1949—1964年,实际国内生产总值起起落落,增长趋势十分缓慢,直到1964年以后,中国经济才实现了较为平稳的增长。在改革开放前30年,中国经济增长的波动十分频繁。在1954年、1958—1961年、1968年、1972年以及1976年,经济增长率均为负值,意味着在这些年份国内生产总值较上年而言不增反减。

一国的经济发展不仅受到自身因素的影响,也会受到其他国家经济增长趋势的干扰。但是,在新中国成立后的30年内,中国总体而言是一个封闭的经济体,与其他国家的经济联系甚少,因此,在新中国成立后30年内,理论上,中国经济增长断断续续的下滑趋势并非是同时期全球经济增长趋势的体现,而只是受到内部因素的影响。通过分析1949—1978年中国占世界主要经济

体 GDP 的比重数据①,我们也可以发现,在新中国成立后 30 年内,与同时期世界主要经济体相比,中国 GDP 所占的比重总体上呈现出下降趋势。尤其在 1959—1961 年,中国 GDP 相对于其他经济体出现了非常明显的下滑。由此可见,在新中国成立后 30 年内中国经济增长的变化,尤其是经济增速下行的出现,并非全球经济增长趋势拖累所致。

(二)政府行为:中央政府主导

为何新中国成立后的 30 年,中国经济发展同时经历了稳中有升的增长和大起大落的波动,并且经济增速明显落后于世界其他主要经济体?回答这一问题显然需要将研究的视角拉回到具体的经济发展阶段,理解特定时期政府行为的基本逻辑。自 1949 年至 1952 年,中国基本上处于国民经济恢复时期,修复经济活动与维持社会秩序是这个阶段各级政府的工作重心。在这一时期,中央政府自上而下推动经济活动的恢复,因此可以看到,在此期间经济实现了稳定的增长,在世界主要经济体中的 GDP 比重也逐渐上升。到 1952 年,中国顺利完成了战后国民经济恢复任务,全国工农业产品产量和人民生活水平均实现了较大幅度的提升。与新中国成立初期相比,工业总产值增长 144.9%,国家财政收支实现平衡,其中建设支出占比达到 50%以上(张卓元,2009)。

1953 年,中央政府开展实施第一个“五年计划”,正式启动了大规模的经济建设,苏联援建的 156 项工程是这一时期经济建设的重点。由于全面向苏联学习经济发展模式,中央政府逐渐推动形成了计划经济体制。通过农村地区的土地制度改革和城市内部的私营经济改造,政府(尤其中央政府)逐渐取代市场成为资源配置的决定性因素。在中国这样一个地域辽阔的国家,中央政府主导地方政府的一切行为,必然意味着地方政府的行为将受到信息不对

① 世界主要经济体除了中国外,还包括美国、英国、日本、德国、法国以及加拿大等国家。

称等问题的困扰。在第一个“五年计划”实施结束后，经济增长受到“大跃进”运动的波及，出现持续三年的下滑趋势。随后，又受到“文化大革命”运动的影响，经济增长出现持续的波动。

新中国成立后30年，中央政府几乎决定全部经济部门的重要决策。高度的中央集权使实际上并不能在地方得到正确实施的政策被地方政府被动地执行，由于缺乏避免政策实际执行带来效率损失的机制，因此经济增长总是伴随较大幅度的起起落落。尽管在“大跃进”与“文化大革命”时期，中央政府尝试向地方政府放权，以使经济体制区别于苏联的高度中央集权体制，但事实证明，这些放权努力并未纠正地方政府的行为（Qian 和 Xu，1993）。由于在新中国成立后30年，公有制经济主导中国的经济命脉，而中央政府掌握着绝大多数的国有企业（张维迎和栗树和，1998），因此，地方政府并未拥有独立驱动辖区经济增长的能力。并且，在改革开放以前，地方政府吃的是中央政府统一财政的“大锅饭”，地方政府所有的收入都需要上缴中央政府（陈抗等，2002）。因此，地方政府也缺乏保护辖区经济增长的激励，一切不利于地方经济增长的政策并不会在地方政府层面被加以矫正。①

（三）增长动力：土地制度改革与公有化

从直接的增长动力来看，新中国成立后在农村地区展开的土地制度改革，实现了“耕者有其田”，生产资料与生产者得到优化配置，相比新中国成立前，广大的农户家庭获得了极大的生产积极性，促进了新中国成立初期中国经济增长的恢复。随后，为了全面推动中国从农业国走向工业国，中央政府在广袤的农村地区进行了制度再造，使公有制的社会主义制度嵌入农村的土地产权上，创造了农村土地集体地权制度。在中央政府的指令性计划下，各个地方政府在农村地区开展了大规模的集体化运动。在互助组的基础上，集体组织

① 在改革开放以后地方政府掌握了驱动辖区经济增长的能力并且能够获得促进辖区经济增长的好处后，这一情况就发生了明显的变化。

逐渐发展为初级农业生产合作社,并进一步演变为高级农业生产合作社和人民公社。从以家户为单元的小农组织向农村集体组织演变,一定程度上有助于实现农业发展的规模效应,在当时资源有限的历史背景下,集体化运动具有一定的合理性。一方面,农村集体化运动很大程度上弥补了当时农业基础设施供给的不足,为农业的长期增长提供了抵御气候变化风险的能力。一个典型的例证是,在1978年农业开始去集体化的过程中,最早开展去集体化的地方往往是那些拥有较多灌溉土地面积的地区,相比之下,灌溉土地面积较少的地区仍然倾向于保留集体化的组织模式(Bai 和 Kung,2014)。另一方面,农村集体化运动也对当时的工业发展起到了巨大的推动作用。中国在"一五"计划以后选择了以重工业为主的经济增长策略,而建立在农业集体化基础上的统购统销政策为重工业的发展提供了最初的动力(周飞舟,2003)。但事与愿违的是,中央政府推动的农村集体化改革运动逐渐背离地方实际情况,最终对农业生产造成严重的影响。经济增长因而在短期内出现大起大落的波动,引发了一系列严重的经济与社会后果(Chen 和 Lan,2017)。

与农村地区的公有化改造类似,中央政府同样在城市部门推动了社会主义公有化改造,使大量的私营经济转变为国营经济。新中国成立初期,中国农业占比达到60%以上,中国仍然是一个传统的农业落后的国家。通过对城市部门私营经济向国营经济的逐步改造,以及建立在国营经济基础上的重工业发展策略,中国建立了庞大的工业制造体系。从农业向工业的产业结构转变使全社会的全要素生产率不断得到提升,促进了经济的增长。从外部因素看,苏联援助带来的技术进步,也是中国从落后的农业国向重工业大国转变的关键。在1949年,中国重工业总产值占工农业总产值的比重仅为7.9%,但是发展到1976年,中国的工业门类已经十分齐全,技术水平领先于多数发展中国家,甚至在部分领域接近发达国家的平均水平。技术引进使中国的技术前沿不断攀升,打破了经济增长的约束边界,一定程度上释放了经济增长的潜力。

在中央政府主导的计划经济体制下,国营企业的经营权和所有权集中于中央政府,中央关于国营经济发展的政策措施往往能够得到有效落实。例如,在“三线建设”期间,大量的国营企业从沿海地区向内陆地区迁移,很大程度上促进了中国内陆传统农业地区的结构转型,对长期经济增长具有促进作用(Fan 和 Zou,2015)。试想一下,如果没有中央政府对国营企业的绝对控制权,“三线建设”的运动可能很难顺利展开。不可否认的是,在中央政府主导的计划经济体制下,大部分国营企业集中于中央政府手中,削弱了地方政府发展国营经济的积极性,不利于经济的稳定增长。虽然在“大跃进”和“文化大革命”期间,中央部委将多数控制的国营企业交给地方政府,扩大了地方政府在财政收入中的比重,但是由于当时的政府重心并不在努力发展经济,向地方政府放权从而促进经济增长的好处也就未在当时得到体现。相反,当中央政府向地方政府放权之后,地方政府竞争反而进一步干扰经济稳定增长的轨迹,加剧经济增长波动。国家通过税收、补贴、价格、信贷等多种措施对国营企业实施庇护,使国营企业存在“软预算约束”的弊病,造就了一大批“僵尸”企业,降低了经济运行效率(焦长权和周飞舟,2016)。

总体而言,在新中国成立后 30 年,中央政府主导的经济增长模式表现为计划经济体制。在这一体制的影响下,经济发展一直陷入“一放就乱,一统就死”的怪圈。但是,需要认识到,新中国成立后 30 年经济发展的增长和波动,都为改革开放以后经济高速增长提供了坚实的基础和宝贵的经验,至少证实了,传统的计划经济体制与中央政府主导经济发展的模式亟须改变(张卓元,2009)。

二、增长奇迹与地方竞争:1979—2012 年

(一) 经济增长的特征事实:增长奇迹

改革开放以后,就中国经济增长的幅度和持续性而言,毫无疑问可以称得

上是一国经济发展的奇迹。自1978年以后,中国经济绝对总量实现了大幅度的提升,年平均增长率高达10%左右。1978年以后,中国GDP占世界主要经济体的比重呈现出稳定上升的变化趋势,与1978年之前的变化趋势完全不同。考虑到中国作为一个转型中的发展中大国,拥有庞大的经济体量,以及仍然不够完善的经济体制与社会制度,这一经济成就即使与全世界其他高速增长经济体相比也有过之而无不及(沈坤荣和金刚,2018)。在1978年至2012年的经济增长过程中,2001年中国加入世界贸易组织(WTO)是一个重要的历史节点。可以发现,自2001年以后,中国经济增速明显提升,占世界主要经济体的比重上升幅度也迅速增加。尽管中国在1978年以后取得了卓越的经济增长成就,但是从短期增长来看,经济波动的现象仍然较为明显,尤其在2000年之前,经济波动的频率和幅度均比较明显。

(二)政府行为:地方政府竞争

在新中国成立后30年的经济发展过程中,计划经济体制逐渐显示出僵化的一面。国营经济虽然庞大但是效率较低,导致人民普遍面临物品短缺,需求与供给一直处于不匹配状态。1978年改革开放以后,中央政府的工作重心从阶级斗争全面转向经济建设,因此,与计划经济时期相比,中央政府占据资源配置的绝对主导地位逐步开始转变,地方政府行为成为驱动经济增长的重要动力。但是,地方政府行为选择仍然依赖于中央政府的制度安排和激励设计。改革开放以后,中央政府做对了激励,通过财政分权与政治集权的制度安排,使地方政府围绕经济增长展开竞争。同时,中央政府开始启动市场化改革与融入全球化的经济发展策略,市场对经济增长的作用逐渐重要起来,在中央政府不断放权让利的背景下,地方政府行为主要体现为市场互补功能。

在财政分权方面,改革开放伊始,为了激发地方政府的活力,并且增加地方政府的财力,中央政府在1980年推行了“分灶吃饭”的财政包干制,这一制度一直持续至1993年。在财政包干制下,地方政府必须将固定数额或者收入的固定比例部分上交给上一级政府，剩下的部分则由地方政府支配使用（张维迎和栗树和，1998；陈抗等，2002）。① 尽管财政包干制使地方政府享受到经济发展的好处，激发了地方政府促进经济增长的热情，但是制度设计的缺陷也使得地方政府与中央政府竞争经济发展的分成。在这一时期，地方政府通过瞒报收入等手段扩大地方政府支配财政收入的比例，使中央政府的收入占比不断下降，进而导致全国性公共产品供给能力捉襟见肘。为此，在 1994 年，中央政府推行分税制改革。这次改革将税收划分为三类：中央税、地方税以及中央与地方共享税。并且，为了避免地方政府税收征管对中央税收分配的侵蚀，中央政府建立国家税务局征收中央税，地方税务局征收地方税（陈抗等，2002）。改革的结果是，相比分税制改革以前，中央政府的财力大大增长；相应地，地方政府的税收分成逐渐下降。但是，随着财权的上升，地方政府的事权并未缩减，地方政府仍然需要承担大量支出责任。

在政治集权方面，中国的政府结构是中央—省—市—县—乡镇的五级科层体系，因此，中央政府的政策总是沿着科层体系自上而下传递。地方政府为了最大限度地促进经济增长，展开的激烈竞争主要围绕以下两个方面展开：

第一，税收竞争。为了更多地吸引有利于经济增长的流动性生产要素，地方政府竞相降低辖区的实际税率，以短期内牺牲实际税率的方式获得长期税基的增长。中国的税收立法权是高度统一的，除了筵席税等不太重要的税收之外，地方政府一般无权决定税种开征和税率设定，所以，各地方政府实际税率上的差别主要体现为中央政府所批准的税收优惠政策的不同。不同地区由于争取到的税收优惠幅度和范围不同，其宏观税负水平具有很大差异。在这样的背景下，地方政府的税收竞争形式主要表现在对中央政府优惠政策的争

① 除此之外，中央政府还将大量的国营企业下放到地方，由地方政府控制。截止到 1985 年，中央政府控制的国营工业企业只占乡及乡以上工业企业总产值的 20%。省、市政府控制着占工业企业总产值 45%的国营企业，最为基层的县政府则控制着占工业总产值 9%的国营企业（Qian 和 Weingast，1997）。

取与对征税努力程度的选择等方面（沈坤荣和付文林，2006）。已有研究几乎一致性地认为，中国地方政府通过税收手段竞争流动性经济资源，对地区的经济增长产生了显著的促进作用。这种促进作用一方面来自内外资企业提供的更为丰富的经济增长资源，另一方面则来自税收竞争下地方政府对企业直接干预的减少与市场化改革的推进（Qian 和 Roland，1998；林毅夫和刘志强，2000；付文林和耿强，2011）。

令人感到意外的是，地方政府围绕税收收入展开的实际税率竞争，并未导致地区间实际税率的逐底竞赛，这在很大程度上使得地方政府的税收竞争维持在合理的边界内。已有研究从地方政府和企业两个视角对此进行了解释。一是当地方政府的竞争激烈程度超过一定阈值后，会降低提升财政收入的努力程度，避免了税率的持续降低（Lü 和 Landry，2014）。二是相对于比较低的税率，企业更加在乎集聚获得的集聚租金。因此，即使地方政府并未实施更低的税率政策，只要企业投资得到的集聚租金更大，也依然能够吸引企业的流入（付文林和耿强，2011）。

第二，土地竞争。分税制改革以后，财权与事权划分的不对等并没有带来普遍的地方政府财政困境，原因在于，中央政府在财政收入上给地方政府关闭一扇门的同时，又打开了一扇窗。中央政府在分税制改革之初将土地转让收益划给地方政府，随着 1998 年国家启动住房商品化改革，土地增值的空间逐渐显现，使土地出让收入逐渐成为地方政府竞争的核心。对于制造业企业而言，土地是很重要的生产要素，地方政府一方面通过降低工业土地出让价格竞相吸引国内外企业入驻，获得经济增长的基本动力。另一方面，又依靠工业发展吸引的劳动力流入为本地的商住房市场提供稳定的需求，从而促进房地产价格的上涨，既弥补了工业土地低价出让的损失，又进一步促进了辖区的经济增长。

中央政府向地方政府的放权，除了激发地方政府为经济资源展开竞争，促进经济增长活力外，还为打开经济高速增长之门提供了两把重要的钥匙。

一是中央政府给予地方政府在具体政策执行上的自由裁量权，为地方政府寻找适合辖区发展方式提供了微妙的空间。中国是一个幅员辽阔的大国，这决定了中国经济必须要走大国发展道路，而大国发展道路的关键就在于分权。因此，中央政府仅仅负责政策的顶层设计，由地方政府具体负责政策的执行。在具体执行过程中，地方政府由于具有自由裁量权，往往导致中央政策在局部地区呈现非完全执行的状态。在改革开放后的很长一段时间，地方政府的这种相机抉择机制是有利于辖区经济增长的。原因在于，中央政府获取各地区信息成本较大，中央政府制定的一些政策并非放之四海而皆准。如果强制推行，反而会导致严重的后果，这一点在计划经济时代已经得到验证。正是因为自由裁量空间的存在，地方政府才能够根据中央政策是否有利于辖区经济增长而决定认真执行还是敷衍了事。这虽然导致了中央政策在地方实际执行层面的巨大差异性，但是这种背离在某种程度上符合地方发展经济的客观情况，对经济增长而言总体上是有效的（沈坤荣和金刚，2018）。

二是中央政府鼓励地方政府探索适宜辖区的经济发展政策，再进一步考虑政策自下而上的可行性。不同于小国发展，中国作为一个转型中大国，现实中并不存在其他国家的成功案例可供中国直接去移植与模仿，这就迫切需要中国能够设计出符合自身体制与发展阶段的经济增长方式。中国幅员辽阔，各个地区历史文化、资源禀赋以及发展阶段千差万别，因而尤其需要地方政府在发展过程中贡献地方智慧。中央政府向地方政府放权，鼓励地方政府开展改革与发展的试点实验。在这一背景下，符合地方客观现实的改革措施不断涌现，孕育了“三来一补”等中国特色的经济发展模式。在探索地方政策的过程中，地方官员扮演着类似于企业家的角色，凭借企业家精神不断开拓体制性创新，寻求发展中的问题并加以解决，构成了改革开放以后中国经济增长的基本逻辑。

（三）增长动力：改革开放与投资驱动

经济增长来源于投资与全要素生产率两个方面的驱动，其中全要素生产率增长既受到技术创新的影响，也受益于制度创新。研究表明，改革开放以后中国经济的长期高速增长，很大程度上取决于全要素生产率的持续增长（Bosworth和 Collins，2008；Hsieh 和 Klenow，2009；Brandt 等，2012）。尽管很难区分制度创新与技术创新各自在多大程度上贡献了全要素生产率的增长，但是两者对全要素生产率增长的重要性均已在学术界达成共识。

与改革开放前的制度改革相类似，改革开放以后，制度改革同样在农村和城市部门展开。在农村，与改革开放前农村集体化运动恰恰相反，各个地区积极开展去集体化运动，首先在安徽省凤阳县小岗村得到实践的家庭联产承包责任制逐渐在全国扩散。尽管家庭联产承包责任制推行以后，规模化耕作的优势不再，但是，承包制避免了土地集体化运作产生的公地悲剧，有效地避免了“搭便车”的激励扭曲，对于提高农业生产效率起到了正向的作用。与此同时，人民公社运动时期的社队企业，逐渐演变成中国 20 世纪 90 年代十分重要的非国有经济形式——乡镇企业。① 其中，苏南地区的乡镇企业得益于毗邻上海地区，显著推动了辖区的经济增长。1981 年至 1990 年，乡镇企业的工业产值年均增长 28. 1%，而国营经济同期增幅仅为 7. 7%。在城市，由于地方政府之间的激烈竞争，有益于提高辖区经济增长绩效的国营企业改革迅速展开（张维迎和栗树和，1998）。总体上，中国国营企业的改革走过了一条从扩权让利试点、经济责任制、利改税、承包经营责任制、租赁制、股份制试点到现代企业制度建设与新型国有企业构造的历程，这些改革大大提升了国营企业的效率（黄速建等，2019）。

1978 年以后，特别是 2001 年中国加入世界贸易组织以后，对外开放显著

---

① 乡镇企业是指由乡镇政府或者村委会控制的公共所有制企业，本质上这些企业是集体所有制企业（张维迎和栗树和，1998）。

促进了中国经济的高速增长。对外开放至少在三个方面产生了增长效应：一是与改革开放前形成鲜明对比的是，改革开放后中国大量吸收外资。这些外资不仅带来了促进经济增长的资本要素，更为重要的是，还提供了大量前沿的技术和管理经验。外商直接投资通过水平关联、前向与后向关联对中国企业产生了正向的溢出效应，促进了中国产业的升级，提高了国民经济的全要素生产率（沈坤荣和耿强，2001；邱斌等，2008）。二是对外开放使中国的产品获得了广阔的国外市场，经济结构逐渐从“内需依存型”向“出口导向型”转变（刘瑞翔和安同良，2011）。通过出口，中国企业进一步接触到发达国家先进的生产技术与管理方式，通过学习效应促进国内企业生产率的提高（张杰等，2009；范剑勇和冯猛，2013；吕大国等，2016）。三是对外开放为中国企业提供了对外投资的空间。尤其是近年来，中国企业对外投资的规模大幅增长，通过绿地投资与跨国并购多种方式既获得了经济增长所需的能源资源，又通过逆向技术溢出效应促进国内企业创新的提升（蒋冠宏和蒋殿春，2012；毛其淋和许家云，2014）。

不仅如此，对外开放的重要性还体现在，将地方政府竞争约束在合理的范围内，避免过度竞争产生负面效应。改革开放以后，虽然地方政府行为对市场起到互补功能，但是地方政府对资源配置起决定性作用，而市场仅起到辅助性或基础性作用。仅从表面来看，令人费解的是，地方政府对资源配置的种种干预从未突破合理的边界。究其原因，在于中央政府不仅做对了鼓励地方政府展开竞争的激励，而且通过对外开放拓宽了产品市场的竞争程度，使得地方政府的干预行为总是能被约束在合理的范围内，否则一旦地方政府从“援助之手”转变为“掠夺之手”，市场将会立马给予负面的反馈，造成的后果将首先由地方政府承担。周黎安（2018）认为，更大范围的市场化提升了辖区内政府干预的有效性，外部的“有效市场”促成了辖区内的“有为政府”，而这一切的关键，就在于对外开放。

从需求视角看待中国改革开放以后的经济增长，投资是最为重要的驱动因素，正因如此，改革开放以后中国经济增长常常被总结为投资驱动型增长模式。其中，主要是地方政府竞相投资拉动了经济的增长，相比之下，民间投资显得不足。地方政府竞相投资驱动经济增长，不可避免地造成了改革开放以后中国经济增长的另外一个特征性事实——经济波动。关于地方政府投资导致经济波动的形成机制，沈坤荣和孙文杰(2004)给出了一个非常形象的概括："黄灯效应"。他们认为，中央政府对地方政府投资冲动的宏观微调常常失效，其原因在于地方政府的"理性预期"与"学习效应"。一般而言，针对不断升温的宏观经济，中央政府采取温和的"微调"措施，发出经济应该放缓的信号，力图实现"软着陆"。但是，这些温和的"微调"措施往往得到逆向效果，出现中央喊停，各地经济反而冲刺的现象。为了能在中国特有的经济周期波动中获取最佳的发展空间，各级地方政府往往在经济紧缩的"前夜"进行最后的冲刺。这种白天学习贯彻中央文件，晚上继续加班加点开工建设的行为，往往能够取得经济上的成功。比如，可以在下一轮经济启动时占有先机，可以先将项目突击审批上马而向上级政府进行融资的"倒逼"，而最后政治上的"进步"就是对这种经济成功的"肯定"。有了这种理性预期概念，地方政府"非理性"冲刺行为自然不会停止。中央政府不断出台的"微调"政策，恰似十字路口不断闪烁的"黄灯"，刺激着各级地方政府在即将到来的"红灯"亮起之前，猛踩投资扩张的"油门"，作出最后的冲刺。为此，中央政府必须采取更为严厉的紧缩政策，"一刀切"式的行政手段也就在所难免。因此，改革开放以后，中国的宏观经济总是潮起潮落，显示出特有的周期性特征。

三、增速放缓与市场配置：党的十八大以后

（一）经济增长的特征性事实

2012年以后，中国经济增长速度逐渐脱离长期的高速增长轨道，开始步入中高速增长阶段的新常态。在新常态下，经济高速增长不再是中国经济发

展的重要目标,从高速增长向高质量增长转变,是这一时期经济发展的核心内涵。数据表明,党的十八大以后,中国经济已经稳步向高质量发展阶段转变。一方面,中国经济增长维持在中高速水平,尽管与过去的高速增长相比有所下降,但是与同期其他国家相比,仍然处于较高的经济增速轨道上。2013—2016年,中国国内生产总值年均增长7.2%,同期全球经济体与发展中经济体的增速分别为2.6%和4%。另一方面,改革开放以后投资驱动型增长模式存在的一些问题慢慢得到解决,经济结构持续优化,消费成为驱动经济增长的主要动力。产业结构进一步优化升级,2013年,按现价增加值计算,服务业占国内生产总值的比重首次超过第二产业。总体上,新产业、新业态以及新商业模式等经济增长的新动能加快成长起来,资源节约型、环境友好型社会建设也已初见成效。

(二)政府行为:政府让位于市场

尽管在改革开放之后的很长一段时间,地方政府对资源配置起决定性作用,促进了中国经济的高速增长。但是随着地方政府竞争越发激烈,近年来,地方政府行为游走在中央政府管控的边缘,所产生的负面效应已经不容忽视。

首先,地方政府展开的税收竞争引发了投资的超常性增长,降低了整体投资区域配置绩效,带来了宏观经济的过度波动。而研究表明,宏观经济的波动与经济的长期增长速度呈现负相关关系(邵军和徐康宁,2011;陈昆亭等,2012)。因此,税收竞争带来的短期增长收益很可能是以长期增速的下降为代价的。当地方政府的竞争进入白热化状态,地方政府倾向于选择地方保护性策略,大幅增加了地区间的交易成本,人为切割了中国天然统一的大市场,所带来的价格扭曲产生资源配置效率的损失,进一步损害了长期的经济增长(周业安,2003;沈坤荣和付文林,2006)。

其次,尽管在改革开放的早期,土地财政为地方经济发展解决了"第一桶金"问题,并且是地方政府长期以来重要的财政收入来源。但是,"以地谋发展”的增长模式适应了中国经济在追赶式阶段快速增长的需求，却也给未来可持续发展带来了艰巨的挑战。地方政府垄断了土地一级市场，一手低价买进土地，一手高价卖出土地。为了扩大土地出让的收入，地方政府倾向于降低土地征收的成本，使一些农民的基本权益难以得到保障，引发了一系列社会隐患。与此同时，为了增加土地出让收入，地方政府与房地产商合谋，具有维持高企房价乃至进一步推高房价的激励，进而使得房地产市场的投机行为屡禁不止。

再次，由于分税制改革以后地方政府的财力被削弱，地方政府债券发行等合规合法融资渠道存在很大局限性，地方融资平台逐渐演变成为地方政府举债的主要渠道。尽管地方融资平台保障了中国改革开放后很长一段时间，尤其在内外部条件十分恶劣的 20 世纪 90 年代中后期经济的高速稳定增长。但是，也不可避免地助长了地方政府的盲目举债行为，带来了沉重的地方隐性债务问题。

最后，地方政府围绕 GDP 增长展开激烈的竞争，使短期内不利于 GDP 增长的公共服务供给长期被忽视。其中最为典型的就是环境保护。正因为如此，伴随着改革开放以后中国经济高速增长，环境问题也变得越发严重。尽管一些经济发展较为迅速的东部沿海地区开始改变重视 GDP 而忽视环境治理的政府支出偏向，但是地区之间发展阶段的差异性，使环境治理的区域联防联控难以落实，造成了污染的就近转移，降低了污染治理的规模经济性（沈坤荣等，2017）。不仅如此，不同地区参与不同形式的环境规制竞争，其中一些地区出现环境规制的竞相向上竞争，而一些地区展开环境规制的逐底竞赛，进一步拉大了地区间环境规制的差异程度，为污染企业的跨地转移提供了更大的空间，约束了环境规制对企业创新的倒逼机制，对长期经济增长产生了不利的影响效应（金刚和沈坤荣，2018）。

由于地方政府竞争产生的负面效应逐渐盖过正面效应，矫正地方政府竞争的激励机制就显得刻不容缓。因此，党的十八届三中全会指出，“经济体制改革是全面深化改革的重点，核心问题是处理好政府和市场的关系，使市场在资源配置中起决定性作用和更好地发挥政府作用”。这意味着，党的十八大以后，改革的方向是引导政府尤其是地方政府扮演好服务经济发展的作用。驱动地方政府行为让位于市场，是党的十八大以后中国经济向高质量增长阶段的必然要求。

在改革开放之后的很长一段时间，地方政府的任务维度是单一的，这带来了经济的高速增长，同时也引发了一系列潜在的问题，例如环境等公共服务产品供给不足，约束了经济长期增长的空间。党的十八大以后中国经济进入新常态，以高质量发展为起点，市场起配置资源的决定性作用，政府面临的任务是多维度的，不仅需要通过更好地服务市场促进经济的稳定增长，还需要纠正公共品供给中的市场失灵，扩大环境、社会保障等公共品的供给。在这样的背景下，由于不同任务的量化程度与考核难易程度不同，如果还依赖地方政府竞争构成的驱动力，重视经济增长忽视公共服务的偏倚现象仍然难以解决。正因如此，党的十八大以后，中央政府通过一系列顶层设计，协调地方政府与市场的关系，将地方政府从多任务中释放出来，开展有利于长期经济增长的服务活动。相关的政策至少包括以下两个方面：

第一，通过将任务分配给中央部委或者省级政府缓解地方政府的多任务负担，约束其干预资源配置的空间。其中，一些具有很强跨区外部性的活动由中央部委或省级政府集中负责管理。例如，在环境治理领域，党的十八届五中全会指出，“加大环境治理力度，以提高环境质量为核心，实行最严格的环境保护制度，深入实施大气、水、土壤防治行动计划，实行省以下环保机构监测监察执法垂直管理制度”。将基层环保部门的管理权最终上收至省一级，能够很大程度上隔离环境管理权力与地方利益，有利于打破地方保护，解决长期以来基层环境部门执法不严的痼疾。并且，2016 年由环保部牵头成立中央环保督察组，对地方生态环保工作进行督查，将环境监督功能从地方政府中剥离出来，既能缓解地方政府的多任务问题，又能极大地提高了监督的中立性与客观性。

第二，削减地方政府的职能，将大部分市场活动交由企业开展，降低企业参与市场活动的交易成本。党的十八大以后，在 2014 年 12 月 3 日国务院常务会议上，李克强总理指出要简政放权、放管结合向纵深推进，营造鼓励大众创业的良好环境。在“放管服”的改革过程中，加快地方政府职能转变，通过减少行政审批事项、改革商事制度、削减职业资格、清理审批中介、实行减税降费、放开政府定价、压缩专项转移支付、推行清单管理、加强事中事后监管以及优化政府服务等措施，激发了市场活力，促进了党的十八大以后中国经济的稳定增长。

（三）增长动力：自主创新

从驱动经济增长的直接动力来看，随着改革开放进程的深入，过去拉动经济高速增长的驱动因素均面临难以为继的困境。党的十八大以后，中国经济从高速增长阶段向高质量增长阶段转变，亟须实现经济发展动能转换。经过三十多年的高速发展之后，中国经济在 2010 年后进入增速持续下滑阶段。明晰增速下滑的内在机制，挖掘潜在的增长动力，对于党的十八大以后中国经济向高质量阶段转变具有重要意义。

从需求视角来看，在出口方面，受美国金融危机、欧洲债务危机后主要国家制造业回流的影响，中国出口呈下降趋势。尤其伴随中美贸易摩擦愈演愈烈，中国出口与贸易格局受到不小的冲击。在消费方面，随着一、二线城市房价的不断上涨，对消费需求产生了巨大的挤出效应。并且，由于缺乏高质量产品的充分供给，消费升级的需求难以得到满足，消费潜能的释放被抑制，产生了较为严重的消费外流现象。在投资方面，由于改革开放以后中国经济增长总体上表现为投资驱动模式，资本的边际回报率逐渐下滑，继续依赖投资驱动经济增长的空间较小。并且，从投资的来源结构来看，地方政府的垄断和行政干预，使得许多行业缺乏民间投资与外商投资参与，政府投资是投资的主要来源。由于缺乏市场规范，依靠政府投资拉动经济增长的模式存在种种问题，典型的如地方政府的隐性债务问题。因此，继续以地方政府为主体扩大投资，对经济增长的作用已然式微。

从供给视角来看,就劳动力要素而言,改革开放后的很长一段时间,中国企业的比较优势体现在较为低廉的劳动力成本。但是,计划生育政策的推行,使当下的中国已经加速进入老龄化社会,农村青壮年劳动力源源不断地流向城市部门的情况很难继续持续,这使人口红利逐渐消失。就资本要素而言,前期政府驱动的大规模投资已经使资本的边际收益递减,继续增加投资带来的增长效应极为有限。

由于存在以上种种约束,党的十八大以后,中国经济增长亟须转换新动能。正因如此,以习近平同志为核心的党中央创造性地提出推进供给侧结构性改革,为调整中国经济结构、转变经济发展方式提供了一剂良方。在供给侧结构性改革中,提升全要素生产率是改革推进工作的重心(沈坤荣和金刚,2016)。其中,关键的突破口在于加强自主创新能力。过去三十多年,中国工业的技术进步普遍来自技术购买基础上的逆向工程式模仿创新,随着中国整体技术水平逐渐向发达国家靠拢,继续通过技术购买方式获取前沿技术的空间收窄。因此,解决问题的关键在于培育以自主创新为主的技术创新模式。

党的十八大提出实施创新驱动发展战略,强调科技创新是提高社会生产力和综合国力的战略支撑,必须摆在国家发展全局的核心位置。为此,党的十八大以后,各地方政府尤其强调人才的引进与人才待遇的优化。不少地方政府甚至纷纷出台人才引进政策,引发人才争夺战。不仅如此,地方政府还通过一系列减税降费手段降低企业的成本,释放企业的自主创新活力。

四、经济高质量增长的路径与制度供给:党的十八届五中全会以后

(一)政府行为:政府与市场协作

新中国成立以来,中国在各个阶段实施了不同的发展战略,在改革开放前

30年，中国经济基本上在“摸着石头过河”，采用中央政府占主导中心的计划经济体制，一定程度上适应了当时的社会经济发展环境。尽管面临过艰难的阵痛，但也为后续的改革提供了方向。改革开放以后，中国迅速进行了政策调整，将计划经济体制转向中国特色的市场经济体制，强调地方政府行为对市场资源的配置作用。结果是，中国在改革开放以后实现了长期的高速经济增长，创造了令世界瞩目的经济增长奇迹。但是，随着地方政府竞争的程度与范围愈加深入，地方政府行为逐渐突破管控的边缘，引发了一系列影响经济长期稳定增长的不利因素。

经过三十余年经济的高速增长，中国需要改变自身的发展战略，将片面追求经济增速的增长目标转向全面追求经济质量的发展目标。其中，政府的角色尤其需要转变。正因如此，党的十八届三中全会明确指出，“让市场在资源配置中起决定性作用”。展望中国经济增长的未来，地方政府需要改变过去资源配置主导地位的角色，与市场形成协作，让位于市场，确保资源配置效率最大化。与此同时，地方政府需要在自主创新、公共服务等方面发挥更大作用。

一方面，自主创新与模仿创新不同的关键之处在于，自主创新是促进技术前沿面的上移，而模仿创新是向技术前沿面的追近，这决定了自主创新有着更多的不确定性。地方政府行为很难直接催生自主创新，但是，参与创新的企业越多，产生新发现以及将新发现转化为能够带来商业利益的产品的可能性就越高。因此，地方政府需要做好支持和辅助工作，鼓励更多的企业参与到创新中，实现“万众创新”。

另一方面，中国经济高速增长时期，地方政府围绕GDP展开的激烈竞争，使养老、医疗、环境等方面的公共服务长期被忽视。新常态下，地方政府需要弥补基本公共服务的不足，增加相关领域的投资。在养老与医疗领域，地方政府需要鼓励民营企业参与其中，以提高公共产品的供给质量与效率。在环境领域，地方政府需要严格贯彻中央环境政策，肩负环境治理的重大责任，将重点放在制定和实施因地制宜的环境政策上。

对于中国这样一个处于转型中的发展中大国而言，不够完善的市场环境决定了市场在资源配置中起决定性作用的基础上，政府也需要在经济发展中承担起责任。与此同时，中国的幅员辽阔与区域差距又决定了政府间分权的重要性，因而地方政府扮演的角色对经济发展至关重要。总而言之，合理的地方政府行为应该要达到这样一个状态：既要发挥地方政府的作用，又要规范他们的行为，做到控而不死、活而有序的局面。

（二）增长动力：新发展理念

习近平总书记在党的十八届五中全会提出，要坚定不移地贯彻“创新、协调、绿色、开放、共享”的新发展理念。新发展理念构成了中国经济未来高质量增长的基本动力。

其一，党的十八大以后，中国经济增长的基本动力转向自主创新，这仍将是驱动中国经济未来高质量增长的重要动力。政府需要加大研发投资在GDP 中的比重，并且采取相应的政策确保研发创新能够最终转化为产品创新。为鼓励企业进行不断试错的自主创新，地方政府尤其需要构建自由、公正的创新环境，避免创新政策对企业存在所有制歧视。

其二，改革开放以后的较长一段时间，以效率优先的发展政策不可避免地导致了中国的城乡之间、区域之间以及行业之间的分化。新常态下，中国经济向高质量增长阶段转变，将通过缩小城乡之间、区域之间以及行业之间的差异，促进经济的稳定增长。通过城镇化的大规模推动，改变城乡之间的差距。通过支持落后地区的宏观政策（如西部大开发、东北振兴），缩小区域之间的差距。通过产业政策，支持产业结构的不断优化。

其三，在中国经济高速增长阶段，粗放型发展模式使经济奇迹的出现建立在高昂的环境成本与沉重的生态代价上。新常态下，中国不应在继续重蹈发达国家先致富、后治理的覆辙，而是将通过推动环境保护与技术进步协同的经济增长模式走上“绿水青山就是金山银山”的绿色发展道路。一方面，在高质量增长阶段，通过加强环境保护与治理，不仅能够倒逼企业生产工艺流程与污染治理技术的创新，最终实现企业乃至国家竞争力的提升。而且，能够改善公共环境，增加人民群众的获得感、幸福感、安全感。另一方面，更为重要的是，绿色发展正成为全球公共议题，绿色产业的发展已经成为全球各个国家共同的增长点。中国通过加强环境治理，促进绿色产业的发展，将能够进一步增强中国产品在全球市场上的竞争力。

其四，中国将坚持对外开放促进经济高质量增长。尽管全球金融危机之后发达国家呈现普遍的逆全球化趋势，中国通过对外开放，增加产品出口拉动经济增长的空间已经式微，但是中国仍应积极融入全球市场。2001 年中国加入世界贸易组织，极大地促进了中国经济的高速增长，进一步坚持对外开放，仍然可以通过提高效率与刺激创新提升国际竞争力，这对于服务业的增长尤为关键。并且，作为全球第二大经济体，中国需要在对外开放中积极参与全球治理，为全球经济的共同繁荣提供公共服务平台。因此，中国需要继续深化“一带一路”倡议，丰富政策支持手段，弥补发达国家撤出发展中国家投资后留下的需求缺口。

其五，在改革开放以后，经济高速发展阶段，不同群体之间的收入差距也日益拉大。新常态下，旨在转向高质量增长阶段的中国经济还需要体现出增长的包容性，突出坚持以人民为中心的发展理念。为所有人提供均等的发展机会与公平的社会保障。通过实施动态调整个税起征点试点，鼓励大众创业带动就业，打赢脱贫攻坚战等方式，让更多的人民群众共享高质量增长的成果。

第一章　地方政府竞争与经济增长方式转变

本章介绍了中国分权体制下的地方政府竞争行为:税收竞争与土地出让竞争,其中土地出让竞争又包括土地低价竞争和土地财政竞争。采用中国省级层面面板数据,实证分析了中国地方政府税收竞争与土地出让竞争对经济增长方式转变的影响。研究显示:第一,在不恰当的激励下,地方政府间税收竞争和土地出让竞争限制了地区全要素生产率提高,抑制了经济增长方式转变。第二,税收竞争对全要素生产率的影响在发达地区和欠发达地区存在差异。财政分权和第二产业占比过大,会加剧税收竞争对全要素生产率的降低效应。第三,税收竞争和土地财政竞争导致地区偏向性投资的形成,降低了地区研发投入占比,从而难以为经济增长由投资型驱动转向创新型驱动的过程提供支撑。并且,虽然土地低价竞争可以提高地区研发支出占比,但从长远来看不利于资源配置效率的提升,从而不利于增长方式转变。

2014年,中央财经领导小组第七次会议强调"我国依靠要素成本优势所驱动、大量投入资源和消耗环境的经济发展方式已经难以为继"。如何转变经济增长方式,提高经济增长质量和集约化水平,是当前中国经济发展必须要解决的关键性问题。毋庸置疑,改革开放以来的中国创造了一个举世瞩目的增长奇迹。然而一个无法回避的问题是,一直以来中国经济增长的质量并不高。我国的经济增长具有十分明显的"高消耗、高能耗、高污染和低效率"粗放式特征(张卓元,2005;卫兴华和侯为民,2007;吴敬琏,2014)。具体表现为:过度依赖投资的推动、能源的低效利用、环境污染的恶化和创新效率的落后。从长期来看,这种低质量的经济增长模式难以持续。同时,严重的环境污染问题也对居民生活状况、健康水平和幸福感产生了不利的影响。特别是近年来,人们开始争论是要经济增长速度还是要环境质量(蔡昉,2017),更是引起了各界对中国经济前景的担忧。事实上,经济增长是有质量高低之分的。不同的经济增长方式下,相同速度的经济增长可能会有不同的经济增长质量。反映增长质量最直接的指标就是全要素生产率,当全要素生产率较低时,同样的经济增速就需要更多的要素投入。而当要素投入过多时,就不可避免地会带来环境污染严重和能源耗费过高等问题,进而影响全社会的整体福利。因此,转变经济增长方式,就显得格外重要。只有转变了经济增长的方式,才能够提高经济增长的质量。也只有提高了经济增长的质量,才能在保障经济增长的同时不以环境的污染、能源的过度消耗为代价。从这个角度来说,转变经济增长方式,不仅关乎国家的整体发展,更关乎广大群众的福祉。而要想彻底转变增长方式,首先就必须找到推动增长的根本机制。

财政体制改革对地方发展的重要性不言而喻。施行于1994年的分税制改革,使得地方政府在经济方面拥有了相当大的自主权,从而提升了各地区经济发展的活力。大量关于中国经济增长的学术研究,可以说明这样一个简单的事实:经济体制改革和地方政府竞争,对中国的经济增长起到了不容忽视的推动作用。但正如一枚硬币总有正反两面,分权下的地方政府竞争,也带来了一些负面的效应。如税收竞争加剧、财政支出结构扭曲以及由"土地财政"衍生出来的房价高涨和生活成本上升等问题。那么,作为在一定程度上对经济增长有推动作用的地方政府竞争,是否影响了中国经济增长方式转型过程?为了回答这一问题,本章将地方政府竞争与中国经济增长方式转型放在一个统一的框架下进行研究。深入地分析地方政府竞争行为对中国经济增长、增长方式转变的影响以及具体的影响机理。

第一节　地方政府竞争的内涵与行为

一、地方政府竞争的内涵

从理论发展的进程来看,地方政府竞争理论最早源自对财政分权下的地方政府支出效率的讨论。蒂布特(Tiebout,1956)指出,“用脚投票”的机制可以促使地方政府采取能够最大化本地居民福利的地区税收和支出组合。因此,地方政府对公共品的支出决策和自由市场上经济主体的决策同样是有效率的。奥茨(Oates,1969)随后对这一问题展开了深入的分析,他认为在满足要素流动性的假定下,地方政府支出可能是有效率的。但政府间对流动性要素的竞争行为,同时也会产生一些负面效应。以资本要素为例,地方政府为了吸引投资会争相降低税负,由此可能导致税收收入不足从而无法提供合意的公共品与服务。这一思想的提出,体现了学术界对地方政府间税收竞争内涵的认识。此外,在理论分析中明确引入“竞争性政府”概念的是布勒东(Breton,1996),他对政府竞争的内涵做了详细的讨论,具体包括同一层级政府间的竞争、不同层级政府间的竞争和政府与其他社会机构之间的竞争。他认为,地方政府的税收和公共品的提供,不仅基于当地居民偏好,同时还会受到其他地区相应政策的影响。正因如此,地方政府间会产生一种横向的标尺竞争(Besley 和 Case,1995)。依据这一思想,他将奥茨(1972)提到的由于降低税率导致公共品供给不足的现象定义为“竞底”的非有效竞争。

近几十年来,世界上各经济体分权式改革的实践,特别是同时经历了分权式改革和经济增长奇迹的中国,为学者发展地方政府竞争理论与辨析地方政府竞争内涵提供了翔实的资料。第二代财政联邦主义理论的研究指出,分权改革带来的地方政府竞争激励是解释中国和俄罗斯经济体制改革绩效差异的关键（Qian 和 Weingast，1997；Qian 和 Roland，1998）。这些研究认为，分权式的改革硬化了中央政府对国有企业进行救助的预算软约束，促进了地方政府间的竞争。国内较早提出类似思想的是樊纲等（1993），他形象地把地方政府间围绕有限资源的争夺行为比作一种软约束的“兄弟竞争”。

理解地方政府竞争的另一个视角是政治体系的制度安排。王永钦等（2007）认为，单纯在经济领域上的分权还不足以构成地方政府为发展经济而互相竞争的全部激励。中国的经济分权伴随政治上的集权，在垂直集中的官员治理模式下，地方官员主要受到自上而下垂直方向的监督和制约。为了向上级政府传达有关本级政府努力程度的信息，地方政府会产生为经济增长而竞争的激励。周业安（2003）指出，在我国的政治集权和经济分权制度安排下，中央政府对地方政府的政治绩效考察依赖于经济绩效的表现，这迫使地方政府一味地追求经济规模的扩张。在资源总是有限的条件下，地方政府之间必然会产生围绕经济资源的竞争。根据对地方政府竞争理论起源的分析可以看出，奥茨所描述的竞争，是一种自下而上的标尺竞争。而张晏和龚六堂（2005）认为，我国地方政府间的竞争是一种基于上级评价的“自上而下”的标尺竞争。

二、地方政府竞争的行为

（一）税收竞争

税收竞争是指地方政府通过降低纳税人的税收负担来吸引流动性要素的流入。税收竞争不仅包括同级政府间的横向税收竞争，还包括上下级政府间的纵向税收竞争（Dahlby，1996；Dahlby 和 Wilson，2003）。本章讨论的主题是地方政府间的竞争行为，因此分析的重点在于同级政府间的横向税收竞争。奥茨（1972）讨论了联邦制下地方政府间的税收竞争行为。理论上来说，本地区的政府提高税率会导致具有流动性的资本流向税率相对更低的地区。这就造成了本地税基的缩小和其他地区税基的扩大,因此会对其他地区产生一个税收的正外部性。在这一框架下,各地政府为追求税基的扩大,争相降税以吸引资本流入,从而最终会形成一个均衡税率过低的"向底部竞争"的结果。

中国与西方在地方政府间的税收竞争具有不同的现实背景。在以美国为代表的西方联邦体制中,分税制下的各州政府都拥有相对完整的税权。具体来说包括税收立法权、税率调整和征管权,因此它们可以通过直接调整税率达到税收竞争的目的。不同于西方联邦体制下的分税制,我国中央政府在税权上高度统一,地方政府既无权决定税种的开征也无权决定名义税率的设定。基于这一特点,有的学者认为地方政府间似乎不具备进行竞争的基本条件。然而我国地方政府间的税收竞争,仍然存在着现实上的可能性。第一,资本具有流动性和逐利性。站在政府的角度上来说,财政分权下我国地方政府有较强的激励对流动的税基进行争取;站在企业和纳税人的角度来说,在其他条件相同的情况下,税负相对较低的地方,实际可支配利润或收入会更高。第二,在分税制改革后,虽然税权仍由中央统一控制,但中央与地方政府实行"分管":设立中央、地方两套税务机构,分别负责税务的征收和管理工作。同时,地方政府可以在地方负责征管的税收上,付出不同的努力程度以达到税收竞争的目的。换言之,我国地方政府间税收竞争的一种策略性工具是"征管效率"(汤玉刚和苑程浩,2011)。沈坤荣和付文林(2006)对这种策略的描述是"对税收优惠政策的争取和税收征管的努力程度"。虽然税收征管效率和征税努力程度没有直观数据,但这些行为的影响最终会传递到一个地区的宏观税负水平上。

基于此,已有研究通过考察一个代表性地区相对其他地区的税率反应函数,来检验地区间税收竞争的博弈状况。这里的反应函数是指代表性地区的税率与其他地区税率之间的相关关系。若实证检验的系数显著为正,就说明地区之间的税收竞争存在模仿的策略;若实证检验的系数显著为负,就说明地区之间的税收竞争存在差异化策略。[①] 国内学者就我国是否存在横向税收竞争进行了翔实的研究（沈坤荣和付文林，2006；郭杰和李涛，2009；龙小宁等，2014；谢贞发和范子英，2015），这些研究虽然在税收竞争策略的结论上有所出入，但都支持地方政府横向税收竞争的存在性。例如，龙小宁等（2014）利用县级企业所得税税率和营业税税率的面板数据，检验了县级政府间的税收竞争问题并且得到了丰富的结论。研究结果表明，县级政府在其辖区内的企业所得税税率和营业税税率上都存在显著的正向空间竞争行为；县级政府对外资企业的税收竞争相比内资企业更加激烈；相比于同一地级市下的县际竞争，与地级市外的县际竞争更加激烈；位于内陆省份的县级政府相比位于沿海省份的县级政府更加注重税收竞争。

理论上，地方政府进行税收竞争的直接目的是引资。因此税收竞争的经济效果可能体现在资本的跨区流动和财政支出结构的扭曲等方面。付文林和耿强（2011）通过一个纳入经济集聚因素的新古典投资决策计量模型，研究了地区间的税收竞争效应。结果表明，地区间的税收竞争对非国有资本流入具有显著的促进作用。王凤荣和苗妙（2015）从企业异地并购的这一微观视角出发，以上市公司收购非上市公司事件为样本，检验了税收竞争的引资效应。研究结果表明，地方政府间的税收竞争显著促进了资本的跨区域流动。傅勇和张晏（2007）在研究分权对地方政府财政支出结构的影响时发现，由于生产性财政支出相比公共服务支出对私人资本具有外部性，地方政府间为吸引外资的税收竞争会加剧财政支出的结构扭曲。王文剑等（2007）的研究显示，西部地区地方政府间的税收竞争对 FDI 的吸引作用更加显著。而在东部地区，税收竞争并不能显著促进 FDI 流入，主要依靠扩大对外开放力度和提高公共

---

① 沈坤荣和付文林（2006）的研究通过空间滞后模型，检验了省际间的宏观税负竞争与博弈。在税收竞争指标的选取上，采用了预算外收入与 GDP 的比值和预算内宏观税负水平。研究结果显示，省际间税收竞争反应函数斜率为负，这说明省际间在税收竞争中采取的是差异化竞争策略。

设施供给来吸引外资。赵祥(2009)基于经济地理学的视角研究地方政府竞争对 FDI 区位分布的影响。研究发现,短期内的税收优惠可以吸引外资的流入,并且这一吸引作用会在经济的集聚效应下被加强。

(二)土地竞争

要想理解地方政府的土地出让竞争行为,首先要理解一个问题:土地出让制度如何支撑地方政府的竞争行为。土地制度结构变迁是中国基础设施规模超常规增长的重要支撑(葛扬和岑树田,2017)。中国土地制度安排对地方政府发展经济起支撑作用的基本逻辑是:城市土地国有、集体土地可征用和国有土地可以有偿转让等制度安排为地方政府的大规模基础建设投资提供了稳定的资金来源。这一逻辑也可以理解为,土地制度结构的变迁为地方政府影响经济发展提供了支持。

中国土地制度的基本特征是二元制结构:城市土地归国家所有、农村土地归集体所有。这一制度形成于 1982 年通过的宪法第十条,该条例规定了城市土地归属国家。另外,同年也颁布了《国家建设征用土地条例》,该条例明确了地方政府可以依法征用集体所有土地。1986 年中央颁布的《中华人民共和国土地管理法》明确规定了土地使用权有偿出让的合法化,使城市经营建设用地由无偿划拨向有偿出让转变(周其仁,2004)。上述土地制度演进形成了这样的局面:任何单位经营建设所用的土地都要使用国有土地,只要涉及农地变为建设用地,就要通过政府征地(蒋省三等,2007)。这意味着政府成为农地变为建设用地的唯一决定者,成为城市土地一级市场的唯一供给者。

然而,在早期的土地制度安排下,土地供应和出让的市场化程度不够。20 世纪 90 年代,中国的城市土地出让多以协议方式为主。国务院于 2001 年颁发的《关于加强国有土地资产管理的通知》标志着 21 世纪中国土地出让市场化改革进程的启动,随后国务院又相继颁发了一些政策继续加快土地市场化改革进程。到目前为止,中国土地市场化的改革进程分为两个阶段,第一个阶段规定了“商业、旅游、娱乐和商品住宅等各类经营性用地”都必须以“招、拍、挂”方式出让，第二个阶段主要是对工业用地出让方式的调控。

地方政府的土地出让行为选择，与其本身参与竞争的激励有关。根据本章对竞争激励的分析，一方面，财政分权下的地方政府要扩大税基以及追求预算外收入以应对收支不平衡的局面；另一方面，绩效考核下的地方政府为提高本地经济增长，要吸引资本的流入。扩大税基和吸引资本流入其实都是引资的问题，地方政府为了引资除了可以降低税负外，一个重要的行为选择就是低价供应工业用地。为了追求预算外收入，地方政府可以通过市场化的手段供应土地获得土地出让收入。因此，地方政府的土地出让竞争有两层含义：一是土地引资竞争——向制造业企业低价协议出让工业用地进行土地引资；二是土地出让收入竞争——指主要通过“招、拍、挂”的方式出让获得土地出让金。

陶然等（2009）概述了地方政府为了引资在土地出让方面的竞争形式。一方面，地方政府争相为制造业投资者提供低成本土地，通过低价甚至零地价出让工业用地，建立了大批的工业园区；另一方面地方政府不断扩张城市开发区，通过土地出让收入增加财政能力，以改善当地基础设施和公共服务系统。在中国的地区竞争中，地方政府大多以低价甚至免费工业用地出让和负地价（基础设施配套补贴）来招商引资，学者将这一模式称作“以地谋发展”或“以地引资”（刘守英，2012；赵燕菁，2014）。另外，地方政府土地出让竞争的另一种表现形式是通过市场化的“招、拍、挂”出让土地，从而获得土地出让金。据刘守英和蒋省三（2005）对东部发达地区两市一县的调查，土地出让金收入占地方政府预算外收入的58%—69.3%。从土地上产生的收入占地方财政收入的1/2以上，发达地区的地方财政成为名副其实的“土地财政”。李郇等（2013）指出，我国地方政府间土地财政增长存在横向竞争模仿的策略互动和惯性依赖特征。根据本章的分析，地方政府土地出让的竞争可以归纳为工业用地供给的竞争和为获得土地出让收入的土地财政竞争。

第二节　地方政府竞争影响经济增长方式转变的机理分析

一、经济增长方式及其转变

国外学术界很早就对经济增长方式展开了激烈的讨论，较早的可以追溯到东亚金融危机后克鲁格曼（Krugman，1994）发表的关于东亚经济增长方式的一篇文章。在这篇文章中，克鲁格曼指出，东亚的新兴工业化经济体——新加坡和韩国在20世纪60年代以来的高速增长所依靠的仍然是资本和劳动力的大量投入，而不是生产率水平的提高或技术进步。这种依靠要素投入驱动的经济增长方式是不可持续的。国内学术界关于经济增长方式的研究，较早可以追溯到吴敬琏（1995）、洪银兴（1999）和郑玉歆（1999）等学者关于经济增长方式内涵以及如何转变经济增长方式的讨论。此后，许多学者开始了对中国经济增长方式现状和影响因素的研究。

卫兴华和侯为民（2007）认为，经济增长方式就是指推动经济增长的各种生产要素投入及其组合和作用的方式。经济增长方式具有丰富的内涵，不同的经济增长方式反映了经济体在经济增长质量上的差距。要转变经济增长方式，言下之意就是要提高经济增长的质量，使一个国家或地区的经济增长由高速增长转向高质量增长。一般来说，经济增长按来源可以分解为要素投入积累带来的增长与要素生产率水平提高带来的增长。根据卫兴华和侯为民（2007）的说法，这两种增长因素在不同时期、不同产业部门中往往是以不同的方式组合存在，区别在于哪一种增长因素居于主导地位。粗放型增长就是指以要素投入为主要驱动力的增长，集约型增长就是指以要素生产率为主要驱动力的增长。

相比于粗放型增长，集约型增长这一概念更加宽泛和具有一般性。这是因为集约型增长对应着要素生产率提高对经济增长的贡献更大,而要素生产率的提高本身就内涵丰富。洪银兴(1999)论述了经济增长方式转变的基本内涵,他指出,集约型增长的内涵发展依赖经济增长理论本身的发展和各国经济增长的实践经验。理论和经验研究对经济增长理论的不断深入和更新,意味着"集约"的内涵也在不断变化,包括要素投入效率的提升、规模经济效应和技术进步等因素都能提高要素的生产率从而提升经济增长的集约水平。讨论经济增长方式,不能超越经济发展阶段。林毅夫和苏剑(2007)指出,宏观的经济增长是由微观企业的经济活动完成的,而微观企业经济活动的决策是由经济中的要素价格体系决定的。因此,一个经济体的经济增长方式是由其要素价格体系决定的。只有正确反映了要素禀赋结构的要素价格体系,才能形成最优的经济增长方式。从这一角度来说,集约型增长在不同的发展阶段可能有不同的含义。例如在农村具有大量劳动力剩余的前提下,通过增加劳动力要素投入、发展劳动密集型产业,从而推动的经济增长并不必然意味着粗放型增长。郑玉歆(1999)认为,即使是发达国家在工业化时期也经历过主要依靠要素积累推动的经济增长。技术进步的驱动也是在资本积累到一定程度之后才发生的。但随着资本要素的不断积累,资本报酬终将不断递减,经济增长应该慢慢过渡到依靠技术进步的创新驱动阶段。在经济增长方式完成转变的过渡期内,任何可能固化要素投入积累模式的因素,都可能对经济集约化水平的提高、经济增长方式的转变产生抑制作用。

二、经济增长方式转变的影响因素

实现经济增长方式的转变,就是指提高经济增长的集约化水平。关于经济的集约化水平,有学者认为,要提高经济的集约化水平,实际上就是要提高技术进步对经济增长的贡献率。实际上,根据洪银兴(1999)的论述,集约型增长具有丰富的内涵。不仅是技术进步,包括规模经济效应、资本投入效率提高等因素都是集约型增长的应有之义。而全要素生产率本身也具有丰富的内涵,它反映了经济增长除要素投入增长以外的因素。据此,本章认为,要提高集约化水平就是要提高全要素生产率增长对经济增长的贡献。而影响全要素生产率增长的主要有资源的配置效率、技术进步两种因素。

资源错配会限制经济增长和生产率提高。要提高经济的集约化水平,就是要提升资源配置效率,缓解资源错配程度。资源配置主要包括劳动力要素配置、资本要素配置以及土地要素配置。虽然我国市场化改革的大幕早就已经展开,但在一定程度上,仍然存在严重的资源配置扭曲。谢长泰和克莱诺(Hsieh 和 Klenow,2009)对 1998—2005 年中国的资源配置效率进行测算后发现,如果按照等边际收益对中国的劳动和资本进行再配置,中国的全要素生产率可以提升 25%—40%。袁志刚和解栋栋(2011)核算了我国劳动力的错配程度,并发现劳动力的错配对全要素生产率存在显著的负效应。鲁晓东(2008)的研究表明,中国的金融体系存在严重的金融资源错配现象,这使得金融发展并没有很好地优化资金配置,从而起到优化生产要素配置的功能,反而对经济增长产生牵制作用。

要提高经济的集约化水平,实际上就是要提高技术进步对经济增长的贡献。一般来说,技术创新和技术引进是提高技术进步水平的两个主要途径。我国技术创新基础薄弱、技术创新乏力,与发达国家的技术差距大。走技术引进、消化吸收、模仿创新到自主创新之路,是我国转变经济增长方式的技术进步路径的战略选择。在我国技术水平与世界技术前沿水平差距较大时,自主创新能力较差,通过吸引外资的技术外溢效应、技术引进可以实现技术进步。当技术水平差距缩小后,技术外溢和引进的空间也缩小。在这一阶段需要注重我国企业和研发机构自主创新能力的培养。然而,自主创新能力的培养并非朝夕之功。一般来说,技术的创新不仅前期投入较大,创新失败的风险也很高。在这种情况下,一个良性的创新环境和强大的创新投入支撑就显得十分重要。

此外,技术进步对经济增长方式转变的作用还应该与发展阶段相匹配。

郑玉歆(1999)认为,即使是发达国家在工业化时期也经历过主要依靠要素积累推动经济增长的阶段。技术进步的驱动也是在资本积累到一定程度之后才发生的。中国经济增长与宏观稳定课题组(2006)将西方发达国家的经济发展阶段总结为古典经济增长和现代经济增长两个大阶段。古典经济增长时期主要依靠原始积累和工业增长,现代经济增长时期主要依靠管理技术应用的增长和知识、创新的增长。卫兴华和侯为民(2007)总结了波特对经济增长阶段性演变规律的描述。在经济增长的历史进程中,依次经历要素驱动、投资驱动、创新驱动和财富驱动四个阶段。要素驱动是指经济发展的驱动力主要来自最基本的生产要素,包括大量廉价的劳动力和丰富的自然资源,这一阶段的主要特征是劳动密集型产业在国民经济中占据主导地位。投资驱动阶段是指劳动力成本、自然资源要素价格相对上升后,经济发展的驱动力主要来自资本的积累。在这一阶段,大规模的投资、资本密集型产业占主导地位是主要特点。第三阶段就是指知识经济阶段。经济增长主要依靠技术创新,知识密集型产业成为主导产业。卫兴华和侯为民(2007)还认为,中国的经济增长当前正处于重要的转型期。结合当下现实情况来看,中国仍然处于增长的投资驱动阶段,要想完成从投资驱动到创新驱动的转变,就必须要克服固化投资驱动模式的因素。

龚刚和陈琳(2007)指出,中国过去依靠投资拉动的经济增长是一种需求推动型的经济增长。与供给推动需要技术进步作为前提不同,需求推动的实现前提是较低的要素价格与大量的劳动力剩余。随着经济的进一步发展,需求推动型增长将难以为继。因此,中国财政政策的目标,应该由需求管理转向由供给推动。以供给推动为目标的财政政策有助于中国经济增长方式的转型,从而保障经济在长期内增长。

王小鲁等(2009)通过实证分析讨论了经济增长方式的转变和中国经济增长的可持续性。在他们的研究结论中,市场化改革和基础设施建设等显著提高了地区全要素生产率,而代表政府管理制度不完善的政府行政费用对全要素生产率的影响显著为负。赵勇和雷达(2010)也研究了金融发展对经济增长方式转变的影响。他们通过在一个内生的经济增长模型基础上引入金融中介部门和异质性研发人员,分析了金融发展对经济增长方式转变的影响。实证结果表明,金融发展水平可以降低投资对经济增长方式转变的门槛值,从而推动经济的集约化增长,但是金融发展的这一效应受到经济发展阶段的影响。

此外,地方政府也是驱动经济增长方式转变的关键因素。张璟和沈坤荣(2008)总结了已有对中国经济增长方式转型的研究,并指出在考虑中国经济增长方式转型时,不能忽视体制背景的差异。他们以财政分权下的地方政府干预为基本框架,研究了地方政府干预如何通过金融发展影响了中国经济增长方式的转型。实证结果表明,地方政府通过干预金融机构资金的运用,固化了资本要素粗放投入的增长路径,从而不利于经济增长方式的转型。研究中选用了反映地方政府财政压力的财政支出与财政收入的比值作为地方政府干预指标,选用了全要素生产率的增长率作为经济增长方式的指标。

吴振球和王建军(2013)基于一个一般均衡模型,推导并实证检验了地方政府竞争影响经济增长方式转变的微观机制。理论推导表明,在存在经济增长竞争的前提下,地方政府为了引进技术而投入更多的基础设施投资,从而对经济增长方式转变存在显著的正向促进作用。实证研究中,以全要素生产率衡量经济增长方式,基于 1998—2010 年的省级面板数据证明了这一结论。吴延兵(2017)基于中国式分权下的地方政府"经济政治人"假设,论述了地方政府与市场的联系机制及市场参与人的投资行为逻辑。与以往研究不同,吴延兵认为中国粗放型的经济增长,不仅是地方政府行为的直接结果,更应该考虑地方政府主导下,市场微观主体的行为对中国经济增长方式的影响。这一理论阐述指明,地方政府官员的自利性偏好能够借助于非市场机制的力量影响市场主体进行偏向性投资,从而导致经济增长的粗放型特征。

三、税收竞争与经济增长方式转变

地方政府的税收竞争对经济增长和经济增长方式的转变可能存在两方面的影响。一方面,在地方保护和规制竞争存在的前提下有利于减少地方政府对企业的干预,有效推进我国的市场化改革进程,因而会促进经济的增长和增长方式的转变(Qian 和 Roland,1998;林毅夫和刘志强,2000)。但基于招商引资的税收竞争,同时也可能会造成地区税率不断下降,进而使地方公共品供给不足,降低社会总福利水平(Oates,1972;周黎安,2004;张晏和龚六堂,2005)。尽管自 1994 年分税制改革以来,中国地区间的税收竞争已经很难说有 20 世纪 80 年代那种严重的地方割据行为,但各种隐性的竞争如税收返还、补贴和开发区税率优惠等行为还依然广泛存在。因此,从这一层面说,地区间的税收竞争影响资本要素的流动和配置的可能性依然存在。虽然税收竞争对流动性的资本而言,可以提高利润率。但不恰当的竞争激励却可能引致过度的税收竞争,从而扭曲地区的资本要素配置。

税收竞争另一方面的影响主要涉及地方政府公共品的供给缺失问题。分权下地方政府为吸引流动性要素而争相进行降税带来的一个直接结果是本级政府财政收入的下降。财政收入的下降意味着地方政府公共支出能力的不足,相应地,公共品和公共服务的供给也会减少。除了对公共品和公共服务供给数量的影响外,也有学者对税收竞争与公共支出结构的扭曲问题进行了检验,发现税收竞争的存在是导致地方政府公共支出结构扭曲的一个关键原因(蒲龙,2017;郑尚植,2011)。公共品供给可以带来外部经济,从而降低企业平均成本曲线,激励企业提高产出,进而促进经济增长。由于公共品和服务可以带来正外部性,因此公共品和服务的供给缺失也是税收竞争可能影响经济增长和经济增长方式的一个渠道。从这一角度来说,税收竞争对经济增长方式转变的负面效应可能与地方政府的财政收入能力有关。

此外,税收竞争还可能对技术进步水平产生影响。技术进步需要通过自主创新或技术引进完成。当前政策层针对我国企业的发展多次提出要加强自主创新能力,而加强自主创新能力的重点、难点在于创新能力是需要培养和积累的。对于在技术水平上处于后发劣势地位的地区来说,通过税收竞争可以降低本地企业的生产成本,提升企业的利润空间,进而通过提高企业的利润空间培育市场主体的创新能力。特别是针对一些处于初创期和成长期的创新产业而言,税收优惠尤为重要。但是,过度的税收竞争也有不利的一面。由于企业总能找到一个相对较低税率的地区进行投资,最终的均衡结果可能是降低企业提高自身技术水平的激励。

四、土地竞争与经济增长方式转变

土地竞争可以分为基于引资的土地低价竞争和旨在获得土地出让金的土地财政竞争。这两种竞争模式已经引起学者们的广泛关注,不少文献研究了中国地方政府间的土地出让行为策略(张莉等,2011;杜雪君和黄忠华,2015;李学文和卢新海,2012)。然而,关于土地出让对经济增长的推动作用以及对经济增长方式的影响在以往的研究中并没有得到一致的结论。本章基于对已有文献的整理和加工,分别阐释土地低价竞争和土地财政竞争可能对经济增长以及经济增长方式转变产生的影响。

(一)土地低价竞争的影响效应

针对基于引资逻辑的土地低价竞争,本章主要从要素错配、要素错配的传递效应以及抑制经济转型的偏向性投资三个角度去论述。周业安等(2004)在讨论地区间竞争时指出,地方政府在进行竞争时并不注重技术和制度条件,而是强调价格条件,突出表现在土地价格上就是压低工业用地价格以便进行招商引资。这种"以地谋发展"的机制,虽然可能成为地方政府推动经济增长的发动机,但是也有可能带来资源错配。首先是土地要素的错配。由于地方政府在低价供给土地时，主要是针对工业用地而非全部用地。因此就等于产生了两种用途上的土地要素价格扭曲，而要素价格的扭曲就会导致资源错配从而对全要素生产率产生负作用。李力行等（2016）的研究表明，在协议出让建设用地比例越高的城市中，工业企业间的资源配置效率就越低。其次，这种土地要素的错配可能通过抵押融资渠道对资本要素配置的扭曲产生传递作用。在非完美的金融市场内存在金融摩擦，当存在金融摩擦时，以低价拥有土地资产和房产的企业在向金融机构融资时，自身的抵押价值会提高。并且当土地价格和房产价格持续上升时，这类企业的抵押价值也会进一步上升，从而可以获得更多融资（余静文和谭静，2015）。这一机制的产生，可能会硬化其他企业的融资约束，进而阻碍他们的投资。所以从这一角度来看，土地引资竞争可能存在由土地要素配置扭曲向资本配置扭曲的传递作用。最后，土地引资竞争可能会影响经济增长方式的转型。当前中国正在实施创新驱动的发展战略，而地方政府间的土地引资竞争，可能会对这一战略的顺利实施产生不利的影响。因为中国仍处于经济由投资驱动转向创新驱动的转型期，任何会固化资本要素积累模式的因素都有可能抑制经济增长方式的转型。地方政府如果一直进行土地的低价引资竞争，可能会产生过度工业化的问题。

（二）土地财政竞争的影响效应

土地财政竞争是指地方政府为维持基础设施投资和应对财政支出压力而在土地出让收入上展开的竞争。土地财政竞争对中国经济增长方式转变有着复杂的影响。一方面，地方政府获得土地出让收入后，大力推进基础设施建设，而基础设施建设会提高私人投资的边际产出，提升地区的全要素生产率。另一方面，土地财政也会对经济活动产生诸多不利的影响。诸如近年来越发严重的地方政府债务累积和风险问题，就是这类问题的表象之一。中国地方政府在偿还地方政府债务上高度依赖土地出让收入。这一机制使我国土地财政风险与地方债务风险交汇在一起,加剧了地方政府债务风险控制的难度。通过对地方政府的债务融资运行情况和地方政府“以地谋发展”的模式进行分析,发现以土地为杠杆的融资模式可能由于经济形势的变化暴露出显性风险。同时,地方政府债务本身也会通过硬化企业的融资约束从而显著降低地区的私人投资。此外,地方政府基于土地的自我融资机制,从长远来看也会对我国金融系统在经济增长方式转变过程中起到的作用产生不利影响。

第三节 地方政府竞争影响经济增长方式转变的实证检验

一、研究设计

(一)计量方程

为检验地方政府竞争对经济增长方式转变的影响效应,首先建立以下基准计量方程:

$$\ln TFP_{it} = \alpha + \beta_1 X_{it} + \theta Z + \delta_i + \varepsilon_{it} \tag{1.1}$$

在式(1.1)中,$\ln TFP_{it}$ 代表全要素生产率,X_{it} 在两组回归中分别代表地方政府税收竞争和土地出让竞争,θZ 是一组控制变量与估计系数的相乘,δ_i 代表不可观测的地区异质性,ε_{it} 代表影响被解释变量的随机干扰项。其中,下角标中小写字母 i 和 t 分别表示地区和年份。需要说明的是,本章以全要素生产率衡量地区经济的集约化水平,即经济增长方式。

$$rdratio_{it} = \alpha + \beta_1 X_{it} + \theta Z + \delta_i + \varepsilon_{it} \tag{1.2}$$

在式(1.2)中,$rdratio_{it}$ 代表的是地区研发投入与地区的固定资产投资的比率。方程中其余变量含义与式(1.1)保持一致。

（二）主要变量的选取和说明

1. 核心变量

在上述两个回归方程中，被解释变量分别是全要素生产率、研发投资与固定资产投资之比。全要素生产率的测算，一是需要选择合适的方法，二是需要测算资本存量数据。资本存量数据的测算方法采取的是永续盘存法，计算资本存量的时间序列数据需要几个关键的指标：基年的资本存量数据、当年投资额、折旧率以及固定资产投资价格指数。在这几个指标中，当年投资额以固定资本形成总额代替，固定资产投资价格指数直接来自统计年鉴，折旧率参考张军等（2004）选择为 9.6%。关键在于基年的资本存量数据的计算。本章根据张军等（2004）给出的资本存量数据，通过固定资产投资价格指数平减的方法得到了以 1998 年为基期的不变价格资本存量数据。

核心解释变量是税收竞争和土地出让竞争。关于税收竞争，现有研究中有学者直接采用地区宏观税负水平作为税收竞争的指标，如王凤荣和苗妙（2015）。我们认为，更能反映竞争程度的指标应该是可以体现出宏观税负水平相对大小的指标，因此借鉴傅勇和张晏（2007）以及蒲龙（2017）的方法，并将这一方法扩展到省际层面。具体而言，采用各省级政府宏观税负除以全国宏观税负水平衡量税收竞争。省级宏观税负水平由三种税收收入即企业所得税、营业税和增值税之和与地区生产总值之比计算得到，全国的宏观税负水平也参照这一方法计算得到。

土地出让竞争的代理变量。根据前文论述的逻辑，地方政府间进行土地出让竞争一是体现为土地引资竞争，二是旨在获取土地出让收入的土地财政竞争。地方政府土地引资的关键特征在于采用非市场化的协议出让方式低价供给工业用地。因此，我们参考颜燕等（2013）、陈淑云和曾龙（2017）的做法，采取地区土地出让平均价格与协议出让土地的平均价格之差的对数值作为反映地区间土地引资竞争的指标。这个差值越大，说明协议出让土地的价格扭曲程度越大。我们采用土地出让成交总价款作为反映土地财政竞争水平的指标。

2. 其他相关变量

当回归方程中遗漏一些既能影响被解释变量,又与主要解释变量相关的变量时,就会导致遗漏变量问题。遗漏变量问题将导致所估计的系数值不一致且有偏。因此,我们控制了一些文献中常见的控制变量:政府支出、地区产业结构、地区所有制结构、地区开放水平以及人力资本水平。选择控制地区所有制结构是因为,一方面,所有制结构可能会影响地区的资源配置效率从而影响全要素生产率;另一方面,地区所有制结构可能会和地方政府竞争行为相关。所有制结构采用地区规模以上国有工业企业总资产的占比加以表征。选择控制地区开放水平是由于外商投资和对外贸易对地区全要素生产率可能存在影响,并且地区间的竞争与外资吸引也存在一定的相关性。地区开放水平的计算采用进出口总额的对数。选择产业结构作为控制变量是因为地区的产业结构反映了一个地区的工业化进程并且可能与地方政府竞争相关。政府支出变量数据直接来自《中国统计年鉴》中的地方政府一般预算内支出。

3. 数据来源和描述性统计

本章实证检验依赖的是2004—2015年省际面板数据,相关数据主要来自《中国统计年鉴》《中国国土资源统计年鉴》以及《劳动经济统计年鉴》,个别缺失的数据在相应的省级年鉴中补充抑或通过线性插值法计算得到。主要变量的描述性统计结果见表1-1。

表1-1　样本主要变量的描述性统计

变量	样本量	平均值	标准差	最小值	最大值
税收竞争	360	1.180	0.349	0.396	1.948
财政分权度	360	1.535	0.506	0.400	2.681

续表

变量	样本量	平均值	标准差	最小值	最大值
所有制结构	360	0. 594	0. 174	0. 216	0. 900
对外开放	360	5. 560	1. 677	1. 419	9. 298
产业结构	360	0. 476	0. 078	0. 197	0. 615
全要素生产率	360	0. 224	0. 208	−0. 433	0. 637
土地低价竞争	360	0. 828	0. 679	−1. 976	2. 850
土地财政竞争	360	15. 05	1. 390	9. 705	17. 93
研发支出占比	360	0. 0365	0. 0387	0. 00361	0. 239
政府支出	360	7. 484	0. 883	4. 812	9. 459

资料来源:经笔者整理得到。

二、实证结果及分析

(一)基准结果

表 1-2 检验的是地方政府竞争对地区全要素生产率的影响。从列(1)可以看出,税收竞争对全要素生产率的系数为负,且在 1%的水平下显著。税收竞争为水平值,全要素生产率在方程中以对数值出现。因此,税收竞争的系数说明了当地方政府的税收竞争强度每提高 1 个单位,将会使地区的全要素生产率水平降低大约 16%,这一结果与许多文献一致。一般来说,地方政府虽然有激励通过税收竞争吸引资本的流入,从而促进经济增长,但这也并不一定会实现。一方面,税收竞争可能会导致地方政府财政收入不足从而无法提供足够的基础设施,而足够的基础设施建设可以为地区的企业带来正的外部性。因此在税收竞争程度高的地区,企业的生产率可能会相对较低,从而导致地区全要素生产率也相对较低。另一方面,地方政府为了引资而进行的税收竞争,有可能会固化本地的资本要素粗放投入的发展模式,抑制经济增长方式的转型,从而降低本地的全要素生产率。

表 1-2　竞争行为对经济增长方式转变的影响分析

变量	(1)	(2)	(3)
税收竞争	-0.160*** (0.034)		-0.167*** (0.034)
土地低价竞争	0.010* (0.005)		0.020*** (0.007)
土地财政竞争	-0.004 (0.007)		-0.006 (0.007)
滞后税收竞争		-0.139*** (0.038)	
滞后土地低价		0.017*** (0.005)	
滞后土地财政		-0.029*** (0.008)	
土地低价竞争二次项			-0.007* (0.004)
财政分权	-0.070** (0.028)	-0.012 (0.028)	-0.066** (0.028)
对外开放	0.001 (0.012)	-0.008 (0.012)	0.002 (0.012)
所有制结构	0.152** (0.067)	0.139** (0.069)	0.150** (0.066)
产业结构	0.214** (0.087)	0.205** (0.093)	0.196** (0.087)
常数项	0.376*** (0.139)	0.694*** (0.145)	0.407*** (0.139)
样本数	360	330	360
R^2	0.297	0.388	0.305

注：括号内数值为标准误差。***、**、* 分别表示在 1%、5%、10%的水平下显著。
资料来源：经 Stata 软件回归整理。

并且，根据列(1)，地方政府的土地出让竞争也会影响地区全要素生产率。具体而言，协议方式出让土地价格的扭曲程度越高，地区全要素生产率水平也越高。地方政府依靠以协议方式低价出让土地使用权从而达到引资目的的行为被国内学者概括为“以地谋发展的模式”，在竞争上常表现为压低工业用地供给价格。协议出让土地低价竞争的系数显著为正,说明土地出让价格的扭曲程度越大,全要素生产率越高。这一结果是与经济学直觉相悖的。一般来说,土地要素价格扭曲会导致土地要素的资源错配,从而降低一个地区的全要素生产率水平。当地方政府在土地出让价格上展开竞争时,过低的价格意味着过度的扭曲,而过度的扭曲会降低资源配置效率,因此土地出让低价竞争的系数应该为负。然而考虑到实际情况,在大国发展的进程中,非均衡的模式在一定程度上为经济的起飞起到了重要的作用。地方政府通过低价出让土地,降低了企业成本,同时当土地价格和房地产价格上升时,也会缓解企业的融资约束。从这一角度上说,土地价格扭曲程度的系数为正也是可以理解的。但问题在于,这种扭曲下的效率提高不一定是可持续的。我们在列(3)中通过加入土地低价竞争的二次项,检验了这一可能性。列(3)显示的结果表明,税收竞争的系数仍然显著为负,反映土地低价竞争的土地价格扭曲程度的系数仍然显著为正,但是土地低价竞争二次项的系数显著为负。这一结果说明土地价格扭曲对地区全要素生产率存在倒"U"型的影响。比较系数大小可知,土地低价竞争的系数为0.020,二次项系数为-0.007,这意味着当土地出让价格扭曲程度大于1.43时,土地低价竞争将会降低地区的全要素生产率水平。根据本章的数据统计,我们发现,自2006年之后,大部分地区都出现了土地低价竞争指标大于1.43的情况。这意味着现有的土地低价竞争模式已经不利于我国经济增长方式转变的可持续性。

在列(1)中,虽然土地财政竞争的系数为负,但不显著。我们认为不显著的原因有两个方面:一是当期的土地出让收入对地区全要素生产率可能确实没有影响,有可能存在一定的滞后作用;二是指标的选取问题。比较文献可知,在反映土地财政的指标上,许多学者是采用与本章一致的度量方式,但也有学者以土地成交价格反映土地财政竞争。本章选择以土地出让成交总价款反映一个地区的土地财政竞争,并将不显著的原因解释为第一种原因,进而考虑滞后一期的土地财政竞争。由列(2)的结果可知,土地财政竞争虽然在当期对地区全要素生产率的影响不显著,但在考虑滞后一期的效应后,土地财政竞争显著降低了地区的全要素生产率水平。

控制变量方面,财政分权显著地降低了地区全要素生产率。虽然理论上来说,经济分权下的政府拥有更高的经济自主权,财政分权可以激发地方政府促进本地经济发展的动力。但在不恰当的激励结构下,为经济增长而竞争的地方政府干预地方经济的能力也会随着分权程度的提高而提高,从而可能抑制地区全要素生产率的提高。另外,在列(1)中,地方政府竞争行为可能与其他影响地区全要素生产率的因素具有一定的相关关系,这将会带来内生性问题,从而导致系数估计结果的有偏。列(2)滞后一期解释变量的处理方法,在一定程度上可以缓解遗漏同期相关变量而导致的内生性问题。因此,列(2)也可以看成是对内生性问题进行了初步的处理。

(二)内生性处理

虽然上述回归方程对可能存在的同期相关遗漏变量偏误导致的内生性问题进行了简单的处理,但假设地方政府可能根据以前的地区生产能力(全要素生产率)而选择自己的竞争策略,那么内生性问题仍然可能存在。这一假设是可能的,因为越是生产能力低的地区,地方政府干预地区经济的可能性就越大,因此其地方政府就越可能产生更强的竞争动机。基于此,一个可供选择的处理办法是在回归方程中加入过去的地区生产能力指标,这样做等于控制了前期的生产能力。但当在回归方程中引入被解释变量的滞后一期时,回归方程变成动态面板估计。在动态面板的估计中,由于被解释变量的滞后一期与扰动项相关,产生了动态面板偏差的问题,即使是组内估计量也是不一致的(Nickell,1981)。因此,我们尝试选择使用差分 GMM 的方法进行估计,估计结果见表 1-3。差分 GMM 方法的运用需要通过扰动项的自相关检验和过度识别检验。表 1-3 中列(1)是在固定效应回归中直接引入被解释变量的滞后一期。观察回归结果可知,被解释变量一阶滞后项的系数显著,土地低价竞争和土地财政竞争的估计系数也显著,且系数的正负号与基准回归相比并未发生变化。但是,税收竞争的系数不显著,这可能是直接引入被解释变量滞后一期造成的动态面板偏差问题导致的。

表 1-3 内生性处理结果

变量	(1)	(2)	(3)
被解释变量滞后项	0.887*** (0.024)	0.764*** (0.014)	0.782*** (0.030)
税收竞争	-0.009 (0.015)	-0.026*** (0.008)	-0.062** (0.028)
滞后税收竞争			0.005 (0.050)
土地低价竞争	0.004* (0.002)	0.004*** (0.001)	0.011*** (0.003)
土地财政竞争	-0.010*** (0.003)	-0.006*** (0.001)	-0.017*** (0.004)
财政分权	-0.041*** (0.012)	-0.042*** (0.003)	
地区所有制	0.042 (0.030)	0.094*** (0.028)	0.153* (0.089)
产业结构	0.072* (0.039)	0.060*** (0.022)	0.146*** (0.045)
对外开放	0.012** (0.005)	0.010*** (0.002)	
政府支出			0.006 (0.007)
常数项	0.105* (0.058)	0.080*** (0.030)	0.153** (0.064)
R^2	0.885		
AR(1)		0.002	0.001
AR(2)		0.164	0.211
Sargan p 值		0.579	1.000
观测值	330	300	300

注:括号内数值为标准误差,AR(1)、AR(2)和 Sargan 检验结果报告的是相应的 p 值;***、**、* 分别表示在 1%、5%、10%的水平下显著。

资料来源:经 Stata 软件回归整理。

因此在表 1-3 中列(2)采用差分 GMM 方法进行估计,并采用被解释变量的三个滞后项作为工具变量。根据列(2)的回归结果,可以看出税收竞争与土地出让竞争的系数都显著且符号方向不变。同时表 1-3 还报告了扰动项是否存在自相关以及过度识别检验结果。在这两个检验中,原假设分别为"不存在扰动项自相关"和"所有工具变量都有效"。根据检验结果可知,一阶自相关检验的 p 值为 0.002,说明可以强烈拒绝原假设,扰动项存在一阶自相关,但二阶自相关检验的 p 值为 0.16,说明在 10%的显著性水平下无法拒绝,不存在二阶自相关的原假设。同时过度识别检验(Sargan 检验)的 p 值为 1,说明无法拒绝所有工具变量均有效的原假设。

列(2)估计的逻辑是假设地方政府竞争行为除已经控制的控制变量外,主要受上一期被解释变量的影响,因此当在列(2)中也控制了上一期的被解释变量后,估计的内生性偏误得到了很好的解决。所以,在列(2)中并未将地方政府竞争行为视为内生变量。这种做法可能存在不妥,由于未知的原因,竞争行为仍有可能是内生变量。并且在列(1)的估计中,在加入被解释变量一阶滞后项时,土地出让竞争仍然显著而税收竞争不显著,说明税收竞争与上一期的被解释变量相关性很大,因此有理由将其看成是前定变量。基于这两个原因,我们又进行了列(3)的估计,以此作为内生性问题的进一步处理。列(3)的处理方法是将税收竞争与税收竞争的一阶滞后看作是前定变量,将地方政府的土地出让竞争看作是内生变量。相应地,使用税收竞争和土地出让竞争的两个滞后值作为其工具变量,使用被解释变量的九个滞后值作为一阶滞后的工具变量。具体系数估计的结果以及自相关检验和过度识别检验的结果见列(3)显示的结果。由此可知,差分 GMM 方法可以运用,并且主要解释变量的系数仍然显著且符号方向不变。

三、税收竞争影响经济增长方式转变的拓展分析

在前文基于全样本数据检验税收竞争对全要素生产率的影响效应时,我

们发现税收竞争显著降低了地区的全要素生产率水平。表 1-4 的列(2)中加入了税收竞争与西部地区虚拟变量的交互项,以验证相较于东部发达地区和中部地区,对于西部地区而言,税收竞争是否会有不同的系数。可以看出,该交互项为负且显著。因此这一结果表明,与东部地区、中部地区相比,税收竞争对全要素生产率的负效应在西部地区更大。直观来说,地区税收竞争每提高一个单位,东部地区和中部地区的全要素生产率水平会下降 7%,而西部地区将会多下降 11%。

表 1-4　税收竞争的异质性效应

变量	(1)	(2)	(3)	(4)
税收竞争	−0.111*** (0.031)	−0.076** (0.036)		
税收竞争×西部地区		−0.110* (0.059)		
税收竞争×产业结构			−0.221*** (0.063)	
税收竞争×财政分权				−0.057*** (0.017)
常数项	−0.593 (0.471)	−0.553 (0.469)	−0.945** (0.453)	−0.472 (0.488)
控制变量	控制	控制	控制	控制
时间效应	控制	控制	控制	控制
观测值	360	360	360	360
R^2	0.512	0.517	0.511	0.509

注:括号内数值为标准误差;***、**、* 分别表示在 1%、5%、10%的水平下显著。
资料来源:经 Stata 软件回归整理。

根据前文的分析,影响经济增长方式转变的因素主要有三个:资源配置效率、技术进步和经济发展阶段。我国当前处于由投资驱动转向创新驱动的阶段,任何固化以往发展模式的行为,都有可能抑制经济增长方式的转变。通过表 1-4 的列(3)估计结果可以看出,税收竞争与产业结构的交互项的估计系数也在1%水平下显著为负。这一结果说明,地方政府间税收竞争对全要素生产率的作用还受到地区产业结构的影响。第二产业占比越大,税收竞争对全要素生产率的负效应也越大。我们在控制变量里加入了产业结构,产业结构的系数为正,而产业结构与税收竞争交互项的系数为负。这一点说明,产业结构本身对全要素生产率并没有造成负影响,造成负影响的是产业结构与税收竞争的交互项,这可能源于税收竞争导致的引资质量过低。此外,在列(4)中,我们还引入了财政分权与税收竞争的交互项。由此前的分析可知,财政分权度越高说明地方政府在经济上的活力越强,自主度越高。结果表明,财政分权度越高的地区,税收竞争对经济增长方式转变的负效应也越大。

四、地方政府竞争影响经济增长方式转变的机制检验

在地方政府竞争影响经济增长方式转变的机制研究中,我们使用地区研发投入与固定资产投资的比值反映地区的创新投资结构。因为要转变经济增长方式,使经济增长由资本要素粗放投入驱动转向创新驱动,首先就必须找到能够支持创新的机制。能够反映一个地区创新支撑的,就是该地区的研发投入水平。我们预期,地方政府的税收与土地两种竞争行为会导致地区的投资偏向,固化要素粗放积累的发展模式,从而使地方政府竞争对地区研发投入占比呈现负效应。

表1-5中的列(1)是将地区研发投资占比对地方政府竞争行为直接进行回归。回归结果显示,税收竞争显著降低了一个地区的研发投入占比,土地财政竞争也显著降低了地区的研发投入占比,但由于可能存在的内生性问题,我们分别进行了列(2)和列(3)的回归,分别采用引入滞后被解释变量的方法和系统GMM进行回归分析。其中,系统GMM通过了自相关和过度识别检验。可以发现,列(3)中各主要解释变量在解决了内生性问题后依然保持显著。由此可见,税收竞争和土地财政竞争都抑制了地区的研发

投入，从而可能会对经济增长方式转变产生不利影响。土地低价竞争对地区的研发支出占比的影响显著为正，说明地方政府的土地出让价格扭曲程度越大，地区的研发支出越多。这一结果表明，地方政府的土地低价出让不仅降低了企业用地成本，也缓解了企业的融资约束，从而可以提高一个地区的研发支出占比。但是，长期而言这种扭曲价格会带来要素配置的扭曲，并不利于经济增长方式转变。这一点可以从前文关于土地低价竞争的可持续性分析看出来。

表 1-5　影响机制的检验

变量	创新投资结构		
	（1）	（2）	（3）
被解释变量滞后一期		0.622*** （0.0458）	0.565*** （0.00940）
税收竞争	-0.0182*** （0.00668）	-0.00374 （0.00564）	-0.0356*** （0.00357）
土地低价竞争	0.000524 （0.000980）	7.82e-05 （0.000813）	0.00101*** （0.000216）
土地财政竞争	-0.00794*** （0.00118）	-0.00516*** （0.00102）	-0.00920*** （0.000185）
地区所有制结构	-0.0147 （0.0128）	-2.79e-06 （0.0110）	0.0778*** （0.00553）
对外开放	-0.00703*** （0.00188）	0.00262 （0.00171）	0.0113*** （0.000618）
常数项	0.225*** （0.0209）	0.0796*** （0.0203）	0.0868*** （0.00843）
观测值	360	330	330
R^2	0.455	0.653	
AR（1）			0.0960
AR（2）			0.3492
Sargan p			0.8689

注：括号内数值为标准误差，AR（1）、AR（2）和 Sargan 检验结果报告的是相应的 p 值；***、**、* 分别表示在 1%、5%、10%的水平下显著。

资料来源：经 Stata 软件回归整理。

第四节　优化地方政府竞争促进经济增长方式转变

本章主要的研究结论有以下几点：

第一，地方政府间的税收竞争和土地财政竞争，显著降低了本地区的全要素生产率水平。相比较而言，税收竞争对地区全要素生产率和经济增长方式转变的影响更大。在控制了一些相关变量后，结果依然稳健。此外，税收竞争和土地出让竞争对全要素生产率存在显著的滞后影响效应。土地低价竞争对地区全要素生产率水平存在一个倒“U”型的影响，而且从具体的数据统计来看，2006 年之后大部分地区的土地低价竞争都已经超过倒“U”型的门槛值，对我国的全要素生产率的影响表现为抑制作用。

第二，税收竞争在发达地区和不发达地区有着不完全一致的影响。具体来说，税收竞争对全要素生产率的抑制作用在西部地区表现得更加强烈。此外，一个地区的财政分权度越大，税收竞争对地区全要素生产率水平的抑制效应越明显。这可能是因为地方政府的分权程度越高，其对经济非市场化的干预能力越强，从而对地区全要素生产率的抑制作用越大。另外，地区产业结构与税收竞争交互项的估计系数也为负，说明地方政府可能通过税收竞争的方式，过度吸引投资并造成了资源的浪费，对本地区的产业结构优化起到了反向的作用。

第三，地方政府间的竞争在一定程度上固化了资本要素粗放投入的模式，抑制了经济增长的转型过程，不利于经济增长质量的提高。地区间的税收竞争和土地财政竞争显著降低了地区的研发支出占固定资产投资的比值。说明地方政府的这两种竞争行为会导致地区的偏向性投资，固化投资驱动的发展模式，不利于经济增长方式的转变。此外，土地低价竞争虽然对地区的研发投资占比起到一个正向的作用，但是土地低价竞争对地区全要素生产率水平存在倒“U”型的关系,因此,长远来看土地低价竞争并不利于经济增长方式的转变。并且,2007 年之后我国大部分地区的土地低价竞争指标都已经超过倒“U”型曲线的拐点,已经呈现出对经济增长转变的负面效应。

虽然地方政府对我国经济增长的推动作用不容忽视,但新时代下转变经济增长方式、向高质量增长迈进,仍然需要找到合理的发展路径。根据本章的主要研究结论,可以为提高我国经济增长质量、优化政府政策选择,给出以下关于优化地方政府竞争促进经济增长方式转变的具体政策建议。第一,规范地方政府间的竞争行为,减轻地方政府间“降低质量底线”的引资竞争;制定合理有序的政策支持发展本地区的比较优势产业,而不是盲目地为吸引投资而进行低价出让土地的竞争。第二,进一步实施土地市场化改革,避免地方政府竞争带来的非市场化出让土地的行为;通过土地出让制度的市场化改革,一方面既可以降低地方政府低价协议出让土地带来的土地要素错配程度,另一方面市场化供给土地的增加将会缓解土地供求矛盾,从而减轻地方政府土地财政竞争对全要素生产率的不利影响。第三,要推动我国经济增长方式转变,除规范地方政府的竞争行为外,还应该加强培育自主创新能力,培养创新意识,增加创新投入。

第二章　城市间人才竞争与城市综合竞争力

随着中国经济发展进入新时代，高质量发展逐渐替代之前的高速增长。在此背景下，人才无疑将成为推动城市高质量、持续健康发展的战略性资源。近年来，对人才资源的需求也引发了城市间愈演愈烈的人才竞争，这背后实质上是城市发展的竞争态势和经济质量的升级需求。本章以新一线城市为研究蓝本，通过理论和数据分析，对人才竞争和城市综合竞争力进行深入的探讨。首先，基于城市间人才竞争的现状，剖析深层次原因，分析政策特点与差异，考察其效果并提出潜在问题；其次，通过理论和实证分析，研究人才竞争与城市竞争力之间的相互作用机理；再次，通过建立城市综合竞争力与人才资源水平的评价指标体系，构建耦合协调发展模型，分析和验证两者的耦合互动关系；最后，提出相应的政策建议。

人才乃治国兴邦之本，一直以来都受到国家与地方的高度重视。习近平总书记指出，“发展是第一要务，人才是第一资源，创新是第一动力”。[①] 党的十八大以来，习近平总书记关于新时代中国特色社会主义人才的重要论述一

① 习近平：《在深圳经济特区建立 40 周年庆祝大会上的讲话》，人民出版社 2020 年版，第 7 页。

直指引着我们前进。党的十九大报告中进一步指出,“人才是实现民族振兴、赢得国际竞争主动的战略资源”。人才作为推动经济社会发展和提高国家、城市竞争力的战略性保障,引起了国内一些大中型城市的持续关注。城市地方政府纷纷将人才作为城市的重要资源,不断增加人才储备量,以期为城市的可持续发展沉淀足够的发展潜力。因此,重视和引进人才将成为各地产业升级和供给侧结构性改革的必经之路。

改革开放四十多年以来,我国城市化水平和城市经济总量迅速提升,城市在经济发展中的作用愈加重要。一方面,我国城镇常住人口数飞速增加,由1978年年末的1.7亿人增加至2019年年末的8.48亿人,城镇化率也从17.92%扩大到60.60%;另一方面,城市的数量从1978年年末的193个增加到2019年年末的672个。从经济总量来看,城市发展对国民经济的影响愈益增大,1988年全国城市GDP为7025亿元,仅占全国GDP的50%左右,而到2019年,这一比例已超过80%。城市和城市体系的不断发展和完善成为影响经济增长的内生动力。在现代社会中,一个城市的发展成果不仅仅会影响当地的发展,其作用更是会辐射到周边城市,乃至整个国家;另外,城市及城市群通过不断释放的经济效益和空间上的关联效应,进一步引领经济腾飞。为了对城市发展水平进行合理评估,学者们对国家、区域和企业竞争力的概念进行借鉴融合,形成了城市综合竞争力的概念。城市综合竞争力的提升,逐渐成为世界各国和地区政府关注的现实问题。

一直以来,主要一线城市包括北上广深在内,依赖其先进的经济发展、发达的公共服务、完备的基础设施以及宽广的发展前景,持续吸引国内外人才的流入。同时,这些城市也云集着诸多名校,无疑增加了大批高素质毕业生在一线城市继续就业的可能性。人才的流入与城市的发展两者相互促进,螺旋式上升。然而近年来,由于过多人口涌入,房价上涨、污染严重、交通堵塞、资源短缺等问题不断产生,因此北上广深均认识到控制人口的重要性。近年来一线城市人口几乎达到了饱和状态,上升空间相当有限。因此,一线城市的落户门槛越来越高。

而随着一线城市收紧人才吸纳政策、不断提高对人才质量的要求，越来越多的人才转而流向新一线城市。[①] 新一线城市的人才引进竞争愈加激烈。自2017 年以来，中国许多新一线城市和二线城市纷纷提高了人才引进的力度，竞争优质人才，即使是已处于人才高地的北上广深也有所参与。武汉、杭州、南京等几十个城市纷纷出台了人才新政，包括落户降标、买房补助、租房补贴、创新创业补贴等一系列优惠，一些城市更是推出了近乎零门槛的落户政策，意图吸引更多人才落户本地。

城市的发展离不开人才，人才竞争有其存在的必要性和必然性，这背后既折射了各城市经济社会发展的竞争，也是当前经济发展质量提升与产业结构转型升级的必然趋势。国内的许多城市参与到了本次人才竞争中，但是对于这些城市来说，仅仅吸引人才是远远不够的，仍有许多不得不考虑的问题——人才政策是否存在漏洞？在人才引进之后是否能留住他们，以及如何留住他们，将他们内化为自己的资源？人才引进对于城市综合竞争力的提升效果如何？如果不能很好地解决这些问题，不能根据自身实际情况出发，只是一味地出台人才引进政策，可能会适得其反。

基于此，本章旨在探讨城市间地方政府人才竞争的政策现状、出现的深层次原因以及需要注意的问题，为地方政府人才引进政策提供多角度的参考；同时研究人才竞争力与城市综合竞争力的作用机理，梳理两者之间的相互关系，帮助地方政府有目的、有层次、有针对地引进人才；进一步基于城市综合竞争力的视角探讨各地人才资源水平及其耦合程度，以期各城市能够充分发挥人才的积极作用，通过城市综合竞争力与人才资源水平的协调发展，最终实现城市的高

---

① 本章的新一线城市评定标准系参考第一财经新一线城市研究所每年公布的榜单，该榜单依托商业资源集聚度、城市枢纽性、城市人活跃度、生活方式多样性和未来可塑性这五大指标评定。算法框架为：一级指数的权重以新一线城市研究所专家委员会打分的方式计入，二级指数以下的数据采用主成分分析法。该榜单公布的 2019 年新一线城市依次为：成都、杭州、重庆、武汉、西安、苏州、天津、南京、长沙、郑州、东莞、青岛、沈阳、宁波、昆明。

质量、可持续发展。

第一节　人才竞争与城市竞争力的概念辨析

一、人才竞争的内涵与影响效应

早期国外学者关于人才竞争的研究源于对人力资本作用的研究，普遍认可人才竞争对当地人力资本的促进作用，肯定了人力资本的重要性。斯密(Smith)在《国民财富的性质和原因的研究》中提出："人的学识、技能和经验是一种资本，具有生产性，是社会生产的关键因素。"《经济学原理》的作者马歇尔(Marshall)也认为"在所有投资中，对人的投资是最有意义的"，类似的观点还包括"知识是生产和发展的最大动力"。在此之后，美国经济学家明塞尔(Mincer)建立了关于人力资本的收益率模型，提出人力资本收益函数，并将人力资本理论与分析方法进行了实际应用。舒尔茨(Schultz)认为，人力资本是经济增长的重要生产要素；人力资本的获得和成长都需要消耗资本；同时对人力资本投资进行阐述，认为其本质目的是获取投资收益，从而将物质资本转化为人的学识、技能和经验，而人力资本投资的收益在对各项生产要素的投资中也最为突出。美国著名经济学家贝克尔(Becker)出版的著作《人力资本》利用人力资本收入函数对劳动收入分配关系进行确定，扩展人力资本观点的同时使得这个理论成为"今日经济学中经验应用最多的理论之一"，开拓了人力资本微观经济学的新领域。

国外学者对人才竞争的研究主要探讨一个地区的人才引进政策、该地区吸引人才的因素等。莱纳等(Reiner 等,2017)对中欧两个高度发达大都市的学术人才吸引政策进行了比较，建立了一个启发式框架，以分析旨在吸引国际学术人才的政策行为，并指出虽然吸引人才的政策在政界很受欢迎，但它们可能会给城市社会的某些部分带来不利的福利结果。国内对人力资本和人才竞争的研究起步较晚，早期主要翻译国外相关研究成果。近年来，随着国内城市间的人才竞争日趋激烈，一批学者开始针对城市人才竞争以及政府人才引进政策进行一系列相关研究。张润梅（2018）阐述了城市人才竞争的必要性和重要性，指出了可能存在的问题，同时提出了相关改进措施。陈文权和李星（2018）分析了我国各地人才引进政策及其特点，探讨了可能存在的问题及这一现象出现的原因，最后提出了推动人才有序竞争流动的对策。李长安和高春雷（2018）提出在人才竞争日趋激烈的情况下，各地政府应以实现人才自我价值为中心，打造完善的用人环境，避免重引进、轻使用的现象，做到人尽其才。黄群慧等（2019）的研究梳理了二线城市的人才新政情况，并且以福建省厦门市为代表，剖析了存在的不足，提出了相关建议。

同时，另外一批国内学者的研究着重于不同地区或城市之间人才竞争政策的比较，进而提出针对性的政策建议。余薇（2013）从长三角地区入手，通过对比主要城市的具体政策，包括人才引进、培养、开发和保障等相关政策，分析了各城市在人才政策环境上的优劣势，并为完善人才政策提出了相关建议。刘玉雅和李红艳（2016）选取5个经济发达的地区为样本，比较分析这些地区在人才的引进、培养、激励上的异同，建立人才政策评价体系，研究发现人才政策的主要影响因素为人才引进标准以及人才激励的发展性和福利性，并对人才体系完善度进行评估和排序。何理丽等（2019）对京津冀和长三角地区人才政策进行了分析比较，总结了经验和不足，并提出人才政策制定和实施的要点，认为人才配套环境的建设需要引起重视。刘素等（2019）基于国内重点城市人才政策的比较分析，以长沙市为例剖析了其现有人才政策的不足，并提出了完善建议。苏立宁和廖求宁（2019）对长三角经济区上海市、江苏省、浙江省和安徽省2006—2017年现行有效的人才政策进行了分析，总结其差异和共性，研究表明各省市的人才政策均具有较强的针对性，但从长三角经济区整体上考虑协调性仍显不足。可以发现，学者大多肯定了近年来地方政府人才竞争政策的存在意义，但也指出了其中可能存在的问题，并提出政府需要有序进行人才政策的设计以最大化利用我国的人才资源。

对于人才竞争的作用及其对城市综合竞争力的影响，国内主要从与人才竞争相关的人力资本视角进行研究，从理论角度分析人力资本对经济增长的作用机理，并通过实证分析来说明人力资本在经济增长中的作用。王金营（2001）首次提出了有效劳动模型与人力资本外部性模型的比较方法，剥离了人力资本产生其他要素效应的外部性作用，建立可行的分析框架用于判断人力资本的真实作用。张一力（2005）将地区人力资本分为一般、专业和企业家三个类别，进一步提出四象限模型用于解释人力资本结构模式，并以温州市、苏州市为例进行了相关实证研究。钟水映和李魁（2010）利用 1990—2007 年中国省级面板数据，通过空间计量模型进行了实证研究，发现人口红利显著促进省域经济增长，并且东部地区和中部地区之间存在一定的空间溢出效应。刘晓英（2011）阐述了国内外人力资本理论及城市综合竞争力的理论，分析了人力资本与城市综合竞争力的内在作用机理，确立人力资本投资在提升城市综合竞争力中的核心地位，并根据上述理论提出人力资本投资策略，进而提升城市的综合竞争力。王阳（2012）针对人口结构变化对经济社会发展的影响进行了研究。张天雪和盛静茹（2017）基于新增劳动力受教育年限与 2009—2015 年珠三角五城市的城市综合竞争力数据进行统计分析，并证明城市产业竞争力而非城市综合竞争力与新增劳动力受教育年限存在显著的相关性。叶文平等（2018）针对流动人口聚集对城市创业活跃度的影响进行了研究，揭示了流动人口影响创业活跃度的作用机理并进行实证分析。研究发现，较高的流动人口比例能够提升城市的创业活跃度，而城市吸引流动人口包括创业型个体的关键点在于市场规模、知识溢出效应和中间投入品价格等因素。肖滢和马静（2018）以长江中游城市为研究对象，通过系统耦合协调度衡量其发展质量，对人力资本、科技创新以及城市发展质量间的相互作用关系进行了实证分析。倪鹏飞等（2019）以亚洲 566 个城市为研究对象，使用结构方程模型研究了城市综合竞争力的影响要素和作用机理，最终结果表明基础环境、金融服务、人力资本对城市综合竞争力有显著的正向作用。

总的来说,人力资本相关研究大多集中于对外来移民或者流动人口的分析,而对人口的人力资本水平没有加以区分,针对人才的深入探讨较为少见;对于人才竞争的研究则主要着眼于探讨一个地区的人才引进政策以及该地区吸引人才的因素等,或对不同城市间人才政策本身进行对比分析,并提出相应建议,但是较少将政策与其他相关成果结合进行分析;同时,大多数人才竞争政策相关的对比研究是基于省级层面或者区域层面展开的,鲜有研究立足于城市层面。有关城市地方政府人才竞争对城市综合竞争力影响的研究大多数聚焦于创业活跃度、产业竞争力和经济增长等方面。

二、城市综合竞争力的内涵与影响因素

自 1980 年以来,国外学者便开始探讨和研究城市综合竞争力这一概念。美国成立专门从事城市综合竞争力研究的机构,而英国更是针对城市综合竞争力的论题出台了一系列白皮书。国内学者对此的研究则起步相对晚一些,随着 20 世纪 90 年代以来我国城市社会经济的不断发展,学者们对城市综合竞争力的研究数量不断增多、研究深度不断增加、研究角度不断扩展、研究成果不断丰富。国内外对城市综合竞争力的研究主要集中在以下两个方面:概念内涵研究与影响因素研究。

(一)城市综合竞争力的概念内涵

学界普遍认同城市综合竞争力这一概念是由国际竞争力的概念衍生而来的,但就具体定义而言,各流派研究的出发点不同,从而理解也有所不同。古典经济学的理论认为,竞争力的强弱主要产生于不同主体在某一或某些生产要素上的相对竞争优势,其中主要的生产要素包括自然资源禀赋、劳动力或人力资本、资金等。最具代表性的理论包括斯密(Smith)提出的绝对优势理论、

李嘉图(Ricardo)提出的相对优势理论以及俄林(Orin)提出的自然禀赋理论,后者在前者的基础上进行了补充和拓展,使得理论体系更加完善,这些观点的核心是认为竞争力产生于某种优势。之后学者对这一问题的研究主要在古典经济学理论的基础上展开,基本认可并沿用了该观点,且融入了自己的特色。温特(Winter)认为,不同主体之间创新能力的差异对其竞争力高低的影响最为重要,并且认为所有其他竞争优势均可以用创新这一要素来解释,充分肯定了创新的重要性并呼吁创新。米克(Mckee)和罗宾逊(Robinson)则认为,生产率是影响不同主体竞争力水平的关键因素,并指出生产率越高的主体往往具有更高的竞争力,因此提高生产率至关重要。波特(Porter)的研究也肯定了上述观点,强调了生产力对国家或地区的重要作用,认为只有不断提高生产力,不断适应时代的要求,才能不断提高经济发展水平、推动社会进步、改善国民生活质量。

(二)城市综合竞争力的影响因素

波特提出的"双因素理论"认为,影响区域竞争力的因素主要有两类:一类是经济要素,另一类是战略要素,并结合宏观和微观层面对两者进行了深入的探讨,其对城市综合竞争力影响因素的探讨为后期学者的研究提供了指引。波特(1991)提出的"钻石模型"认为,城市竞争力的主要影响因素有六个,分别为生产要素、需求条件、产业支持、企业发展状况、政府和机遇。国内学者对城市竞争力的影响因素也得出了一定的研究成果。郝寿义和倪鹏飞(1998)将城市竞争力水平的直接影响因素归纳为经济、开放、人才/科技、资金和基础设施水平。进一步地,倪鹏飞(2001)通过硬竞争力和软竞争力两个层面对城市竞争力进行衡量,并细分要素进行评价。于涛方和李娜(2003)认为,城市新产业区的形成和发展将是城市竞争优势的重要影响因素,与城市的全球化与专业化息息相关。程玉鸿和程灵云(2014)指出,除城市内部因素外,城市间的联结和合作也在城市综合竞争力中扮演着重要角色。

第二节　城市间人才竞争的驱动因素与典型事实

近年来，各城市尤其是新一线城市和二线城市纷纷开展人才竞争，吸引力向来较高的一线城市也参与其中。这一现象的背后有其深层次的原因，不同城市参与的方式和力度也不尽相同。本节对如今城市间激烈的人才竞争现象进行分析，主要从其出现的原因、城市相关政策对比及其效果三个方面展开。

一、城市间人才竞争的驱动因素

（一）人才竞争与转型发展

随着新一轮科技革命和产业革命的萌芽，人才在当前知识经济时代中将发挥重要作用，各地对劳动力的素质也相应地提出了更高的要求。党的十八大以来，党中央提出新型城镇化的宏伟蓝图，习近平总书记指出，要“以人为本。推进以人为核心的城镇化，提高城镇人口素质和居民生活质量，把促进有能力在城镇稳定就业和生活的常住人口有序实现市民化作为首要任务”。① 党的十九大再次明确提出了要加快农业转移人口市民化，对放宽落户条件也提出了清晰的要求。

当前，我国经济正处于由高速增长转向高质量发展的过渡时期，产业结构不断调整升级。一方面，我国经济驱动正在加速转变。依靠着大量廉价劳动力和自然资源，我国经济在改革开放之后迎来了相当长时间的高速发展期。然而近年来，我国经济发展进入了新常态，整体增速逐渐放缓，劳动力等资源的低成本优势不再，传统经济增长方式后劲不足，同时经济粗放发展过程重数

① 《十八大以来重要文献选编》，中央文献出版社 2014 年版，第 592 页。

量不重质量导致的环境与资源等问题也日益严峻。因此,我国的经济发展方式亟须变革和转型,创新驱动将在未来经济增长中扮演重要角色。基于此,党的十八大认为中国未来发展动力在于创新,党的十九大也对创新在社会经济发展中的重要地位进行了进一步明确。由此可以看出,创新将成为我国未来发展的核心动力,而人才则是创新的核心推动源泉。因此,只有不断培养、吸引和开发人才,才能充分发挥人才潜力,提升经济增长中的创新成分,推动社会经济可持续健康发展。

另一方面,我国的产业结构不断调整升级。总体来说,第一、第二产业的发展很大程度上依赖劳动力和自然资源的拉动,而第三产业则更多地依靠人才尤其是创新人才的拉动。近年来,第三产业的占比逐年攀升,从 2000 年的 39. 8%上涨到 2019 年的 43. 9%,并且第三产业对 GDP 的贡献率从 2010 年的 39%逐年上升至 2018 年的 61. 5%。随着绿色发展和高质量发展等一系列经济发展目标的提出,我国经济产业结构将处于不断调整升级的过程中,以第三产业为主导的新型产业结构将逐步形成。与此同时,一系列智能化、绿色化的战略性新兴产业也正在高速发展,它们代表着科技产业发展的最新方向,因此人才在这一经济增长和产业结构升级过程中越发关键,大量引进高精尖人才也将成为国家、城市发展的大势所趋。

(二)人口素质与科技创新

随着中国经济由高速增长阶段逐渐转向高质量发展阶段,创新成为驱动经济发展的迫切需求,而人才更是推动创新的第一要素。为了充分掌握前沿信息和知识,在未来发展中抢占先机,城市人口的整体素质亟须提升,人才资源作为创新发展的关键要素在城市综合竞争力提升过程中扮演着重要角色。

从企业角度看,各类创新型企业对人才的需求日益增加。由于各行业各领域的市场有限,经济社会的持续发展不断压缩企业的发展空间,导致企业之间更加激烈的竞争,因此向创新型企业转型是企业占据发展先机的必要手段,而创新型企业的核心就在于人才数量和人才质量。因此,对创新型人才的需求在当下的社会经济环境下与日俱增。

从高校师资角度看,在一流高校和一流学科"双一流"建设过程中,地方高校同样需要引进高层次科研人才和创新人才作为高校教师的中坚,参与教育教学、科学研究和高校学科建设,提升科研水平和人才培养水平。因此,一流人才的竞争将是双一流高校建设中的关键要素。

从学历角度看,根据联合国的《人类发展报告》,2015 年我国 25 岁及以上人口的人均受教育年限仅仅只有 7.6 年,相比于其他发达国家人均 12 年以上的水平仍然存在明显差距。从适龄儿童人均预期受教育年限来看,我国的人均 13.5 年也明显低于发达国家的人均 15 年以上的水平。因此,虽然全国高学历人才数量不断增加,但是人才依旧供不应求。自 2014 年以来,我国的本科毕业生增长率出现逐年下降,硕士和博士毕业生增长率也不容乐观。可见,高校毕业生作为年轻人才无疑是一种稀缺资源,这也从一定程度上解释了近年来我国激烈的人才竞争。

(三)年轻人才缓解老龄化问题

世界银行曾估计,中国经济增长的 33%能够通过人口红利因素来解释。然而现今我国的人口红利正在逐渐消失,人口老龄化情况越发严重,一些以人口和劳动力为主导的城市竞争力也逐渐出现下滑。近年来,我国 15—64 岁人口占比逐年递减,从 2010 年的 74.53%减少到 2020 年的 68.5%,并且在人口总量上升的情况下,15—64 岁人口总量自 2013 年起逐年减少;相反,自 2010 年以来,65 岁及以上的老年人口的总量和占比均逐年增加,其占比从 2010 年的 8.87%增长到了 2021 年的 14.2%;相对地,0—14 岁人口占比却几乎没有波动,稳定在 16.5%左右,其总量增幅也微乎其微。一般认为,老龄化、深度老龄化和超级老龄化的判断标准为 65 岁及以上老年人口比例分别大于 7%、14%和 20%,可见我国已经步入老龄化社会。根据粤开证券《2050,当你老了:

中国人口大数据》①一文的测算数据，我国在2029年将达到人口高峰14.5亿左右；到2050年我国老龄化比例将高达26%，抚养比达到0.9。这意味着届时我国每四个人中就有一个老人，而每个劳动力就要抚养一个老人。联合国《世界人口展望(2017修订版)》更是预计中国将在2025年左右就进入深度老龄化阶段，并在2034年左右步入超级老龄化。

近十年来，我国多数省市的老年人口抚养比均有明显抬升，最高的山东省十年来抬升了近10%，抬升5%以上的省份有5个，而抬升3%以上的省份多达17个，仅天津市、海南省、福建省和西藏自治区的老年人口抚养比相比十年前是下降的。可见全国多数省份的抚养压力越来越大，老龄化现象严重，而且存在明显的地区分化现象，东部强省的老龄化压力逐步显现。新中国成立以来，由于未能及时调整生育政策以及经济社会发展导致生育观念变化等原因，我国的出生率在近年来总体上呈下降趋势，并且我国总和生育率大幅下滑至超低水平，两者的下降趋势几乎同步，这也在一定程度上导致了我国的少子化和老龄化问题。另外，我国曾经历过三波“婴儿潮”，分别是1950—1958年、1962—1973年、1982—1991年。一般来说，在每波“婴儿潮”后的20—30年可以迎来一波劳动力高峰，在60年后会遭遇人口老龄化冲击。因此，当前我国正在经历前两波“婴儿潮”所带来的人口老龄化冲击；同时，第三波“婴儿潮”已经进入工作阶段。因此，在近几年抢夺第三波“婴儿潮”也是各地人才竞争的重要目标。

任何城市的发展都离不开劳动力，各地对人才的引进既提高了当地的人力资本水平，也在一定程度上改善了当地的人口结构，缓解了老龄化问题。然而由于上述的少子化和人口结构问题，当前我国的劳动力供给能力持续下降，这将导致劳动力成本上升，严重阻碍实体经济的发展。根据东方财富Choice数据，自2015年起岗位空缺与求职人数比始终大于1，表明我国的就业岗位整体上处于空缺状态，求职人口无法覆盖全部空缺。2015—2016年的

① 《2050年，当你老了：中国人口大数据》一文是李奇霖通过生育率和死亡率来测算的未来中国人口情况。

数据总体稳定，并且呈现出明显的季节性特征，第二季度该比例为一年中最低。然而，这一数据从 2017 年下半年开始陡增，到 2018 年第四季度，该数据涨到了 1.27，这表明我国劳动力缺口愈加扩大，劳动力更加稀缺。

综合来看，在这样的背景之下，许多城市都面临着年轻人口大幅萎缩、老龄化少子化现象愈加严重、劳动力供不应求等问题，而人才竞争从本质上就是优质人力资源的竞争，通过政策优惠吸引人才成为各个城市改善人力资源现状的重要方式。北上广深等一线城市通过引进人才，进一步巩固其经济地位，推动新兴产业发展的同时增强人才集聚效应；而人才基础较差的二、三线城市，也希望在人才竞争的大背景下，通过多种途径吸引人才，优化经济发展方式，推动经济社会可持续发展。

二、城市间人才竞争政策的典型事实

近些年，城市之间的人才竞争越发激烈。2017 年，以武汉市为代表的新一线城市率先发布了一系列人才引进方针，拉开了新一轮人才竞争的序幕。2018 年全国各城市之间的人才竞争全面开展，2019 年更是持续升级。据不完全统计，2018 年全国有 100 多个城市出台了人才竞争政策，2019 年以来更是有 28 个省市发布了各种人才引进和落户优惠新政，对人才的竞争依旧如火如荼。其中，以一线城市（北京、上海、广州、深圳）、15 个新一线城市的参与热度最高，位于全国不同地区的这 19 个城市的政策也具有一定的代表性和参考价值。为了更好地对人才竞争现象进行分析，本节分别梳理了一线城市和二线城市的人才竞争政策情况，并据此进行了简要对比和分析。

（一）人才竞争政策的特征

一直以来，主要一线城市包括北上广深在内，依赖其先进的经济发展、发达的公共服务、完备的基础设施以及宽广的发展前景，持续吸引国内外人才的流入。同时，这些城市也云集着诸多名校，无疑增加了大批高素质毕业生在一线城市继续就业的可能性。人才的流入以及城市的发展两者相互促进，螺旋式上升。然而近年来，由于过多人口涌入，房价上涨、污染严重、交通堵塞、资源短缺等问题不断产生，因此北上广深均认识到控制人口的重要性。近年来一线城市人口几乎达到了饱和状态，上升空间相当有限，故而一线城市的落户门槛也越来越高。根据常住人口数据，相比于21世纪初期，近几年北京市和上海市的常住人口和户籍人口均呈现稳定态势，达到了饱和状态，而广州市和深圳市则呈现出缓慢增长的状态。这种差异也与各城市的人才政策有关。

根据表2-1，从人才政策的角度来看，一线城市中引才政策力度最大的是深圳市，其次是广州市，北京市和上海市则更加注重人口流入数量和质量的平衡。从人才引进范围来看，四个城市均有各自的针对性，聚焦在重点领域，并且普遍对"高、精、尖、缺"人才敞开大门，这也与他们各自的城市发展有关。北京市作为全国的政治、文化、国际交往和科技创新中心，这样的城市定位决定了北京市要构建"高、精、尖"的产业结构，因此对这类人才更为青睐；上海市旨在建设国际经济、金融、贸易、航运以及科技创新"五个中心"，故而也聚焦重点领域的人才，在引进科创建设的"关键少数"人才的基础上，着重发展具有优势的领域人才；广州市由于其对高端人才尤其是金融人才的吸引力相比其他3个一线城市有所不足，因此人才范围相比北京市和上海市则更广，并且着重吸引金融人才。广州市计划5年内投入15亿元用于高层次人才的相关保障，其补贴力度极大，直击"高、精、尖、缺"人才，并且补贴范围更广、总体力度更大；深圳市作为一座年轻的移民城市，对于专业化、年轻化的高技能人才，其引进条件较之北上广更为宽松。纯学历型人才的落户门槛甚至放宽至大专及以上，并且深圳市在各类补贴方面也有明显优势，条件相比北上广更为宽松，并且为了留住人才，在安居保障上投入力度很大。

从具体落户和补贴等政策来看，4个一线城市对特定人才的补贴力度均较大，同时也有其独特的特点。北京市放宽人才的年龄限制，并放开了"高、精、尖"人才的落户，总体上优惠政策更有针对性也更严格，但是对符合条件的人才补贴力度也很大；上海市的落户政策相较北京市稍微宽松，这是因为尽管经过多年发展,上海市已成为人才高地,但人才高峰尚未形成,因此对于高端人才的补贴力度较大,以此提高对人才的吸引力。

表 2-1　一线城市人才竞争政策情况

城市	人才竞争政策情况	
北京	人才范围	文化创意、科技创新、国际交往中心建设,体育、金融、教育医疗、高技能
	落户政策	户口+配偶子女随迁,最快5天完成办理,建立优秀人才引进的“绿色通道”
	租住优惠	面向人才专配公租房、共有产权房和发放租房补贴
	就业创业	创新创业团队若近3年累计获得7000万元/1.5亿以上(含)股权类现金融资,给予最高500万元/1000万元的一次性奖励
上海	人才范围	高新技术产业化重点领域人才、行业专门人才、急需紧缺人才,包括宇宙起源与天体观测、生命科学与生物医药等13个科技领域的人才
	落户政策	根据个人贡献、岗位说明和公司状况以及落户名额等综合评定;13个相关科技领域的人才及家属可以随迁落户上海
	租住优惠	提供购房补贴、租房补贴、人才公寓等多种类型的补贴
	就业创业	符合条件的优秀创业人才可直接落户上海
广州	人才范围	创新创业领军人才、杰出产业人才、产业发展和创新人才;注重金融和基础教育两大领域
	落户政策	开辟高层次/高技能入户、学历入户、职称入户、技能入户等多种人才引进入户途径
	总体投入	5年内投入约15亿元,为高层次人才提供住房和医疗保障、创新创业支持、资助补贴、子女入学等服务
	租住补贴	新引进入户的全日制应届本科生,且在广州市工作满一年,即可获得住房补贴2万元、硕士3万元、博士及副高级以上专业技术人才5万元,向符合条件的高层次以及中高层次人才供应人才公寓
	就业创业	为“红棉计划”项目提供创业项日资助、融资渠道支持、知识产权保护、落实税收优惠,并衔接人才绿卡制度
深圳	人才范围	高层次人才、学历类人才、技能类人才、留学回国人才、博士后等
	落户政策	学历入户比社保入户条件更宽松,一般2—3月办理完成
	租住补贴	一次性租房和生活补贴本科15000元/人、硕士25000元/人、博士30000元/人,提供30万套人才住房,研究生以上学历优先承租,研究生以上学历拥有优先购买住房权
	就业创业	对在深圳市创办企业的海外高层次人才的创业项目予以资助

资料来源:各城市人才政策。

根据各个城市2035年的人才规划政策,北京市、上海市均开始严控人口规模,广州市对人口的控制则显得较为宽松,提出要科学调控人口规模。另外,同样作为一线城市的深圳市表现得最为宽松。对于国内顶尖的大都市北京市和上海市来说,两者更多的是从全球的高度来考虑人才的供给,严控人口与吸纳人才两方面同样重要。它们清楚地知道自己需要什么类型的人才,因此一边通过疏解实现人口转移,一边大力引进需要的人才,不断地加大人力资本的投入,以调整人口结构,提升整体人口质量。广州市和深圳市对人口的控制相对宽松,这一方面是因为其对人口的容纳度依然较高,但吸引力相比北京市和上海市有所欠缺;另一方面也是由于自身的产业发展需要更多人才的流入。

总体而言,一线城市的人才政策普遍与自身的发展和特点密切相关,对人才的引进更具有针对性,在控制人口的同时仍然把高端人才作为引进对象,更加聚焦和高端化。控人政策以北京市、上海市为典型,控人力度较大,但对于"高、精、尖、缺"人才依旧敞开大门,注重人口质量结构的调整;而广州市控人力度适中,引才力度较大;深圳市则对人才的落户和补贴政策相对宽松,在房价上的优惠对人才也具有相当大的吸引力。随着一线城市控制人口规模,提高人才引入质量要求,越来越多的人才流向了以成都、武汉、杭州为代表的新一线城市,新一线城市的人才竞争也愈演愈烈。15个新一线城市的人才竞争政策主要是通过落户、租住支持、就业创业和相关补贴优惠等几方面的福利吸引人才,各个城市对人才范围的确定也有一定的异同。

表2-2整理归纳了这些新一线城市人才竞争政策的具体情况。从中可以发现,新一线城市的人才引进政策有许多相似点,也有一定的差异性。从人才范围来看,多数城市都欢迎归国人才、高层次人才和创业创新人才,并且对学历型人才的标准普遍放宽至本科生,对大学生的引进力度很大。部分城市(如苏州市、天津市、东莞市、青岛市等)对人才有较为具体详细的分类标准,并且针对不同类别的人才实施不同的政策,相对更有针对性。从落

户政策来看,新一线城市的落户政策均比较宽松,本科生几乎可以在所有城市落户,大部分城市,例如重庆市、郑州市、宁波市等,落户标准放宽至专科生、职业技能人才等。并且这一标准整体上随着城市发展水平的降低逐渐下降。从补贴情况来看,几乎所有城市均给出了不同力度的补贴,分别体现在租房补贴、购房优惠、创业就业补贴、其他补贴等一个或多个方面。整体来看,新一线城市的人才引进范围和力度均很大,但是针对性有所欠缺,并且对于人才的引进范围和方法相似性较高,容易加剧不同城市之间的人才竞争。

表 2-2 新一线城市人才竞争政策情况

城市	人才范围	落户政策	住房扶持	补贴优惠
成都	紧缺技能人才、外国人才等	本科及以上毕业生凭毕业证落户	“蓉漂”计划,为找工作的人才提供 7 天的免费住宿	对在蓉创业大学生提供贴息贷款支持
杭州	高层次人才、外国人才等	本科及以上人才或大专紧缺专业人才可直接落户	建设 5 万套人才专项租赁住房;对高端人才分别给予 100 万元、80 万元、60 万元购房补贴	本科 1 万元、硕士 3 万元、博士 5 万元
重庆	专家、学者、留学归国人才、重点领域人才等	引进的各类人才可携家属落户	引进人才在渝工作半年以上的,由用人单位提供住房供其使用;与用人单位签订 5 年以上劳动合同的,可获得一次性安家补助费	引进人才按类别享受岗位津贴:一类人才 8000 元/月、二类人才 5000 元/月、三类人才 3000 元/月、四类人才 1000 元/月
武汉	10 万名海外科创人才、校友人才和优秀科技人才,100 万名留汉创新创业大学生、100 万名高素质技能人才	以下可直接落户:30 周岁以内专科和非全日制本科及以上学历,且交保险 1 年以上;符合千人计划、湖北百人计划、武汉城市合伙人和黄鹤英才计划的;在汉就业创业的博士、硕士、高级专业技术人才和高技能人才	提供上千套人才公寓;对符合条件的高技能人才一次性给予 30 万元安家补贴	博士毕业生补贴 2000 元/月,持续 3 年;到新城区工作的本科生,每年补贴 1 万元,持续补贴 2 年;免费共享创业工位,提供见习岗位
西安	应届高校毕业生、高层次人才、外国人才等	在校大学生可凭学生证、身份证在线落户	毕业 3—5 年内可申请租住公租房;为市属单位公开招聘的博士研究生提供安家补助 5 年共 15 万元	19 条政策帮助和保障大学生就业创业

续表

城市	人才范围	落户政策	住房扶持	补贴优惠
苏州	分为五类人才（顶尖型、领军型、拔尖型、骨干型、储备型），具体包括优质高科技企业和高层次人才、战略科学家、学术带头人、卓越管理者等	以下可落户：职业技能三级或专科学历，30周岁以下，在苏州连续工作两年以上且缴纳社保；中级专业技术职务任职资格、职业技能二级或本科学历，男40周岁以下，女35周岁以下；高级专业技术职务任职资格、职业技能一级或者硕士及以上学位	A类最高500万元、B类最高250万元的购房补贴；C类及以上人才享受乐居优购房；D类及以上和有条件的E类可不超过3年优惠租房，且A、B类可免租金入住；A—D类人才可分别给予不低于8000元/月、5000元/月、3000元/月、1500元/月的租房补贴	工薪在5万—10万元、10万—20万元、20万元以上的，分别按工薪的25%、30%、35%给予补贴，最高60万元。高端外国专家按工薪的60%进行补贴，最高100万元
天津	学历型人才、资格型人才、技能型人才、创业型人才、急需型人才	本科及以上学历的应届毕业生可直接落户；在线申请3天反馈结果	按照层次给予5万元至200万元的购房补贴、每月800—10000元（连续两年）的工作津贴、未就业配偶每月2000元的生活补贴等优惠	给予创业领军人才最高1000万元资金补助和最高200万元奖励资助，给予高端创业人才最高50万元创业启动资金支持
南京	每年吸纳20万以上大学生就业创业	40岁内本科生及以上学历可直接落户；积分落户，首套房屋面积每满平方米加1分的先例，房产加分最高不超过90分	累计3年租赁补贴，博士1000元/月、硕士800元/月、学士和技师600元/月	一次性给予4000元创业成功奖励
长沙	计划用5年时间，吸引储备100万名青年人才在长沙就业	高校本科及以上学历的毕业生，凭毕业证、就业报到证或长沙合法稳定就业凭证落户	工作前五年每年发放博士1.5万元、硕士1万元及重点本科毕业生0.6万元的租房和生活补贴	对新落户长沙工作的大学毕业生进行补贴
郑州	创职业（技工）院校毕业生、高校毕业生、留学归国人员	专科及以上学历在郑州就业居住后可落户	符合条件的相关人才在郑首次购房分别给予博士10万元、硕士5万元、“双一流”高校本科毕业生2万元的购房补贴	对新引进落户的全日制博士、35岁以下硕士、本科毕业生，三年内每人每月分别发放1500元、1000元、500元生活补贴
东莞	顶尖人才、特色人才、创新人才、高技能人才等	50周岁以下，具备全日制普通高等教育本科以上学历	顶尖人才可享受200平方米左右免租8年的人才住房；特色人才可申请人才安居等	符合条件的人才一次性发放5000元创业资助
青岛	高精尖人才、创新创业人才、高层次人才、基础人才等	本科及以上学历应届毕业生可直接落户	硕博毕业生可领一次性安家费，最高15万元/人；最高1500元/月住房补贴，最长3年	—

续表

城市	人才范围	落户政策	住房扶持	补贴优惠
沈阳	支柱产业、战略新兴产业紧缺人才、高层次人才、技术人才等	以下可直接落户：中专以上学历且不超过35周岁、本科以上学历且不超过45周岁、硕士研究生以上学历且不超过55周岁	持续两年给无自有住房的提供租房补贴，每人每月全日制博士1250元、35周岁以下硕士850元、35周岁以下本科和技师及以上技能人才500元	A、B、C三个类别，分别给予50万元、30万元、15万元资助
宁波	高层次人才、基础人才、应届毕业生和硕士研究生、青年精英人才和青年留学归国人才	大专以上应届毕业生可先落户后就业；35周岁以下的中级技能职业资格或专科以上学历人员可在没房条件下落集体户；留学海归人员与国内高校毕业生享受同等待遇	1万—3万元大学生生活安居补助，高层次人才15万—800万元的安家补助；3年内在宁波首次购买家庭唯一住房的各类人才，分别给予购房总额20%，最高20万—60万元不等的购房补贴	顶级创业创新项目最高资助1亿元
昆明	国内外顶尖人才，国家级、省级、市级领军人才、高层次创新创业人才等	符合条件的引进人才可先落户再择业	按照人才的不同类型每月分别发放不同金额的生活补贴	对入选的创业创新类项目，最高给予150万元的创业扶持资助，项目负责人一次性给予30万元的安家费

资料来源：各城市人才政策。

综上所述，近年来地方政府人才竞争有其独特之处，主要包括以下几个方面：

第一，参与城市不断增加，范围不断扩大，竞争逐渐加剧。随着人才的重要性日益彰显，参与竞争的城市多、规模大、竞争速度快已成为近年来人才竞争的主要特征。从规模上看，不同于21世纪初，仅有北上广深主要参与人才竞争，据不完全统计，目前已经有100多个城市出台了各种引才措施，包括一线、新一线和二线城市等各个层次。从竞争速度上看，在武汉市于2017年率先出台引才政策《关于支持百万大学生留汉创业就业的若干政策措施》后，各城市反应迅速，相继推出了跟进措施，在短时间内快速跟进。

第二，竞争对象的范围也不断扩大，质量要求逐渐提高。过去的人才竞争主要针对劳动力的流入，通过引进以农民工为主的产业工人，来服务于以低端制造业为代表的传统产业,对劳动力整体素质的要求不高。然而,新一轮的人才竞争则聚焦于高精尖人才、创新创业人才等高端劳动力,对劳动力素质的要求有了显著提高,这反映的是对高质量劳动力与高端人才的竞争,同时也体现了高质量发展阶段对人力资本数量、质量和结构提出的新要求。从各个城市的人才引进方案中可以看到,科技型人才是本轮人才竞争的焦点,例如近两年北上广深四个一线城市针对新兴产业领域高精尖人才的竞争逐渐白热化,各城市纷纷开通多种形式的高层次人才绿色通道。同时,相比于一线城市聚焦化、高端化的策略,新一线城市则重点吸引以大学毕业生为代表的青年人才。成都市、武汉市、杭州市等新一线城市在参与高精尖人才竞争的同时,政策重心总体上仍倾向于应届生所关注的就业、收入、户口、住房、创业支持等多方面需求,本、硕、博毕业生成为政策的主要受惠者。

第三,通常以落户方便、租住房屋优惠以及高额物质补贴吸引人才。近两年推行的新一线城市人才竞争政策中多包括一系列户籍新政,主要体现在大幅降低落户门槛、扩大入户范围、精简手续办理等。成都市、武汉市、天津市等多个城市相继在学历、年龄、住房、就业等方面放宽条件,做到几乎零门槛落户。许多城市还给出了户口政策的升级版,将引进人才及其直系亲属一并纳入落户范围。除此之外,在此轮人才竞争中,多个地区都通过放宽落户条件、提供住房保障、奖励资金补贴等多种方式相结合,全方位提升对人才的吸引力。

第四,更加注重人才的相关需求,力求构建更为完善的人才发展体系。习近平总书记就贯彻《关于深化人才发展体制机制改革的意见》曾强调:“办好中国事情,关键在党,关键在人,关键在人才,要着力破除体制机制障碍,向用人主体放权,为人才松绑”①。综合考察各个城市的人才引进相关政策,可以看到苏州市、杭州市、南京市等城市和 4 个一线城市均落实了人才分类机

① 《习近平就深化人才发展机制体制改革作出重要指示》,新华网,2016 年 5 月 6 日。

制、人才服务保障机制等多个方面的措施，为充分开发人才潜能、发挥人才积极性起到了积极的作用，也为其他城市人才发展体系的建设提供了范本。

（二）人才竞争政策的问题

1. 忽略自身需求盲目引进人才

大多数新一线城市对自身的发展定位不明，盲目竞争，造成人才浪费。每个城市的发展都有其独特的条件，而一些城市在参与人才竞争的过程中并没有意识到这一点，没有结合自身的实际情况引进所需的人才，对于不同类型的人才没有进行适当鉴别，不管人才是否有用武之地、是否有与之相匹配的工作岗位就盲目引进。在竞争的同时，如果忽略了人才与地方定位以及相关岗位的匹配程度，人才的价值就难以得到发挥，可能造成人才资源的大量浪费；另外，地方政府和用人单位花费巨大的成本，其收益却相当有限，同样会导致地方财力、物力、人力的无谓消耗。

地方政府在引进人才的过程中同样也存在指导思想的偏差。首先，在引进人才的标准方面，部分新一线城市（如青岛市、东莞市、郑州市等）仍然将学历作为主要的指标，这一标准过于单一和狭隘。许多技术型人才或者有丰富工作经验的精英人才未必有一个很高的学历，但是在某些方面确实有过人之处，这样的人才也可以被纳入引进范围。其次，在引进人才的时候容易存在用力过度的问题。高价引进人才确实很有吸引力，在某种程度上也具有合理性，但容易演变成各个地方政府的财力之争，丧失吸引人才的初衷，干扰人才的正常流动。最后，地方政府在不断推动人才引进的同时，可能会导致重外轻内，从而忽略开发和培养本土人才的重要性，使本土人才外流。

2. 人才两极分化

各个城市之间的人才竞争，导致人口迁移行为不再遵循原有市场经济规律，改变了人才的流向和流量，可能会导致人才资源水平的两极分化情况愈加严重。由于地方政府在进行决策时往往是地方利益优先，甚至是短期利益优先，在缺少国家层面的规划时，通常无法统筹兼顾全局并考虑长远利益。在我国人力资源市场总量一定的情况下，这种此消彼长的零和博弈必然会导致“穷者愈穷、富者愈富”的马太效应。一方面，落后地区亟须人才输入来改变现状，但缺乏经济社会环境和政策支撑，对人才吸引力较低，造成人才愈加缺乏；另一方面，高精尖人才不断涌向发达地区，推动这些地区的经济社会更加迅速地发展。这种现象将导致区域经济发展和人才资源水平不平衡，使人才资源空间集聚效应更加明显，影响国家的整体健康发展。

3. 引进后无法留住人才

各地出台了一系列相应的措施招揽人才，很多条件在短期内确实很诱人，但是从长期看，一些地方政府缺少相配套的措施留住这些人才。从公共服务角度来看，考虑到城市有限的公共资源和公共服务，短期内大量引进人才将对城市教育、公共卫生、医疗服务等社会资源产生挤压，导致公共服务需求与供给之间的严重不平衡。考虑到优质公共资源以及公共服务在城市的新城区、开发区总体上仍存在投入欠缺的问题，而人才引进力度和人才流入量又较大，在这些地区供求缺口将更大，可能对人才的社会生活水平造成严重影响。从培养机制角度来看，许多城市在引进人才的同时，尚未建立相应的人才发展体系，若政府不能规范化地推动人才培养、人才开发并打造良好的社会经济环境，将使人才难以充分发挥其潜力或实现其价值，最终导致城市与人才分道扬镳，形成“双输”的局面。

（三）人才竞争政策的效果

为了更好地探究人才竞争现象，厘清其与人才流动和城市综合竞争力之间的关系，本部分就相关城市近年来的人口流动情况做了一些研究，以期能够在一定程度上间接反映城市人才竞争政策的吸引力，从而探究人才竞争政策的成效，考察人才政策对城市人才净流入的影响，为下文对人才资源水平与城市综合竞争力的研究作铺垫。

各地的人口统计口径主要有常住人口①和户籍人口②两种。若一个地区的常住人口数量大于户籍人口，则意味着该地区处于人口净流入状态；反之，若一个地区的常住人口数量小于户籍人口，则意味着该地区处于人口净流出状态。因此，为了更好更直观地观察各地的人口净流入情况，本章用“常住人口数量—户籍人口数量”来衡量一个地区的人口净流入数量，即流入当地半年以上流动人口减去流出当地半年以上流动人口的数量。

首先对 2018 年一线和新一线城市的人口流入规模情况进行分析。根据各城市历年统计公报可以发现，一线城市和几乎所有新一线城市 2018 年均处于人口净流入状态，这也可以从一定程度上反映这些城市人才政策的成效。其中，上海市、深圳市、北京市、广州市的人口净流入规模均位列前 5，可见 4 个一线城市依旧是人才最受欢迎的去向，这也离不开这些城市自身经济、政治、环境、人文等因素的领先发展；而新一线城市中比较受欢迎的是东莞市、天津市和苏州市，郑州市、武汉市、宁波市、杭州市的人口净流入规模比较接近。

此外，我们还发现，一线城市中北京市的人口净流入明显减少了，这也与其愈加严格的控人政策以及人口质量结构调整举措有关。上海市同样有类似情况，不过由于上海市的落户政策相对比较宽松，故而相比北京市其减少量要少很多；另外，一线城市中的广州市和深圳市依旧坚持大量引进人才，并且以其独特的竞争优势吸引着人口的流入，因此其人口净流入大量增加，一定程度上吸收了北京市、上海市容纳不下的那部分流动人口。新一线城市虽然频频出台引才政策，但主要都是从 2017 年开始的，相比于一线城市较晚，其影响有一定的递延效果，因此反映在数据上效果仍不明显。

---

① 常住人口=户籍人口+流入当地半年以上流动人口-流出当地半年以上流动人口。

② 依照《中华人民共和国户口登记条例》，在其经常居住地的公安户籍管理机关进行常住户口登记的人即为当地的户籍人口，并且无论是否外出以及外出时间长短，都属于该地区户籍人口的统计范畴。

进一步,为了更具体地反映各城市近年来人口流动的变化,我们通过比较不同时间段各城市户籍人口和常住人口复合增长率的不同来衡量人口的流动情况。我们发现,近8年(2011—2018年)的数据显示大部分城市的常住和户籍两类人口的增速差别不大。进一步考察近4年(2015—2018年)的数据可以发现,这些城市人口的净流动规模上升,人口流动现象相较于以前更加明显。其中,深圳市、宁波市、长沙市常住人口复合增长率明显上升,近3年有更多人口流入这几个城市;相反,北京市、上海市、天津市近3年人口流入的规模有所下降;南京市、东莞市、武汉市的户籍复合增长率提高了,这一现象得益于更多的人口落户本地,并且考虑到南京市和武汉市均是高等教育发达城市,大学生云集,再加上其宽松简便的落户政策,每年都能吸收一部分大学生就业并落户;成都市、杭州市、广州市、西安市的户籍和常住人口增长率近年均有明显提高;而昆明市和沈阳市则几乎没变。

值得一提的是,由于上文中人口净流入数据考察了所有人口类型的流动,并不仅仅局限于本章所讨论的人才,因此用该数据反映人才的流动情况稍显粗糙,但是考虑到人才占人口的比例有一定的规律,并且对于新一线城市来说,其人才引进政策所涵盖的人才范围也较为宽泛,因此仍可从一定程度上为本章的研究提供参考价值,从而进一步体现各地人才竞争政策的成效。

第三节　城市间人才竞争对城市综合竞争力的影响效应

为了梳理和探究地方政府人才竞争与城市综合竞争力之间的互动关系,本节将人才资源水平作为联系两者的核心概念引入研究。首先,在学者提出的相关理论模型的基础上分析了人才竞争对城市综合竞争力的影响机制;其次,通过8个新一线城市的面板数据,从经济环境、社会环境和科教环境三个方面实证分析了城市竞争力对人才资源水平的影响。

一、人才竞争对城市竞争力的作用机理

国外学者对城市综合竞争力影响因素的研究总体上是从微观、宏观再到中观层面，竞争主体也从产业间、产品间发展到国家间再转向城市间；国内学者对这一问题的研究则是参考了国外学者们的研究成果，结合我国的特定经济政治发展情况，将其进行拓展和延伸。应用广泛和影响深远的模型主要有波特关于竞争优势的“钻石模型”、丹尼斯（Denis）的城市综合竞争力模型、伯格（Burger）的“迷宫模型”、倪鹏飞的“弓弦箭模型”和中国人民大学竞争力与评价研究中心提出的“三力体系”理论。波特对生产要素、需求条件、相关支持产业、企业战略以及结构和竞争对手这四大影响因素进行了深入的研究，认为这些影响因素对竞争力有重要影响；另外，政府和机遇的作用也同样不可忽视，在特定的条件下可以起到关键作用。这六个关键因素相互作用，构成了“钻石模型”。

丹尼斯的城市综合竞争力模型注重从不同层面进行研究，模型主要包括经济结构、区域禀赋、制度环境和人力资源四个因素。经济结构主要包括经济成分、生产率、产出和附加值、投资等要素，是竞争力评价体系的焦点；区域禀赋包含了一些地区专属特征，如地理位置、自然资源、基础设施等；制度环境是指管理框架、政策导向等；人力资源主要包括劳动力的技能水平、适用性以及劳动力成本，并且人力资源水平能够决定城市发展上限。

伯格的“迷宫模型”从投入和产出的角度研究了城市绩效，认为提高绩效的最终目的是提高当地居民的生活水平。其中，最底部的四个要素为投入要素，产出是顶端的生活质量，中间一层为中间过渡要素。倪鹏飞的“弓弦箭模型”是国内城市竞争力相关研究中影响力较大的理论模型。该模型认为城市综合竞争力包括城市硬实力（“弓”）和软实力（“弦”），而城市产业则是“箭”，三者相互作用，共同构成城市综合竞争力，缺一不可。“三力体系”模型认为国际竞争力是由核心竞争力、基础竞争力、环境竞争力这三力综合发力构成

的。其中,核心竞争力主要由国家经济实力、企业管理竞争力及科技实力等决定;基础竞争力包括基础设施竞争力和国民素质竞争力;环境竞争力包括国际化竞争力、政府管理竞争力和金融体系竞争力。

本节综合考虑上述学者的模型,并在此基础上结合我国城市发展所特有的因素,分析了城市间人才竞争对提升城市综合竞争力的作用机理。在本章提出的模型中,人才竞争对城市综合竞争力的作用机理主要分为四个层次。第一层次为行为层,即城市间的人才竞争;第二层次为显性影响因素,包括人才资源水平的提高以及资源配置的优化,其中人才资源水平的提高体现在劳动力数量、质量提高以及人口年龄结构改善三个方面;第三层次是本质影响因素,主要分为对城市经济发展、科技教育和社会生活三个方面的影响,并且每一个影响因素又分别下设若干二级影响因素;第四层次是结果层,即城市综合竞争力。

各城市间的人才竞争对城市综合竞争力的提升作用首先体现在提升人才资源水平以及优化资源配置两方面,其中,前者为直接影响,后者为间接影响。合理的人才竞争首先可以在一定程度上提高城市的人才资源水平,通过大力补贴、子女落户、薪酬福利、创业氛围等一系列措施吸引人才的流入,最有竞争力的措施包括物质奖励、人才自我发展、人才家庭福利等。而人才的流入可以提升城市的人才资源水平,一方面,人才的流入增加了城市的劳动力数量、提高了劳动力质量;另一方面,年轻人口的流入可以改善城市的人口结构,增加年轻人口占比,降低老龄化水平。另外,城市间的人才竞争可以间接促使城市优化自身资源配置效率。城市为了吸引和留住人才,不得不优化城市的资源配置,将优质资源向人才流入的高端产业和企业倾斜,充分发挥人才的主观能动性,促进城市的创新,提高资源利用效率。

(一)通过人力资源水平提升城市综合竞争力

在本节构建的作用机理模型中,城市人才资源水平的影响主要通过三个角度来体现，分别是劳动力数量的增加、劳动力质量的提升和人口年龄结构的改善。

第一，人才的流入可以提高劳动人口的比例，而劳动力数量的增加可以通过促进企业发展、增加财政收入和优化财政支出提升一个城市的综合竞争力。一方面，劳动力的增加有利于城市企业的发展，提高规模效应，同时，劳动力数量的增加可以在一定程度上促进城市房地产市场的发展，增加土地财政收入，并且通过纳税增加财政收入，从而共同推动城市经济发展。另一方面，劳动力数量的增加还能在一定程度上缓解城市的养老压力，增加社保和基建类财政支出，带动城市基础设施建设、教育和医疗卫生等配套设施的发展和完善，提高城市人民的生活水平，促进城市发展。

第二，劳动力质量的提升可以通过促进产业结构转型升级和企业发展推动城市经济发展，通过提高科技水平和教育水平改善城市的科教环境，并且可以提高城市整体收入和生活水平。随着我国经济体制的不断完善与发展，一些工业产能过剩的问题逐渐显露。因此，为了我国整体经济在未来持续稳定发展，很大程度上需要依赖产业转型。伴随人才不断流入城市，城市人力资本的存量以及质量大大提高，进一步地，人力资本存量和质量的提升又能提高城市的产业竞争力，促进城市产业的成功转型，从而提高城市的综合竞争力。普通人力资本密集的城市，其劳动密集型产业较为发达，这也将限制城市的发展水平和竞争力，但是随着高质量人力资本即人才的流入，将会推动与之相匹配的高级生产要素的投入运用以及流入集聚，从而改善城市的产业结构，推进产业结构升级，进而形成相关产业的潜在比较优势，促进相关企业的发展腾飞，大大提高城市的综合竞争力。

一个城市的科技进步情况和教育水平直接影响其综合竞争力，而人才资源水平的提升对两者的促进作用明显。一方面，人才是创新的源动力。人才资源向城市流动，能够带来新知识，促进知识和经验的累积，推动技术创新，提高生产率对产出的作用比例，进而影响城市综合竞争力；人才既是科技进步的发动者，也是新技术、新知识的传播者，人才资源流向城市，同时推动该城市的人才培育力度，改善城市的原有教育水平，从而造就一批高素质人才，而大量的知识溢出效应又会进一步推动城市的科技创新活动，提高城市的创新能力；人才的流入可以促进新技能和知识的传播，通过学习和借鉴其他城市的先进技术，从根本上提高城市的劳动生产率，促进科技进步；人才的流入还能促进科技成果的转化，使先进的科技成果更好地服务于城市的发展。另一方面，教育发展和科技进步作为经济增长的源动力，是影响城市综合竞争力的重要因素。教育水平的提高可以为城市发展提供后备人才，创新能力的提升是城市发展的重要源泉。居民收入水平是体现城市生活水平的重要因素，劳动人口质量的提升对改善城市人均收入有一定的促进作用。城市引进的人才水平普遍较高，可以通过自己的劳动和知识为城市创造更多的价值，从而获得更多的报酬。

第三，人口年龄结构优化可以改善财政支出结构和消费储蓄比例，改善老龄化现状，从而降低经济负担，增强城市综合竞争力。年轻人口比例提高可以有效缓解城市的养老和医疗压力，减轻财政负担，提高城市居民生活水平。同时，考虑到不同年龄段人口的产出、储蓄及消费习惯都存在差异，劳动年龄人口比重提高将有效改善消费和储蓄比例，刺激消费，从而进一步促进再生产，共同推动城市发展，提高城市综合竞争力水平。

（二）通过资源配置效率提升城市综合竞争力

资源配置的优化可以提高城市的资源使用效率，最大化地发挥当地可能的资源优势，提高城市综合竞争力。物质资本等生产要素是被动要素，它们由人力资本发掘、支配和调节，人才资源水平的提高无疑可以更大化地发挥其他生产要素的作用。以生产要素中的资本为例，作为城市竞争力的关键因素，资本在各类要素资源的联系与分配中起到纽带作用，而人才流入对城市资本及资本配置有重要的影响。一方面，城市为留住引进的高端人才，将更多地投资于人才以及人才所在的高新产业，从而降低对低端产业和低端劳动力的投入，提升劳动生产率和资本利用效率，加速产业结构转型。同时，通过高新技术与资本的结合，能够创造出更有竞争力的高附加值产品，在推动城市高科技产业发展的同时，提升单位资本产出收益，从而与其他拥有一般人才资源的城市拉开差距，提升城市相对的综合竞争力。

二、城市竞争力对人才竞争的作用机制

根据上文分析，城市间通过人才竞争，吸引人才流入并优化资源配置，最终作用于城市竞争力，提升城市发展水平。而随着城市间人才竞争如火如荼地进行，人才在选择城市时，考虑的并不仅仅是人才引进政策，同时也会考虑城市竞争力，城市的经济社会发展水平和对人才的投入在人才竞争中同样扮演着重要的角色。因此，在本节中，将选取若干新一线城市作为研究对象，通过相关数据研究城市竞争力对人才竞争的作用机制。在统计中，常用的人才统计指标通常有就业人员总量以及专业技术人员总量，考虑到专业技术人员总量的数据存在较多缺失，且人才竞争所涉及的人才主要从事第二产业或第三产业工作，我们采用第二、第三产业就业人员总量作为人才数量的统计指标。

城市竞争力对人才的吸引力，主要分为经济环境、社会环境和科教环境三个层面。从经济环境上，城市的经济发展水平是吸引人才的一项重要因素。GDP 代表着城市总体的经济发展规模，更高的 GDP 意味着相关产业更为发达，工作岗位更多，创造经济价值更高；人均 GDP 则能够反映经济效率，能够衡量个人对城市经济发展的贡献；三种产业的产业结构体现出城市经济的主要构成，其中高新科技产业主要集中在第二、第三产业，良好的产业结构代表着经济的可持续发展能力。从社会环境看，城市作为人才工作、生活之处，相应的社会生活环境势必会对人才的选择产生影响。其中，城镇居民人均可支配收入代表城市的总体收入水平，而待遇也是人才普遍关心的重要因素；地方财

政支出中社会保障和就业支出项，为人才的就业、医疗、养老提供保障，解决人才在城市工作的后顾之忧。从科教环境看，人才竞争主要聚焦于对高精尖人才和高校毕业生的竞争，城市财政支出中科学技术支出体现城市对高新科技的重视程度，更多的企业、机构研究支出带动科技水平进步，能够为经济发展带来持续的活力；高校学生和教师是城市人才的后备力量，同时也是科学技术研发的一线，教育支出则代表对这些人才的投入和培养力度。

基于以上分析，本节选取成都市、杭州市、重庆市、武汉市、西安市、苏州市、天津市、昆明市 8 个新一线城市作为研究对象，采集 2007—2018 年共 12 年的数据，包括城市竞争力层面的 GDP、人均 GDP、第三产业 GDP 占比、城镇居民人均可支配收入、社会保障与就业支出、科学教育支出和人才层面的第二、第三产业就业人员总量。数据主要来自国家统计局 2007—2018 年《中国城市统计年鉴》和各城市的统计公报和统计年鉴。

（一）相关性分析

本章运用 Stata 统计分析软件，对 8 个新一线城市 12 年的面板数据进行相关性分析。首先，从经济环境层面，考虑就业人员总量与 GDP、人均 GDP、第三产业 GDP 占比之间的相关关系，其皮尔逊相关系数矩阵见表 2-3。可以看出，作为人才数量指标，第二、第三产业就业人员总量与城市 GDP 存在显著相关性，其相关系数达到 0.765。这说明，经济发展规模仍然是吸引人才的主要因素。反映在城市层面，北上广深作为一线城市，始终是国内外人才优先选择的目标；相应地，新一线城市中 GDP 较高的城市也能够在人才竞争中占得一定的先机。而第三产业 GDP 占比与就业人员总量存在相关性，但相关系数为负，考虑到整体上第一产业在产业结构中的比例和就业人数都较少，这意味着第二产业在过去多年间，仍然是新一线城市吸引人才的主要产业。同时，我们可以看出，GDP 与人均 GDP 也存在较高的相关性，可见人均 GDP 随着近年来各城市经济社会的快速发展和经济发展效率的不断提升，也在持续稳定上升。

表 2-3　就业人员总量与经济环境变量相关系数

相关系数	就业人员总量	GDP	人均 GDP	三产 GDP 占比
就业人员总量	1.000	—	—	—
GDP	0.765*** (0.000)	1.000	—	—
人均 GDP	0.149 (0.147)	0.661*** (0.000)	1.000	—
三产 GDP 占比	-0.232** (0.023)	0.139 (0.178)	0.264*** (0.009)	1.000

注：***、**、*分别表示在 1%、5%、10%的水平下显著。

接下来，从社会环境层面看，对就业人员总量、城镇居民人均可支配收入、社会保障与就业支出间的相关性进行分析，得到的结果见表 2-4。可以看出，第二、第三产业就业人员总量与社会保障与就业支出存在显著的正相关关系，其皮尔逊相关系数达到 0.832。这意味着，城市对人才的社会保障相关投入越高，越能够吸引人才流入。同时，可支配收入对就业人员数量的影响并不显著。

表 2-4　就业人员总量与社会环境变量相关系数

相关系数	就业人员总量	城镇人均可支配收入	社保就业支出
就业人员总量	1.000	—	—
城镇人均可支配收入	0.153 (0.136)	1.000	—
社会保障与就业支出	0.832*** (0.000)	0.205** (0.045)	1.000

注：***、**、*分别表示在 1%、5%、10%的水平下显著。

最后，从科教环境层面看，分析就业人员总量、科学技术支出和教育支出的相关性，得到的结果见表 2-5。根据上述结果，可以发现科学技术支出与教育支出，对于作为人才数量指标的第二、第三产业就业人员总量都存在显著的相关性，其中教育支出的相关系数达到 0.861。考虑到教育支出涉及青年人才成长的各个环节，同时与城市流入人才自身及其子女的教育水平息息相关，因此对就业人员总量增长有着显著的贡献。同时，科技发展与教育水平也存在显著的相关性。

表 2-5　就业人员总量与科教环境变量相关系数

相关系数	就业人员总量	科学技术支出	教育支出
就业人员总量	1.000	—	—
科学技术支出	0.403*** (0.000)	1.000	—
教育支出	0.861*** (0.000)	0.636*** (0.000)	1.000

注：***、**、* 分别表示在 1%、5%、10%的水平下显著。

综上所述，从 8 个新一线城市 12 年的面板数据中可以看出，第二、第三产业就业人员总量，与经济环境、社会环境和科教环境的变量均存在一定的相关性，充分说明由经济、社会、科教等方面综合构成的城市竞争力，对人才竞争和人才吸引存在一定的正向作用。

（二）回归分析

上一小节中，针对城市竞争力的三个层面与人才数量的相关性进行了分析。接下来，进一步通过面板数据的回归分析，对经济、社会和科教环境对人才竞争的影响进行量化分析。

关于经济环境变量，尽管 GDP 与第二、第三产业就业人员数量有较为显著的相关性，但考虑到 GDP 与诸多社会、科教环境变量也存在相关关系，为避免严重的多重共线性问题，选择与 GDP 存在共性与联系的人均 GDP 纳入回归分析中。关于社会环境变量，考虑到城镇居民人均可支配收入与人才数量不存在显著相关性，选取社会保障与就业支出纳入回归分析。关于科教环境变量,教育支出对人才数量的影响较为显著,且考虑到科学技术支出与教育支出存在相关性,故仅纳入教育支出表示科教环境。综上,本部分中面板回归分析的模型表示为:

$$p = \mu + \alpha_1 GDPP + \alpha_2 SSEE + \alpha_3 EDUE + \varepsilon \quad (2.1)$$

其中,p 表示人才数量,用第二、第三产业就业人员数量衡量; $GDPP$ 为人均 GDP, $SSEE$ 为社会保障和就业支出, $EDUE$ 为教育支出; α_1 、α_2 、α_3 为回归系数, μ 为常数项, ε 为误差项。基于 2007—2018 年 8 个新一线城市成都市、杭州市、重庆市、武汉市、西安市、苏州市、天津市、昆明市的面板数据,首先运用 Stata 统计分析软件进行固定效应回归,结果见表 2-6。

表 2-6　固定效应回归结果

变量	系数	标准误差	T 值	P 值	95%置信区间		显著性
GDPP	5.313	2.401	2.21	0.03	0.539	10.087	**
SSEE	0.205	0.074	2.76	0.007	0.057	0.352	***
EDUE	0.522	0.085	6.13	0	0.353	0.691	***
Constant	418.377	11.885	35.20	0	394.746	442.007	***
Mean dependent var			593.207	*SD dependent var*			237.302
R^2			0.877	*Number of obs*			96.000
F-test			202.491	*Prob>F*			0.000
Akaike crit.(AIC)			936.181	*Bayesian crit.(BIC)*			946.439

注:***、**、* 分别表示在 1%、5%、10%的水平下显著。

接下来继续对上述模型进行随机效应回归,结果见表 2-7。对上述固定效应和随机效应进行霍斯曼检验,结果显示应该选择随机效应回归。观察随机效应回归结果可以发现,人均 GDP、社会保障与就业支出、教育支出三者的回归系数均显著,其中人均 GDP 在 5%的水平下显著,社会保障与就业支出以及教育支出在 1%的水平下显著。同时,随机效应回归的总体 R^2 值为 0.719,组内 R^2 值为 0.877,回归结果较为显著,说明人才数量(第二、第三产业就业人员总量)与经济、社会、科教环境同时有关,且三者的系数均为正值,说明其有正相关关系。以教育支出为例,城市的教育支出每提升 1 亿元,大约能吸引 0.54 万的第二、第三产业从业人员到城市就业,人均 GDP 和社会保障支出与人才数量间也存在类似关系。

表 2-7 随机效应回归结果

变量	系数	标准误差	T 值	P 值	95%置信区间		显著性
GDPP	4.375	2.424	1.80	0.071	−0.376	9.127	**
SSEE	0.21	0.076	2.76	0.006	0.061	0.36	***
EDUE	0.542	0.087	6.22	0	0.371	0.713	***
Constant	420.566	44.707	9.41	0	332.942	508.180	***
Mean dependent var			593.207	SD dependent var			237.302
Overall r-squared			0.719	Number of obs			96.000
Chi-square			586.567	Prob>chi2			0.000
R-squared within			0.877	R-squared between			0.842

注:***、**、*分别表示在 1%、5%、10%的水平下显著。

为了对模型进行稳健性检验,本章同样用衡量经济效率的 GDP 指标替换了人均 GDP 变量进行回归分析,发现模型的显著性及变量的符号都保持稳健,结果见表 2-8。同理,其他指标也通过稳健性检验。

表 2-8 稳健性检验结果

变量	系数	标准误差	T 值	P 值	95%置信区间		显著性
GDP	0.0108	0.0029	3.71	0.000	0.0051	0.0165	***
SSEE	0.1228	0.0756	1.62	0.104	−0.0253	0.2710	*
EDUE	0.3288	0.1066	3.08	0.002	0.1198	0.5377	***
Constant	414.0094	41.0481	10.09	0.000	333.557	494.462	***
Overall r-squared			0.7236	Number of obs			96.000
R-squared within			0.8913	R-squared between			0.8574

注:***、**、*分别表示在 1%、5%、10%的水平下显著。

综上，根据以上的相关性和回归性分析结果可知，城市的经济、社会和科教环境水平对人才数量存在一定的影响，且主要为正向作用。因此可以认为，城市竞争力在吸引人才方面也扮演着重要的角色，更高的经济发展水平、更好的社会生活水平和更良好的科学教育环境，都能够使城市在人才竞争中占得先机。因此，各个城市在人才竞争大潮中，除了紧跟趋势不断推出人才引进政策、通过多种措施吸引人才外，也需要不断提升城市的综合竞争力，从经济、社会、科教等多个层面提高对人才的吸引力，发挥优势、补足短板，与人才政策相结合，从而不断提升城市的人才资源水平，推动经济社会可持续健康发展。

第四节　城市间人才竞争影响城市综合竞争力的实证检验

各大城市近年来不断推出人才引进政策，吸引人才资源。人才资源水平的提升无疑能够为城市的发展注入新的活力，增强城市的科学技术能力、创新创业能力。作为社会发展的核心要素，人才资源对城市综合竞争力能够起到重要的促进作用。而同时，城市经济社会的发展，良好的经济形势、较高的社会生活水平也能够增强对人才的吸引力，更好地推动人才的培养和开发，提升城市的人才资源水平。基于此，可以认为城市综合竞争力和人才资源水平是相互促进、相互提升、协调发展的。为了探讨新一线城市的人才水平与城市综合竞争力的匹配程度，从而分析其人才竞争政策的成效与不足，本节通过构建城市综合竞争力和人才资源水平的评价指标体系，对新一线城市的城市综合竞争力与人才资源水平进行量化，对其耦合关系和协调发展进行研究。

一、评价指标体系构建

为了探索城市综合竞争力与人才资源水平的耦合关系，需要对各城市的城市综合竞争力水平和人才资源水平进行客观、公正、全面的评价。通过构建相应的评价指标体系，能够全方位地刻画和反映城市综合竞争力和人才资源水平，并结合综合评价方法，为城市综合竞争力和人才资源水平耦合关系研究提供数据支撑。

（一）构建原则

为了保证对城市综合竞争力和人才资源水平评价的公平性、科学性、合理性，全面、客观地反映城市的相关水平，根据城市综合竞争力和人才资源水平的特点，相应评价指标体系的构建需遵循以下原则：(1)科学性。城市综合竞争力和人才资源水平评价指标体系的制定需要以相关理论体系为支撑，借鉴相关研究成果，结合两者的特点，科学地反映各城市的城市综合竞争力和人才资源水平。(2)全面性。城市综合竞争力和人才资源水平的影响因素往往是多元的、复杂的，评价指标体系应当全面地反映相应城市的城市综合竞争力和人才资源水平，涵盖各个层面。(3)可操作性。评价指标的选取需要充分考虑数据的可获得性和可量化性，使指标体系能够真实、客观地评价城市综合竞争力和人才资源水平，在保证数据真实有效的前提下，提高评价效率和评价可信度。(4)动态性。城市综合竞争力和人才资源水平的提升是动态过程，对于相关评价指标体系的构建会随着社会和经济发展水平的提升和相关研究的深入而不断变化，需要跟随时代的变化不断地修正，顺应发展趋势，保持其时效性和科学性。

（二）城市综合竞争力评价指标体系

总体来看，城市综合竞争力是城市利用其资源，提高城市增加值、提升城市居民生活水平的能力。各个城市通过经济环境、社会环境、文化环境、对外环境等方面的改善，提升城市综合竞争力，主要反映在推动经济社会发展，提升集聚、吸引和转化资源的能力，并创造更多的价值。城市综合竞争力具有综合性、动态性和相对性等特点。城市综合竞争力的综合性决定了城市作为竞争主体，竞争过程的各个环节都将对竞争力产生影响。因此，城市综合竞争力作为多元的综合性概念，涉及城市发展的诸多层面因素，将由各个层面子能力的综合所决定。

基于此，我们将城市综合竞争力评价指标体系分为目标层、准则层和指标层。目标层即所要评价的城市综合竞争力。根据城市综合竞争力的影响因素，准则层分为经济发展竞争力、社会生活竞争力和对外开放竞争力三个方面，下设13个指标（见表2-9）。其中，除城镇登记失业率和居民消费价格指数为逆向指标外，其余指标均为正向指标。经济发展竞争力反映城市的经济发展实力，包括经济发展规模、经济发展效率、经济结构以及财政、金融等水平；社会生活竞争力反映城市居民的生活水平和社会生活状况，包括收入、就业、消费、物价和卫生等水平；对外开放竞争力反映城市的对外开放实力，包括进出口和利用外资水平。

表2-9　城市综合竞争力评价指标体系

目标层	准则层	指标层	单位	符号方向
城市竞争力	经济发展竞争力	GDP	亿元	正向
		GDP 增长率	%	正向
		人均 GDP	元	正向
		第三产业比重	%	正向
		地方一般公共财政预算占 GDP 比重	%	正向
		金融机构存贷款余额占 GDP 比重	%	正向
	社会生活竞争力	城镇居民人均可支配收入	元	正向
		城镇登记失业率	%	逆向
		居民消费价格指数	%	逆向
		每千人拥有卫生技术人员数	人	正向
		社会消费品零售总额占 GDP 比重	%	正向
	对外开放竞争力	进出口总额占 GDP 比重	%	正向
		实际利用外资占 GDP 比重	%	正向

（三）人才资源水平评价指标体系

在城市综合竞争力提升过程中，人力资源尤其是人才资源作为关键性战略资源,是区域和地方经济社会持续、健康、稳定发展的关键因素。人才资源水平能够在一定程度上反映出区域和地方对人才的储备、开发、吸引能力,与城市综合竞争力存在紧密的联系。类似于城市综合竞争力评价指标体系,我们将人才资源水平评价指标体系同样划分为目标层、准则层和指标层。目标层为待评价的人才资源水平,准则层依据人才资源水平的相关因素划分为人才规模、人才培养和投入、人才产出三个维度,下设6项指标(见表2-10),所有指标均为正向指标。

表2-10 人才资源水平评价指标体系

<table>
<tr><th>目标层</th><th>准则层</th><th>指标层</th><th>单位</th><th>符号方向</th></tr>
<tr><td rowspan="6">人才资源水平</td><td rowspan="2">人才规模</td><td>普通高等院校数量</td><td>所</td><td>正向</td></tr>
<tr><td>普通高等院校在校学生数</td><td>万人</td><td>正向</td></tr>
<tr><td rowspan="2">人才培养和投入</td><td>普通高等院校专任教师数</td><td>人</td><td>正向</td></tr>
<tr><td>人均教育支出</td><td>元</td><td>正向</td></tr>
<tr><td rowspan="2">人才产出</td><td>专利申请数</td><td>件</td><td>正向</td></tr>
<tr><td>专利授权数</td><td>件</td><td>正向</td></tr>
</table>

首先,人才规模反映人才的数量,是衡量人才资源水平的重要因素,考虑到人才规模等数据仅有少数城市(如苏州)有直接相关的数据,而城市间人才竞争中,多数城市的竞争重点都是以高校应届毕业生为代表的青年人才,因此我们以普通高等院校为视角,通过高校数量和高校在校学生数间接反映城市的人才资源规模。在人才数量的基础上,人才的培养和投入对城市人才资源的质量也存在重要作用。仍然从高校角度出发,普通高等院校专任教师数一定程度上能够反映城市青年人才培养水平;财政支出中的人均教育支出,反映出城市对人才培养的投入程度,两者综合能够有效衡量城市的人才培养和投入。人才产出能够反映人才对城市的贡献程度,因此也能够用于衡量城市人才资源的质量和水平。直接反映人才产出的指标较为有限,而专利尤其是发明专利,作为创新性的产出对城市创新产业和科技产业能够起到推动作用。因此,我们以专利为切入点,通过专利申请数和专利授权数来体现城市人才的产出。

综上，我们从人才规模、人才培养和投入、人才产出三个维度，依据可操作性原则，结合各城市现有的相关统计数据，共选取6个指标，涵盖人才体系的各个环节，科学、合理、全面地反映城市的人才资源水平。

二、样本选取与数据来源

考虑到研究对象以及评价指标体系真实性、可操作性的基本原则，本节选取我国2009—2018年15个新一线城市的面板数据作为样本。各个指标所涉及的数据主要来自国家统计局2008—2018年《中国城市统计年鉴》，以及各城市地方统计局历年的统计公报和统计年鉴。由于各城市的指标中存在少量缺失数据，我们通过线性插值法进行了填充和完善。居民消费价格指数的指标值，采用各城市的CPI与该年度全国平均CPI作平减，以区别通胀和通缩情况。人均教育支出按照年度财政支出中的教育支出除以年末常住人口数得到；每千人拥有卫生技术人员也通过卫生技术人员总数和年末常住人口数计算得到。

三、综合评价

综合评价通常指的是综合评价对象的多指标数据，利用恰当的评价方法，对评价对象进行整体性、全局性的优劣评估。对城市综合竞争力和人才资源水平进行综合评价的步骤包括：指标数据采集、指标数据无量纲化和归一化、指标体系权重确定和综合评价。根据评价指标体系设定的各项评价指标，通过公开渠道对各评价对象的相关指标数据进行采集，确保数据的真实、客观。对于缺失的少量数据，依据线性插值法进行填充。在城市综合竞争力和人才资源水平的多指标综合评价中，同时存在正向指标和逆向指标，且各指标数据大小和量纲不一，无法直接进行评价，需要对指标数据进行正向化和无量纲化处理，并统一数据范围，为进一步的权重计算和综合评价提供数据支撑。

通常采用功效函数对原始数据进行正向化和无量纲化处理，从而反映各项指标对系统评价目标的贡献值。设 $X_{ij}(i=1,2,\cdots,n;j=1,2,\cdots,m)$ 为评价对象 i 对应评价系统中评价指标 j 的指标值，n 为评价对象数，m 为评价指标数。α_j 和 β_j 为指标值的上下极限值。考虑到城市综合竞争力和人才资源水平均具有相对性，因此指标 j 的上下极限值可以设定为 $\alpha_j = \max_i(X_{ij})$，$\beta_j = \min_i(X_{ij})$，即所有评价对象（所有城市）指标 i 的最大值和最小值。相应的功效函数见式（2.2）：

$$x_{ij}=\begin{cases}\dfrac{X_{ij}-\beta_j}{\alpha_j-\beta_j}, & j\text{ 为正向指标}\\[2ex] \dfrac{\alpha_j-X_{ij}}{\alpha_j-\beta_j}, & j\text{ 为逆向指标}\end{cases} \tag{2.2}$$

指标正向化和无量纲化后的结果 x_{ij} 即是反映该指标在整体评价系统中的相对水平的值，越接近 0 则相对水平越差，贡献度越低。

在考虑多重指标的评价问题时，权重的选择将极大地影响评价结果。因此需要对评价指标进行恰当的赋权，并有针对性地根据评价对象的特点来进行权重选择。目前，比较常用的赋权方法可以分为客观赋权法、主观赋权法。客观赋权法是指根据客观实际确定权重，通过客观的数据来体现权重；主观赋权法则是根据参与评价人员的主观印象和观点来确定权重，一定程度上反映主观意志。鉴于本节考察的城市综合竞争力和人才资源水平主要衡量的是各评价对象即各城市的相对水平，且为了避免引入主观因素，采用客观赋权法中的熵值法对该评价指标体系进行赋权。热力学中的熵是度量系统混乱程度的物理量。信息熵由香农提出，若系统的信息熵越大，则信息无序度越高，所蕴含的信息价值则越低；反之，则信息无序度更低，蕴含的信息价值越高。

因此，通过对各项指标的信息熵进行计算，可以衡量各指标的差异程度：熵值越小，则该指标能够反映更多的有效信息，相应的权重也大；熵值越大，说明不同对象之间在该指标上的差异越小，因此相应的权重也小。其具体流程如下：

对评价指标值进行比重变换：

$$p_{ij} = x_{ij} / \sum_{i=1}^{n} x_{ij} \tag{2.3}$$

计算各指标的熵值：

$$s_j = -\frac{1}{\ln n} \sum_{i=1}^{n} p_{ij} \ln p_{ij} \tag{2.4}$$

计算各指标的熵权 w_j ：

$$w_j = \frac{1 - s_j}{m - \sum_{j=1}^{m} s_j} \tag{2.5}$$

其中，x_{ij} 为经过正向化和无量纲化后的评价指标值，w_j 即为根据熵值法得到的评价指标 j 的权重。

通常一个评价体系的综合评价值由评价指标数据、各评价指标的权重及其组合规则共同确定。常用的组合规则包括加法、乘法和代换规则。考虑到指标体系的评价目标及相应规则的适用性，我们采用加法规则：

$$U_i^{(k)} = \sum_{j=1}^{m} w_j x_{ij} \tag{2.6}$$

其中，$U_i^{(k)}$ 为评价对象 i（即城市 i）的城市综合竞争力（$k = 1$）或人才资源水平（$k = 2$）综合评价值。

利用前文提出的评价指标体系和综合评价方法，基于采集到的指标数据，运用 Excel 和 Matlab 软件，依次对指标进行正向化、无量纲化、评价指标赋权的操作，并对 15 个新一线城市 2009—2018 年的城市综合竞争力和人才资源水平进行了综合评价。通过熵值法得到城市综合竞争力各指标的权重见表 2-11。可以发现，城市综合竞争力评价指标体系中的各项指标均会对综合评价值产生影响。其中，居民消费价格指数、GDP 增长率等指标在新一线城市历年数据中总体区别不大，因此权重较低；对应地，进出口总额占 GDP 比重、金融机构存贷款余额占 GDP 比重以及 GDP 规模存在明显的跨年度、跨城市差异，因此在城市综合竞争力的相互比较中被赋予了更高的权重。

表 2-11　城市综合竞争力评价指标权重值

目标层	准则层	指标层	权重(%)
城市竞争力	经济发展竞争力	GDP	9.2
		GDP 增长率	1.2
		人均 GDP	7.0
		第三产业比重	5.6
		地方一般公共财政预算占 GDP 比重	6.3
		金融机构存贷款余额占 GDP 比重	10.4
	社会生活竞争力	城镇居民人均可支配收入	8.5
		城镇登记失业率	2.9
		居民消费价格指数	1.4
		每千人拥有卫生技术人员数	6.0
		社会消费品零售总额占 GDP 比重	8.0
	对外开放竞争力	进出口总额占 GDP 比重	26.7
		实际利用外资占 GDP 比重	6.8

人才资源水平各指标的权重见表 2-12。人才资源水平评价指标体系中各项指标对综合评价值均有一定的影响。其中普通高等院校在校学生数和专任教师数在 15 个新一线城市间总体差异程度一般,相对而言在评价体系中的权值较低;而人才产出则对人才资源水平影响很高,本质原因在于各城市间的专利申请数和专利授权数差距较大,相对而言更能够区分城市的人才资源水平。

表 2-12　人才资源水平评价指标权重值

目标层	准则层	指标层	权重(%)
人才资源水平	人才规模	普通高等院校数量	11.3
		普通高等院校在校学生数	6.1
	人才培养和投入	普通高等院校专任教师数	4.7
		人均教育支出	12.1
	人才产出	专利申请数	34.3
		专利授权数	31.5

基于上述权值和采集到的指标数据,我们能够计算得出各城市各年的城

市综合竞争力和人才资源水平综合评价值。基于核算的结果，我们发现，总体而言，15 个新一线城市从 2009—2018 年的 10 年间，无论是城市综合竞争力还是人才资源水平，都处于稳中有升的状态。2009 年时，城市综合竞争力的平均综合评价值仅为 0. 25，到 2018 年该值达到了 0. 47，涨幅达到 88%；相应的人才资源水平综合评价值从 0. 22 上升到了 0. 50，涨幅更是高达 127%。城市综合竞争力的上涨幅度总体平稳，而人才资源水平在 2012—2014 年提升幅度有所放缓，随后继续保持上涨趋势。

同时，可以看到，城市综合竞争力和人才资源水平处于同步协调上涨的状态，两者综合评价值的差异始终保持在 0. 05 以内。这可以从时间层面说明，城市综合竞争力与人才资源水平可能存在一定的耦合关系，城市综合竞争力的不断提升能够带动对人才的吸引、开发能力；同时，人才资源水平的稳步提高，也能够推动城市经济社会的发展。进一步地，根据考察期内 15 个新一线城市的城市综合竞争力与人才资源水平的平均综合评价值，可以发现，15 个新一线城市在考察期内的平均城市综合竞争力总体较为均衡，基本分布在 0. 25—0. 5；而人才资源水平差距则较大，综合评价值最高的苏州市达到了 0. 56，最低的沈阳市则只有 0. 13。城市综合竞争力与人才资源水平在各个城市间表现得较为协调，竞争力高的城市人才资源水平往往也较高，竞争力低的城市人才资源水平也相对偏低。

其中，城市综合竞争力评价值前五的新一线城市包括苏州市、杭州市、宁波市、南京市、天津市，而人才资源水平评价值前五的新一线城市则有苏州市、成都市、杭州市、宁波市、重庆市，可见高城市综合竞争力的城市和高人才资源水平的城市存在相当的重叠，因此从城市层面可以反映，城市综合竞争力与人才资源水平存在可能的耦合关系。两者相互促进，协调发展，推动城市经济社会不断发展。此外，我们还发现多数新一线城市的人才资源水平仍然滞后于其城市综合竞争力，仅有苏州市、成都市、重庆市呈现城市综合竞争力滞后于人才资源水平的情形。可见，尽管近年来新一线城市的经济社会快速发展，但相应的科教水平、科技产出和人才引进尚未完全跟上。而随着近年来新一线城市政府对人才资源的重视程度提升，逐步投入到愈演愈烈的人才竞争中，通过各种形式的政策提升人才吸引力、加大人才投入，其人才资源水平也在逐渐提升。

四、相关性分析

通过对新一线城市的城市综合竞争力与人才资源水平综合评价数据，可以发现：从时间角度看，城市综合竞争力与人才资源水平都处于稳中有升状态，且涨势和变化幅度接近；从区域角度看，城市综合竞争力靠前的城市往往伴随着较高的人才资源水平。

从理论层面看，城市综合竞争力的提升能够为人才引进和人才培养提供更好的经济社会环境以及财政支持。对人才资源水平无疑能起到正向作用；同时，人才资源水平的提升，也能为城市经济注入活力，增强创新研发能力，改善经济结构和经济效率，对提高城市综合竞争力起到推动作用。根据以上的数据和理论分析，不难理解城市综合竞争力与人才资源水平存在一定的相互作用关系。因此，为了对两者的互动关系进行验证，需要对城市综合竞争力与人才资源水平两个系统进行进一步研究，检验其是否存在长期稳定、相互影响的关系。

基于此，本节将应用格兰杰因果检验来验证城市综合竞争力与人才资源水平的相互作用关系，相应模型设定为：

$$y_t = \sum_{i=1}^{k} \alpha_i x_{t-i} + \sum_{j=1}^{k} \beta_j y_{t-j} + u_{1t}$$
$$x_t = \sum_{i=1}^{k} \lambda_i x_{t-i} + \sum_{j=1}^{k} \delta_j y_{t-j} + u_{2t} \tag{2.7}$$

式(2.7)是一个动态面板模型，k 为滞后期数，变量 y 和 x 分别代表新一线城市的城市综合竞争力和人才资源水平。研究人才资源水平对城市综合竞争力提升的影响时，相应的原假设 H_0：对任意 j，$\alpha_i = 0$；备选假设 H_1：存在 j，

使 $\alpha_i \neq 0$。若拒绝原假设,则人才资源水平是城市综合竞争力提升的格兰杰原因;反之,若接受原假设,则前者不是后者的格兰杰原因。城市综合竞争力对人才资源水平提升的影响类似,在此不再赘述。进一步地,我们运用 Stata 统计分析软件,选择三期滞后期,分别采用 Arellano-Bond 一阶段系统 GMM 和 Arellano-Bond 两阶段系统 GMM 方法进行城市综合竞争力与人才资源水平之间动态面板因果关系的检验,以保证结果的稳健性,并揭示较长时期的相关关系。相应的估计系数及其显著性结果见表 2-13。

表 2-13　格兰杰因果检验结果

滞后期	城市综合竞争力→人才资源水平		人才资源水平→城市综合竞争力	
	一阶段系统 GMM	两阶段系统 GMM	一阶段系统 GMM	两阶段系统 GMM
1	0.238	-0.583	0.010	-0.009
2	0.808**	0.700***	-0.118**	-0.087*
3	-0.273	-0.015	0.058	-0.025
瓦尔德(Wald)检验 P 值	0.000	0.000	0.000	0.000

注:***、**、* 分别表示在 1%、5%、10%的水平下显著。

观察表 2-13 的结果,首先考察城市综合竞争力是不是人才资源水平提升的格兰杰原因。在 5%的水平下显著,Arellano-Bond 一阶段系统 GMM 和 Arellano-Bond 两阶段系统 GMM 均拒绝原假设,即城市综合竞争力是人才资源水平的格兰杰原因。而人才资源水平对城市综合竞争力的影响,在 10%的水平下显著,Arellano-Bond 一阶段系统 GMM 和 Arellano-Bond 两阶段系统 GMM 均拒绝原假设,即人才资源水平是城市综合竞争力提升的格兰杰原因。继续观察相应的滞后期,可以发现,对于 Arellano-Bond 一阶段系统 GMM 和 Arellano-Bond 两阶段系统 GMM,城市综合竞争力与人才资源水平的相互关系中均只有二期滞后的系数显著,这一结果一定程度上说明无论是城市综合竞争力对人才资源水平的推动,还是人才资源水平对城市综合竞争力的影响,都存在两年左右的滞后,其互动作用需要一定时间才能够充分发挥。对比两者的系数可以发现,城市综合竞争力对人才资源水平的影响更为明显,且是正向的;而人才资源水平对城市综合竞争力的系数数值较小。

基于以上的分析和讨论,可以认为,城市综合竞争力与人才资源水平存在长期稳定的互动作用,相互影响,且影响作用存在一定时间的滞后。其中城市综合竞争力对人才资源水平的提升起到更大的作用。

第三章 南北共建园区的经济增长效应

本章致力于将南北共建园区①对经济增长的影响纳入一个完整的框架内进行研究,建立一个双重差分模型,利用 2005—2016 年长三角地区县级市的面板数据进行实证分析。研究显示:(1)南北共建园区的治理结构中蕴含的委托代理风险有助于解释不同共建园区的绩效分化。(2)在理想条件下,南北共建园区通过生产要素空间集聚带来的规模经济效应和制度性交易成本降低这两个渠道促进经济增长。(3)从总体上看,南北共建园区建设显著促进了后发地区的经济增长,较好地完成了这一政策的历史使命。本章为已有共建园区下一步的转型发展和政策在更大范围内的运用提供了启示和借鉴:完善各方利益共享机制,健全园区长效发展机制,实现园区高质量发展;其他地区也应立足自身特点合理借鉴产业扶贫的长三角模式,为最终实现全国各地区的区域协调发展而不懈奋斗。

改革开放四十多年来,我国保持了长达三十多年的中高速增长,经济总量不断扩大,目前已经在全球主要经济体中位居第二。但在取得巨大发展成就的同时,不同区域之间的发展差距也日益扩大。尤其是在 2001 年加入世界贸

① 南北共建园区最早特指江苏省内苏南与苏北之间的合作园区,在本章,泛指经济较发达地区与欠发达地合作共建的产业园区。

易组织以后，东部沿海地区以发达国家的产业转移为契机，充分发挥自身的比较优势，主动承接国际转移产业，有效利用外国直接投资，深度融入国际分工体系，对外贸易蓬勃发展，外向型经济带动整体经济持续高速发展。2019 年，中部地区、西部地区和东北地区的经济总量加在一起的规模仍不及东部地区，且二者之间的缺口大致相当于一个东北地区的经济总量。如何解决先富带动后富的难题日益成为一个重要的问题。

地区发展差距的表现远不止于此。即使是在发达地区内部，各地区之间的发展差距也相当明显。例如，珠江三角洲地区和长江三角洲地区同为我国最早进行对外开放、经济发展优势最为突出、市场经济最有活力的地区，两者内部的发展不平衡状况也有较大不同。为了有一个更直观的认识，我们可以比较一下省域经济发展的“领头羊”广东省和江苏省的情况。多年以来，江苏省的 13 个下属地级市全部位列全国经济百强市，而广东省内不同地级市的发展则相当不均衡，既拥有像广州市、深圳市这样的一线城市，也拥有粤西、粤北和粤东的薄弱地带。广东省拥有 2 个 2 万亿元以上的城市，4 个万亿级城市，但也拥有 11 个 GDP 未达 3 千亿元的地级市，可见广东省内区域发展情况非常不均衡；相比之下，江苏省的 13 个地级市的 GDP 全部在 3 千亿元以上，分布较为连续，不存在明显的断裂面。我们不禁要问，这是否与江苏省政府自 21 世纪以来就坚持不懈地强力推动苏北、苏中与苏南地区协调发展的政策之间有着某种关系？如果二者之间真的有某种因果联系，这种良性的地方政府互动机制对于其他地区又有着怎样的启示和借鉴意义？

当前，我国经济正进入新的发展阶段，需要构建与之相适应的新发展格局，才能推动中国经济行稳致远。协调作为五大新发展理念的重要组成部分，对于我们促进区域经济平衡发展无疑具有重要的理论指导意义。在国家层面，对口帮扶和脱贫攻坚战略已经深入实施。在地区层面，不同地区亦各有尝试。其中，南北合作共同建设产业园区是在长三角地区被地方政府广泛采用的一种帮扶形式。它起步时间早、市场化程度高、政策实践丰富，积累了较多的宝贵经验。经过将近十五年的扩展与深化，在长三角地区已经蔚然成风。在实践中，南北合作共建产业园区逐渐成为落后地区加快新型工业化进程、实现跨越式发展的重要抓手。唯有将对南北共建园区的研究置于更加广阔的区域协调发展大背景之下，才能对共建园区的成效与意义有更加深刻的认识。

南北共建园区作为江苏省和安徽省产业转移政策的主要载体，已经成为苏北和皖北县市经济发展的重要增长极。以苏州宿迁工业园为例，2019 年，苏宿园区以 56 名机关工作人员和占宿迁市 0. 16%的土地，完成了全市 6. 5%的税收收入、一般公共预算收入，7. 5%的规模以上工业增加值，17. 6%的高新技术产业产值，每平方公里土地创造一般公共预算收入 1 亿元，各项指标和省内其他开发区相比也毫不逊色，有力地推动了宿迁的经济振兴。

本章沿着南北共建园区这一特殊的政府间合作形式在长三角地区的扩展路径，研究其设立和发展对驻地经济增长和地区发展差距缩小的影响。首先，归纳出典型的共建园区合作模式；其次，对共建园区对所在地经济增长的影响效应展开理论研究；再次，从主体行为博弈视角对影响共建园区绩效的深层次因素展开详细的分析讨论；最后，再进行严格的实证检验，并提出政策建议。

第一节　南北共建园区的基本特征与研究进展

一、南北共建园区的基本特征

南北共建园区的发展历程可以归纳为三个不同的阶段：2006—2007 年的早期探索阶段；2008—2011 年的跨省合作新阶段；2012 年以来的进一步深化阶段。共建园区具有源远流长的历史，江苏省在这方面的实践可谓是其“争当表率、争做示范、走在前列”的鲜活体现。早在 2006 年，江苏省就率先提出了南北挂钩合作、共建苏北开发区的政策构想。2007 年，江苏省内首批 11 家共建园区正式获得省政府批复成立。进入2008年，园区共建范围明显扩大，从这一年开始，上海的许多开发区纷纷前往长三角其他地区开展合作，其中有不少合作均被纳入南北合作共建产业园区的范畴之中。安徽省也在设立“皖江城市带承接产业转移示范区”之后，主动承接来自上海市、江苏省和浙江省的产业转移。2012年，安徽省借鉴“江苏模式”启动了省内南北共建园区的建设工作。2014年，江苏省将实施范围从苏北地区扩展至苏中与苏北结合部薄弱地区，实现了省内全覆盖。截至2020年，苏北每一个县级市都至少拥有一个以上的共建园区，江苏省全省总共拥有各类共建园区接近50个，可以说是较好地渗透到了苏北和苏中的县域地区。起步较晚的安徽省也已初步形成了“3+7”的南北合作共建格局。

所谓南北共建园区，是指由经济较发达地区和相对欠发达地区共同建设的产业园区。那么，它具体是如何运作的？通常是在后者，也就是受援方的开发区中划出一片区域，由双方合作共建。因此，它是一个“区中园”的概念。从上述定义可以看出，它同时涉及两个行为主体，分别是作为援建方的开发区和作为受援方的开发区，而在开发区的背后又有着各自地方政府的支持，在各自地方政府之上，还有省市级政府的牵头和指导。

那么，共建园区和同为促进区域协调发展的其他对口帮扶、脱贫攻坚政策有什么区别？无疑，早期的南北共建园区都有着深深的对口帮扶烙印。然而，和其他形式的各种对口帮扶、脱贫攻坚措施相比，共建园区更加侧重于以园区建设为载体、以产业转移为主要途径、以导入先进发展理念转变后发地区的发展思维为支撑，从而由点带面地推动整个开发区乃至地区的发展，以求改变相对落后地区的整体经济面貌，而不是针对特定贫困人口的精准帮扶。经过多年的实践和转型发展，如今的共建园区更加侧重于挂钩合作，自愿结对的现象更加普遍，对口帮扶的色彩已经有所弱化。需要指出的是，这并不意味着帮扶性质的全面退出，上级的行政指令依旧在其中发挥着重要作用。上级政府，如江苏省的苏北协调发展领导小组每年所组织的园区考核，仍然是共建双方所面临的激励约束机制体系的重要组成部分。

紧接着的一个问题是,共建园区和自建园区的区别又是什么?各类开发区作为对外开放和经济发展的主要载体,在促进产业集聚、推动产城融合、实现高质量发展等方面功不可没。开发区政府往往拥有更大程度的决策自主权,决策灵活性又为政府的高效运转提供了一定的保障。开发区根据其等级的不同,享有不同程度的政策红利,并且在充分利用当地的人口红利、土地红利等方面占有得天独厚的优势,这为开发区的迅速崛起和发挥其带动作用创造了有利条件。南北共建园区作为开发区中的"区中园",往往享有更大程度的政策倾斜。由于引入了发达地区的合作主体,因而与自建开发区相比,在快速积累规划建设经验、招商引资经验、导入先进发展理念、提升政府管理与服务水平方面更具优势,因而值得单独作为考察对象加以研究。事实上,根据相关政策,大多数共建园区的管理机构均已从原开发区的管理机构中独立出来,其运作具有相对独立性。

综合来看,一般而言共建园区需要同时具备以下 3 个特征:第一,这种共建关系是在南北结对挂钩帮扶政策的基础上发展起来的,具有一定的帮扶性质,但又有合作的属性;第二,共建的具体方式为:由后发地区在本地设立的各类国家级开发区或省级开发区中,划出一定面积的集中土地作为区中园进行合作开发;第三,这些区中园必须经省级政府同意、由省级相关部门批准而设立,享受相关扶持政策且接受统一考核。不过在具体实践中,有一些园区在某方面的情况可能会稍有差异。例如,江苏省国信集团淮安工业园是目前唯一一家由省属大型国有企业和地方政府合作的南北共建园区,其帮扶主体是一家国有企业而非发达地区的开发区,但该园区在设立当年即被江苏省政府批准为南北共建园区,接受和其他共建园区相同的考评,享受相同的优惠政策,因此,本章将其视为一般性质的南北共建园区。

二、南北共建园区的研究进展

自从 2006 年江苏省率先提出南北共建园区的设想以来,园区共建的范围不断扩大。经过十多年的政策实践，有些后发地区的园区共建取得了较大的成功，不仅园区面貌发生了颇为巨大的变化，而且有力地带动了周边区域的发展，为所在地的工业化和城市化提供了重要支撑；然而，也有些园区的合作流于形式，不仅园区自身的建设十分缓慢，对于地区发展的带动和引领作用更是无从谈起。一个自然而然的问题就是，为何不同的共建园区，效果会产生如此巨大的差异？现有文献往往将其背后的原因归结为合作模式的差异。可是，已有文献虽然对不同的合作共建模式展开了分析和归类，并比较了不同模式的优缺点，但对于为何不同的合作主体会采用不同的合作模式没有进行深入探究，而是停留在简单的事实描述和统计层面，没有认识到合作模式的选择可能具有的内生性。事实上，是其他更深层次的社会经济变量的差异，导致了合作主体的理性选择行为出现了分化，进而导致了园区发展效果的迥异。本章试图填补这方面的空白，从共建双方政府的视角出发，分析其各自的激励机制和约束条件，进而指出其采用不同合作方式的内在动因，从理论上丰富现有文献对共建园区合作机制的认识。只有借助这个方面的深入挖掘，对于共建园区这一经济现象的认识才能更加透彻。

第二个重要的问题是，既然不同的共建园区取得了不同的效果，那么从整体上看，共建园区的设立究竟是否推动了所在地的经济增长从而缩小了区域间的发展差距？在长三角一体化上升为国家战略的大背景下，长三角在扭转区域发展不平衡方面应有更大作为，率先实现区域内部协调发展显得越发重要。许多建立时间较早的共建园区已经走完了第一个发展阶段，开始或即将进入第二个发展阶段。在此时间节点，系统检验从而准确评价共建园区在第一个发展阶段对于地区经济增长和区域协调发展的效果，对未来深入推进已有共建园区的高质量发展和更大范围内运用相关政策从而促进地区协调发展具有重要意义。对于这一点，以往的研究往往通过案例式研究和纯统计分析对共建园区的绩效展开讨论，并且大多得出了肯定的结论。这样的研究自然有一定的价值，但却无法回避如下的质疑：第一，选取的案例是否具有代表性？

这些案例虽然具有典型性，值得分析，但未必具有代表性。也就是说，这些个案很有可能无法反映整个共建园区总体的平均绩效，因而说服力大打折扣。第二，绩效研究往往借助于简单的统计分析，通过对比园区设立前后所在地的经济增长水平直接得出结论。这里就存在一个更加严重的问题，那就是即使不设立共建园区，所在地的经济也会由于其他因素的作用发生增长，如此便无法确切地区分出政策的净效应。由于以上两点理由，现有关于南北共建园区的评价具有较大的局限性，需要有更具系统性和科学性的检验，方可准确识别共建园区政策对所在地经济发展的净效应，从而为已有共建园区下一步的转型发展和政策在更大范围内的运用提供启示和借鉴。

共建园区作为受援方的国家级和省级开发区内的“区中园”，具有开发区的一般特征。因此，有必要对已有关于开发区的相关研究进行梳理。部分研究利用中国地级市面板数据研究了开发区设立的经济效应，发现开发区的设立显著提高了所在城市的外国直接投资，且无论是从人均层面还是从总量层面上来看都是如此，并且没有挤出国内投资，表明城市通过设立开发区获得了明显的规模经济效益（Wang，2013）；刘瑞明和赵仁杰（2015）用双重差分法研究了国家高新区设立的效果，发现无论是从总量还是人均上看，国家高新区的设立都显著促进了 GDP 的增长，并且等级更低的城市从中受益更多，从而有助于缩小地区间的经济发展差距。周茂等（2018）同样通过双重差分法进行了实证研究，认为各类国家级和省级开发区的设立，有效地促进了所在地的产业升级，进而提高了中国各地区的经济发展质量。

以上研究虽然是从不同的视角展开的，但基本上都肯定了开发区设立的价值。我们不禁要问，作为“区中园”的共建园区，其规模并不及整个开发区那么庞大，在此条件下，其设立是否也会对其所在的县级市产生显著的经济效应？还是说由于规模所限，其对所在地的经济增长效应并不明显？这个问题，将在下文由严格的实证研究给出答案。

就聚焦于共建园区本身的研究而言，现有文献依然对共建园区的成效给予了相当大的认可。丁胡送等(2012)认为,长三角地区城市群的园区共建产生的集聚、辐射与带动效应有力地推动了这一地区的经济发展。大量文献从不同的角度对不同产业园区的合作共建模式展开了分析和归类,并比较了不同模式的优缺点(丁胡送等,2012;蒋费雯和罗小龙,2016;苏文松和方创琳,2017;张保仓等,2017;张云伟和江海苗,2019)。一些文献曾对共建园区的经济绩效进行了评价。但深入来看,前者虽然从理论上阐明了不同合作机制的特点,但对于政府主导的南北共建园区的一般经济绩效缺乏明确的评价;后者虽属实证研究范畴,但往往只是基于个别共建园区样本,通过对比共建园区设立前后经济绩效的做法(即单差法)来进行验证。目前,尚无研究对南北共建园区的政策效果进行系统性验证。

在系统性检验政策效果方面,黄新飞和杨丹(2017)的研究为本章提供了有益的参照点,他们利用广东省县(区)级城市的面板数据,采用断点回归模型(RDD)对广东省产业转移政策的实施效果进行了实证检验,研究表明在政策实施以后,广东省区域经济发展不平衡的情况得到了一定的缓解,人均GDP 的增加也较为明显。共建园区是区域间产业转移的有效载体。现有研究对于产业转移的影响因素也有较多的探讨。在所有的影响因素中,比较优势是最基本的解释因素。此外,同一产业在空间上的转移往往服从产品生命周期理论(Vernon,1966)。国内的学者近年来亦有较多的研究。桑瑞聪等(2013)的研究结果表明:要素成本、市场需求、集聚外部性、对外开放水平、市场发育程度、企业规模等多种因素都是影响我国企业进行产业转移的决定性因素,并且大企业的转移意愿比小企业更加突出。刘红光等(2014)通过使用区域间投入产出模型说明了我国区域间的产业转移仍符合国外已有较多研究确认了产业梯度转移的普遍规律。樊士德等(2015)通过数值模拟发现劳动力具有外流刚性的特征,从而阻碍了产业区际转移,故此,政府主导的产业转移和行政命令式的劳动力要素配置不可长期持续。已有的实证研究结果更是存在分化,特别是产业转移对生产率提高的促进效应存在不确定性。卡夫(Caves,1974)研究了行业的国际转移对生产率的影响,发现多数行业的跨国公司在进行跨国投资经营行为的过程中均存在技术溢出效应,有效地促进了所在行业生产率的提高。阿达和哈里森(Haddad和Harrison,1993)却发现更高水平的国际产业转移并未给摩洛哥国内企业带来生产率的增长,也就不存在正向的技术溢出效应。埃特金(Aitken等,1999)对委内瑞拉的研究甚至得出了产业转移会对生产率造成负面影响的相反结论。

最后,我们注意到共建园区的建设和发展离不开地方政府的支持和保障。基于地方政府行为视角的相关研究,对于我们理解共建园区建设中存在的一些问题不无启发。邓慧慧和赵家羚(2018)从地方政府行为动机层面探讨了开发区重复建设、分散布局的深层次原因,并据此提出了相应的应对措施,指出地方政府在设立开发区等重大决策上并不完全基于自身条件而是会模仿跟随其他单位,作出与邻近的竞争对手类似的决定,这对提高经济发展质量无益。邓慧慧和杨露鑫(2019)的研究还发现,地区间的模仿竞争会削弱雾霾治理的效果,这表明地方政府在经济发展与环境保护上一直都面临着艰难的权衡。在共建园区建设和招商引资过程中,实际上也很有可能存在类似的权衡。开发区本应有利于产业集聚,然而孟美侠等(2019)的研究却指出,开发区政策对产业空间也可能产生抑制作用。地方保护主义倾向越强,地方政府竞争越激烈,开发区对产业集聚的阻碍就越突出。

上述研究从不同的视角丰富了我们对共建园区的认识,然而,要对共建园区一般意义上的绩效作出严格有效的检验,需要依赖于系统性的实证,这也正是本章将要付诸实施的。现有文献存在的种种不足,其根源在于未能找到有效的对照组,在排除其他相关因素干扰的前提下准确识别政策的净效应。本章采用的双重差分方法(Difference-In-Differences,DID)能够较好地克服这些弊端。具体地,本章将运用2005—2016年长三角地区县级市的面板数据进行实证分析,对共建园区的经济增长效应进行系统检验。此外,还将进一步利用倾向得分匹配方法（Propensity Score Matching，PSM）进行稳健性检验，确保估计结果的可靠性。

本章构建的分析框架将共建园区的本质视为一个政策优惠组合，其中包含了建设用地指标倾斜、各种财政补贴（包括考核奖励、税收减免、贷款贴息、调度资金和电费补贴等）以及金融支持（主要是政策性贷款）等一整套“组合拳”。省级政府在给予这样一个政策包的同时将园区共建、改善落后地区发展面貌并缩小地区发展差距的任务委托给地方政府，从而形成了上级政府牵头、本级政府协调以及开发区负责具体对接和实施政策的多级治理结构体系。这样的治理结构隐含一定的委托代理风险，主要包括援建方政府的激励问题、援建方政府官员的激励问题以及受援方政府的放权问题，这些问题在管理和沟通的各个层面均有所体现，且都会对共建园区的绩效产生复杂的影响。如何更好地克服其消极的一面，同时妥善地激发其积极的一面，是值得我们深思的问题。

最后，在园区共建的时候还涉及如何处理好政府与市场的关系问题。在过去的政策实践中，政府在资源配置中占据了主导地位，市场仅仅扮演了一个参与方的角色。政府主导的最重要表现形式在于制度空间的生产以及园区前期开发建设过程中的资本运作。如果说在推进园区基础设施快速成型方面，政府的强力主导有其特定阶段的合理性与必要性，那么在园区主导产业的构建阶段中，企业自身的意愿无疑也十分重要。一个特定的企业是否响应援建方政府的号召往往取决于转移成本和转移收益的权衡比较，企业的行为选择是其理性抉择的结果。值得注意的是，这里面不仅涉及纯市场因素的作用，而且也涉及企业家与政府官员之间社会资本的作用。社会资本作为企业转移过程中的润滑剂，在推动产业转移的早期有着独特而不可替代的作用。在这一完整的分析框架之下对共建园区展开研究，可以极大地丰富我们对南北共建园区的认知，也为我们理性看待共建园区已经取得的阶段性成效和面临的发展困境提供理论线索。

第二节　南北共建园区的基本模式及其评价

江苏省南北合作建设产业园区的基本政策构想是：在苏北的各类国家级开发区和省级开发区中，划定若干面积的土地进行相对独立的运作，也就是说，在园区的前期规划论证、早期开发建设、项目招商和日常管理等方面，苏南均要负起责任。尽管从顶层设计角度，上级政府并未事先预设统一的协作模式，但在实际运行过程中，逐步涌现出若干种具有代表性的协作模式。按照援建方参与力度从大到小，可以划分为以下四种类型：行政托管制、援建帮扶制、股份合作制以及产业招商制。

在行政托管制中，受援方将隶属的一定范围行政区域委托给援建方在约定的时间期限内进行全权管理，但是在名义上，行政所有权并未改变。借用委托代理理论的相关术语，究其实质相当于是把行政经营权与行政所有权暂时相互分离，在不打破原有行政框架的条件下，冲破阻碍最优发展的各种制度性约束，因而是一种体制创新。在此合作模式下，根据约定，援建方拥有极大的决定权，便于贯彻其先进的发展理念，有助于落后地区在较短时间内面貌发生脱胎换骨的变化。然而，该种模式也有其固有的缺点。由于援建方付出巨大，因而受援方不得不同意将前者获得前期开发的全部或大部分收益作为条件，从而起到有效的激励作用。因此，受援方内部会有较大的反对阻力。在实践中，采用这一模式的园区数量寥寥无几。另外，这种模式也不利于先进发展理念的传递扩散，容易导致“援助依赖症”的形成。

援建帮扶制是在行政命令的撮合下发展起来的一种帮扶形式，虽然也是由双方共同成立组织机构进行领导，但在实际运作过程中，发达地区享有较大的决定权。目前，采取这一合作形式的共建园区约占30%。我们以苏州宿迁工业园为例进行详细介绍。苏州宿迁园区组织协调机构的组成情况如下：一是联合协调理事会。作为高层协调机构,前期由两市市长共同担任联合主席,2019年10月起升格为由两市市委书记共同担任联合主席,两市市长担任联合常务副主席。联合协调理事会在每年两市党政代表团互访期间召开,负责对园区发展的重大问题和重要工作的决策。二是双边工作委员会。由两市分管副市长牵头,有关部门主要负责人参加,协调处理开发建设中的重要问题,对上述联合协调理事会负责。三是园区党工委、管委会,负责贯彻党的领导、实施经济管理并行使行政管理权,与宿迁开发区是不同的分设机构。正因其相对于所在的省级开发区而言在组织制度安排上具有独立性,因而也有学者称其为“封闭式”的合作模式(蒋费雯和罗小龙,2016)。在上述组织架构之下,经过15年的发展,苏州宿迁工业园区吸收运用苏州工业园区的成功发展经验,紧紧围绕建设“苏北一流工业园区”的总目标,埋头苦干、只争朝夕,初步形成了设施、功能比较完善的发展形态和空间。

股份合作制是目前采用最多的一种合作共建形式,在所有共建园区中占比达60%以上。通常是由合作双方成立股份公司作为投资开发和管理主体。发达地区和欠发达地区的持股比例多为6:4或5:5,且按照股本比例进行收益分成。在实际决策上,受援方往往具有较大的话语权。由于遵循了市场化的运作方式,运作较为规范。上海的开发区在对外品牌输出时最青睐于此种模式。但这一模式也存在缺乏当地政府实质性政策支持、启动较慢、建设周期较长等制约因素。然而,一旦成功运作起来,发展后劲较为充足。

产业招商制是针对特定区域、特定产业进行招商引资的一种模式,适合落后地区与已形成较大产业集群且有输出意愿的特定地区进行合作,合作面较为狭隘,在承接特定产业的转移时具备较大优势,但相应地也有产业较为单一的局限性,容易受到国际贸易萎缩与经济周期性波动的影响。尽管采用该模式的园区数量较少,也不是本章的研究重点,但其实各个共建园区在进行招商引资时都具备较强的针对性。也就是说,都有前期的规划论证作为招商引资的支撑和侧重点。

表 3-1　部分共建园区的主导产业定位

共建园区	主导产业
苏州宿迁工业园区	电子机械、新材料、轻工食品、纺织服装
张家港(宿豫)工业园	机械、汽配产品加工产业
吴中经济开发区宿城工业园	纺织服装、机械电子
昆山高新技术产业园区沭阳工业园	纺织、服装、电子、机械加工
吴江经济开发区泗阳工业园	纺织服装、电器照明、木材加工等
常熟高新区泗洪工业园	纺织服装、轻工食品、电子和机械制造业
锡沂高新技术产业开发区	石英制品精加工、机械、电子等
无锡锡山丰县工业园	纺织、服装、机械加工及电动车业
常州高新区大丰工业园	纺织服装、机械电器、新型材料
武进高新区阜宁工业园	电子信息、纺织服装、机械电器、新型建材
南京经济技术开发区涟水工业园	纺织服装、机械电子
江宁经济技术开发区淮阴工业园	先进制造业为主,电子、IT 等为辅
江宁经济技术开发区连云港工业园	医药电子、装备制造、仓储物流
昆山经济技术开发区连云港工业园	机械、电子
昆山高新技术产业园区淮安工业园	电脑及周边产品和电子元件产业
镇江经济技术开发区东海工业园	硅产业、农副产品、纺织、服装、机械等
江阴睢宁工业园	机械电子、纺织服装、板材家具
丹阳经济开发区灌云工业园	机械加工、轻工食品、纺织服装
无锡蠡园高新区贾汪工业园	机械、电子
无锡邳州工业园	机械、农副产品加工

资料来源:笔者自己整理。

表 3-1 列出了部分共建园区的意向主导产业。可以发现,这些共建园区的主导产业定位多有重复,因而在实际的招商引资过程中,可能会面临相当强烈的竞争。需要特别说明的是,以上的划分方法并不是绝对的,有些园区可能在名义上采用某个合作名称,但在实际运作时却更像另一种模式。有些园区可能同时具备多个不同模式的特点,但是从援建方参与力度的大小来进行理论上的分类,对于我们理解不同园区迥异的绩效表现具有一定的帮助。在合作模式的选择上,每种模式都有其各自的优点和缺点,各地应结合自己的实际

情况，在兼顾合作双方意愿的基础上，因地制宜地选择最适合的合作模式。在园区发展的不同阶段，也可适时地调整合作模式以适应发展阶段的转变。例如，合作双方初始发展差距越大，在园区建设的初始阶段，管理体制就越适合偏向援建一方，唯有如此，方可快速利用成熟的发展经验；等到园区发展初具规模以后，组织架构可作出相应的调整，及时给予受援方政府和工作人员更多锻炼学习的机会，将先进的发展理念通过“干中学”方式得以内化，促进园区形成更强的内生发展动力，最终缩小发展差距，摆脱对发达地区的依赖。

无论何种模式，共建园区的合作主要是由政府主导驱动的，市场机制未能完全发挥出应有的在资源配置中的作用。并且合作动力并非全部来源于合作双方的自愿联合，有些园区更多地表现为上级政府的“拉郎配”，或是对上级部门政策的表面响应，而无深层次的实际计划，合作流于形式。这些问题，并非通过简单更换合作模式就能加以解决。

第三节　南北共建园区的发展绩效：博弈分析

一、地方政府竞争与共建园区发展绩效

过去四十多年来地方政府之间的相互竞争在促进区域经济发展方面功不可没，然而有时，地方政府之间的过度竞争和无序竞争又会造成中国经济的周期性波动。周黎安（2004）建立了一个博弈论模型来解释地方政府官员所面临的绩效考核对地区间经济竞争和合作关系的影响，认为地方官员除了面对经济竞争，也面临政治竞争，由此造成了他们之间的合作空间异常狭小，而竞争空间则十分巨大。这一视角和分析框架有助于解释地区间形形色色的产业大战和恶性竞争。沈坤荣和金刚（2018）的研究表明，地方政府的行为往往具有两面性，既有贯彻执行中央政府政策的积极一面，也有追求自身相对独立利

益的消极一面。地方政府的理性预期和学习行为又可能在一定程度上抵消调控政策作用的发挥，从而加剧经济波动。当我们将视角从地方经济发展缩小到共建园区的发展绩效时，同样的情况也出现了。最近几年的考核中，一些早期发展尚可的园区业绩已大不如从前。有些园区在不同年份的排名波动非常之大，而在历年考核中始终位居前列的园区则相对固定。一些共建园区的发展较为突出，如苏州与宿迁合作的多家共建园区在历年考核中都名列前茅，如表3-2、表3-3、表3-4、表3-5所示。

表3-2　2016年度南北共建园区建设发展情况评估结果

共建园区名称	评估排名
苏州宿迁工业园	1
锡沂高新技术产业开发区	2
常熟高新区泗洪工业园	3
常州高新区大丰工业园	4
张家港经济技术开发区宿豫工业园	5
吴江经济技术开发区泗阳工业园	6
昆山沭阳工业园区	7
镇江经济技术开发区东海工业园	8
吴中经济技术开发区宿城工业园	9
南京江宁经济技术开发区淮阴工业园	10

注：受篇幅所限，仅列出当年考核排名前10的共建园区，实际参与排名的有41家，考核给出了这41家的完整位次。

资料来源：江苏省苏北发展协调小组文件。

表3-3　2017年度南北共建园区建设发展情况评估结果

共建园区名称	评估排名
苏州宿迁工业园	1
锡沂高新技术产业开发区（无锡新沂工业园）	2
常熟高新区泗洪工业园	3
常州高新区大丰工业园	4

续表

共建园区名称	评估排名
吴江经济技术开发区泗阳工业园	5
张家港经济技术开发区宿豫工业园	6
吴中经济技术开发区宿城工业园	7
昆山沭阳工业园区	8
南京江宁经济技术开发区淮阴工业园	9
镇江经济技术开发区东海工业园	10

注:受篇幅所限,仅列出当年考核排名前10的共建园区,实际参与排名的有23家,考核给出了这23家的完整位次。

资料来源:江苏省苏北发展协调小组文件。

表3-4 2018年度南北共建园区建设发展情况评估结果

共建园区名称	评估排名
苏州宿迁工业园	1
常熟高新区泗洪工业园	2
常州高新区大丰工业园	3
吴江经济技术开发区泗阳工业园	4
张家港经济技术开发区宿豫工业园	5
吴中经济技术开发区宿城工业园	6
昆山沭阳工业园区	7
锡沂高新技术产业开发区(无锡新沂工业园)	8
南京江宁经济技术开发区淮阴工业园	9
镇江经济技术开发区东海工业园	10

注:受篇幅所限,仅列出当年考核排名前10的共建园区,实际参与排名的有36家,考核给出了这36家的完整位次。

资料来源:江苏省苏北发展协调小组文件。

表3-5 2019年度南北共建园区建设发展情况评估结果

共建园区名称	评估排名
苏州宿迁工业园	1
常州高新区大丰工业园	2

续表

共建园区名称	评估排名
吴江经济技术开发区泗阳工业园	3
常熟高新区泗洪工业园	4
昆山沭阳工业园区	5
吴中经济技术开发区宿城工业园	6
南京江宁经济技术开发区淮阴工业园	7
张家港经济技术开发区宿豫工业园	8
镇江经济技术开发区东海工业园	9
江苏省国信集团淮安工业园	10

注:受篇幅所限,仅列出当年考核排名前10的共建园区,实际参与排名的有23家,考核给出了前15名的位次。

资料来源:江苏省苏北发展协调小组文件。

二、共建园区绩效分化——一个博弈论分析框架

总体来看,苏州市与宿迁市、无锡市与徐州市的挂钩合作最为紧密,园区建设水平也位居前列,而其他部分共建园区的建设仍然存在一些问题和矛盾。主要有以下表现:合作较为松散,援建方派出的人员不能按实际要求到位;园区管理未能实现独立运作,和所在开发区之间界限不够明晰;个别地方未能真正重视,导致共建园区的建设进展极为缓慢,乃至停滞不前。那么,我们不禁要问,为什么不同共建园区的发展建设会呈现出如此不平衡的发展格局?诚然,地区初始发展条件、园区区位因素、各地重视程度等均会对园区建设产生影响,但为何初始发展基础最为落后的宿迁市在共建园区的建设中能够表现得如此亮眼呢?

随着政策范围的不断扩大和内外部经济大环境的改变,援建方开发区的平均实力水平也逐渐下降,优质的援建方成为一种稀缺资源,并且呈现出先到先得的特征。早期的共建园区合作往往建立在援建方和受援方较大的发展差距之上,在这种情况下,援建方有较大的项目输出空间,受援方也乐于接受;而

新建立的许多共建园区双方的实力差距要小得多,许多受援方对援建方的项目并不满意,而援建方也很难将自身具有核心优势的项目对外输出。因而,双方的合作意愿都不如早期的合作方那么强烈,从而导致园区建设踟蹰不前,对上级的考核也缺乏感知。

另一个重要的原因在于共建园区彼此之间的激烈竞争。在对外招商引资的过程中,多个共建园区均向少数潜在项目伸出“橄榄枝”,从而使各地在与大型企业的谈判博弈中处于不利地位,形成了类似于“卖方市场”的竞争格局。各地争相开出巨大的政策优惠条件,使企业在讨价还价的过程中占尽优势,造成相当程度的政策浪费,有时甚至会出现如同拍卖中“赢家的诅咒”的情形发生:中标者以很大的代价拿下项目,而未中标者由于自身实力的欠缺,难以吸引优质资源,两败俱伤。此外,各共建园区在开发区转型的大背景下,目标产业定位多有雷同,彼此之间缺乏相应的协同机制,难以形成错位发展的格局,主导产业的竞争进入白热化阶段,在一定程度上造成了园区基础设施建设的重复化和低效利用,这些因素都在一定程度上对园区的长期发展产生了负面影响。

本节用博弈论框架分析不同共建园区的绩效差别。省级政府作为共建园区政策的委托方,将共建园区政策的落实与执行任务委托给市县级政府,市县级政府再将这一任务下达给开发区,进行二次委托。为了帮助共建双方顺利完成任务,上级政府同时会提供一个政策优惠包,它的内容在上文已有叙述。援建方政府面临着多重目标,包括自身开发区的建设、共建园区的建设、完成上级政府布置的帮扶任务、完成自身营商品牌的宣传和输出任务。这四个任务之间可能存在一定程度的冲突和不兼容。有的援建方自身开发区的建设做得较好,且具有打造优质营商品牌的强烈愿望,或是具有自觉的大局意识,那么这些援建方就会比较积极地参与共建园区的建设并乐于在合作中发挥实质性的作用;相反,另外一些援建方就不太乐意在园区共建中掏出真金白银。

为简便起见,以下将上述两类援建方分别简称为品牌输出意愿较强的援建方和品牌输出意愿较弱的援建方。类似地,受援方也可以分成两个类型:第一个类型的受援方有着强烈的政绩冲动,急于改变当地的贫穷落后面貌,且乐于将手中的行政权力暂时让渡出来,给予援建方充分的信任与支持,我们将这类受援方称为学习意愿较强的受援方;第二个类型的受援方则发展认知固化,发展理念陈旧,安于现状,或是对援建方能否真诚帮扶表现出较大的疑虑,又或者对本地的发展前途持消极悲观的态度,认为区位劣势和发展基础薄弱,即使在援建方的帮助下也难以从根本上进行扭转,从而消极应对共建园区政策,我们将这类受援方称为学习意愿较弱的受援方。可见受援方也面临着多重目标之间的冲突:保持自身权力的完整性和改变当地经济发展的面貌。

上级政府(主要是指省级政府)在对共建园区的推进进行考核时存在一些困难之处。由于省级政府并不掌握一线的资料,因此不得不依赖共建园区上报的考核材料进行评定。以江苏省为例,省苏北办首先制定各年度的共建园区考核办法,并印发共建园区考核通知,各共建园区收到考核通知后,按考核办法要求,形成共建园区考核自评材料,经共建园区属地政府相关部门签署意见后,向上报送。收到下面上传的自评材料后,省苏北办会同省有关部门共同组成考核组,对各个共建园区提交的自评材料进行审核,并前往若干共建园区实地考察、复核,其形式为就地召开考核汇报会。最终,考核组综合上述核查情况形成考核初步意见,提交省苏北发展协调小组审定后公布。

首先考虑上级政府撮合背景下的合作谈判。传统上,博弈论的各种模型被应用于对市场主体在谈判过程中各种行为的分析和解释。在这里,参与双方基本上都是自愿参与谈判的,在谈判中所处的地位是平等的,并且保留了退出谈判的权利。我们这里的情况则因准入和退出机制的差异而有所不同。在这一阶段,我们把合作共建双方与推行政策的上级政府视为两个博弈参与方。有较强品牌输出意愿的援建方与有强烈学习意愿的受援方具备较好的合作条件,在双方诉求能够互补的情况下双方均倾向于展开合作,因而对上级政府的撮合会积极配合。然而,在另外三种情况下的合作就不那么顺畅了。如果品牌输出意愿较强的援建方与学习意愿较弱的受援方相匹配，则后者在权限共享方面开放度较低，从而导致前者受到较多的掣肘，无法施展出理想条件下的才能；如果学习意愿较强的受援方与品牌输出意愿较弱的援建方进行匹配，则会出现尽管前者乐于让渡权力，但后者不愿接受大规模产业转移的情况，于是前者在共建中所获得的收益也十分有限。最后一种情况是品牌输出意愿较弱的援建方与学习意愿较弱的受援方进行匹配。在这种情况下，双方都对共建园区没有实质性的合作意愿，但碍于上级政府的要求和同类园区合作已经蓬勃开展的现状不得已而为之。由于他们不能直接表态拒绝合作，因而所采取的方法只能是执行博弈，即表面上并不反对，但实际上合作极为松散。在合作敲定阶段，上级政府无法有效识别不同园区共建主体双方的真实合作意愿，而一旦合作共建计划被以正式文件的形式确定下来之后，就难以撤销。因而在宏观上往往会表现出大量共建园区同时如火如荼地出现。

在园区开发建设阶段，合作双方在投入和产出的分配比例上存在一定的博弈空间。由于政策规定发达地区的开发区出资比例不能过低，受援方能够直接从中获益，因此学习意愿较弱的受援方可以仅共享出较少的行政权力，主要利用发达地区的注资，而较少学习具体的运作管理经验。这一点援建方也心知肚明。援建方对此并非束手无策，品牌输出意愿较低的援建方可以降低出资总额来扭转在谈判中的不利地位，甚至于出现口头上承诺出资但资金迟迟不到位的现象，从而使园区前期的开发运作步履维艰。另一种情况是品牌输出意愿较强的援建方包办各种事情，在此条件下，学习意愿较弱的受援方无须认真学习相关经验就可以坐享其成，形成一种对援助的高度依赖性思维，从而缺乏内生增长动力。在园区建设的这一阶段，仍然只有品牌输出意愿较强的援建方与学习意愿较强的受援方之间的合作最有成效。一方面，援建方倾囊相助，不吝赐教；另一方面，受援方也积极筹措资金，更重要的是相关管理人员虚心向外派而来的管理人员学习交流，从而在长期的并肩作战中吸收先进的发展理念，最终能够独当一面，成为园区转型发展的中流砥柱。

最后，在考核评价阶段，上级政府与落实合作共建任务的参与双方之间也有进行博弈的动机和空间。品牌输出意愿较强和学习意愿较强的受援方之间的合作绩效最为突出，双方在接受评价时会明确向上级政府发送信号，以求将自己与其他三类合作者区分开来，为获得更大程度的奖励和优惠政策增加谈判筹码。在这一阶段，最为紧张的是品牌输出意愿较弱的援建方和学习意愿较弱的受援方之间成立的合作主体。然而，他们并不会坐以待毙，而是会通过本级政府（区县级）相关工作人员与具体负责考核的省级部门官员之间的各种纽带和关联，积极进行游说，并同样发出一些信号。但这些信号不是关于合作成绩的，而是关于自身努力程度的，来争取考评组的支持与认可。这其中关键的一点在于考评在某种程度上总是具备一定的模糊性，并非所有维度均是清晰而可量化的，另外各地的初始条件、资源禀赋等确实颇为迥异，这些都增加了这一类合作者在谈判中的筹码。更有甚者，不惜铤而走险，试图弄虚作假来蒙混过关。好在这一对策无法长期奏效，因为考评每年都会组织一次，在反复博弈中难免露出马脚。一旦被发现，将面临严重的后果。首先是触发一票否决惩罚，园区不仅会被取消各种奖励的资格，并收回以奖代补相关资金（1000 万元），还会被剔除出当年的考核排名列表，不在最终的考核成绩中显示。此外，还通报批评负责人的违规行为，从而给当事人的政治前途蒙上一层阴影，因而近年来这方面的违规行为已不多见。

第四节　南北共建园区的增长效应：要素分析

上一节我们利用博弈论的分析框架，从地方政府行为视角出发，对共建园区增长绩效的分化这一现象给出了一种可能的解释。通过分析我们发现，治理结构中蕴含着一定的委托代理风险，我们区分出两类援建方主体、两类受援方主体后，总共构成四种不同的代理方组合。在第一种组合中，合作的效果较为理想;在其他的组合中,由于合作方之间存在的多重目标之间的紧张和不兼容,以及合作双方与委托方之间信息不对称降低了考核有效性,在合作的谈判、实施和考核阶段,合作双方之间以及委托方与代理方之间都存在激烈的博弈,从而对合作的效果产生了不同程度的负面影响。本节将要阐明的是:既然第一种组合的合作效果较好,那么它的具体作用机制是怎样的?也就是说,在理想条件下,共建园区具有哪些方面的积极增长效应?概括而言,共建园区的经济增长效应可以分解为两个方面:一是生产要素在空间上集聚带来的规模经济效应;二是通过简政放权降低经济运行过程中的制度性交易成本。下面我们依次进行阐述。

一、土地、劳动力和资本的视角

在一个共建园区建设的早期阶段,通过政府在基础设施方面的投资迅速实现道路通车、供电和供水,为生产要素在园区的集聚奠定坚实的基础。随后,一批工业企业相继入驻,与当地具有成本优势的劳动力相结合,这一阶段,城市建设继续推进。当园区的招商引资取得更大突破时,相对于资本,本地的劳动力开始变得更加稀缺,于是周边农村地区的劳动力又会被吸纳进来。最后,当资本和劳动力的集聚已经达到规模经济与规模不经济的临界点时,园区的转型也就在所难免了。这一阶段将更加依赖于技术进步和人力资本提升来减缓报酬递减来临的速度。值得注意的是,通过简政放权不断优化企业所面临的各种行政审批流程、不断提升政府的管理能力、不断强化政府的服务能力贯穿于整个园区建设的所有阶段,并且越是在高质量发展阶段简政放权就越是应该发挥更加重要的作用。而在产业刚开始转入园区时,社会资本也将发挥独特的作用。

进入近代以来,随着西方发生两次工业革命,资本积累在经济发展中的重要性不断上升,宏观经济学家构建了增长理论来进行说明。设一个经济体系的总生产能力用 F 表示,产品用两种可相互替代但缺一不可的生产要素资本

K 和劳动 L 来进行生产，于是总量生产函数可表示为：

$$F = f(K,L) = K^{\alpha} L^{\beta} \tag{3.1}$$

式(3.1)第二个等号意味着将一个经济体系中的总量生产函数设定为柯布—道格拉斯生产函数的形式，α 和 β 分别表示资本和劳动的产出弹性系数，也即资本和劳动对产出的贡献率。以人均资本存量来衡量经济发展水平，因此对式(3.1)两边同时除以 L，得到：

$$\frac{F}{L} = f\left(\frac{K}{L},1\right) \tag{3.2}$$

令 $f = F/L, k = K/L$，得到：

$$y = f(k) \tag{3.3}$$

下一年度的投资等于上一年度的产出的一个固定部分，即：

$$i = sy = sf(k) \tag{3.4}$$

其中 s 就是经济体系的储蓄率。又设资本的折旧率为 δ，则人均资本存量的变化量为：

$$\Delta k = i - \delta k = sf(k) - \delta k \tag{3.5}$$

如果投资超过折旧，则资本存量将上升；如果折旧超过投资，则资本存量将下降；只有当投资与折旧恰好保持相等时，人均资本存量才能保持恒定，我们可以将使得投资与折旧相等的那个资本存量水平称为稳态资本存量水平，即在 k^* 处，有：

$$sf(k^*) = \delta k^* \tag{3.6}$$

在其他条件不变的情况下，经济将最终向稳态收敛，从而再无人均资本的增长。在这一模型中，也可引入技术进步。将总量生产函数写成：

$$F = f(K,AL) \tag{3.7}$$

这里 A 代表劳动效率，于是 AL 是以效率单位计算的劳动量，假设技术进步是劳动放大型的，也就是说，技术进步造成劳动效率以特定的固定速度增长，不妨以 λ 来表示。通过令 $k = K/AL, y = Y/AL$，重复上述分析过程，我们可以得到稳态时的资本水平 k^* 满足：

$$sf(k^*) = (\delta + \lambda) k^* \tag{3.8}$$

事实上，模型中技术进步的引入并没有改变我们前面对稳态所做的分析，在稳态水平 k^* 上，“劳均资本”和“劳均产量”均是常数，经济仍然会向稳态收敛，与无技术进步的情形别无二致。

由此得出结论：人均产量的长期增长决定于技术进步的速度，技术进步是外生的。但任何一个地区的长期经济增长不能只依赖于外来的技术进步，否则经济增长终将停滞。知识作为一种公共品，具有非竞争性和非排他性。一个经济体系中的各个企业为了在激烈的市场竞争之中求得生存或得以胜出，各自都会积累起不同程度的特定知识，从而提高这个经济体系中每个企业的生产率。也就是说，知识一经发现或创造就立刻溢出至整个体系内。当这种要素被投入生产时，就会产生巨大的正外部性，从而使规模报酬递增成为可能，而后者又为持续增长的出现创造了条件。

有了上述准备之后，下面我们可以就各种增长要素对共建园区的影响展开详细的分析。首先是土地。在中国特定的制度背景下，土地的用途有着严格的限制。在典型的工业化和城市化过程中，作为农村农业用地的集体土地必须首先按照规定的流程转化为城镇用地，才能用于后续的建设。而各类建设用地的规模及其相互转化亦受到数量管控。换言之，土地的用途不是任意的，而是必须经过各级政府的审核批准。对一个特定地区来说，土地指标总额是一个常数。各类相互竞争的用途使地方政府必须作出权衡，以兼顾经济社会各方面的发展要求。

在共建园区所享受的政策优惠中，有一条就是给予用地计划指标倾斜。在江苏省的政策文件中明确提到，园区用地来源中，涉及农村农业用地转为城镇建设用地的，给予用地指标倾斜；计划土地指标不够时，由省国土资源厅出面向上申报，争取国家支持。这样的政策保障使园区土地资源的使用没有或较少有后顾之忧，并且所划的土地是集中连片的区域，从而有利于发挥集聚的规模效应优势。除了土地之外，土地上的基础设施建设也是共建园区的一大优势。政策支持方面，江苏省要求，十年内苏南地区不从园区拿走一分钱，所得利润全部用于园区滚动发展，叠加上以奖代补的政策，确保基础设施建设拥有足够的资金。在基础设施先行的建设思想引领下，园区基础设施建设往往都是按照高标准进行的，建设速度也十分可观，从而有利于园区快速成型，为下一步的招商引资打下坚实的基础。

其次是劳动力。这一部分，我们首先参考龚志冬和黄健元（2019）的做法，对发展经济学中经典的用于描述人口流动的托达罗模型进行修改，发展出适合于此处分析的修正模型，进而将这一模型运用于共建园区与劳动力的互动分析之中。托达罗模型基于城市就业的实际情况，研究劳动力从农村流入城市的选择及移民的经济效果问题，其基本思想是：人口流动是人们对城乡预期的（而非实际的）收入差距的反应，是劳动力的理性经济考虑所带来的行为选择。

设 t 期某一个代表性共建园区的劳动力流入数为 L_t ，则：

$$L_t = f(r_t) \ , f' > 0 \tag{3.9}$$

式（3.9）中，r_t 为流入地（即共建园区）与流出地在 t 期的预期收入差距扣除流动成本后的净收益，即：

$$r_t = pw_{1,t} - w_{0,t} - c \tag{3.10}$$

其中，p 为在共建园区成功找到一份工作的概率，而 $w_{1,t}$ 为流入地在 t 期的实际工资水平，$w_{0,t}$ 为流出地在 t 期的实际工资水平，c 为劳动力的流动成本，由两部分构成：流动的距离成本，记作 c_{dis} ，以及流动之后的生活成本与流动前的生活成本之差，记作 $c_1 - c_0$ ，也即：

$$c = c_{dis} + c_1 - c_0 \tag{3.11}$$

p 又是由什么决定的？我们认为，它和共建园区的当前就业水平呈负相关，即 $p = g(e)$ ，$g' > 0$。当前就业水平越接近饱和，则新进入者找到工作的机会就越渺茫；反之，当前就业水平越不充分，则新进入者成功找到工作的机

会就越大。至于 $w_{1,t}$，它与流入地的经济发展水平呈正相关,可以用上一期的人均 GDP 来衡量,即:

$$w_{1,t} = h(dev_{t-1}), h' > 0 \tag{3.12}$$

将上述各个式子联立,可以得到总的表达式:

$$L_t = f(p\,w_{1,t} - w_{0,t} - c) = f[g(e)\,h(dev_{t-1}) - w_{0,t} - (c_{dis} + c_1 - c_0)] \tag{3.13}$$

随着园区不断招商引资、产业规模不断扩大, e 倾向于不断下降,因而概率 p 倾向于上升,也就是说,劳动力在共建园区找到一份工作的可能性上升。其次,共建园区的经济发展水平也随着时间推移而逐年升高,这两方面的因素共同作用,使劳动力对预期收入差距的估计持乐观态度,从而园区将吸引大量劳动力源源不断地流入。另外,生活成本因素暂时还不足以扭转上述预期收入差距的作用。根据王(Wang,2013)的实证研究,开发区工人工资的上涨程度(8%)超过了生活成本的上升幅度(5%),这意味着总体而言,劳动力的要素集聚仍旧处于规模经济阶段,尚未越过拐点进入规模不经济阶段。

除了外来劳动力的流入,江苏省的共建园区政策还加快从本地培养一批又一批的符合产业需要的技能型劳动力。政策支持本地一批高职、中职技术院校根据园内企业的实际用工需求,调整设置专业结构和课程重点,普遍实行“订单式”培养。除了与本地的高职、中职合作外,还充分利用省属和苏南地区的高职、中职教育资源,通过委托培养、短期培训等方式,为共建园区培养一批紧缺专业的技能人才。由此,园区劳动力的供给与需求的匹配具备了更大的契合度。此外,省农村劳动力转移专项资金重点向区中园倾斜。

接着是资本,主要考虑两个方面:一是园区自身建设中的资本来源;二是入驻园区的企业固定资产投资。就前一个方面而言,园区建设资本的来源包括合作双方共同注资,尤其是援建方的资本投入,以及财政政策的拨付、考核的奖励资金等。就后一个方面而言,2018 年江苏省各园区完成全社会固定资产投资 1500 亿元,新开工项目总投资超过 1000 亿元,完成工业产品销售收入

6595亿元，实际使用外资12亿美元，可以说是在资本积累方面卓有成效的。

可以说，是持续不断的政策红利助推着共建园区获取了当前的主要成就，然而如今政策倾斜已经接近或到达天花板了，由此形成的发展优势逐渐难以为继。在高质量发展阶段，民营资本对园区转型发展的促进作用将更加凸显。除了江苏省外，安徽省的南北合作共建园区建设成效也是斐然的，阜阳合肥、亳州芜湖、宿州马鞍山、合肥高新区霍邱现代产业园区等一批共建园区自2012年成立以来都取得了丰硕的合作成果。截至2020年6月，这些园区累计完成固定资产投资1138.8亿元，财政收入89.2亿元，税收48.2亿元，招商引资到位资金327亿元。考虑到这些园区所在地区的初始发展水平很低，比苏北的初始发展水平还要低不少，这样的成绩也是来之不易的。

二、全要素生产率视角

上一小节主要是从传统的增长要素视角来展开分析的，这一小节我们主要从全要素生产率（TFP）的角度来做进一步的分析。全要素生产率是指经济增长中无法由土地、劳动力和资本来解释的剩余部分，其中与共建园区相关的主要有技术、人力资本和政府提供的管理和服务等因素。

共建园区的设立主要通过优化所在开发区乃至整个县（区）的产业结构来推动制造业升级，促进技术进步。理解这一点的关键是考虑到发达地区与后发地区之间的产业梯度差距。从发达地区腾笼换鸟而来的产业虽然在发达地区来看已经没有技术优势可言，但对于受援方来讲，其技术水平却很有可能高于当地产业原先的平均技术水平。因此，通过引入这些产业，后发地区的产业结构就得以优化升级，并能缩小与发达地区的技术差距。因为发达地区自主进行产业升级的速度肯定比不上后发地区直接接受产业转移带来的技术进步的提升来得迅速。但是，当二者之间的技术差距越来越小时，产业梯度转移的动力也将越来越小。在新的发展阶段，共建园区和发达地区的开发区一样，必须在主动培育高新技术企业、促进原创性技术进步方面发挥引导作用，而技术进步反过来又会推动共建园区发展质效的提升。

近年来,共建园区的发展质效持续提升。园区在坚持新发展理念、落实高质量发展要求,执行产业、节能、土地、环保、城市规划等政策方面,未出现重大违规行为。2018 年江苏省园区新认定国家高新技术企业、省级以上工程技术研究中心等创新平台数量达 273 家。这些都表明,共建园区在大力培育高新技术企业、积极构建各类科研平台方面的步伐有所加快。总体上看,江苏省的共建园区已经不再简单依赖产业集聚了,而是在推动形成具有更高技术的增长极方面加大了力度。不过,创新活动往往需要高额的研发投入,政府平台融资不规范的情况时有发生,可能转化为隐形债务,长期来看会形成一定的金融风险,不利于园区的可持续发展。通过拓宽投融资渠道,更好地发挥民间资本在 R&D 中的作用,可以为增强园区经济发展的内生性动力提供更好的保障。

受教育年限的提升和工作经验的持续积累是增加人力资本的主要途径。长三角地区拥有大量的高校和科研院所。人力资本存量的增长和人力资本密度的提升均会促进园区经济的发展。另外,劳动力要素的自由流动也能够通过重新配置劳动力在不同产业部门及岗位内的比例来让具有不同工作经验的员工找到最适合自己能力的工作,提升劳动效率。

政府的管理和服务构成了企业经济活动运行的政治空间。目前,共建园区还需要进一步优化管理和服务的理念,更加充分地降低企业的制度性交易成本。部分园区的发达地区合作方未能在管理上作出表率,体现出这些援建方政府存在激励不足、动力不强的问题。这是由其所面临的多重目标之间的冲突与不兼容所致。具体来说,援建方政府面临着以下四个相互竞争的目标:自身开发区的建设;共建园区的建设;完成上级政府布置的帮扶任务;完成自身营商品牌的宣传和输出任务。当然,这些目标中的某些部分会有交叉,这里为了分析上的方便,特意将其予以区分。在这 4 个目标中,自身开发区的建设无疑是放在首位的。总体而言,受援方从双方的合作之中所获得的收益要远大于援建方,这就导致存在不同程度的"南冷北热"。就共建园区这一目标而言，上级政府的考核是加在援建方头上的一个重要的约束。上级可以通过加大对援建不力的惩罚来改变援建方面临的激励约束体系，然而这种改变是有一定的限度的，其操作空间有限。理性的地方政府不会将共建园区的任务放到自身园区的建设之前。试想，若是招商团队成功地招徕了一个优质的项目，将会把它优先置于何处？只有当自身园区本身已经面临土地紧张、集聚过度、要素成本过高、规模不经济，从而迫切需要转型升级的情况下，才会有"腾龙换鸟"的迫切需要。否则，自身开发区的建设就始终是第一位的。至于最后一个关于品牌输出方面的考量，只对少数自身实力过硬的开发区才发挥着重要作用。对于绝大多数本身就处于中等乃至下游水平的援建方开发区而言，自身品牌的宣传并非是一项特别重要的议题。

对受援方而言，将自身所掌握的开发管理权限移交给援建方政府时也会面临一定的阻力。目前，一部分共建园区与所在开发区未实现剥离，未能在真正意义上实现独立运作。由于对共建园区的授权不够充分，许多与经济管理有直接关联的行政审批的权力仍然保留在原开发区中，甚至偶尔还存在权力过度向上集中的情形，这无疑会降低共建园区的行政运行效率，企业办事环节增多、周期变长，无法完全做到区内事务区内办结。在这方面，苏州宿迁工业园做得就比较好，每周固定时间在园区内集中解决办理企业遇到的实际困难，值得复制推广。

发达地区的开发区在营商环境发展上一直走在前列，在营商环境的改革方面亦位居前沿。有责任心的援建方在持续开展招商护商服务、巩固和拓展减税降费成效、着力解决企业融资、用工等实际困难问题方面发挥了决定性的作用。也唯有让市场主体特别是中小微企业有明显的获得感、更大力度支持民营企业发展、增强民营经济发展活力，才能将先进的管理和服务理念转化为现实的社会生产力。这种营商环境的根本性改善绝不是一蹴而就的，而是有一个模仿学习、扩散和内化的过程。受援方政府的工作人员通过虚心地向援建方学习交流，在已有一定心得的基础上逐步扩大"干中学"的范围和深度，最终将其内化为自身的经验和意识。从总体来看，近年来园区共建工作逐步变得更加扎实。2016 年 45 家共建园区合作双方高层互访交流 151 次，援建方共派出 162 名经验丰富的管理人员，以及近 80 名专业技术人员从事园区管理、招商引资、技术服务等工作。各共建园区还加大宣传力度，全年在省级以上媒体发表的理论文章及新闻报道共计 106 篇。至 2018 年，高层互访交流扩大到 190 余次，援建方派出的管理人员数量也达到了 180 多名。在目前的阶段，探索积极推进开发区区域评估，对符合门槛的项目实行"零审批"直接落地是进一步优化行政审批流程的重大举措。也应加快数字政府建设，推进"互联网+政务服务"，不断提升服务的精准度、便利性，更大范围内在线上完成申报和审批工作。

三、社会资本的视角

社会资本是一个不同于物质资本和人力资本的概念，它并非指政府以外的资本来源，而是指人与人之间的社会联系及由此形成的社交关系网络，这种联系和网络影响并制约着个体的社会资源获取能力。与物质资本、人力资本一样，社会资本这种个人与组织中的他人之间的联系可以给个人带来未来的潜在收益。从宏观上来看，一个国家或地区的社会资本存量也会对该国家或地区的经济增长产生影响。

对企业家而言，血缘关系、先前形成的地方企业网络、企业家与当地政府之间形成的合作关系等都是其重要的社会资本。而社会资本作为一种非正式规范，并不容易在自发状态下自由流动，想要对社会资本进行外部扩展也将面临重重阻力。产业转移的过程也是一个重组社会资本的过程，园区共建时，由发达地区招商部门的工作人员出面，动用其与当地企业家之间的社会资本，能够打破社会资本的流动刚性的阻碍，大大增加企业愿意进行产业转移的概率。

同时，这里也有必要指出，虽然政府在共建园区的建设中占有主导地位，但共建园区能否真正有效运作，却取决于是否进行了市场化的运作（杨玲丽和万陆,2012)。这是因为,政府的行政指令无法改变微观经济主体(这里主要是指转出地的企业)根据自身利益最大化的原则作出相应的选择。企业从苏南转移到苏北,尽管会得到税收优惠、低廉的土地使用成本和低息贷款,但是转移企业本身也存在成本。转移以后,产品的交通运输成本也发生了改变。因而,社会资本方面的考虑并不能完全扭转纯经济领域的成本收益结构方面的考虑,经济因素方面的考虑仍然是第一位的。但当转移成本与转移收益大致相同,或者转移成本略大于转移收益时,社会资本则能发挥较大的作用。

总之,社会资本作为产业转移过程中的润滑剂,往往能够减轻乃至完全消除一些企业家的疑虑和犹豫态度,从而将更加广泛的社会资源吸纳到合作共建中去。我们可以将共建园区政策视为一个政策优惠包,其中包含了建设用地指标倾斜、多种形式的财政补贴(税收减免、以奖代补、调度资金、电费补贴和贷款贴息等)和金融支持(政策性贷款)等一系列政策优惠的组合。这些政策从不同的方面对园区的经济增长产生了广泛而持久的影响。可以说,政策驱动是共建园区发展的强大推动力。然而,过分依赖政策的各种补贴有可能存在一定的负面影响,也有可能会造成园区对政策的习惯性依赖而忽视了真正去学习发达地区的先进经验。一旦政策红利减少,园区的进一步发展就步履维艰。因此,园区的发展必须进行转型。从更大范围来看,开发区普遍都在转型,作为区中园的共建园区相应地也进行转型,是政策实践进入深水区之后的题中应有之义。

第五节　南北共建园区增长效应的实证检验及政策建议

一、基础回归分析

上一节阐明了理想条件下共建园区具有多个方面的增长效应。然而,这些潜在的积极效应在实际上究竟作用如何？本节将通过回归分析给出确切的答案，揭示出共建园区政策的总体效果。

（一）样本描述和模型设定

本章以 2005—2016 年长三角地区（包括江苏省、浙江省和安徽省）县级市面板数据为初始研究样本。用县级市数据而不用地级市数据是为了避免加总后损失较多信息。同时，不考虑区是因为地级市的区和县级市在发展基础上有较大差异，并不真正可比。由于施援地和受援地在经济增长方面差异悬殊，其本身又是产业转移的输出地，所以本章将所有施援地县级市从样本中予以剔除，这样使样本本身更加具有可比性，有利于更好地识别共建园区对落后地区的影响效应。经过剔除后的样本总共包括 141 个县级市样本。进一步剔除异常值和缺失值后，实际有效样本为 139 个县级市。截至 2016 年，长三角地区共有 30 个县级市至少拥有 1 个及以上的共建园区，其中江苏 23 个，安徽 7 个，浙江暂未实行该政策，这为我们提供了一个良好的准自然实验来采用双重差分方法。详细来讲，获批共建园区的 30 个县级市构成了处理组，其余没有获批的县级市成为控制组。而且，这些没有获批的县级市也都不是施援地。同时，无论是江苏省还是安徽省，在批准省内市（县）成立共建园区时采用的都是逐年批复的方式。具体来讲，江苏省首批 10 家于 2006 年获得批复（含设区市），其后 2007 年、2008 年、2009 年都有不同数量的县级市共建园区获得批复，最后一批县级市南北共建园区也在 2010 获得批复，此后县级市南北共建园区的批复就暂告一段落了，而区一级的南北共建园区则仍在继续。安徽省 2012 年首批 7 个共建园区中有 4 个驻地均在皖北县级市，2015 年又增设 3 个南北共建园区。由于政策在不同地区执行的时点不同，且即使是同一年设立的不同园区，其政策的作用也是逐渐发挥出来的，因此有必要采用多期双重差分方法，才能准确识别政策的净效应。

根据地方是否获批建立合作园区，我们设置 *treatment* 变量（以下简称 *tre*），

获批者 $tre=1$,否则 $tre=0$。根据获批者获批合作园区的时间,我们设置 $time$ 变量,获批者在获批前的年份取 $time=0$,获批后的年份取 $time=1$。有了处理变量 tre 及政策时间变量 $time$,我们就可以构建双重差分变量 $D=tre\times time$ 。

$$D_{i,t}=\begin{cases}1,获批园区在获批年份之后\\0,除此之外的任何其他情况\end{cases}\tag{3.14}$$

得到这样定义的双重差分变量以后,就可以写出如下的时间—地区双向固定效应模型来进行双重差分识别,由此检验共建园区的设立对驻地经济增长的净效应:

$$Y_{it}=\alpha+\beta D_{i,t}+\gamma X_{it}+A_i+B_t+\varepsilon_{it}\tag{3.15}$$

其中,被解释变量 Y_{it} 为第 i 县级市第 t 年的实际 GDP 对数值 $\ln rgdp$, A_i 为地区固定效应,用以捕捉区域内部不随时间而变的不可识别个体因素,如初始禀赋、文化传统等。B_t 为时间固定效应,用以反映不随个体而变但随时间而变的潜在因素,如宏观经济环境的改变等。X_{it} 为一组控制变量,包括当年实际固定资产投资总额、人力资本(用当年在校中学生数来反映)、政府规模(用当年实际地方财政支出来反映)、工业化水平(用当年实际第二产业增加值来反映)、储蓄规模(用当年实际城乡居民储蓄余额来反映)。为了减少异方差性,以上控制变量都先取其对数值再进行回归分析。ε_{it} 为随机误差项。在上述模型中,双重差分变量 D 的系数 β 是我们所最为关心的。如果系数 β 显著为正,说明共建园区的设立确实推动了驻地的经济增长;如果系数 β 虽然为正但在统计上不显著,则表明共建园区的设立可能有利于驻地的经济增长但不明显;如果系数 β 显著为负则说明共建园区对驻地是有害无益的;如果系数 β 为负但并不显著则没有重要的分析意义。

(二)数据来源和变量说明

本章所使用的县级市共建园区数据根据相关公开资料进行手工收集和整理。其他数据均来自中国经济信息网统计数据库、江苏省、安徽省、浙江省历年的统计年鉴以及国家统计局官方网站。控制变量中,除人力资本以外,其余变量均用三省各自的 CPI(消费者价格指数)对相应的名义值进行平减,以确保所有含有价格因素的变量都是真正可比的。主要变量的描述性统计分析如表 3-6 所示。ln*rgdp* 表示共建园区驻地的实际 GDP 的对数值,*D* 为政策—时间双重差分变量,ln*cap* 表示当年实际固定资产投资总额的对数值,ln*hum* 表示以当年在校中学生数反映的人力资本水平的对数值,ln*gov* 表示以当年实际地方财政支出来反映的政府规模的对数值,ln*sec* 表示以当年实际第二产业增加值来反映的工业化水平的对数值,ln*sav* 表示以当年实际城乡居民储蓄余额来反映的储蓄规模的对数值。

表 3-6　主要变量的描述性统计分析

变量名称	平均值	标准差	最小值	最大值
ln*rgdp*	4. 465	0. 857	1. 387	6. 467
D	0. 131	0. 338	0. 000	1. 000
ln*cap*	4. 037	1. 064	0. 393	6. 352
ln*hum*	3. 459	0. 772	0. 693	5. 088
ln*gov*	2. 741	0. 760	0. 320	4. 639
ln*sec*	3. 911	1. 026	0. 387	6. 294
ln*sav*	4. 259	0. 919	0. 230	6. 858

(三)基础模型回归结果

表 3-7 报告了 DID 回归的结果。首先,在回归模型中只加入核心解释变量 *D* 进行回归,回归结果见列(1)。可以看到,该双重差分变量在 1%水平下显著为正。这表明,共建园区显著促进了驻地的经济增长。其次,加入其他控制变量再做回归,回归结果见列(2)。双重差分变量 *D* 仍然显著为正,但系数值大小缩小为原来的 1/8,这说明控制变量的加入是很有必要的,否则可能会导致政策效应的大大高估。在列(2)的基础上,进一步加入地区固定效应和

时间固定效应再做回归，回归结果见列（3）。我们发现，在控制地区固定效应和时间固定效应后，回归结果和不控制情况下基本一致。尽管双重差分变量 *D* 的估计值进一步缩小，但其依然显著为正，且数值大小和列（2）相差无几。以上三个回归结果基本确认了南北共建园区的正向政策效应。并且，这一实证结果也暗示，共建园区对地区经济增长的作用具有创造增量的效果，并不以该地区其他潜在增长机会的丧失为代价。

表 3-7　共建园区对地区经济增长的作用：DID 回归结果

被解释变量	ln*rgdp*	ln*rgdp*	ln*rgdp*
解释变量	（1）	（2）	（3）
D	0.6240*** （0.0424）	0.0835*** （0.0185）	0.0763*** （0.0093）
ln*cap*		−0.0679*** （0.0123）	−0.0684*** （0.0062）
ln*hum*		0.1370*** （0.0097）	−0.0385*** （0.0108）
ln*gov*		0.0348 （0.0329）	0.0641*** （0.0170）
ln*sec*		0.7270*** （0.0215）	0.4520*** （0.0148）
ln*sav*		0.1080*** （0.0409）	−0.0039 （0.0036）
地区效应			控制
时间效应			控制
常数项	4.3830*** （0.0226）	0.8530*** （0.0421）	2.9610*** （0.0684）
N	1692	1692	1692
R^2	0.060	0.967	0.996

注：（1）括号内为标准误差；（2）*、**、*** 分别表示在 10%、5%和 1%的水平下显著。

二、稳健性检验

采用双重差分方法对共建园区的设立进行政策评估的一个重要前提是，

这一政策是近似随机进行的,这样通过直接比较实验组和控制组就可以得出政策的效果。然而,在以上研究中,最有可能遭受质疑的一点是,各省政府在批准设立共建园区时,会将各县级市的发展水平纳入考虑。也就是说,那些工业化水平较低、基础设施建设短板越突出、自主招商引资越是难以进行的地区会被优先考虑设立共建园区。因此,共建园区政策很有可能是非随机进行的,而对非随机的样本进行估计将会产生选择性偏误。针对这个问题,下面我们采用倾向得分匹配方法(Propensity Score Matching,PSM),在长三角范围内寻找与受政策冲击的县级市相类似的县级市作为更加合理的控制组,以消除样本可能存在的选择性偏差。这样就能在更大程度上保证估计结果的准确性。

我们采用一对一最邻近匹配方法。由于政策随着年份逐渐展开,因此,借鉴刘晔等(2016)的做法,采用逐年匹配的方法为各年的实验组找到对应的控制组。以2010年为例,首先,我们利用可观测到的变量计算出每个县级市受到政策冲击的倾向得分值,然后为每个实际上获批南北共建园区的县级市(实验组)找到唯一一个未建立南北共建园区的控制组县级市。其他的年份也采用相同的方法进行匹配。匹配时我们也进行了平衡性检验用以诊断匹配效果。还是以2010年为例,从表3-8可以看出,匹配后所有匹配变量的标准偏差都大幅降低,且匹配后的 t 统计量都不显著,这表明匹配后控制组和实验组在可观测的变量特征方面已经不存在系统性差别。这保证了样本处理的随机性,使得下面的估计结果具有较高的可靠性。

表3-8　2010年匹配平衡性检验

变量名称	均值		标准偏差(%)	标准偏差减少幅度(%)	t 统计量	t 检验 $p>t$
	处理组	对照组				
ln*cap*	4.396	3.967	74.700		1.690	0.093
	4.396	4.426	-5.200	93.000	-0.100	0.924
ln*hum*	3.555	3.394	26.400		0.610	0.544
	3.555	3.529	4.300	83.800	0.080	0.933

续表

变量名称	均值		标准偏差(%)	标准偏差减少幅度(%)	*t* 统计量	*t* 检验 *p*>*t*
	处理组	对照组				
ln*gov*	3.062	2.703	92.600		2.270	0.025
	3.062	3.041	5.600	94.000	0.100	0.919
ln*sec*	4.304	3.930	48.800		1.140	0.256
	4.304	4.319	-1.900	96.200	-0.030	0.975
ln*sav*	4.278	4.212	8.500		0.230	0.820
	4.278	4.370	-11.800	-39.100	-0.200	0.841

经过匹配后,再次使用 DID 方法进行回归,回归结果如表 3-9 所示。在列(1)中,仍然只加入核心解释变量,它仍然在 1%水平下显著为正,但在数值上比原先的 0.624 降低了约 13.78%,这表明寻求了更加合适的对照组之后,政策效应的误差被进一步修正了。在列(2)中,加入其他控制变量但不加入时间—地区双向固定效应,我们最为关心的 *D* 依然在 1%水平下显著为正,同样地,其数值大小变为了 0.0603,与原先的 0.0835 相比减少了约 27.78%;在列(3)中,不仅加入所有的控制变量,还把地区固定效应和时间固定效应也纳入进来,这样之后,我们的核心解释变量 *D* 依然在 1%的显著性水平下通过检验,此时,其数值大小变为 0.0423,与原先的 0.0763 相比减少了约 44.56%。在这三个回归中,核心解释变量 *D* 的相对大小关系延续了基础回归模型中的排序,这说明控制变量的选取是十分有必要的,而时间固定效应和地区固定效应也依然应该加以控制。可以认为,三个回归的结果和此前的 DID 回归结果高度一致,这确认了回归结果的稳健性。因而,我们可以得出判断,共建园区确实有力地促进了落后地区的经济发展。

表 3-9　共建园区对地区经济增长的作用:PSM—DID 回归结果

被解释变量	ln*rgdp*	ln*rgdp*	ln*rgdp*
解释变量	(1)	(2)	(3)
D	0.5380*** (0.0534)	0.0603*** (0.0151)	0.0423*** (0.0105)

续表

被解释变量	ln*rgdp*	ln*rgdp*	ln*rgdp*
ln*cap*		−0.1610*** (0.0204)	−0.1070*** (0.0123)
ln*hum*		0.1190*** (0.0134)	−0.0954*** (0.0304)
ln*gov*		0.1170*** (0.0436)	0.1810*** (0.0305)
ln*sec*		0.7830*** (0.0270)	0.5410*** (0.0194)
ln*sav*		0.0697 (0.0471)	−0.0043 (0.0027)
地区效应			控制
时间效应			控制
常数项	4.4750*** (0.0395)	1.0450*** (0.0433)	2.7890*** (0.1690)
N	624	624	624
R^2	0.115	0.971	0.995

注:(1)括号内为标准误差;(2)*、**、*** 分别表示在10%、5%和1%的水平下显著。

三、推动南北共建园区更好发展的政策建议

考虑到共建园区的显著经济增长效应,当前应继续深入推进南北共建园区走向高质量发展道路,完善相关各方利益共享机制,建立健全园区长效发展机制,发挥园区对所在地城市经济发展的带动效应、示范效应和引领效应,让共建园区成为欠发达地区缩小与发达地区发展差距的前沿阵地,努力实现区域平衡发展、人民共同富裕。各共建园区应明确自身功能定位,高标准制订发展规划,营造浓厚的创新氛围,在主导产业的选择上,不同园区之间要因地制宜地差异化竞争,谋求错位发展,避免重复建设和无序竞争;受援方要更新发展认知,变革发展理念,援建方要具备大局意识,积极响应号召进行品牌输出,合作双方要完善利益共享机制,明确各方职责与权限,畅通沟通协调机

制，实现协同治理，从共建走向共赢；上级政府要加强顶层制度设计，创新体制机制，既合理下放权力，也加强过程监管和阶段性评价，制定科学合理的考评机制，规范园区运作秩序，对违规行为加大惩处。唯有各参与主体共同努力，才能推动共建园区实现高质量发展，成为促进区域协调发展的示范和样板。

同时也要直面园区建设中存在的各种问题。要实事求是，充分考虑经济基本面情况，避免盲目圈地、“建而不开”“设而不发”现象的出现，以免造成极大的资源浪费，贻误发展。要避免政府干预对市场机制造成过度扭曲，影响经济的持久竞争力。应加强招商引资时的政策设计，避免转入企业过分依赖财政补贴、税收减免和低息贷款，从而不思进取，忽视自身核心竞争力的培育。如何实现共建园区从政府主导、市场响应到政府引导、市场运作，是一个亟待思考、解决、推进的问题。既要因地制宜、有选择地依据比较优势引入特定的主导产业促进发展、谋求变革，又要避免千篇一律地引进劳动密集型产业和高能耗、低附加值产业，防范可能产生的环境污染问题和发展“瓶颈”问题。要不断优化营商环境，努力降低制度性交易成本，同时加大教育投入和人力资本积累，完善知识产权保护制度，鼓励研发创新，主动承接知识、技术密集型产业的转移。概言之，在开发区普遍转型的情况下，共建园区也应着力作出以下的五个转变：从政府主导、市场参与到政府引导、市场在资源配置中起决定性作用；从起步阶段的基础设施先行到成长阶段的主导产业构建；从依赖政策红利到形成内生增长动力；从招商引资为重到管理服务理念升级；从被动接受转移产业到主动培育科创载体。总之，新发展阶段，共建园区必须坚持走绿色发展之路，走创新发展之路，走高质量发展之路，走可持续发展之路。

江苏省是全国发展水平较高的省份中发展最为均衡的一个省份，在实践协调的新发展理念方面走在全国前列。目前，江苏省的南北共建政策已经外溢到邻近的安徽省了。尽管起步较晚，仍在探索之中，但也取得了不小的成绩。当江苏省的共建园区政策与上海市的园区相遇时，又碰撞出了不一样的共建火花。在两地开发区的平等协商之下，另一种模式也迅速推广开来。长三角地区的成功经验在经过适当修改后应该能够适用于其他地区。各地在学习、总结长三角地区的经验之后，要立足自身区域经济特点，因地制宜，合理借鉴，大胆创新，为最终实现全国各地区的区域经济协调发展而不懈奋斗。

第四章　地方环境治理与污染就近转移

污染就近转移既无法利用污染治理的规模效应，又未能根本性规避污染集中排放的问题，会导致环境治理效果大打折扣。本章基于空间自滞后模型（SLX），将城市年鉴数据、公众环境研究中心数据及工业企业数据进行匹配，采用工具变量法回归（2SLS）对邻近城市环境规制与本地污染排放之间的因果关系进行了识别，研究发现确实存在环境规制引发污染就近转移的现象，在考虑了一系列稳健性检验和安慰剂检验后结论仍然成立。进一步的讨论揭示出：（1）环境规制引发的污染就近转移效应在150千米达到峰值，即污染基本就近转移到周边城市。（2）随着时间的推移，污染就近转移效应表现出更为明显的就近特征。（3）环境规制不仅提升了污染迁入地的产业规模，更为糟糕的是深化了污染迁入地的产业结构污染程度。（4）污染迁出地的产业退出壁垒有助于缓解污染就近转移，而污染密集型企业的国有性质未能产生明显的中和效应。以上结论说明中国当前各城市为实现局部短期利益最大而实行的环境规制政策并不利于全局环境治理，应该就环境治理的共同目标达成协同规制的共识。

第一节　中国早期环境治理低效的成因

早在20世纪80年代初，环境保护就被列为基本国策（张文彬等，2010），自1989年通过《中华人民共和国环境保护法》以来，全国人大及其常委会已经制定了29部关于环境与资源保护的法律，包括《水污染防治法》《大气污染防治法》《固体废物污染环境防治法》等（包群等，2013）。但是中央政府在环境保护方面的工作并没有迅速在环境治理效果上得到明显的体现，造成这一现象的原因以往研究主要从中国的分权结构出发进行解释：1994年的分税制改革使中央政府和地方政府在扩大财政收入上变得激励相容，在以GDP为主要考核依据的机制下，地方政府具有足够的动力去竞争流动性资源以发展经济，而为了达到吸引流动性资源的目的，地方政府往往非完全执行中央政府制定的环境标准（Wang等，2003）。

那么，中国早期存在的环境治理低效问题真的可以由地方政府对环境标准的非完全执行来解释吗？恐怕未必。众所周知，中国地区间经济发展存在较大差异，考虑到经济增长与环境保护实际上可以并行不悖（Tan，2006），谋求产业结构升级的东部沿海地区尤其是其中一些大城市不仅具有降低环境污染的内在动机，同样掌握了降低污染的先进技术，但依然未能摆脱环境污染的困扰，其中固然有经济长期粗放式发展遗留的环境存量问题，但是污染跨区域溢出可能也难辞其咎。理论上，由于地方政府竞争流动性资源的激励程度不一，各地区环境规制标准执行的差异给污染企业提供了通过跨地转移回避环境治理的空间（Becker和Henderson，2000；List等，2003；Keller和Levinson，2002），可能是早期自上而下的环境治理政策无法根本性解决环境污染问题的主要原因。一方面，污染转移到落后地区使得一个地区污染的降低以另一个地区污染的增加为代价，并且由于落后地区对污染控制更加宽松，区域性污染降低甚至会引发全国性污染增加，从而使环境治理无法发挥规模效应，降低了环境治理效率(陆铭和冯皓,2014)。另一方面,本地市场效应使得污染转移往往表现为空间上的就近转移,无法根本避免污染物在人口与经济集聚地区的集中排放对环境承载力形成的威胁,并且由于污染物存在区域性流动特征,使得大力推进环境治理的地区也难以迅速改变自身的污染状况。

由此,无论与污染就地排放还是与污染偏远转移相比,污染就近转移均会带来更大的社会福利损失,遗憾的是,以往研究并未给予污染就近转移更多的关注,环境规制与污染就近转移的关系亦未得到学术界和政策制定者的重视。基于此,本章对环境规制是否引起污染就近转移进行因果识别,从而验证是否因为不恰当的地区间环境规制差异导致早期中央政府环境治理政策的失效。

第二节　污染就近转移的特征事实

在现实案例中,产业转移往往伴随严重的污染转移问题,其中既有就近污染转移,也有偏远的污染转移,如无锡市治理太湖污染时多达千余家“五小”和“三高两低”企业向邻近郎溪县的转移,苏州市在产业结构升级过程中转移了大量的笔记本电脑代加工产业到相距甚远的重庆市。那么,在这些零星的现象背后,污染转移的原因是什么,是环境规制还是其他因素引发了污染转移?如果是环境规制,更多的是就近转移还是偏远转移,一般性的规律是什么?在进行严谨的实证研究回答这些问题之前,我们首先通过描述特征性事实获得一些初步证据。

第一,邻近城市的环境规制与本地污染排放呈现正相关关系。我们构建了两个衡量地区污染排放程度的指标:污染物排放总指数和环境违规的企业数,并且将本城市之外的所有城市的环境规制通过空间权重矩阵加权形成环境规制的空间滞后项(具体细节见下文),发现二者之间存在稳健的正相关关系,说明邻近地区环境规制提升有可能会促进本地污染排放,即可能存在环境规制引发的污染转移效应,由于越是邻近的地区在空间权重矩阵中的权重越大,故有可能存在环境规制引发的污染就近转移效应。

第二,污染排放呈现局部邻近地区的负向空间相关性。从省级层面来看,沈国兵和张鑫(2015)的研究发现,虽然上海市、广东省和江苏省等21个省份工业污染排放呈现正向空间相关性,但是北京市和河北省工业污染排放上呈现显著的负向空间相关性,即一个地区污染排放的减少可能是以邻近地区污染排放的增加为代价。从城市层面来看,我们根据自然分裂法将285个城市污染物排放总指数分成四个等级,发现存在邻近城市高排放和低排放并存的现象,说明与省级层面的现象类似,邻近城市间可能存在污染转移现象。

第三,污染转移可能并没有更多地偏向西部地区。根据环境保护部公布的"十一五"全国主要污染物总量减排的考核结果,可以发现,大多数省份在2005—2010年化学需氧量和二氧化硫的削减目标为10%左右,而西藏、青海、新疆及新疆兵团等西部地区化学需氧量和二氧化硫削减目标为正,并且截至2010年,这些地区实际上并未完全实现中央政府期望增加的污染物,如西藏地区化学需氧量的削减目标是114%,而实际增长了106.43%,二氧化硫的削减目标是1000.0%,而实际却仅增长了45.0%。这些数据表明污染可能并没有更多地转移到西部地区,尽管确实存在从东部到西部的空间大尺度污染转移,但更加需要关注的可能是污染就近转移。

第三节　地方环境治理加剧污染就近转移

一、实证模型

通过前文分析我们主要得出了两点结论:第一,本地环境规制加强能够降低本地污染排放;第二,邻近环境规制加强会促进本地污染排放增加,即存在环境规制引发的污染转移效应,并且污染转移效应可能存在就近特征。基于此,本章实证分析的主要目的在于识别环境规制与污染转移二者之间的因果关系,同时具体分析污染转移效应的空间特征。为了识别可能存在的污染就近转移效应,我们采用空间计量模型作为实证检验的工具,通过考察邻近地区环境规制与本地污染排放的关系,间接考察环境规制与污染就近转移二者之间是否存在因果关系。

借助空间计量模型对空间溢出效应进行实证估计已经在现有文献中得到广泛应用,其中由于空间滞后模型(SEM)与最小二乘法(OLS)模型类似,不考虑空间溢出效应,并且广义嵌套模型(GNS)存在参数过多和过度拟合的问题,因此实证研究中基本均采用空间自回归模型(SAR)、空间自回归组合模型(SAC)、空间杜宾模型(SDM)等几种模型。长久以来,空间自滞后模型(SLX)一直未受重视,但是采用 SLX 模型测度空间溢出效应至少存在以下优势(Gibbons 和 Overman,2012;Halleck 和 Elhorst,2015):第一,SAR、SAC 模型预先设定了各解释变量的直接效应与间接效应比值不变,这与实际情况明显不符,而 SLX 模型对直接效应与溢出效应的比例并不存在预先设定,因而更加一般化(见表 4-1)。

表 4-1　不同空间计量模型的直接效应和间接效应

	直接效应	间接效应
OLS/SEM	β_k	0
SAR/SAC	$(I-\delta W)^{-1}\beta_k$ 的对角线元素	$(I-\delta W)^{-1}\beta_k$ 的非对角线元素
SLX/SDEM	β_k	θ_k
SDM/GNS	$(I-\delta W)^{-1}(\beta_k+W\theta_k)$ 的对角线元素	$(I-\delta W)^{-1}(\beta_k+W\theta_k)$ 的非对角线元素

注:对于 OLS/SEM 模型来说,溢出效应被设定为 0。对于 SAR/SAC 模型来说,不同的解释变量的溢出效应与直接效应的比率是恒定不变的。对于 GNS 模型来说,存在难以识别和过度拟合的问题。GNS:广义嵌套模型(General Nesting Spatial Model);SAC:空气自回归组合模型(Spatial Autoregressive Combined Model);SDM:空间杜宾模型(Spatial Durbin Model);SDEM:空间杜宾误差模型(Spatial Durbin Error Model);SAR:空间自回归模型(Spatial Autoregressive Model);SLX:空间自滞后模型(Spatial Lag of X Model);SEM:空间误差模型(Spatial Error Model);OLS:最小二乘模型(Ordinary Least Squares Model)。

第二，由于考虑了被解释变量的空间滞后项，SAR 和 SAC 模型捕捉到的是全局空间溢出效应，也就是说，即使已经明确两个地区在空间权重矩阵中并无关联，但是仍然会通过中间地区产生溢出效应，这并不合乎情理（Arbia 和 Fingleton，2008；Corrado 和 Fingleton，2012；Gibbons 和 Overman，2012；Partridge 等，2012），因而是标准空间计量模型被广为诟病的主要缺点。并且，这一全局空间溢出效应的估计本身很可能就是不准确的，有研究就通过一个蒙特卡罗模拟的实验发现被解释变量空间滞后项的系数估计显著可能只是由于捕捉到了遗漏的自变量空间滞后项的影响（Corrado 和 Fingleton，2012）。与 SAR 和 SAC 模型不同的是，SLX 模型考虑的是局部空间溢出效应，更加符合现实情况。

第三，与 SAR、SAC、SDM 等模型的系数估计结果并不能直接用于直接效应和间接效应的解释相比，SLX 模型在溢出效应的估计和解释方面更为直接和简洁。

第四，与 SAR、SAC、SDM、SDEM 等模型不同的是，也是 SLX 模型性质最好的一点，即在传统计量模型中广泛采用的工具变量方法（Ⅳ）同样适用于 SLX 模型，并且不会带来额外的估计问题（Halleck 和 Elhorst，2015）。

基于此，我们采取 SLX 模型作为本章的实证分析模型，设定基准回归模型如下：

$$pollution_{it} = \alpha + \beta_1 ERS_{it} + \beta_2 WERS_{it} + X_{it}\theta + \mu_i + \eta_t + \varepsilon_{it} \quad (4.1)$$

其中，*pollution* 是被解释变量工业污染排放，*ERS* 和 *WERS* 是核心解释变量，分别表示本地的环境规制强度和邻地的环境规制强度，其中 *W* 是空间权重矩阵，在基准回归中我们采用基于地理距离倒数的空间权重矩阵，正好可以表明地理距离越近的地区，市场潜能和迁移成本交互形成的本地市场效应越大，因而在空间权重矩阵中的权重越大。特别需要说明的是，在标准化处理空间权重矩阵时，与一般采用行标准化方法不同的是，本章采用空间权重矩阵的最大特征值对其进行标准化处理，避免了对空间权重矩阵的每一行按不同要素进行标准化处理可能导致的偏误问题（Kelejian 和 Prucha，2010）。[①] X_{it} 是一系列控制变量。i 表示地级及以上城市，t 表示时间。我们采用城市而非省份为研究对象，可以更好地利用省份内污染排放与环境规制的地区差异性。

我们选取了 2004—2013 年中国 285 个地级及以上城市的全市（与市辖区相比，还包括了下辖县级市）统计数据进行分析。在样本期间，经国务院批准，安徽省于 2011 年撤销巢湖市，并将其所辖的一区四县划归合肥市、芜湖市、马鞍山市三市管辖；同年，国务院同意贵州省设立毕节（原县级毕节市）和铜仁（原县级铜仁市和万山特区）两个地级市。另外，2012 年，海南省新设三沙市，辖西沙、中沙、南沙群岛，2013 年，青海省的海东地区改为海东市。由此，目前中国地级及以上城市的数量由原来的 287 个变为 290 个。为了保证统计口径一致，我们选择除巢湖市、毕节市、铜仁市、三沙市、海东市及拉萨市（历年数据缺失较多）以外的 285 个地级及以上城市作为本章数据统计和实证分析的研究对象。此外，样本期间有两个地级市进行了改名，分别是云南省思茅市改为普洱市，湖北省襄樊市改为襄阳市，在实证过程中我们仍统称为思茅市和襄樊市，这并不影响本章问题的分析。

二、变量及数据说明

（一）环境污染排放

我们想通过研究邻地环境规制对本地污染物排放的影响来间接考察是否存在环境规制引发的污染就近转移问题，因此环境污染物排放是本章研究的被解释变量。具体地，为了尽可能囊括主要的污染物，我们首先参考朱平芳等（2011）采用的方法，基于工业废水排放量、工业二氧化硫排放量及工业烟（粉）尘排放量构建了城市层面工业污染物排放总指数，具体方法如下：

① 对于本章主要采用的基于距离倒数的空间权重矩阵而言，这种问题更容易发生，从而使得根据距离衰减的经济解释不再有效（Anselin，1988）。

$$p\_total_i = \frac{1}{3}(pv_{i1} + pv_{i2} + pv_{i3}), pv_{ij} = \frac{p_{ij}}{\sum_{i=1}^{n} p_{ij}/n} \qquad (4.2)$$

其中，p_{ij} 表示第 i 个城市污染物 j 的排放量（$n=285$；$j=1,2,3$），pv_{ij} 则是第 i 个城市污染物 j 相对全国平均水平的排放指数，pv_{ij} 数值越大，表示城市 i 污染物 j 的排放水平在全国范围内相对越高。p_total_i 表示城市 i 污染物排放总指数，没有量纲，在本章的研究中是将工业废水、工业二氧化硫及工业烟（粉）尘排放进行加总。

其次，为了增强结论的稳健性，我们参考梁平汉和高楠（2014）的方法，采用微观企业因污染违规被通报的数量来衡量城市污染排放程度，我们借助 Python 从非营利性环保机构“公众环境研究中心”网站爬取了全国企业环境监管信息数据库，将其在城市层面进行了汇总，并与本章研究对象进行了匹配。该数据库通报的企业不仅仅包括环保局公布的违规企业，几乎囊括了所有环境违规的企业，并且数据质量可靠，目前已被研究者所广泛使用（聂辉华，2013）。与梁平汉和高楠（2014）仅选用水污染超标的违规企业不同的是，我们整理的环境违法企业的范围更为广泛，不仅包括了水、气、固体废弃物等污染物排放超标之外，还包括了程序违法、监控数据失实等违法类型。具体地，我们将环境违规的企业数量取对数（ln*firm*）作为被解释变量，数据覆盖了我们研究的整个样本期，即 2004—2013 年。

此外，在基准回归的基础上，为了进一步检验环境规制与污染转移之间的因果关系，避免邻地环境规制与本地污染排放受其他我们并未观察到的效应影响而出现伪相关的可能，我们采用生活产生的污染物排放进行安慰剂检验，如果真的是污染转移效应使邻近环境规制与本地污染排放产生关联的话，那么应该预期当被解释变量换成生活污染物排放的时候，这二者之间的关联不再存在。具体地，我们采用了各城市生活污水排放量（*lwater*）、生活污水中的化学需氧量（*lCOD*）、生活污水中的氨氮量（*lAN*）、生活及其他产生的二氧化硫（lSO_2）、生活及其他产生的烟尘（*ldust*）、生活及其他产生的氮氧化物（*lNO*）

以及城市生活垃圾产生量（*lgarb*）的对数值作为被解释变量。这些数据同样来自“公众环境研究中心”的官方网站，我们爬取了全国地区环境状况信息数据库，并将其与本章的研究对象进行了匹配。

（二）环境规制程度

本章的核心解释变量是环境规制程度，而如何衡量环境规制至今仍缺乏定论，究其原因在于其准确测度存在较多挑战。一些研究采用人均 GDP 或者环境法律政策数量衡量环境规制强度（Low 和 Yeats，1992；Mani 和 Wheeler，1998；Antweiler 等，2001），但是事实上这两个指标并不能干净地反映环境规制程度，因为一方面，虽然随着人均 GDP 的增加，居民对环境质量的重视程度与主观评价越高，更加偏好环境质量，但是环境规制主要由政府实施，面临的激励与居民可能截然不同，研究发现地方政府往往会为了追求 GDP 而放松环境规制。另一方面，政治集权加财政分权的治理结构使得地方政府在事权上获有较大的自由裁量权，因此书面法律在我国的非完全执行十分普遍，环境法律政策的多少也就很难准确刻画环境规制程度了。另一些研究还普遍采用了污染减排投资（Zhang 和 Fu，2008；董敏杰等，2011；张彩云和郭艳青，2015）衡量环境规制程度，但是就本章研究的城市层级而言，这些变量统计口径一致的连续样本数据均难以获取。①

因此，我们在尽可能兼顾数据可得性与指标客观性的基础上，将李玲和陶锋（2012）、王杰和刘斌（2014）对工业行业环境规制的测量方法拓展到地区层面，具体而言，在赵细康（2003）的研究基础上，我们采用加权线性和法通过二

---

① 以污染减排投资作为环境规制的代理变量为例，缺乏连续的具有统一口径的污染治理投资数据，韩超等（2016）采用了污染源治理投资与城市环境设施投资的加总数据来表示环境规制投入，他们研究的样本期间为 2002—2007 年，但是 2002 年、2005 年以及 2006 年《中国城市统计年鉴》均未提供污染源治理投资而仅提供了环境污染治理投资，并无证据表明环境污染治理投资与他们的加总投资（污染源治理投资加上城市环境设施投资）的统计口径一致，这导致年份之间其实并不可比。

氧化硫去除率、工业烟(粉)尘去除率两个单项指标构建直接衡量城市环境治理效果的环境规制综合指数。构建环境规制综合指数的合理性在于每个城市的产业结构不同,主要的污染物排放也可能不同,如果给不同城市的同一污染物或同一城市的不同污染物均赋予相同的权重,则掩盖了城市主要污染物治理力度的变化。环境规制综合指数需要尽可能多地包含主要污染物类型,我们只考虑了二氧化硫去除率和工业烟(粉)尘去除率,而并未考虑工业废水排放达标率和固体废弃物综合利用率,原因在于缺乏样本期间连续的分城市工业废水排放达标量和固体废弃物排放量的数据。二氧化硫去除率和工业烟(粉)尘去除率通过计算各城市工业二氧化硫(工业烟粉尘)去除量与工业二氧化硫(工业烟粉尘)产生量(去除量与排放量之和)的比值得到。

环境规制综合指数的构建包含三个步骤:首先对二氧化硫去除率和工业烟(粉)尘去除率这两个单项指标进行标准化处理:

$$pt_{ij}^{s} = [pt_{ij} - \min(pt_j)] / [\max(pt_j) - \min(pt_j)] \tag{4.3}$$

其中,pt_{ij} 表示第 i 个城市 j 类指标原值($i = 1, 2, \cdots, 285; j = 2, 3$),$\max(pt_j)$ 和 $\min(pt_j)$ 分别表示 j 类指标在所有城市中的最大值和最小值,pt_{ij}^{s} 表示第 i 个城市 j 类指标的标准化值。其次对各城市的两个单项指标分别计算调整系数 A_{ij},由于不同城市间工业二氧化硫和烟(粉)尘的排放比重存在差别,并且同一城市内不同污染物的排放程度也有所不同,所以需要对每个城市的每个污染排放指标赋予不同的权重,以准确反映各城市污染排放治理力度的变化。调整系数 A_{ij} 的计算方法如下:

$$A_{ij} = \frac{p_{ij}}{\sum_i p_{ij}} / \frac{gdp_i}{\sum_i gdp_i} \tag{4.4}$$

式(4.4)中,A_{ij} 表示城市 i 污染物 j 的排放占全国污染物 j 的比重与城市 i 生产总值占全国生产总值的比重之比。采用 A_{ij} 进行调整的背后逻辑在于如果一个城市某种污染物的排放相对较高,则同样的污染去除率意味着更强的环境规制强度,即相应地赋予更大的权重。最后根据工业二氧化硫去除率和工业烟(粉)尘去除率这两个单项指标的标准化值和调整系数,可以得到对应于城市 i 的环境规制综合指数 $ERS_i = 0.5 \times \sum_{j=1}^{2} A_{ij} pt_{ij}^{s}$。为了增加结论的稳健性,我们还参考张中元和赵国庆(2012)度量环境规制程度的方法,分别采用工业二氧化硫去除率($rpercent\_s$)和工业烟(粉)尘去除率($rpercent\_d$)作为环境规制程度的表征变量进行稳健性检验。

(三)控制变量及工具变量

根据相关文献的研究,除了本地环境规制和其他地区的环境规制外,还有经济发展水平、产业结构及地区资源禀赋等因素会影响污染排放,需要在回归时尽可能对这些因素进行控制。其中,为了尽可能避免遗漏变量引发的内生性问题,尤其要对那些既影响环境规制程度又影响污染排放的变量进行控制。

具体地,我们控制了以下变量:经济发展水平。人均 GDP 与环境污染二者之间可能存在环境库兹涅茨曲线关系,即人均 GDP 的增加可能会提高环境污染,也可能会降低环境污染,出现前者的原因在于:粗放型的经济增长模式以牺牲环境为代价,从而使得经济发展水平与污染排放呈现正向关系,科尔(Cole 等,2011)在研究中国污染问题时就发现收入与空气、水污染排放呈现显著的正向关系。出现后者的原因在于:经济发展水平越高,污染排放带来的居民边际效用损害越大(居民对环境质量的重视程度与主观评价越高),企业也更有可能在环保型生产技术上进行研发投入,从而有助于减少污染排放(包群等,2013)。具体地,我们采用人均 GDP 衡量经济发展水平。

产业结构。一般来说,第二产业比重越高,环境污染排放相对也会越高(Castiglione 等,2012;He 和 Wang,2012)。具体地,我们采用第二产业占地区生产总值的比重来衡量城市的产业结构。

贸易开放。研究发现,贸易开放对污染排放存在显著的影响(包群和彭水军,2006;Jalil 和 Mahmud,2009;彭水军和刘安平,2010;Ozturk 和 Acaravci,2013),以 FDI 为例,作为政府招商引资的主要目标,FDI 的存在会对政府的环境规制决策形成一定的干扰(张宇和蒋殿春,2014)。贸易开放既包括对外开放,又包括对内开放(庞智强,2008),我们综合考虑这两个方面,参考沈国兵和张鑫(2015)的做法,采用城市实际利用外商直接投资占 GDP 总额的比重衡量对外开放程度。采用市场活跃度表征对内开放程度,具体采用城市社会消费品零售总额除以 GDP 总额得到市场活跃度。

地方政府财政分权。环境污染排放与地方政府的财政分权程度也存在关联,多数研究认为分权程度的提高会加剧环境污染,降低环境质量。理论上,由于中国财政分权产生的"块状竞争"与政治集权产生的"条状竞争"相结合,使得地方政府现任官员面临放松环境监管的激励以吸引企业投资,而不用承担破坏环境的后果,从而导致环境污染加剧(王永钦等,2007;陶然等,2009;张克中等,2011)。关于如何衡量地方政府的财政分权程度,现有文献存在一定的争议,通常采用的指标分为三种:收入指标、支出指标以及财政自主度指标(DeMello,2000;Akai 和 Sakata,2002;Qiao 等,2008;陈硕和高琳,2012;徐永胜和乔宝云,2012)。虽然没有一个最优指标可以适用于所有时段,研究者需要根据研究样本涉及的具体时间段选择相应的指标,但由于财政自主度指标能够刻画出地方政府对本辖区居民需求的回应能力(Boyne,1996),从而影响污染排放,因此我们采用财政自主度指标衡量各城市政府财政分权度,具体采用城市本级预算内财政收入占本级预算内财政总支出的比重获得。

除了上述四个主要的控制变量外,我们控制了人口密度、城镇登记失业率以及职工平均工资等变量,其中人口密度为年末总人口与行政区域面积的比值,城镇登记失业率等于城镇登记失业人员占单位从业人员、私营和个体从业人员、城镇登记失业人员三项总和的比重。此外,识别环境规制与污染就近转移的因果关系的最大挑战在于处理环境规制变量的内生性问题,我们选取了空气流通系数作为环境规制的工具变量，关于工具变量选择和处理的过程见下文的内生性处理部分。

本章的数据主要来自《中国城市统计年鉴（2005—2014 年）》、“公众环境研究中心”的全国企业环境监管信息数据库和全国地区环境状况信息数据库，其中工具变量的数据来自欧洲中期天气预报中心（ECMWF）的 ERA-Interim 数据库。所有价格型指标均为当年价，为消除通胀影响，我们均采用 GDP 指数进行“名义—实际”的平减处理，基期为 2004 年。与选用统一的 GDP 指数（张宇和蒋殿春，2014）或省级层面的 GDP 指数（王敏和黄滢，2015）对城市的价格型指标进行平减不同的是，我们采用各年份各地级市对应的 GDP 指数进行针对性平减处理，这样无论从时间上还是空间上均更具可比性。各地级市的 GDP 指数来源于《中国区域经济统计年鉴（2005—2014 年）》和《中国统计年鉴（2005—2014 年）》。① 实际利用外商直接投资经汇率调整为以人民币计价，汇率来自国家统计局网站。表 4-2 给出了所有变量的描述性统计。

表 4-2　变量的描述性统计

变量	观察数	均值	标准差	最小值	最大值
p_total	2821	1.000	1.229	0.002	35.308
ln*firm*	2535	2.833	1.576	0	7.775
ln*lwater*	1312	9.198	1.355	−0.450	12.264
ln*lCOD*	1245	10.001	1.447	−0.724	12.499
ln*lAN*	1174	8.041	1.285	−1.347	10.762
$\ln lSO_2$	1223	−0.666	1.512	−6.908	2.772
ln*ldust*	1215	−1.362	1.743	−8.517	6.040
ln*lNO*	912	−0.978	1.764	−6.377	2.918

① 《中国区域经济统计年鉴（2005—2014 年）》缺失部分直辖市的 GDP 平减指数数据，我们根据《中国统计年鉴（2005—2014 年）》上的数据进行了补充。

续表

变量	观察数	均值	标准差	最小值	最大值
ln*lgarb*	645	3.696	1.093	-0.719	13.226
ERS	2722	1.115	1.503	0.001	42.480
rpercent_s	2728	0.394	0.259	0.001	0.998
rpercent_d	2781	0.913	0.158	0.008	0.999
ln*pgdp*	2842	9.392	0.627	4.051	12.002
Struc	2847	49.468	11.313	2.660	90.970
Opene	2724	0.022	0.022	0.001	0.182
Openi	2846	0.331	0.088	0.026	0.826
Fiscal	2850	0.491	0.231	0.026	1.541
ln*pdensity*	2850	5.715	0.911	1.548	7.887
Unemp	2832	0.035	0.022	0.001	0.410
ln*pwage*	2833	9.532	0.261	8.666	11.814
ln*VC*	2850	6.810	0.582	4.817	8.301

三、实证结果及分析

（一）基准回归分析

表 4-3 和表 4-4 报告了基准回归结果。我们选用的核心解释变量是环境规制综合指数（*ERS*）及其空间滞后项（*WERS*），在加入控制变量之前，我们先分别采用 *ERS* 和 *WERS* 进行了回归。基准回归分析的结果显示，当采用污染排放总指数（*p_total*）作为被解释变量时，环境规制对污染排放的影响显著为正，而当采用环境违规企业的对数（ln*firm*）作为被解释变量时，环境规制对污染排放的影响为负，并且在加入空间滞后项及控制变量后，变得不再显著。对于环境规制空间滞后项而言，也出现类似的情况，估计系数结果并不稳健。进一步考察工业二氧化硫去除率和烟（粉）尘去除率作为环境规制变量对污染排放的影响后，发现结论依然不稳健。

表 4-3　基准回归结果:污染排放总指数

变量	污染排放总指数(p_total)				
	(1)	(2)	(3)	(4)	(5)
ERS	0.393*** (0.130)	—	0.701*** (0.099)	—	—
WERS	—	0.482*** (0.113)	0.033 (0.143)	—	—
rpercent_s	—	—	—	-0.148 (0.107)	—
Wrpercent_s	—	—	—	0.185 (0.426)	—
rpercent_d	—	—	—	—	-2.239** (1.053)
Wrpercent_d	—	—	—	—	-2.260** (0.996)
控制变量	无	无	有	有	有
时间固定	NO	NO	YES	YES	YES
城市固定	NO	NO	YES	YES	YES
观察数	2720	2821	2574	2574	2619
R^2	0.228	0.013	0.318	0.002	0.004

注:回归中包含了常数项但是并未报告;***、**、* 分别表示在 1%、5%、10%的水平下显著。括号中给出的是稳健的标准误差。

表 4-4　基准回归结果:环境违规企业数

变量	环境违规的企业数(ln*firm*)				
	(1)	(2)	(3)	(4)	(5)
ERS	-0.095** (0.038)	—	-0.007 (0.015)	—	—
WERS	—	0.969*** (0.097)	-0.786*** (0.301)	—	—
rpercent_s	—	—	—	0.001 (0.142)	—
Wrpercent_s	—	—	—	-1.540** (0.724)	—

续表

变量	环境违规的企业数(ln*firm*)				
	(1)	(2)	(3)	(4)	(5)
rpercent_d	—	—	—	—	0.062 (0.227)
Wrpercent_d	—	—	—	—	0.672 (1.992)
控制变量	无	无	有	有	有
时间固定	NO	NO	YES	YES	YES
城市固定	NO	NO	YES	YES	YES
观察数	2435	2535	2312	2318	2344
R^2	0.009	0.031	0.118	0.106	0.124

注:回归中包含了常数项但是并未报告;***、**、* 分别表示在1%、5%、10%的水平下显著。括号中给出的是稳健的标准误差。

导致环境规制及其空间滞后项对污染排放的结果不稳健,以及出现一些反常结果(如环境规制的增加会导致污染排放的增加)的可能原因在于环境规制存在严重的内生性问题,说明如果在研究环境规制问题时不对其内生性问题进行解决,很可能会得出完全错误的结论。环境规制的内生性来源于三个方面:第一,虽然我们尽可能控制了可能影响环境规制同时又会影响污染排放的变量,如贸易开放程度,但是仍然存在一些我们并未观察到,并且双向固定效应未能捕捉到的因素,从而导致遗漏变量问题。第二,正如上文所述,准确衡量环境规制一直是研究环境规制问题时的主要挑战,迄今为止的衡量指标或多或少均存在一定缺陷,尽管我们选择的环境规制代理指标已经尽可能避免了一些问题,但囿于数据限制,采用的环境规制指标事实上也难逃窠臼。具体来讲,采用污染物治理效果来估计环境规制程度并不能十分准确地刻画出环境规制程度,这是因为其内含了技术进步等非环境规制因素,从而可能会存在测量误差问题。第三,环境规制与污染排放二者之间存在明显的双向因果关系,即环境规制不仅会影响污染排放,污染排放也可能会反过来影响环境规制,如一个地区的污染排放越严重,这个地区的地方政府就越有可能实施更加严格的环境规制政策,这可能是基准回归中环境规制对污染排放呈现正向影响的主要原因。

因此,下文的重点在于处理环境规制可能存在的内生性问题,并在尽可能解决内生性问题的基础上,进一步研究邻地环境规制与本地污染排放的关系,从而检验污染就近转移效应是否真实存在。

(二)内生性处理

为了解决环境规制的内生性问题,我们采用空气流通系数作为环境规制的工具变量(Hering 和 Poncet,2014)。基于空气污染的标准盒模型可以推导出空气流通系数的计算公式,即空气流通系数等于风速乘以边界层高度。我们采用的数据来自欧洲中期天气预报中心的 ERA—Interim 数据库,该数据库提供了全球 0.75° × 0.75° 网格(大约 83 平方公里)的 10 米高度风速($si10$)和边界层高度数据(blh),我们根据经纬度将每个城市与距离其最近的网格进行了一对一匹配。我们将每个城市与距离其最短的网格进行一对一匹配,距离其最短的网格的空气流动系数即为对应城市的空气流动系数。在实际匹配过程中,有 34 个网格同时匹配到两个城市,为了不影响城市间空气流通系数的差异,我们对同时匹配到同一个网格的两个城市进行了进一步的手工匹配。具体地,我们借助 ArcGIS 对同时匹配到一个网格上的两个城市,比较两个城市与相隔其距离第二短的网格的距离,找出其中相对小的,将该城市与相隔其距离第二短的网格进行匹配。由于数据库中每个网格的 10 米高度风速和边界层高度的数据都是分月数据,因此我们将 1—12 月的数据进行了平均,作为该年度的平均数据,这样可以平滑掉季节性的波动因素。

理论上认为,当空气污染物排放相同时,空气流通系数低的城市倾向于采用更加严格的环境规制工具。虽然我们试图衡量城市整体性的环境规制程度，但是囿于数据限制，我们采用的环境规制变量实际上均与空气污染治理相关①，因此可以相信我们采用的环境规制变量与空气流通系数存在相关性。我们对这两个变量的关系进行了检验，发现结论的确符合理论预期，在控制了污染物排放总指数（*p_total*）后，空气流通系数与环境规制综合指数呈现1%水平下的负向关系，相关系数为-0.311。并且，由于空气流通系数仅取决于区域性的气候条件等自然现象，可以相信空气流通系数除了通过影响环境规制程度进而影响污染物排放外，空气流通系数与污染排放之间并不存在其他的作用机制，因此空气流通系数作为环境规制的工具变量又具备外生性。

表4-5报告了2SLS回归结果。由于环境规制可能存在内生性问题，故即使并无直接证据表明邻近地区的环境规制与本地的污染排放存在双向因果关系，且邻近地区环境规制不太可能会存在遗漏变量问题，但测量误差仍然可能会导致环境规制的空间滞后项也存在内生性问题。因此，我们采用空气流通系数（取对数值）作为环境规制工具变量的同时，相应地采用空气流通系数（取对数值）的空间滞后项作为环境规制空间滞后项的工具变量。在假设工具变量有效的前提下，我们进行了异方差稳健的DWH检验，发现环境规制确实存在内生性，但是在假设环境规制的空间滞后项为外生变量的前提下，在控制了本章选取的控制变量后，DWH检验的p值大于0.1（当采用*ERS*为解释变量时，无论被解释变量是*p_total*还是ln*firm*，该结果均成立），故可认为环境规制的空间滞后项为外生变量。

表4-5　2SLS估计结果

变量	*p_total*	ln*firm*	*p_total*	*p_total*	*p_total*
	（1）	（2）	（3）	（4）	（5）
ERS	-0.778* （0.458）	-0.689 （0.530）	—	-0.876* （0.532）	-0.647* （0.390）

① 尽管如此，囿于企业在生产过程中空气污染物很多情况下是与其他污染物共同产生的，因此这里构建的环境规制变量仍然能在一定程度上刻画整体的环境规制程度。

续表

变量	p_total	lnfirm	p_total	p_total	p_total
	(1)	(2)	(3)	(4)	(5)
WERS	1.139** (0.455)	1.498*** (0.517)	—	1.314** (0.556)	1.004*** (0.359)
rpercent_d	—	—	-7.901*** (3.018)	—	—
Wrpercent_d	—	—	0.444** (0.194)	—	—
ln*VC*	0.145*** (0.045)	0.124** (0.051)	0.017*** (0.005)	0.131*** (0.045)	0.158*** (0.045)
F test	31.76***	28.42***	26.46***	30.28***	33.41***
控制变量	有	有	有	有	有
观察数	2574	2312	2619	2574	2574

注：回归中包含了常数项但是并未报告；***、**、* 分别表示在 1%、5%、10%的水平下显著。括号中给出的是稳健的标准误差。

从表 4-5 列(1)可以看出，2SLS 第一阶段回归的 F 值均大于 10 且通过了 1%水平下的显著性检验，说明空气流通系数并不存在弱工具变量问题。第二阶段的估计结果显示，本地环境规制对本地污染排放呈现显著的负向影响，通过了 10%水平下的显著性检验，具体而言，在控制了相关变量后，当本地环境规制水平提高一个单位时，本地的污染排放将降低 0.778 个单位，说明本地环境规制水平提升确实能够促进污染排放降低。同时，其他地区环境规制对本地污染排放呈现显著的正向影响，通过了 5%水平下的显著性检验，具体而言，在控制了相关变量后，当其他地区环境规制水平提高一个单位时，本地污染排放将上升 1.139 个单位，这一结果说明：一方面，当其他地区环境规制水平提高时，本地环境规制水平相对其他地区的环境规制水平降低，从而吸引污染产业转移到本地，进而带来污染排放的增加，说明环境规制的确引发了污染转移效应。另一方面，距离更为邻近的地区在搬迁成本、配套成本、市场潜能等方面更有优势，在空间权重中的比重更大，因此对本地污染排放的正向影响相对距离较远的地方更大，说明污染转移效应存在就近性。

为了增加 2SLS 结论的稳健性,我们做了三个方面的稳健性检验:第一,我们采用环境违规企业数的对数值作为被解释变量,结果见列(2),发现在未加入控制变量的情况下,环境规制及其空间滞后项对污染排放分别存在负向(-1.312)和正向影响(1.833),且均通过了 1%水平下的显著性检验,加入控制变量以后,邻近地区环境规制对本地污染排放的正向影响仍然通过了 1%水平下的检验,并且估计系数(1.498)与 1.139 非常接近。此时,虽然本地环境规制的估计系数并未通过显著性检验,但仍然表现为负向影响,之所以此时本地环境规制并未对本地的污染排放呈现统计意义上的负向影响,可能的原因在于当一个地区的环境规制水平提高之后,虽然可能会通过提高重污染行业的门槛促进产业结构的去污染化,从而短期内带来污染排放水平的降低,但是如果提升的环境规制强度并未能够促进企业普遍性采用更加先进的污染治理技术,其对污染排放的长期影响实际上并不理想,也正因如此,研究表明提高环境规制水平以激励企业采取先进的污染减排技术才更加行之有效(张宇和蒋殿春,2014)。

第二,我们通过变换环境规制的代理变量进行了稳健性检验,结果见列(3),发现当采用工业烟(粉)尘去除率作为环境规制变量时,上述结论仍然成立。采用工业二氧化硫去除率作为环境规制变量时,本地环境规制与邻地环境规制对本地污染排放仍然存在负向和正向影响,但是未通过显著检验,考虑到我国政府 1998 年以来就开始在全国大多数城市(截至 2003 年就多达 158 个)实施控制酸雨和二氧化硫的两控区政策,并且成为两控区政策的城市在空间上呈现明显的区域集聚特征(Hering 和 Poncet,2014),因此用二氧化硫去除率表征的环境规制并不可能在这些城市间引发污染转移效应也就在情理之中了。

第三,我们选取不同形式的空间权重矩阵进行了稳健性检验。对于基于空间计量模型的实证研究而言,尤其需要对空间权重矩阵的选择进行稳健性检验。我们在上文的基准回归和工具变量回归中采用的均是基于地理距离倒数的空间权重矩阵,尽管这种设定既符合本章研究的需要,又符合赋予更近的观察值更大权重的一般性原则,且在现有文献中已经得到广泛性应用(Neumayer和 Plümper,2012),但是关于空间单元关联程度随地理距离增加逐渐衰减的特征的设定仍然存在主观性,因此需要采用不同形式的地理距离权重矩阵进行稳健性检验。需要说明的是,我们并未选择基于经济或社会因素的空间权重矩阵进行稳健性检验,原因在于虽然这些空间权重矩阵在一些研究中得到应用(Corrado 和 Fingleton,2012),但是控制空间权重矩阵的外生性实际上是正确识别空间权重矩阵的正则条件,尤其对于本章的研究而言,我们并不想因为空间权重矩阵而增加邻地环境规制存在内生性问题的可能,因此这里我们只讨论外生的空间权重矩阵。具体地,我们选择了两种空间权重矩阵,空间单元的权重分别表示为 $1/(1+d/100)$,$1/(1+d/100)^2$,其中 d 为城市之间的地理距离(以 km 为单位),相同城市的距离设定为 0,均采用最大特征值进行标准化处理。结果见列(4)和列(5),发现结论依然非常稳健。

(三)安慰剂检验

我们采用了两个安慰剂检验来进一步验证环境规制引发的污染就近转移效应。第一,我们构建一个随机的空间权重矩阵(同样采用最大特征值进行了标准化处理),如果污染就近转移效应真的存在的话,那么可以预期这时候环境规制的空间滞后项不应该对污染排放产生显著的影响,如果存在显著影响的话,则说明我们观察到的污染就近转移效应可能并非真实情况(并非距离更近的地区的环境规制对本地污染排放产生更大的影响),而只是我们人为设定的结果。第二,环境规制引发的污染转移效应产生的具体机制是制造业跨区域转移,因此可以预期邻近地区的环境规制并不会对本地的生活源污染排放产生显著的正向影响,如果检验发现存在显著的影响,则说明可能是我们未能观察到的因素使环境规制的空间滞后项对污染排放产生了影响,而不是我们所讲的污染就近转移效应。

表 4-6 报告了安慰剂检验的结果。其中,列(1)为基于随机空间权重矩阵的估计结果,列(2)—列(6)分别是以各城市生活污水排放量(ln*lwater*)、生活污水中的化学需氧量(ln*lCOD*)、生活污水中的氨氮量(ln*lAN*)、生活及其他产生的二氧化硫($\ln lSO_2$)以及生活及其他产生的烟尘(ln*ldust*)作为被解释变量的估计结果。可以发现安慰剂检验均有效地支持环境规制引发的污染就近转移效应,而非其他我们未观察到的因素或者人为控制的因素导致了上述实证结果。

表 4-6　安慰剂检验结果

变量	*p_total*	ln*lwater*	ln*lCOD*	ln*lAN*	$\ln lSO_2$	ln*ldust*
	(1)	(2)	(3)	(4)	(5)	(6)
ERS	-2. 603 (2. 639)	-3. 083 (6. 061)	-5. 595 (15. 612)	-7. 773 (47. 757)	9. 791 (49. 096)	-1. 090 (6. 844)
WERS	1. 556 (2. 230)	3. 531 (6. 270)	5. 828 (16. 104)	8. 298 (48. 873)	-8. 773 (50. 224)	2. 759 (7. 025)
观察数	2574	1201	1144	1078	1124	1117

注:回归中包含了常数项但是并未报告;***、**、* 分别表示在 1%、5%、10%的水平下显著。括号中给出的是稳健的标准误差。

(四)进一步的讨论

1. 污染就近转移的局域空间特征

在全国范围内验证了城市间存在环境规制引发的污染就近转移效应后,我们更为关心的问题是污染就近转移效应的具体空间特征:第一,平均来看,环境规制引发的污染就近转移效应随着地理范围的增加如何衰减?即具体如何就近?第二,是否存在污染就近转移效应的极点?对这两个问题的回答显然更具有政策启示。因此,我们基于地理距离倒数的空间权重矩阵,通过设定不同的阈值来研究特定地理范围内的污染就近转移效应,具体地,从 50 千米开始,每 50 千米进行一次采用 2SLS 模型工具变量回归,结果见图 4-1。

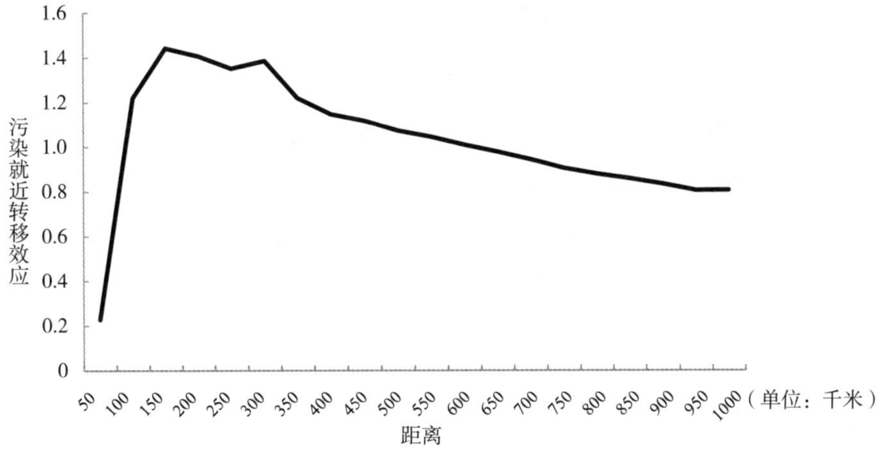

图 4-1　污染就近转移的地理特征

从图 4-1 中可以看出：第一，环境规制引发的污染就近转移效应在 50 千米范围内并不显著，可能的原因是当阈值为 50 千米时，仅有极少数几个城市存在至少一个邻近城市。而当阈值超过 50 千米以后，在任意阈值范围内，环境规制空间滞后项的估计系数均显著为正，进一步验证了上文得出的污染就近转移效应不仅在全国范围内存在，在局部范围内也同样稳健存在。第二，污染就近转移效应随着地理距离增加呈现先增加后降低的倒“U”型曲线，峰值点在 150 千米处。具体而言，当阈值为 100 千米时，系数估计结果为 1.220，通过了 10%水平下的显著性检验；当阈值为 150 千米，系数估计结果上升为 1.442，通过了 5%水平下的显著性检验，此后随着阈值的逐步扩大，系数估计结果保持稳定的下降趋势，并且当阈值为 1000 千米时，系数估计结果已经下降到 0.806，为峰值处就近转移效应的 56%左右，接近一半。

在 150 千米范围之内污染就近转移效应增加的原因可能在于：一是污染产业迁出地政府出于规避扩散性污染物的考虑对污染企业具有搬迁距离的最低要求；二是过于邻近的地区环境规制较为类似，压缩了污染企业通过区域转移降低环境治理成本的空间。在 150 千米范围之外，随着地理距离的增加，配套成本、迁移成本等不断增加，污染就近转移效应从而呈现出持续的下降趋势，这与我们的预期相符。在150千米左右，污染就近转移效应达到峰值，说明从全国整体来看，当一个城市提升环境规制时，污染就近转移效应更多地体现在其周边城市而非更远的城市，如北京市周围的保定市、邯郸市等。

2. 环境规制引发污染就近转移的机制讨论

在验证了我国城市间邻近城市环境规制与本地污染排放存在因果关系，并且距离越近的城市这种因果关系越强，即“污染就近转移效应”存在后，我们更为关心的问题是：邻近城市环境规制通过什么传导机制影响本地污染排放？根据ACT环境污染模型（Antweiler等，2001），经济规模效应和产业结构效应均会影响污染排放，则问题是：当邻近城市提升环境规制水平后，是仅仅转移出与迁入地污染结构类似的产业，还是转移出相比迁入地产业结构污染程度更高的产业，从而仅仅表现为迁入地污染密集型产业绝对量的变化（规模效应）还是进一步表现为相对量的变化（结构效应），并最终导致迁入地污染排放增加？可以预期的是，如果邻近城市环境规制的提升并未改变本地产业的整体污染程度，则说明环境规制引发污染就近转移效应的机制仅仅是规模效应，而如果邻近城市环境规制的提升加剧了本地产业的整体污染程度，则说明环境规制引发污染就近转移效应的机制不仅是规模效应，更是结构效应，即存在整体性的“以邻为壑”式的产业转移现象。①

为了对邻地城市环境规制对本地产业结构污染化的可能影响进行验证，我们采取类似于范剑勇等（2014）衡量产业集聚时选用的指标，分别采用污染密集型产业的企业产品销售额、企业个数和就业总人数占本城市所有企业产品销售额、企业个数和就业总人数的比重来衡量本城市污染密集型产业的专业化绝对水平。国务院2006年公布的《第一次全国污染源普查方案》明确规定了我国11个重污染行业：造纸及纸制品业，农副食品加工业，化学原料及化

① 我们认为，如果转移到迁入地的产业与迁入地原有产业的污染密度相当，实际上并不能称为“以邻为壑”式的产业转移，因为这并未增加迁入地的单位污染强度，而如果增加了单位污染强度，则为“以邻为壑”式的产业转移。

学制品制造业，纺织业，黑色金属冶炼及压延加工业，食品制造业，电力、热力的生产和供应业，皮革、毛皮、羽毛（绒）及其制品业，石油加工、炼焦及核燃料加工业，非金属矿物制品业，有色金属冶炼及压延加工业。我们选取这 11 个行业作为污染密集型产业计算城市产业结构的污染程度，这 11 个行业占全部两位数工业行业（38 个）的 28.95%。

计算污染密集型产业专业化绝对水平的数据来自 2004—2011 年国有企业及非国有企业规模以上（销售额在 500 万元以上）工业企业数据库。由于工业企业数据库存在一些指标异常、样本芜杂的观测值，因此在计算指标之前，我们首先结合研究需要，参考谢千里等（2008）、余淼杰（2010）及王杰和刘斌（2014）的方法对工业企业数据库进行了筛选处理，主要包括：（1）删除了企业资产总额、产品销售额、固定资产净值年平均余额、固定资产、流动资产、实收资本以及国家资本为零值、负值或者缺失的样本；（2）删除了工业增加值与销售额的比率在小于 0 或者大于 1 的样本（2004 年缺少工业增加值的数据，仅针对 2005—2007 年的样本）；（3）删除了就业人数少于 8 人或缺失的样本；（4）删除了不符合会计原则的样本，包括总资产小于流动资产、总资产小于固定资产净值年平均余额以及累计折旧小于本年折旧的样本。产品销售额以 2004 年为基期采用各城市的 GDP 指数进行了针对性平减处理。

表 4-7 污染就近转移效应的机制报告了机制讨论的实证结果。与上文相同，同样采用空气流通系数作为环境规制的工具变量，应用 2SLS 模型对邻地环境规制可能存在的产业结构污染化效应进行验证，结果见列（1）—列（3）。可以发现，加入一系列控制变量后，本地环境规制有助于推动本地产业结构的“清洁化”，从而降低本地的污染排放，而邻地环境规制显著加剧了本地产业结构的“污染化”，说明邻地的环境规制不仅仅通过提升本地的产业规模加剧了本地的污染，而是更为糟糕的情况：通过改变本地产业结构的污染程度，从而加剧本地的污染。与前者相比，这一影响更加深入。无论是采用产品销售额、就业人数还是企业数量来衡量污染密集型产业的占比，这一结论都十分稳健。

表 4-7　污染就近转移效应的机制

变量	*p_revenue*	*p_employ*	*p_number*	*p_total*	*p_total*	*p_total*	*p_total*
	(1)	(2)	(3)	(4)	(5)	(6)	(7)
ERS	−0. 268 ** (0. 107)	−0. 375 *** (0. 132)	−0. 236 *** (0. 088)	−0. 488 (0. 346)	−0. 584 (0. 448)	−0. 587 (0. 433)	−0. 707 (0. 546)
WERS	0. 241 *** (0. 093)	0. 295 *** (0. 115)	0. 161 ** (0. 075)	0. 803 *** (0. 311)	0. 905 ** (0. 399)	0. 922 ** (0. 388)	0. 952 ** (0. 450)
p_revenue	—	—	—	0. 893 *** (0. 268)	—	—	2. 095 * (1. 101)
p_employ	—	—	—	—	0. 379 * (0. 206)	—	−1. 762 (1. 138)
p_number	—	—	—	—	—	0. 589 ** (0. 283)	0. 500 (0. 395)
$Adj\ R^2$	0. 168	0. 168	0. 168	0. 180	0. 167	0. 168	0. 199
观察数	2033	2033	2033	2032	2032	2032	2032

注：回归中包含了常数项但未报告；***、**、* 分别表示在 1%、5%、10% 的水平下显著；括号中给出的是稳健的标准误差。*p_revenue*、*p_employ*、*p_number* 分别表示用企业产品销售额、就业总人数和企业个数来衡量的产业结构污染化程度。

为了进一步验证产业结构的污染化是邻地环境规制影响本地污染排放的具体机制，我们继续采用 2SLS 模型将污染排放对环境规制和产业污染结构进行回归，结果见列（4）—列（7）。可以发现：第一，在控制了城市污染密集型产业占比之后，本地环境规制对污染排放的负向影响不再显著，无论是控制污染密集型产业销售额占比、就业人数占比还是企业个数占比，这一结果均十分稳健。说明我国城市目前降低污染排放的手段仍然停留在简单的产业结构“去污染化”层次，而非通过生产技术或污染治理技术等在既定产业结构不变的情况下降低污染排放；第二，在控制了城市污染密集型产业占比之后，邻地环境规制对污染排放的正向效应较基准回归时有所降低，并且污染密集型产业的销售额占比、就业人数占比以及企业个数占比分别对污染排放存在显著的正向影响，这说明邻近城市的环境规制确实通过加剧本地产业结构的污染程度提升了本地的污染排放水平。在同时控制了衡量污染密集型产业占比的三个指标之后，上述结论仍然稳健，尽管污染密集型产业的就业人数和企业个数占比的估计系数并未通过显著性检验，但是产品销售额占比的估计系数仍然显著为正。验证了环境规制引发污染就近转移效应的具体机制是产业结构的污染化而非简单的规模效应后，考虑到我国地区间差异明显，城市所处发展阶段和产业结构也有不同，我们进一步研究产业结构污染化机制的异质性。参考已有研究（Milani，2016；Wu 等，2017），我们主要考虑影响产业结构污染化机制的两个主要因素：一是迁移成本。就污染密集型产业迁出地而言，当环境规制提升以后，污染密集型企业实际上存在两种选择：一种是就地创新，而另一种则是进行搬迁。但是即使同属污染密集型，产业本身也存在异质性，有些产业本身就容易流动，而有些产业本身就不太容易迁移，我们采用污染密集型企业固定资产占全部资产的份额（*immobility*）来表征其资本的专用性和沉积性，可以预期的是，如果一个城市污染密集型产业的固定资产占比更大，则环境规制引发的污染转移效应会受到削弱。二是企业所有权。在受到环境规制约束后，企业的所有权性质也是影响企业选址的重要因素。我们采用污染密集型企业实收资本中国家资本的占比来衡量其所有权性质（*state*），可以预期的是，如果一个城市污染密集型产业中国有资本占比更大，则环境规制引发的污染就近转移效应会受到削弱。计算固定资产占比和国有资本占比的数据均来自工业企业数据库（2004—2011 年），其中国有资本缺少 2008 年和 2009 年的数据。

表 4-8 报告了产业结构污染化效应影响因素的回归结果。从列（1）—列（2）可以看出，环境规制的空间滞后项显著为正，未加入控制变量时，*WERS*×*Wimmobility* 的估计系数显著为负，加入控制变量，这一负向效应仍然保持不变。这说明邻近城市污染密集型产业中固定资本占比越高，产业结构污染化效应会受到掣肘，这与我们的预期相符，验证了流动性差的污染密集型行业实际上对于环境成本的增加是不敏感的（Ederington 等，2005）。从列（3）—列（4）可以看出，环境规制的空间滞后项同样显著为正，但与我们的预期不符

的是，无论是否加入控制变量，*WERS*×*Wstate* 的估计系数虽然均为负，但是都未通过至少 10%水平下的显著性检验，说明邻近城市污染密集型产业中国有资本越多，并不会对产业结构污染化效应产生明显的中和，可能的原因在于：虽然国有企业在污染排放方面与地方政府有更多的议价能力，但随着中央政府对环境保护的日益重视，辖区内的国有企业往往可能会成为地方政府实施产业结构去污化的“排头兵”。

表 4-8　产业结构污染化效应影响因素的回归结果

变量	*p_total*			
	(1)	(2)	(3)	(4)
ERS	-0.460* (0.247)	-0.876 (0.587)	-0.413 (0.274)	-1.059 (0.957)
WERS	1.652*** (0.352)	1.974** (0.801)	1.009*** (0.266)	1.470** (0.611)
Wimmobility	0.907*** (0.308)	0.722* (0.398)	—	—
WERS×*Wimmobility*	-1.501*** (0.406)	-1.323** (0.601)	—	—
Wstate	—	—	1.010 (1.211)	0.372 (2.350)
WERS×*Wstate*	—	—	-1.188 (1.176)	-0.489 (2.142)
控制变量	无	有	无	有
观察数	2175	2060	1635	1555

注：回归中包含了常数项但未报告；***、**、* 分别表示在 1%、5%、10%的水平下显著；括号中给出的是稳健的标准误差。

第四节　地区间联防联控与污染治理效率提升

中国早期的环境治理未取得根本性成效，一方面是因为长期高能耗的经济增长遗留了积重难返的污染存量问题，另一方面是地方政府由于最大化自身利益而选择的环境规制程度使污染出现就近转移现象，既不能发挥污染治理的规模效应，又未能根本性解决区域性污染物集中排放的问题。为验证早期环境规制是否引起了污染就近转移，本章采用空间自滞后模型对邻近城市环境规制程度与本地污染排放的因果关系进行了检验，得到主要结论如下：

首先，我们发现确实存在环境规制引发的污染就近转移效应，具体而言，在保持其他条件不变的情况下，当其他地区环境规制水平提高一个单位时，本地污染排放将上升 1.139 个单位，并且越是邻近的城市，相应的污染转移效应也越大。这一结果十分稳健，即使我们选取不同的衡量污染排放的被解释变量，不同的衡量环境规制程度的解释变量，不同形式的空间权重矩阵进行稳健性检验和安慰剂检验，结论依然成立。

其次，就全国层面而言，环境规制引发的污染就近转移效应在 150 千米处达到峰值，表明污染就近转移效应更多地体现为周边城市，且随着时间的推移，污染转移的就近特征在增强而非减弱。通过机制讨论，我们还发现污染转移不仅通过增加污染迁入地的污染产业规模实现，污染转移还改变了污染迁入地的产业污染结构，使污染转移带有明显的"以邻为壑"的特征。虽然迁出地污染密集型产业退出壁垒的增加有助于削弱污染转移效应，但是我们并未发现企业为国有产权性质对污染转移效应产生中和的证据。此外，我们还发现，虽然本地环境规制水平提升能够降低本地污染排放，但只是通过产业结构的去污化实现，我们并未发现本地环境规制通过提升本地治污技术而降低污染排放的证据，间接佐证了环境规制引发的污染就近转移效应。

总之，我们的研究发现中国的环境治理需要在环境政策与其他配套政策方面继续加强改革。一方面，中央政府需要加强对地方政府的环境约束。考虑到地区间经济发展的差异性，中央政府对各地区的环境约束要求不一符合客观现实，同时，中央政府与地方政府就环境治理目标达成共识也极为必要。为了避免地方政府过多考虑局部和短期利益，通过减少环境政策制定或降低环境执法标准等手段竞争流动性资源，引发污染就近转移现象，中央政府需要为各地区的环境治理制定更具针对性的考核目标，并加大监管力度和惩罚力度。自习近平生态文明思想提出以来，我国坚决打好打胜污染防治攻坚战，无论是考核目标还是考核力度，都已得到进一步完善。

另一方面，中央政府需要调整现行的城市发展政策，构建功能齐全、分工明确的城市群发展规划。导致城市环境规制程度差异并进而引发污染就近转移的原因在于城市的同质化发展，无论城市的发展基础、人才储备等因素如何，每一个城市都在为了增长而竞争，政府需要进一步优化城市群发展秩序与结构，实现城市群内部空间的规模报酬最大化和专业分工最优化，尊重市场规律对产业布局的影响，而不是机械地通过政策措施强行改变污染的空间布局。对于城市群内部的大城市，应该注重市场引导发展，避免通过户籍制度等人为干预大城市的自然蔓延现象，对于城市群内部的中小城市，需要在市场经济的思维下改变自身的功能定位，避免加入无序的资本竞争行列，成为大城市的污染避难所。

另外值得注意的是，尽管旨在促进区域平衡的一系列政策往往会适得其反，不能真正实现人均意义上的发展平衡，但是与产业往越南、老挝等国家转移相比，考虑到我国西部地区仍处于工业化初级阶段，实现产业在国内的梯度转移仍然能够实现帕累托改进。本章发现环境规制引起了污染就近转移而非偏远转移，说明西部地区仍然需要进一步加强基础设施等硬件和营商环境等软件建设，以尽可能抵消本地市场效应，从而加大对传统产业的吸引力。当然，污染产业向西部地区的转移是以牺牲环境治理的规模效应为代价的，尽管避免了污染过于集中排放产生的问题，但是否能够抵消丧失规模效应的代价仍未可知，因此需要进一步研究污染产业向西部地区转移的最优规模。

第五章　地方环境治理与污染回流效应

本章基于中国七大流域干流县域数据，采用3SLS等方法实证检验了地方政府竞争、环境规制与流域污染的关系。研究发现：对于未跨出省界的河段而言，环境规制的污染回流效应并不存在；对于跨省的河段而言，下游环境规制促使了远程的上游省份中、具有一定市场势力的水污染密集型企业生产规模增加，进而导致下游水质恶化。可见，对于跨省流域而言，即使采用“垂直化领导”的国控点监测体制，也会引起污染跨界回流的非期望后果，这往往是下游环境规制相对加强、上游财政实力相对提升以及上下游省际协调规制缺失的共同作用所致。为破解这一污染回流效应，中央政府需顶层设计，完善地方政府竞争规则，基于河长制治理流域污染问题。

近年来，绿色发展理念被逐步贯彻落实，中国环境保护工作已取得显著成效。2020年，全国河流中Ⅳ—劣Ⅴ类水的河长占总评价河长的12.6%，与2006年相比，减少了77个百分点。中国环境质量的整体改善，既归功于技术进步，也受益于日趋严格的环境政策。“十五”规划以来，中国政府不断加大对环境保护的立法和投资力度①，强化从源头防治污染，坚决改变先污染后治

① 2016年中国环境污染治理投资总额达9219.8亿元，与2005年相比增长了2.86倍。

理、边治理边污染的发展策略。2005年的《节能减排综合性工作方案》对化学需氧量与二氧化硫提出了明确的削减目标:到2010年,主要污染物排放总量减少10%。2021年,中国"十四五"规划提出了单位GDP能耗和二氧化碳排放分别降低13.5%、18%的目标。

在环境规制逐步加强与环境质量整体趋好的同时,中国污染密集型行业的空间布局正悄然改变。学界普遍认为,污染密集型产业转移是由区域间异质性的环境规制所致(Becker和Henderson,2000;Keller和Levinson,2002;List等,2004;沈坤荣等,2017)。林伯强和邹楚沅(2014)利用2000—2011年的数据研究发现,对于西部地区来说,"东部—西部"经济转移过程中引致的环境污染转移弹性甚至高于"世界—中国"。张宇和蒋殿春(2014)认为,水污染密集型产业呈现出由东部发达地区向中西部地区转移的特征,这带来了东部地区产业结构的"去污染化"和中西部地区产业结构的"污染化"趋势。本章根据曾文慧(2008)的上、中、下游省份分类法①,初步估算发现,中国废水污染排放源呈现由下游省份向中上游省份转移的特征。2015年,中上游省份工业废水排放量占全国排放总量的58.1%,与2005年相比,该比例上升了4.3个百分点。

但由于水资源的流动性特征,环境规制可能引致非期望的环境后果。中国主要流域多发源于西部欠发达地区,通过东部发达地区汇入海洋。流域河道成为转移负外部性的通道,上下游污染争端事件频发。② 较上游地区而言,下游地区的水污染规制强度更高(曾文慧,2008),水污染密集型产业可能会

① 上游省份包括甘肃、青海、宁夏、内蒙古、四川、贵州、云南、湖北、河南、安徽;中游省份包括河北、山西、吉林、江西、山东、湖南、广西、陕西;下游省份包括北京、天津、辽宁、黑龙江、上海、江苏、浙江、广东。由于经济和地理原因,对越界污染的考察将不包括西藏、新疆、福建和海南四个省级区域,这四个省级区域的流域污染主要以省内污染为主。

② 2001年江浙交界水污染引发的筑坝事件、2003年山东薛新河污染导致江苏徐州市停水半个月、2004年河南安徽污水下泄导致淮河污染的暴发、2005年松花江重大跨行政区水污染事故等。

因此由下游地区向上游地区转移，但水污染会顺流而下，反而恶化了下游地区水质。据本章统计，2016 年，下游省份Ⅳ—劣Ⅴ类水的河长占全国Ⅳ—劣Ⅴ类水河长的 40.0%，与 2005 年相比该比例上升了 1.3 个百分点，可见在下游省份环境规制相对加强与污染产业迁出的同时，下游省份地表水质却并未呈现相对改善的态势。这里所暗含的由环境规制引致的"污染回流效应"，尚未被学界实证检验。

地方政府竞争，往往被视为环境规制失败的主要原因。1994 年地方分权改革以来，中央政府将环保目标分解到地方，但是并没有设计地方政府间的合作机制（Cai 等，2016），这导致各地区很有可能借助流域水资源的流动性、采取"搭便车"的方式向下游转移污染（曾文慧，2008）。虽然，环境规制政策是由中央政府制定，但具体执行者是具有相当大自由裁量权的地方环境保护机构。在分权治理的情况下，来自同级地方政府的压力更是使地方环保机构在实施具体管制时存在很大差异，这进一步导致了我国环境质量的区域间差异（李永友和沈坤荣，2008）。行政区划的分割性与水污染的外部性，使地方政府在流域污染规制问题上难以有效合作，这可能进一步加剧了污染回流效应。

基于此，本章利用 2004—2013 年中国七大流域覆盖的干流县域数据，以中国生态环境部实施的国家重点监控企业环境监测制度（后文简称"国控点"）作为环境规制的代理变量展开实证分析，为考察地方政府竞争与环境规制效应提供了一个崭新的视角。本章将重点分析以下几个议题：(1) 下游环境规制对上游水污染密集型产业有何影响？(2) 是否存在基于环境规制的污染回流效应？即下游的环境规制促使上游水污染密集型产业规模增加，进而导致下游水质恶化的现象。(3) 这类现象是否因跨越行政边界而呈现差异化的结果？(4) 地方政府竞争在其中扮演怎样的角色？本研究是基于中国流域全貌的县级数据分析，研究结论将为推进中国绿色发展提供政策依据；需要说明的是，尽管本研究基于中国案例展开分析，但对于世界各国乃至跨国的流域污染治理问题同样具有普遍的政策意义。

第一节　地方环境治理研究的进展与不足

环境规制可主要分为三类:命令—控制式工具、市场化工具、公众参与及信息披露工具。

命令—控制式工具一般包括了环境立法等,是指通过立法和政策执行所作出的强制性管制措施。例如,张宇和蒋殿春(2014)采用中国各省份单位产值的环境污染立案数量来衡量政府的环境规制强度,并采用水污染排放的相对技术水平进行修正①,研究发现环境规制加强可以促进本地外资企业采取更为先进的技术。包群等(2013)基于1990年以来中国各省份地方人大通过的84项环保立法,采用倍差法分析了地方环境立法监管的实际效果。研究发现单纯的环保立法并不能显著地抑制当地污染排放,只有在环保执法力度严格的省份,环保立法才能起到明显的环境改善效果。李树和陈刚(2013)利用2000年中国对《大气污染防治法》(APPCL 2000)的修订,采用倍差法系统评估了立法修订对中国工业全要素生产率增长的影响。结果发现中国《大气污染防治法》的修订显著提高了空气污染密集型行业的全要素生产率,且其边际效应随着时间的推移呈递增的趋势。

市场化工具主要包括排污收费、排污许可证制度等,是借助于市场机制的一些经济激励工具。大量研究表明排污收费制度在治污方面是相对稳健有效的政策工具(Dasgupta 等,2001;Wang 和 Wheeler,2005;李永友和沈坤荣,2008)。排污收费制度自1983年开始施行,曾文慧(2008)以有效征收率作为测量指标,该指标是指各地区环境规制部门对其所辖区域每单位超标污水所征收的排污费,研究发现,排污费能够显著控制污染。中国的排污权交易制度

① 修正的依据在于,该文认为对于单位产值的环境污染案件数量相同的两个地区而言,污染控制技术相对先进的地区会对应更严格的政府管制。

起步较晚,2002 年,中国开始推行二氧化硫排放权交易试点政策,从 2013 年起,中国先后在深圳、上海、北京、广东、天津、湖北、重庆 7 个省市试行碳排放权交易。渐进式的排污权交易机制,已逐渐成为中国当前应对节能减排问题的重要手段。但有研究表明其治理污染效果尚未显现(李永友和沈坤荣,2008),涂正革和谌仁俊(2015)认为,二氧化硫排放权交易试点政策在我国未能产生波特效应。① 原因在于,低效运转的市场还不足以支撑排污权交易机制的“完美”运行,整体较弱的环境规制也不能与排污权交易机制的“完美”运行相匹配。

公众参与及信息披露工具主要指信访制度,如公众通过信件、电话、网络、面访等方式进行信访,现阶段,我国也开始逐步试行企业环境绩效披露机制。有研究借助 1987—1993 年中国省际数据,研究公众抱怨是否会对污染控制产生积极影响,发现向公众披露企业的环境信息对提高企业的减排水平非常明显(Dasgupta 和 Wheeler,1997)。可见,在中国环境规制中引入信息披露和公众参与机制对改进我国的污染减排有重要作用。早期,中国利用公众环保参与提高环境质量的意识还很弱,公众的环境质量诉求无法通过环保部门和地方政府的严格执法得到满足(李永友和沈坤荣,2008)。有为数不多的一些文献探讨了环境监测制度的影响。例如,有研究对比分析了环境规制中的监测和污染收费对中国镇江污染企业环境绩效的影响,结果发现,在企业层面,与污染收费相比,监测对企业环境绩效更具有决定性的影响,使总悬浮固体和化学需氧量引起的水污染减少了 0.40%—1.18%(Dasgupta 等,2001)。

学界普遍认为,环境规制的区域间差异会促使污染产业转移,相关研究可追溯到针对“污染避难所”假说的实证检验。该假说的支持者认为,企业不仅可以通过创新降低环境治理成本,还可以通过重新选址以回避环境监管(Porter 和 Van der Linde,1995;Becker 和 Henderson,2000;Keller 和 Levinson,

① 波特效应,是指合适的环境规制能激发“创新补偿”效应,从而不仅能弥补企业的“遵循成本”,还能提高企业的生产率和竞争力(Porter 和 Van der Linde,1995)。

2002;List 等,2004)。随着中国经济的高速发展与国内区域间经济发展分化,不少文献开始关注中国国内的污染转移现象。然而,环境规制可能是内生的(Keller 和 Levinson,2002;List 等,2004),往往受到地方政府竞争①的影响。有学者认为,环境污染治理难的问题实际上是地方政府在晋升激励下为发展当地经济,放松环境管制标准,默许甚至纵容污染企业超标排污行为的后果,可以理解为一种“政企合谋”行为(Jia,2015)。相关实证研究也认为中国排污收费等环境规制存在内生性(Shibli 和 Markandya,1995),有学者采用工具变量或者联立方程方法展开分析(张宇和蒋殿春,2014)。也有一些学者直接选择人均收入水平作为衡量内生环境规制强度的指标,他们认为,地方的人均收入越高,污染排放带来的边际效用损害越大,同时也更有可能在环保型生产技术进行研发投入。因此,将对环境质量有更高的要求,这会促使地方政府在环境改善上增加投资(张征宇和朱平芳,2010;包群等,2013)。陆旸(2009)采用“人均收入”作为环境规制内生变量后,发现环境规制加强反而提高了“非资源基础型”污染商品(化工产品、钢铁产品)的比较优势,以及一种“资源基础型”污染商品(纸和纸浆产品)的比较优势。

综上所述,学界针对不同类别环境规制的有效性与内生性已经展开了大量讨论与研究。有待进一步完善之处在于:(1)现有研究主要针对排污收费、环境立法、排污权交易试点等环境规制展开分析,尚未有论文针对国控点环境监测展开实证研究。(2)现有研究多以省、市为单位,鲜有文献刻画中国主要干流流域县级地方政府的相关行为。(3)学界针对环境规制的跨市或跨省边界效应的研究尚显不足。(4)有关环境规制与地方政府竞争的关系讨论已然

① 布勒东(1996)给出了关于“地方政府竞争”的一个较全面的定义,它指的是某个区域内部不同经济体的政府利用包括税收、环境政策、教育、医疗福利等手段,吸引资本、劳动力和其他流动性要素进入以增强经济体自身竞争优势的行为。西方第一代主流财政分权理论认为,在居民有权可以“用手投票”选择地方官员和可以根据各地区不同的税收和公共服务水平在不同地区自由流动“用脚投票”的前提下,财政分权所导致的地方政府竞争,将提高社会总的福利水平(Oates,1993)。

很多,但尚缺乏系统的实证分析。(5)相关研究并未实证检验基于环境规制的污染回流效应——环境规制可能促使上游水污染密集型产业规模增长,反而导致下游水质恶化。基于此,本章以国控点环境监测制度为研究对象,基于全国七大流域的干流县级数据展开实证分析。

第二节　地方环境治理加剧污染回流效应

一、实证模型构建

流域污染不同于空气污染,前者有固定方向性的规律。① 本章基于流域污染关系,将下游点位的水质 COD_{it} 可以表示为:

$$COD_{it} = f_1(COD_{jt}, WS_{kt}, S_{lt}, WZ_{(ij)t}) + e \tag{5.1}$$

其中,下标 i 表示下游监测点位,下标 j 表示与 i 紧邻的上游监测点位,下标 t 表示时间。COD_{it} 为 i 监测点位在 t 时间点的化学需氧量浓度②, COD_{jt} 为上游紧邻的 j 监测点在 t 时间点的化学需氧量浓度。S 为水污染密集型企业规模,用主营业务收入③表示, WS_{kt} 与 S_{lt} 分别表示在 t 时间点,上游区域 k 水污染密集型行业规模的加权平均值,以及本地区域 l 的水污染密集型行业规

① 目前有不少文献采用空间计量分析方法开展了相关经验考察。例如,邵帅等(2016)基于1998—2012年中国省域PM2.5浓度数据,采用动态空间面板模型和系统广义矩估计方法,在同时考虑雾霾污染的时间滞后效应、空间滞后效应和时空滞后效应的条件下,对影响雾霾污染的关键因素进行了经验识别和相应的治霾政策讨论。但是传统的空间计量模型并不适用于流域污染分析。

② 也称"高锰酸盐指数"。它是指在一定条件下,以高锰酸钾($KMnO_4$)为氧化剂,处理水样时所消耗的氧化剂的量,单位氧的毫克/升(O_2,mg/l)。高锰酸盐指数在以往的水质监测分析中,亦有被称为化学需氧量的高锰酸钾法;以高锰酸钾溶液为氧化剂测得的化学耗氧量,以前称为锰法化学耗氧量。国际标准化组织(ISO)建议高锰酸钾法仅限于测定地表水、饮用水和生活污水,不适用于工业废水。

③ 因为企业工业增加值数据在个别年份系统性缺失,因此,我们采用企业主营业务收入表示。

模。变量 WS_{kt} 采取距离加权平均法,例如,某个县的权重见式(5.2),其中,$Length_{jc}$ 表示点位 j 到该县下游边界 c 点之间的干流河长,$Length_{jb}$ 表示该县下游边界点 b 与点位 j 之间的干流河长,n 表示点位 j 与 c 之间县的数量(包含点位 j 所在的县)。

$$W = \frac{Length_{jc} - Length_{jb}}{Length_{jc} \cdot (n - 1)} \tag{5.2}$$

其中,$WZ_{(ij)t}$ 表示在 t 时间点,点位 i 与 j 之间的非工业污染活动的加权平均值,包括了生活污染、种植业污染、养殖业污染等。此外,$WZ_{(ij)t}$ 还可控制点位 i 与 j 之间的其他自然条件(比如温度、降雨等)。$WZ_{(ij)t}$ 的距离加权法与 WS_{kt} 原理一致。

本地污染 S_{lt} 是一个关于 i 县水污染规制 R_{it} 的函数,即 $S_{lt} = f_2(R_{it}) + e_2$。代入式(5.1)可得:

$$COD_{it} = f_1(WS_{kt}, (f_2(R_{it}) + e_2), COD_{jt}, WZ_{(ij)t}) + e \tag{5.3}$$

可以用简约式表示为:

$$COD_{it} = \alpha_0 + \alpha_1 \cdot WS_{kt} + \alpha_2 \cdot R_{it} + \alpha_3 \cdot COD_{jt} + \alpha_4 \cdot WZ_{kt} + \mu_i + \nu_t + \varepsilon_{it} \tag{5.4}$$

式(5.4)中,μ_i 为监测点固定效应(亦可控制流域固定效应),ν_t 为时间固定效应,ε_{it} 为误差项。上游水污染密集型产业规模 WS_{kt} 与下游规制 R_{it} 都分别因为反向因果或遗漏变量问题而存在内生性。例如,本研究所采用的国控点监测制度,它是以环境统计数据库为基础,分别按化学需氧量和氨氮排放量大小排序,筛选占工业排放量 65%的废水企业;生态环境部将产生的名单和往年国家重点监控企业名单合并,形成初步征求意见名单,发至各地方环保部门征求意见;将各地反馈意见汇总整理,对原名单中已经关闭、永久停产及不符合实际排污情况等企业和企业群不列入名单中;对关停企业再交环境监察部门核对确认;按照排污量 65%比例要求对调整后的国家重点监控企业名单进行核定。可见,最终的核定权虽然在环保部,但地方政府仍有较强话语权;而且规制强度往往与当地水污染密集型产业规模正相关。

因此,我们构建了联立方程组模型。联立方程式(5.5)中,三个内生变量设定为互为因果的关系。在下游规制方程中,我们使用 i 县滞后 12 期(因为本研究采用的是月度数据)的县级财政实力 $G_{i(t-1)}$ 以及《水污染防治法》修订 Law 作为 R_{it} 的工具变量,此外还纳入了滞后期的上游规制[$WR_{k(t-12)}$]作为控制变量。在上游污染方程中,我们采用滞后 12 期的 k 区域财政实力 $WG_{k(t-12)}$ 作为 WS_{kt} 的工具变量,也同样控制了滞后期的上游规制[$WR_{k(t-12)}$]。

我们主要选择了滞后 12 个月的地方财政实力分别作为本地环境规制与污染产业规模的工具变量。如第一节所讨论的,地方财政实力会左右当地的环境规制有效性与污染产业集聚程度。与上级职能监督机构相比,中国的地方环保机构与地方政府有着更密切、直接的关系(林伯强和邹楚沅,2014),地方环境规制部门在人事、经费等方面均受制于地方政府(韩超等,2016),其环境规制可能缺失独立性。①

我们构建的联立方程组模型如下,其中每个方程都满足可识别条件:

$$\begin{aligned}
R_{it} &= \gamma_0 + \gamma_1 \cdot WS_{kt} + \gamma_2 \cdot COD_{it} + \gamma_3 \cdot WR_{k(t-12)} + \gamma_4 \cdot G_{i(t-1)} + \gamma_5 \cdot Law \\
&\quad + \mu_i + \nu_t + \pi_{it} \\
WS_{kt} &= \beta_0 + \beta_1 \cdot R_{it} + \beta_2 \cdot COD_{it} + \beta_3 \cdot WR_{k(t-12)} + \beta_4 \cdot WG_{k(t-12)} + \varphi_i + \varphi_t + \lambda_{it} \\
COD_{it} &= \alpha_0 + \alpha_1 \cdot WS_{kt} + \alpha_2 \cdot R_{it} + \alpha_3 \cdot COD_{jt} + \alpha_4 \cdot WZ_{(ij)t} + \mu_i + \nu_t + \varepsilon_{it}
\end{aligned} \tag{5.5}$$

二、变量设定与数据来源

(一)水质指标及监测点数据

本章采用各监测点位的月度平均的化学需氧量(COD_{Mn})浓度指数,也称

① 以排污费收费制度为例,国家虽然提供指导标准,但其明确规定"结合当地实际情况,在调整主要污染物排污费征收标准的同时,适当调整其他污染物排污费征收标准"。鼓励污染重点防治区域及经济发达地区,按高于上述标准调整排污费征收标准,充分发挥价格杠杆作用,促进治污减排和环境保护。

“高锰酸盐指数”,以测度 COD_{it} 与 COD_{jt} 水质指标。该数据来源于中华人民共和国生态环境部提供的“全国主要流域重点断面水质自动监测周报”。2004 年至 2013 年,中华人民共和国生态环境部在全国主要水系(长江、黄河、淮河、海河、珠江、松花江、辽河、西南诸河、浙闽河流、内陆河流)共设置了 133 个水质自动监测点位。该类监测点数量由 2004 年的 73 个逐步增加到 2013 年的 131 个。其中,位于淮河流域的河南信阳徐桥监测断面和位于海河流域的河北沧州东宋门监测断面分别于 2010 年、2011 年被撤销。由于大量监测点不存在上游监测点,我们仅选取了 58 个既可作为 COD_{it} 又可以作为 COD_{jt} 的样本监测点,以及 19 个仅可作为 COD_{jt} 样本监测点,共计 77 个。这些监测点分布在长江、黄河、淮河、海河、珠江、松花江、辽河七大流域(且主要集中在长江、淮河流域)。监测点间干流流经 23 个省 99 个市级行政单位的 308 个县级行政单位。监测点间干流平均流经 14 个县,相距最远的一对监测点流经 28 个县。

(二)水污染密集型产业规模

基于中国工业企业数据库,我们将企业数据汇总到县级层面,选取县级企业主营业务收入表示水污染密集型产业规模(剔除累计价格指数)。以往文献设定污染密集型产业目录的方法一般有两种:一是参考官方标准,例如,部分研究依据生态环境部标准选取了 7 个水污染密集型产业:农副产品、纺织制造、服装制造、制浆造纸、石油、核燃料加工、化工制造加工、有色金属冶炼(Cai 等,2016)。二是依据污染排放强度,例如,李树和陈刚(2013)将 2001—2008 年单位产值废气排放强度超过平均水平的行业视为空气污染密集型行业,并将这些空气污染密集型行业作为处理组,其他行业被视为对照组。我们依据 2004—2013 年中国各工业行业 COD 排放强度,将高于均值的视为水污染密集型产业。本研究中的水污染密集型产业包含了造纸及纸制品业,纺织业,农副食品加工业,食品制造业,饮料制造业,皮革、毛皮、羽毛及其制品和制鞋业,医药制造业，化学纤维制造业，化学原料和化学制品制造业，有色金属矿采选业，其他采矿业，水的生产和供应业等 12 个行业。

（三）环境规制

以往文献多采用环保立法、排污收费、排污许可证制度等刻画环境规制水平。也有文献选取一些间接指标作为环境规制的代理变量。比如，直接以污染物相对排放量作为地区环境监管的代理变量（朱平芳等，2011）；或采用人均环境污染治理投资额来表示环境规制（张征宇和朱平芳，2010；黄茂兴和林寿富，2013）；或选取治理设施运行费用来刻画环境规制强度（景维民和张璐，2014；涂正革和谌仁俊，2015）。我们认为，污染相对排放量、治理投资及治理设施运行费用都是环境规制的结果，它们并不直接由环境规制机构控制，不能被理解为规制行为。

我们采用“国控点”监测制度来反映环境规制，这类监测与水质监测的影响机理并不完全相同，前者属于“源头”监测，理应促使本地污染减少，但对污染转移去向的影响并无“方向性”；后者属于“末端”监测，地方政府有动力促使本地及上游邻近区域的污染产业规模下降，以优化该下游点位水质读数。现实中，多数环境规制都与国控点监测相似，是对污染转移去向没有“方向性”影响的，本研究以国控点监测为代理变量，正是分析这类无“方向性”的环境规制，为何可能引致污染回流效应。

2007 年国家环保总局（现为生态环境部）下达《关于印发〈国家重点监控企业名单〉的通知》，筛选国家重点监控企业。为度量环境规制强度，我们根据历年国家重点监控企业名单，将废水企业名单以县为单位进行整理，并采用式（5.6）来度量环境规制水平。其中，m_{it} 表示 i 县国控点企业数量，n_{it} 表示 i 县水污染密集型企业数量，m_t 表示所有样本县国控点企业总数，n_t 表示所有样本县水污染密集型企业数量。R_{it} 的数值越大，表示 i 县的水污染监控水平越高，其超过 1 时，意味着 i 县的水污染规制强度高于全国平均水平。

$$R_{it}=\frac{m_{it}/n_{it}}{m_t/n_t} \tag{5.6}$$

（四）地方政府竞争

国内实证研究文献中的财政分权度主要以地方政府支出占全部政府支出比重来衡量（乔宝云等，2005；范子英和张军，2010）。王文剑等（2007）认为，用财政支出相对规模衡量的财政分权程度越大，地方政府获得了更大的实际的财政支出能力和权力，随之而来，也说明了地方政府拥有更大的能力采取税收减免、支持国有经济投资、增大政府消费支出和实施对外开放等途径来竞争，反之则相反。本研究从县级自有财力视角出发，参考郭庆旺和贾俊雪（2010）的方法，采用县级层面的财政支出与财政收入的比值反映地方财政自给能力，这一指标越大，表明县级财政实力越强。县级财政支出与收入数据来源于历年《中国县域经济统计年鉴》。

（五）其他变量

在下游规制方程中，控制变量《水污染防治法》修订（*Law*）为虚拟变量，该法修订于2008年2月28日的第十届全国人民代表大会常务委员会第三十二次会议，因此，我们将*Law*变量2008年3月及之后的数值设定为1，之前设定为0。在下游水质方程中，我们还采用人口密度、农作物播种面积与行政面积比值、肉类产量与行政面积比值分别表示生活污染强度、种植业污染强度、养殖业污染强度。其中，人口及行政面积数据来源于《中国区域经济统计年鉴》。县级层面的农作物播种面积及肉类产量数据来自中国农科院的统计数据。我们基于各县不同农作物生长期，将年度播种面积数据分解为月度播种面积，其中，各县农作物生长期数据来自全国778个农气站发布的农作物生长发育状况报告（2008年）。肉类数据由年度数据简单平均至12个月。我们还匹配了每个县最近气象站的月度温度与月均降雨量，以控制气候条件。温度与降水数据来自中国气象局 824 个国家级地面气象观测站统计的日平均气温数据与日累计降水量，我们将其转化为月平均气温与月累计降水量。样本内各县与距其最近气象站的距离平均为 35 公里。此外根据我国水系矢量图，运用 ArcGIS 软件中的几何计算功能计算了河段长度与支流数量。变量定义及相关变量的描述统计请见表 5-1。

表 5-1　变量定义与描述统计

变量名	定义	均值	标准差
COD_{it}	下游点位的化学需氧量（毫克/升）	4.557	5.834
COD_{jt}	上游点位的化学需氧量（毫克/升）	4.282	5.417
WS_{kt}	上游地区水污染密集型产业主营业务收入/行政面积（万元/平方公里）	47.271	111.238
$G_{i(t-12)}$	下游县滞后 12 期的财政支出/财政收入	2.814	1.966
$WG_{k(t-12)}$	上游地区滞后 12 期的财政支出/财政收入	2.266	1.530
R_{it}	下游县国家重点监控企业相对占比	1.317	2.779
$WR_{k(t-12)}$	上游地区滞后 12 期的国家重点监控企业相对占比	0.887	4.636
Law	《水污染防治法》修订，2008 年 3 月后设定为 1，其他为 0	0.665	0.472
$Population_{(ij)t}$	点位 i 与 j 间的人口密度（百人/平方公里）	5.902	5.109
$Crop_{(ij)t}$	点位 i 与 j 间的农作物播种面积/行政面积×100（%）	25.673	16.469
$Livestock_{(ij)t}$	点位 i 与 j 间的肉类总产量/行政面积（吨/平方公里）	1.628	1.170
$Rain_{(ij)t}$	点位 i 与 j 间的降水量（分米）	14.300	11.063
$Temperature_{(ij)t}$	点位 i 与 j 间的平均气温（℃）	0.778	0.867
$Branch$	点位 i 与 j 间的支流数量（条）	3.986	4.769

三、实证结果与分析

（一）基准回归结果

我们基于三阶段最小二乘法（3SLS）对联立方程组模型进行了估计（结果

见表 5-2)。研究发现:就全部样本而言,下游环境规制对上游水污染密集型产业的影响系数显著为负、上游水污染密集型产业对下游点位水质的影响显著为正。总体看来,基于环境规制的污染回流效应并不存在,下游环境规制往往促使上游水污染密集型产业规模显著下降,进而促进下游水质改善。上游地方政府财政实力提升,会促使上游水污染密集型产业规模增加,这将进一步促使下游水质恶化。环境规制是内生性的,当下游水质较差、上游水污染密集型产业规模较高、上游环境规制水平较低时,下游往往采取更加严苛的环境规制。《水污染防治法》修订对于下游环境规制的影响不显著,这意味着仅有单纯的环境立法文本往往是不够的(包群等,2013),还需要将其落实于有效执法。

表 5-2　基准回归结果(3SLS)

变量	(1) 全部样本	(2) 跨县不跨市	(3) 跨市不跨省	(4) 跨省
下游规制方程 (因变量 R_{it})				
WS_{kt}	0.011*	−0.001	0.017	0.160***
COD_{it}	0.065*	0.060	0.070**	−0.315**
$WR_{k(t-12)}$	−0.304*	0.098	0.010	−0.235**
$G_{i(t-12)}$	0.094***	−0.018	0.052	0.133*
Law	0.008	−0.008	−0.162	0.190
常数项	−3.008***	−1.727***	−6.111***	−10.644***
卡方值	3389.83***	866.26***	2378.58***	1587.38***
上游污染方程 (因变量 WS_{kt})				
R_{it}	−50.662**	−173.030***	5.871	1.947***
COD_{it}	1.207	29.859**	−0.654	1.388***
$WR_{k(t-12)}$	28.651***	84.909***	1.647**	0.895***
$WG_{k(t-12)}$	7.349***	5.191*	3.097***	0.870***

续表

变量	（1）	（2）	（3）	（4）
	全部样本	跨县不跨市	跨市不跨省	跨省
常数项	0.023	−192.233*	133.163***	62.890***
卡方值	4114.04***	1313.89***	39665.43***	56454.56***
下游水质方程（因变量 COD_i）				
WS_{kt}	0.005**	−0.004	−0.043	0.161***
R_{it}	−1.176***	8.119***	4.084**	−1.361***
COD_{jt}	0.255***	−0.117	0.203***	0.018
$Population_{(ij)t}$	0.044**	0.105	0.079*	0.215*
$Crop_{(ij)t}$	−0.044***	0.007	−0.049***	−0.006
$Livestock_{(ij)t}$	−0.528***	−0.963	−0.584	−0.131
$Rain_{(ij)t}$	−0.059	−0.261	0.027	−0.067
$Temperature_{(ij)t}$	−0.002	0.072	−0.072***	0.040
常数项	6.173***	18.783***	44.682***	−8.367*
卡方值	9802.71***	267.46***	2294.36***	937.87***
年份固定效应	有	有	有	有
月份固定效应	有	有	有	有
点位固定效应	有	有	有	有
样本量	4967	526	2241	2200

注：***、**、*分别表示在1%、5%、10%的水平下显著。

本书进一步基于分样本回归展开“边界效应”分析。在研究的河段样本中，10.6%的样本同属一个城市，45.1%的样本跨市不跨省，44.3%的样本跨省。分样本回归发现，“边界效应”是明显存在的：样本河段同属于一个城市时，那么估计结果与基准结果基本一致；如果样本河段跨越了一个或若干个城市但未跨省时，下游点位的环境规制对上游水污染密集型产业规模影响不显著，上游水污染密集型产业规模对下游水质的影响也不显著；如果样本河段跨越了省界，下游点位的环境规制会促使上游水污染密集型产业规模增加，进而导致下游水质恶化，这与基于环境规制的污染回流效应假说一致。

研究发现，基于环境规制的污染回流效应因边界效应而异。一方面，当河段同属一个城市时，县域间环境规制具有统筹协调性，市政府有动机通过区域间协调的环境规制将污染转移至下游以破解本市的污染回流效应。本研究基于不同类型的环境规制，发现了这一“污染邻居”的潜在风险，但这一效应仅体现于市级层面，即每个市把污染产业集聚于下游县，以此将水污染压力转移至下游城市。另一方面，对于跨省河段而言，地区间环境规制是缺失协调性的，下游地区增强的环境规制往往会促使上游地区水污染密集型产业规模增加，这导致了污染回流效应。

（二）稳健性检验

本章展开了一系列稳健性检验，例如：(1)考虑到上游水污染密集型产业对下游水质的影响可能受到两个点位之间的降雨量与支流数量的影响，因此，我们纳入交互项展开分析。研究发现，降雨量与支流水量都起到“稀释”上游污染的作用，在控制了这类交互效应后，估计结果是稳健的。(2)我们根据2004—2013 年各行业 COD 排放量（而非排放强度），选取了污染排放量最高的 9 个行业，其中，包含了医药制造业、黑色金属冶炼及压延加工业、化学纤维制造业、食品制造业、饮料制造业、纺织业、化学原料和化学制品制造业、农副食品加工业、造纸及纸制品业。这 9 个行业占排放年均总量的 82.35%。基于排放量重新设定水污染密集型行业目录，本书再次估计了联立方程组模型，结果基本稳健。① (3)学界认为，环境规制对污染产业的影响往往是滞后的（包群等，2013），需要一段时期才能显露出作用。因此，我们进一步估算了环境规制的滞后 12 个月、24 个月、36 个月的估计结果。② 研究发现，环境规制采

① 环境规制对基于排放量设定的污染密集型产业规模影响不显著。我们认为，可能的原因在于地方环保机构主要规制的是排放强度较高的企业，而非排放总量较高的企业。

② 当环境规制取滞后期时，上游规制方程的自变量也采取相应的滞后期变量。

取滞后 12 个月的模型结果与基准结果相一致。但 24 个月、36 个月的环境规制对上游污染产业影响不显著。可以认为，环境规制对上游污染的影响主要体现在当期与滞后 1 年的时期内。（4）中国工业企业数据库所定义的"规模以上"统计口径在 2011 年之后发生变化，在 2010 年之前为 500 万元以上，2011 年该标准改为 2000 万元及以上。尽管我们已对原始数据进行了调整，但考虑到统计口径变动可能带来的非随机误差，本书使用 2004—2010 年的工业企业数据进行了稳健性检验，估计结果与基准结果相一致。（5）此外，本研究还基于平衡面板数据模型、动态面板模型、年度汇总数据模型分别展开检验，估计结果都基本稳健。因篇幅受限，这里不再给出具体的稳健性估计结果。

（三）安慰剂检验

我们依据基准回归中的排放强度法，测度了非水污染密集型产业规模（WNS_{kt}），并用其替换水污染密集型产业规模，展开安慰剂检验，我们期望环境规制对非水污染密集型产业不构成显著影响。根据表 5-3，研究发现，在全部样本模型中，环境规制对非污染密集型产业规模影响不显著，这与预期相符。但非水污染密集型产业对下游水质构成显著正向影响，这可能是因为非水污染密集型产业的规模较高（是水污染密集型产业的 3.5 倍），因此，即便是（按污染强度统计的）非水污染密集型产业，其对污染的总体影响仍不容忽视。在跨省模型中，环境规制会促使上游非污染密集型产业规模显著增加，并进而促使下游水质改善。

表 5-3　安慰剂检验

变量	全部样本	跨县不跨市	跨市不跨省	跨省
下游规制方程（因变量 R_{it}）				

续表

变量	全部样本	跨县不跨市	跨市不跨省	跨省
$G_{i(t-12)}$	0.095***	-0.041	0.120***	-0.005
上游污染方程（因变量 WNS_{kt}）				
R_{it}	-35.051	40.144	-57.666***	42.316***
$WG_{k(t-12)}$	8.334***	4.567	19.661***	-0.675
下游水质方程（因变量 COD_i）				
WNS_{kt}	0.008**	-0.007	0.009	-0.323*

注：***、**、* 分别表示在1%、5%、10%的水平下显著。

第三节　地方环境治理加剧污染回流效应的拓展分析

一、新老企业的差异化反应

我们还发现，地方政府竞争与环境规制对新老企业的影响存在明显差异。如表5-4所示，下游环境规制（R_{it}）会往往促使成立3年及以上的老企业规模减少，但上游财政相对支出（$WG_{k(t-12)}$）会促使成立3年及以内的新企业规模上升。在下游水质方程中，除了成立2年以内的新企业之外，上游污染产业规模均对下游水质有正向影响。可见，成立3年以上的老企业对下游环境规制的反应更加敏感，面对较强的下游规制时，上游地区的老企业往往选择减少产能或迁徙至其他地区。对于跨省样本而言，成立2年以内的新企业估计结果与基准结果相一致，但对于成立9年以上的老企业而言，研究发现跨省的污染回流效应是存在的。

表 5-4　新老企业的差异化反应

变量	全部样本			跨省样本		
	WS_{kt} 方程		COD_i 方程	WS_{kt} 方程		COD_i 方程
	$WG_{k(t-12)}$	R_{it}	WS_{kt}	$WG_{k(t-12)}$	R_{it}	WS_{kt}
成立 1 年以内	0.087***	−0.185	0.503	0.055***	−0.211**	4.852*
成立 1—2 年	0.432***	−1.287	0.508	0.298***	−0.750**	2.251*
成立 2—3 年	0.784*	−6.534	0.055**	0.175**	0.192	2.054
成立 3—4 年	1.582***	−8.674*	0.089*	0.387***	0.157	0.389***
成立 4—5 年	1.168*	−8.476	0.036**	−0.260	1.277	0.205***
成立 5—6 年	0.886	−9.446*	0.069**	−0.070	−0.028	0.277**
成立 6—7 年	0.097	−10.604**	0.047***	0.308***	0.023	0.064
成立 7—8 年	−0.001	−7.959***	0.033***	−0.015	1.579***	−0.141
成立 8—9 年	−0.016	−5.063***	0.032**	−0.065	3.362***	−0.185
成立 9—10 年	0.218	−7.686*	0.052**	0.015	1.883***	0.458***
成立 10 年以上	0.160	−4.894	0.064***	0.012	1.834***	0.754***

注：***、**、* 分别表示在 1%、5%、10%的水平下显著。

二、不同所有制类型企业的差异化反应

根据表 5-5，我们发现，下游环境规制会显著促使上游地区外资企业与民营企业的污染产业规模减小，但是对国有企业影响不显著；上游地区地方财政实力增强会显著促使上游地区外资企业的污染产业规模上升，但是对国有企业与民营企业影响不显著；此外，上游地区的国有企业与外资企业生产规模增加会显著促使下游水质恶化，但上游民营企业的污染效应不显著。整体看来，外资企业的估计结果与基准回归结果相一致。从跨省样本来看，下游环境规制会显著促使上游地区外资企业与国有企业的产业规模增加，并进一步恶化下游地区水质，回流效应对于这类企业而言是存在的。

表 5-5 不同类型企业的差异化反应

变量	全部样本			跨省样本		
	WS_{kt} 方程		COD_i 方程	WS_{kt} 方程		COD_i 方程
	$WG_{k(t-12)}$	R_{it}	WS_{kt}	$WG_{k(t-12)}$	R_{it}	WS_{kt}
外资企业	1.964**	-12.693**	0.019**	0.145***	0.580**	1.304***
国有企业	0.296	-7.780	0.160*	0.001	1.097***	2.157***
民营企业	0.018	-4.918*	0.482	0.049	0.073	1.779**

注：***、**、* 分别表示在 1%、5%、10%的水平下显著。

三、不同河流长度的影响

我们参考沈坤荣等（2017），以 100 公里为间隔，分别对一定河流长度范围内的样本展开分析，表 5-6 展示了代表性结果。研究发现，就总体样本而言，基于环境规制的污染回流效应并不存在。上游水污染密集型产业规模对下游水质的影响在 1000 公里以外范围内影响显著。在跨省样本回归中，我们发现环境规制往往促使 500 公里以上的上游水污染密集型产业规模上升，而回流效应往往体现在 1000 公里以上的长距离样本河段中。

表 5-6 不同河流长度的差异化反应

变量	全部样本			跨省样本		
	WS_{kt} 方程		COD_i 方程	WS_{kt} 方程		COD_i 方程
	$WG_{k(t-12)}$	R_{it}	WS_{kt}	$WG_{k(t-12)}$	R_{it}	WS_{kt}
100 公里以内	12.386**	-128.495	-0.001	2.648***	-0.449*	0.012
500 公里以内	9.082**	-51.390*	0.000	0.501***	2.979***	0.018
1000 公里以内	6.658**	-47.641*	0.001	0.978***	0.850	0.018
1500 公里以内	7.157***	-45.481**	0.005**	0.731***	2.778***	0.163***
2000 公里以内	7.378***	-50.628**	0.005**	0.731***	2.778***	0.163***

注：***、**、* 分别表示在 1%、5%、10%的水平下显著。

第四节　改革地方环境治理的基本思路

环境规制是绿色发展战略的行动抓手，是以社会福利最大化为目标的，但环境规制本身也是以污染企业迁移成本和短期效率损失为代价的。若环境规制不能实现“帕累托改进”，反而导致局部性（特别是下游地区）污染问题加重，那么，环境规制就将陷入经济损失与社会福利损失的双败局面。如何在地方政府竞争视角下，破解环境规制引起的污染回流问题，是需要深入研究的重大议题。我们基于2004—2013年中国工业企业数据库、生态环境部地表水质监测数据及县域统计年鉴数据，以中国七大流域干流县域为观测对象，采用3SLS等方法展开相关实证分析。研究发现：

第一，基于环境规制的污染回流效应因边界效应而异。对于未跨出省界的河段而言，环境规制的污染回流效应并不存在；对于跨省的河段而言，下游点位的环境规制会促使上游水污染密集型产业规模增加，进而导致下游水质恶化，这与基于环境规制的污染回流效应假说一致。这一跨省的污染回流效应主要体现在，下游省份的环境规制促使了（1000公里以上的）远程的上游省份中具有一定市场势力的水污染密集型企业（成立9年以上的老企业、外资企业与国有企业）生产规模增加，这通过水污染流动性进一步导致了下游省份的水质恶化。可见，对于跨省流域而言，即使采用“垂直化领导”的国控点监测体制，也会引起污染跨界回流的非期望后果。

第二，地方政府竞争是把“双刃剑”。随着资源节约、环境保护目标问责制逐步纳入政绩考核体系，中国各级地方政府面临着两难困境。一方面，地方政府会竞相加强环境规制，但在另一方面，长期以来的要素价格扭曲已经对粗放式增长模式产生“锁定效应”（林伯强和杜克锐，2013），这导致地方政府仍会竞相推动本地水污染密集型产业规模增加。地方政府对水污染密集型产业采取经济激励与环境规制并行政策的同时，其最终的环境影响对下游往往是不利的。

我们认为，下游地区国控点环境规制对污染产业转移的影响其实是一种没有方向性的“推力”，并不必然促使污染产业向上游转移；上游地方财政实力增强对污染产业转移的影响也是一种没有方向性的“拉力”，并不必然吸引来自下游的污染产业及其生产要素。本研究所发现的基于环境规制的跨省污染回流效应，应是下游环境规制相对加强、上游财政实力相对提升以及上下游省际缺失规制协调机制的现实耦合所致。

流域是动态的，中国需要将静态的、孤立的环境治理，转变为动态的、全面的协同规制。“十四五”规划更是提出到 2025 年将长江经济带初步建成人与自然和谐共处的美丽家园。未来，中国需要对环境政策作出优化调整。需强化中央事权，完善地方政府竞争规则。在区域利益竞争激烈的时期，跨行政区流域水污染治理能否有效推进，关键在于能否设计一套既能激励实体经济绿色发展，也能有效约束地方政府行为的机制。

中国应以河长制①、湖长制，而非以省长制、市长制来治理流域环境。把流域经济带作为介于国家与省级之间的一个国土单元，成为超越现行省级行政区划和部委层级管理系统的国家治理单元。在全流域尺度上设立水环境管理委员会，将每片区域的河流治污权划给相应的政府部门负责人，明确其权利和义务，取消多头治理格局，加强跨部门、跨区域监管与应急协调联动。应由国家统筹考虑流域经济带生态环境保护在政策法规、财税政策、基础设施建设等方面的顶层设计，逐步形成“源头预防、过程控制、损害赔偿、责任追究”的流域环保制度体系。

---

① 2013 年，中共浙江省委、浙江省人民政府《关于全面实施“河长制”进一步加强水环境治理工作的意见》，由此河长制在全省迅速推进。此后各地纷纷仿效，水利部于 2014 年对河长制做了推介。截至中央文件出台之前，全国 25 个省（自治区、直辖市）开展了河长制探索，其中北京、天津、江苏、浙江、福建、江西、安徽、海南 8 个省（自治区、直辖市）专门出台文件，其余 16 个省（自治区、直辖市）在不同程度上试行河长制，有的在部分市县，有的在部分流域。第三个阶段是全面推行阶段。2016 年 12 月 11 日，中共中央办公厅、国务院办公厅印发《关于全面推行河长制的意见》。

第六章　地方环境治理与城市生产率增长

本章首先借助 Python 爬取了公众环境研究中心的环境监管数据库，据此构建了两个相对干净的刻画政府环境规制执行程度的指标，对地方政府间环境规制的策略性行为进行了再检验；在此基础上，结合工业企业微观数据库，从本地效应和溢出效应视角出发，将“波特假说”和“污染避难所假说”嫁接起来，考察了地方政府环境规制执行互动对城市生产率增长的影响。研究发现，城市地方政府间存在显著的环境规制执行互动，且表现为逐底竞赛和竞相向上同时存在的非对称性执行互动形式。由于地方政府参与不同形式的环境规制执行互动，客观上使城市间环境规制执行程度趋异，拓宽了污染企业在选择是否就地加强创新之外通过易址回避环境规制的空间，形成了空间邻近城市以邻为壑以及经济邻近城市以邻为伴的生产率增长模式，同时更削弱了波特效应对创新的倒逼机制，从而对中国经济的长期增长产生不利影响。因此，推动对地方政府环境规制执行的针对性监管和适应性激励，尤其使得地理相邻的城市就协同规制达成共识，对长期经济增长具有重要的政策含义。

第一节　地方环境治理的异化与研究进展

一、环境治理异化的特征事实

1994 年实施的分税制改革改变了中国地方政府的约束和激励机制，地方政府从国有企业的所有者和补贴者转变成对企业的征税者，各地方政府具有很强的动力去推动地方工业化和资本积累（张军，2014）。尽管这直接推动了中国过去几十年的经济高速增长，但是客观上也使环境保护等公共服务项目因与经济增长目标暂时的冲突而被忽视了（陆铭等，2008），最终导致了高速经济增长与环境污染并存的局面。由于环境污染带来的居民健康问题最终会对长期经济增长形成掣肘，中央政府近年来加大了环境治理的力度，通过纠正过去唯 GDP 论英雄的官员考核观念，试图从根本上改变地方政府的激励。

然而地方政府只是将中央政府制定的环境标准作为一项任务完成，缺乏长期有效的环境规制激励（郑思齐等，2013）。出于竞争流动性生产要素的动机，地方政府甚至在执行环境标准过程中存在竞相放松环境规制的逐底竞赛，从而导致了环境规制非完全执行的普遍现象（张华，2016）。

虽然环境规制普遍性非完全执行能够解释中国普遍存在的污染现象，但问题是，随着上级政府环境绩效考核日益严厉，环境规制非完全执行真的存在普遍性吗？已有文献往往仅对环境规制是否非完全执行进行验证，关于其普遍性特征却缺乏令人信服的证据。事实上，如果简单地将环境规制非完全执行的普遍性作为先验结论，不仅有失偏颇，也可能与现实情况相悖。况且，即使地方政府参与资源竞争的激励并未根本改变，也不一定会形成普遍性的环境规制非完全执行，尤其考虑到部分先发地区在经历了长期高速的经济增长以后已经进入产业结构服务化阶段，可能会提升环境规制强度以吸引偏好于环境的流动性生产要素（如高级人才），从而形成环境规制的竞相向上现象，并最终引致环境规制完全执行。于是，我们试图回答这样一个问题：中国地方政府在执行环境规制时是否同时存在逐底竞赛和竞相向上式互动？对这一问题的研究不仅有助于我们深入理解当前地方政府间环境规制策略性行为的具体形式，更为重要的是，如果地方政府间环境规制执行互动真的同时存在逐底竞赛和竞相向上，地区间环境规制执行程度趋异给污染企业提供了通过跨地迁移回避环境规制的空间，削弱了污染治理的规模效应（陆铭、冯皓，2014），这恰好能够解释为何污染治理长期以来一直收效甚微。

进一步地，地区间环境规制执行程度趋异不仅会影响污染治理的规模效应，还可能会通过影响"波特假说"成立的微观机理，从而影响环境规制的经济增长效应。早期研究多认为环境规制会挤压企业原本用于创新的投入，从而削弱企业乃至国家的竞争力，而"波特假说"用德国等国家的例子表明环境规制与经济增长实则可以兼得，只要环境规制适宜，激发出来的创新补偿效应就可能弥补遵循成本，有利于技术创新并促进经济长期增长（Porter 和 Van der Linde，1995）。但是这些研究均忽视了一点：企业在决定是否就地创新之外，还存在第三种选择，即通过跨区域迁移降低环境治理成本。如果地方政府间确实同时存在环境规制执行逐底竞赛和竞相向上式互动，随着地区间环境规制执行水平趋异，可能会诱使更多的污染企业为了降低环境治理成本而选择跨地迁移，这样就破坏了波特效应中环境规制对技术创新的倒逼机制，从而削弱了潜在城市生产率增长。因此，我们试图回答的另一个问题是：地区间背道而驰的环境规制竞争是否引致了污染企业跨地迁移，进而削弱了潜在城市生产率增长？对这一问题的研究有助于我们从地方政府环境规制执行的角度切入，挖掘推动中国经济长期增长的创新动力与潜力。

本章以中国地市级政府为研究对象，考察了中国地方政府间环境规制执行互动的具体形式及其对城市生产率增长的影响，我们发现：环境规制逐底竞赛并非普遍性存在，一些地区同时参与了竞相向上式的环境规制竞争。由于各地方政府并未就环境治理达成一致性的共识，地区间环境规制执行趋异客观上拓宽了企业在决定是否就地创新之外通过异地搬迁回避环境规制的空间,从而造成了空间邻近城市间以邻为壑的生产率增长模式及经济邻近城市间以邻为伴的生产率增长模式。更为重要的是,环境规制促进企业生产率增长的波特效应由于污染避难所的存在而被削弱了,这对中国经济的长期增长构成了潜在的威胁。

二、环境治理效应的研究进展

尽管分权带来了很多优势(Hayek,1945),但是就地方政府能否有效地提供公共品而言,已有研究存在较大的争议,一个较为普遍的观点是,地方政府由于偏好、预算约束以及预期等因素互相影响,可能会导致低效率的公共品供给(Revelli,2005)。对应于这三种影响因素,已有文献总结了地方政府间策略性行为的三种形成机制,分别是溢出效应机制、资源流动机制和标尺竞争机制,这些机制有助于我们理解分权与公共品供给效率之间的内在关联。溢出效应机制刻画的是由于公共品存在溢出效应,地方政府的政策直接受其他政府(主要是邻近地方政府)政策影响的机制,如一个地区增加公共支出会使邻近地区受益,相应地,邻近地区的公共支出就会受到影响,存在“搭便车”的可能(Case 等,1993;Murdoch 等,1993;Kelejian 和 Robinson,1993;Murdoch 等,1997;Fredriksson 和 Millimet,2002)。资源流动机制强调地方政府间的政策并非直接产生影响,而是由于共同地存在竞争流动性资源的动机,使政策产生交互行为。标尺竞争机制则带有明显的“自下而上”的政治体制特点(Salmon,1987;Besley 和 Case,1995),由于预期到辖区内居民根据邻近地区公共服务供给水平对本地区官员进行判断,从而影响官员的选举结果,辖区内地方政府往往会根据邻近地区的公共政策作出积极调整。

在三种地方政府策略性行为形成的机制中,资源流动机制强调的地方政府由于竞争流动性生产要素形成的政策交互行为往往会带来更大的公共品供给效率损失,因而在现有文献中也得到了更多的关注。根据“污染避难所假说”(Copeland 和 Taylor,2004),环境治理成本是影响企业区位决策的重要因素(Becker 和 Henderson,2000;Lombard,2002;Keller 和 Levinson,2002;List 等,2003;Fredriksson 等,2003)。不少文献认为,地方政府为了吸引更多的资本流入,有激励降低自身的环境规制水平,出于竞争流动性生产要素的动机,地方政府在环境规制上往往会形成逐底竞赛的策略性行为(Levinson,2003;Potoski,2001;Woods,2006),即各地方政府竞相降低自身的环境规制水平。但是这一结论并未在已有文献中达成普遍共识,也有不少文献未发现完全支持逐底竞赛的证据(List 和 Gerking,2000;Potoski,2001;Fredriksson 和 Millimet,2002;List 等,2003;Levinson,2003)。一方面,与逐底竞赛完全相反,不少文献认为环境规制竞争表现为竞相向上的形式。另一方面,不少文献指出不能简单地认为地区间存在同质性的环境规制策略性行为,环境规制逐底竞赛和竞相向上实际上同时存在,由于地区经济规模和经济结构的差异性,地方政府对待污染密集型产业的偏好并不相同,尽管有的地方政府存在降低环境规制水平而吸引流动性资本的行为,但也有的地方政府存在邻避主义,对污染密集型的产业并不感兴趣,甚至为了赶走污染密集型产业,具有不断提升环境规制水平的动机(Konisky,2007)。

20 世纪 80 年代以来,分权在发展中国家成为一个普遍性的改革趋势,在渐进性的改革过程中逐步形成事权下放的央地政府治理结构。在这样的制度框架下,地方政府很容易在环境规制方面形成政策交互行为,李永友和沈坤荣(2008)、肖宏(2008)、李胜兰等(2014)、韩超等(2016)的研究证实了中国地区间污染控制决策存在明显的策略性特征,但是他们并未对环境规制竞争的具体形式进行研究。由于中国在过去几十年高速经济增长的同时产生了严重且普遍的环境污染问题,尽管已有文献指出在中国同样存在环境规制交互行为的异质性,如张征宇和朱平芳(2010)、朱平芳等(2011)认为,处于不同发展阶段的地区对环境的偏好大相径庭,地区间环境规制竞争的形式不太可能表现一致,但仍然有文献简单地根据环境污染的普遍性将环境规制逐底竞赛的普遍性作为先验结论,继而认为中国地方政府存在环境规制普遍性非完全执行的问题(张华,2016),更为糟糕的是,由于环境规制逐底竞赛与环境规制竞争内涵并不完全相同,逐底竞赛暗含的一个现象是地方政府对竞争地方政府的环境规制作出回应,并且当且仅当竞争地区的环境规制置本地区于不利地位(就竞争流动性资本而言)时才作出回应(Konisky,2007),不少文献事实上并未对中国地方政府间环境规制的逐底竞赛进行严格检验,就将其作为既定结论,直接对引致环境规制逐底竞赛的因素进行分析(杨海生等,2008;王文普,2011),得出的结论可能有失偏颇,对政策制定有害而无益。其中,张文彬等(2010)虽然严格检验了逐底竞赛,但由于他们采用的是省级数据,并且衡量环境规制的变量存在一定程度的缺陷,得出的结论同样存在进一步分析的空间。

地方政府的环境规制不仅会对企业的选址决策产生影响,还会影响辖区内企业的创新行为。早期研究认为,环境规制会挤占企业的生产性投资,从而影响企业的竞争力,随后,"波特假说"认为,只要环境规制设计适当,就能引发创新补偿效应,提升企业技术创新水平的同时降低环境治理成本。由于"波特假说"与早期研究结论大相径庭,围绕该假说的争议一直持续了二十多年,虽然有文献对"波特假说"提出了质疑(Palmer 等,1995;Franco 和 Marin,2015),但是更多的文献证实了环境规制与创新尤其是环境创新存在正向的关联(Lanjouw 和 Mody,1996;Brunnermeier 和 Cohen,2003;Popp,2006;Johnstone 等,2010;Lanoie 等,2011;Lee 等,2011)。遗憾的是,尽管现有文献从多个视角对"波特假说"进行了验证,区分了强形式、弱形式以及狭义的"波特假说",并一一进行了验证,但是它们均忽视了污染避难效应可能对"波特假说"造成的影响(Lanoie 等,2011)。在"波特假说"中,环境规制能够激励企业从事创新行为的原因在于技术进步可以降低污染治理成本,而事实上,企业同样可以通过迁移到环境规制水平较低的地区来降低污染治理成本。如果地方政府间环境规制交互行为使得企业存在易址行为,就破坏了"波特假说"对企业从事创新行为的倒逼机制，从而对企业以及地区生产率增长形成不利影响。

综合上述讨论，我们在考虑地方政府间环境规制互动行为的基础上，将长期以来在"环境规制与企业行为"这一类文献中常见的"污染避难所假说"和"波特假说"嫁接起来，研究地方政府间环境规制互动可能对城市生产率增长造成的影响。相比于国内外已有的文献，本章可能的贡献之处在于：首先，我们采用地市级的数据对中国地方政府间环境规制竞争及其具体形式进行严格检验，而现有研究中国地方政府环境规制竞争的文献基本均采用省级数据（杨海生等，2008；张征宇和朱平芳，2010；张文彬等，2010；李胜兰等，2014；赵霄伟，2014）。将研究对象细化到地市级至少具有两个方面的意义：第一，现有文献一般均采用空间计量模型来研究地方政府间的交互行为，而空间计量采用的都是渐近有效的估计方法，需要更多的观察值才能做到有效估计，采用城市面板数据相比以往文献而言可以提高系数估计的精度。第二，研究发现，随着时间的推移，中央政府、省政府的支持对环境执法效果有明显的推动作用，但是市政府层级的政府机构并未能够有效配合上级政府的政策（Zhan 等，2014），这说明通过省级数据已经难以揭示我国地方政府间的环境规制竞争特征，需要进一步深入更加详细的地市级层面进行研究。

其次，我们通过 Python 爬取了公众环境研究中心的相关数据，据此构建了两个相对干净的衡量地市级政府环境规制执行程度的指标，与以往文献采用的指标相比，更适合于检验地方政府间环境规制竞争。一方面，对于我国而言，环境标准基本上是中央制定的，地方调控环境标准的空间很小。在遵循既有环境标准的情况下，地方政府只是在实施阶段具有较大的自由裁量权（Wang 和 Wheeler，2005；李永友和沈坤荣，2008；张文彬等，2010），因此环境规制的执行程度更能反映地方政府环境规制竞争的特征。另一方面，已有文献用来表征环境规制程度的变量均混杂了其他因素，如常用的污染密集度和污染治理支出(张文彬等,2010)实际上不仅反映了政府的环境规制行为,还夹杂了技术进步、价格波动等因素,不能纯粹地反映政府的环境规制程度。[①]这一问题在针对性研究政府的环境规制竞争行为时更加凸显[②],由于我们研究的对象就是政府行为,因此刻画环境规制的变量应该是政府能够完全控制的。

最后,以往研究地方政府环境规制竞争对城市生产率增长的文献基本均缺少理论基础,我们通过空间均衡模型推导出了本地生产率增长关于本地环境规制执行与邻地环境规制执行的反应方程,使结论更具信服力。不仅如此,研究思路上,在过去研究环境规制与企业行为的文献中,环境规制对企业选址决策和创新决策的影响常常被作为独立的话题分开进行研究,我们将二者联系在一起,有助于更加深入地理解地方政府环境规制交互行为的经济影响。并且,命令控制型环境规制政策工具和市场型环境规制政策哪个更为有效一直是环境经济学文献争议的焦点(Montero,2002),本章研究发现政府主导的环境规制执行会引致地方政府间策略性行为,诱使低生产率企业跨地迁移而非就地创新,形成空间邻近的城市“以邻为壑”的生产率增长模式以及经济邻近的城市以邻为伴的生产率增长模式,从而破坏了“波特效应”对企业创新的倒逼机制,对长期经济增长形成了潜在的威胁,这一发现为倾向于市场型环境规制政策的改革提供了新的经验证据。

---

① 当涉及中国城市层面的环境规制程度测度时,问题还包括数据的不可得性,即使是夹杂了其他因素的环境规制变量往往也缺乏口径一致的较长时期的数据。韩超等(2016)采用了污染源治理投资与城市环境设施投资的加总数据来表示环境规制投入,他们研究的样本期间为2002—2007年,但是2002年、2005年以及2006年《中国城市统计年鉴》事实上均未提供污染源治理投资而仅提供了环境污染治理投资,并无证据表明环境污染治理投资与他们的加总投资(污染源治理投资加上城市环境设施投资)的统计口径一致,这可能导致年份之间其实并无可比性。

② 在面临上级考核和规制竞争的双重动机驱动下,地方政府很可能形成虚假的环境规制投资,增加了环境规制投入并不意味着环境规制强度的提升,如西安环境系统工作人员给空气采样器“戴口罩”事件。

第二节　环境规制影响城市生产率的理论机理

我们通过空间均衡模型推导出本章实证需要的方程,即城市的生产率增长是如何受到地方政府环境规制影响的。与传统的空间均衡模型(Glaeser等,1993)不同的是,我们参考相关文献(Brueckner,2003;Ertur 和 Koch,2007),将产品部门的生产率进行了内生化处理,并且考虑了环境规制的溢出效应。具体地,假定经济体中有 N 个城市,每个城市用下标 i 表示,时间用下标 t 表示,经济体内有三类行为主体:生产者、消费者和房地产开发者,劳动力和资本可以在城市间自由流动。

一、生产者决策

企业生产函数采用柯布—道格拉斯(Cobb-Douglas)函数形式,包括全要素生产率(A)、劳动力(L)、可流动资本(K)及不可流动资本($\bar{Z}$),假定 $\bar{Z}$ 外生给定,各投入要素为规模报酬不变,即:

$$Y_{it} = A_{it} \bar{Z}_i^{\alpha\gamma} K_{it}^{\alpha(1-\gamma)} L_{it}^{1-\alpha} \tag{6.1}$$

其中,γ 表示不可流动资本在总资本中的份额,$0 < \gamma < 1$;α 表示资本的产出份额,$0 < \alpha < 1$。我们将全要素生产率 A 进行了内生化处理,假定所有知识均嵌入资本中。即:

$$A_{it} = \Omega_t K_{it}^{\varphi} \tag{6.2}$$

其中,$\Omega_t = \Omega(0) e^{\mu t}$,表示所有城市共同具有的技术进步项;$\varphi$ 表示本地资本积累的外部性程度,且 $0 \leqslant \varphi < 1$。企业按照边际产出对投入要素进行定价,将资本价格标准化为 1,得到劳动力和资本的需求函数:

$$\Omega_t \bar{Z}_i^{\alpha\gamma} [\varphi + \alpha(1-\gamma)] L_{it}^{1-\alpha} K_{it}^{\varphi+\alpha(1-\gamma)-1} = 1 \tag{6.3}$$

$$\Omega_t \overline{Z}_i^{\alpha\gamma}(1-\alpha) L_{it}^{-\alpha} K_{it}^{\varphi+\alpha(1-\gamma)} = W_{it} \tag{6.4}$$

其中,资本的价格单位化为1,劳动力的工资为 W_{it} 。求解式(6.3)和式(6.4)可得:

$$W_{it} = (1-\alpha)\Omega_t^{\frac{1}{1-v}} \overline{Z}_i^{\frac{\alpha\gamma}{1-v}} v^{\frac{v}{1-v}} L_{it}^{\frac{1-\alpha}{1-v}} \tag{6.5}$$

其中, $v = \varphi + \alpha(1-\gamma)$ 。

二、消费者决策

假定城市中的消费者实现充分就业,消费者的效用主要来自两个部分:除住房以外的消费和住房消费。不仅如此,考虑到我国城市存在的普遍性严重污染问题,消费者效用还受到城市环境规制的影响。代表性消费者的效用函数为:

$$U_{it} = C_{it}^{1-\beta} H_{it}^{\beta} E_{it} \prod_{j\neq i}^{N} E_{jt}^{\rho\omega_{ij}} \tag{6.6}$$

代表性消费者对应的预算约束为:

$$C_{it} + p_{Hit} H_{it} = W_{it} \tag{6.7}$$

其中, p_{Hit} 表示房价, C_{it} 表示商品消费量, H_{it} 表示住房消费量; E_{it} 表示本地的环境规制, E_{jt} 表示其他城市的环境规制,这里我们考虑环境规制的溢出效应,包括了两个方面的内涵:(1)环境公共产品的溢出效应,即其他城市尤其是邻近城市的环境规制会影响其自身的环境公共产品供给,而环境公共产品存在纯外部性,会使环境规制存在溢出效应。(2)地方政府间为竞争流动性资源而形成环境规制的交互行为,从而产生环境规制的溢出效应。ρ 用于捕捉地区之间共同存在的相关性, $-1 < \rho < 1$; ω_{ij} 则用于捕捉地区之间的异质相关性, $0 \leqslant \omega_{ij} \leqslant 1$,且当 $i = j$ 时, $\omega_{ij} = 0$。

结合式(6.6)和式(6.7),可得:

$$C_{it} = (1-\beta) W_{it} \tag{6.8}$$

$$H_{it} = \frac{\beta W_{it}}{p_{Hit}} \tag{6.9}$$

将消费者的住房消费乘以城市总人口数 L_i ,得到城市 i 的总住房需求:

$$\Sigma H_{it} = L_{it} \frac{\beta W_{it}}{p_{Hit}} \tag{6.10}$$

三、房地产商决策

在完全竞争市场上决定住房面积 S 和高度 h,假定地方政府的土地供应是完全无弹性的,且外生给定为 $\overline{S}$,同时住房供给的单位成本是 $c_0 h^{\delta-1}$, $\delta > 1$。房地产商的目标函数为:

$$\pi = p_{Hit} hS - c_0 h^{\delta} S - p_s S \tag{6.11}$$

其中, p_s 表示土地价格。根据一阶条件,可得:

$$h = \left(\frac{p_{Hit}}{c_0 \delta}\right)^{\frac{1}{\delta-1}} \tag{6.12}$$

则住房总供给为: $h\overline{S} = \left(\frac{p_{Hit}}{c_0 \delta}\right)^{\frac{1}{\delta-1}} \overline{S}$ 。联立式(6.10)和式(6.12),可以得到住房价格为:

$$p_{Hit} = \left[\frac{L_{it} \beta W_{it}}{\overline{S}}\right]^{\frac{\delta-1}{\delta}} (c_0 \delta)^{\frac{1}{\delta}} \tag{6.13}$$

四、空间均衡与劳动力供给

根据空间均衡思想,城市人口的变动影响当地房价[式(6.13)]和劳动力需求[式(6.4)],均衡的结果是消费者在各个城市均达到相同的保留效用,假设为 u 。根据式(6.6)和式(6.7)得到间接效用函数,令其等于保留效用 u ,即:

$$V_{it} = \beta^{\beta} (1 - \beta)^{1\ \ \beta} W_{it} p_{Hit}^{-\beta} E_{it} \prod_{j \neq i}^{N} E_{jt}^{\rho \omega_{ij}} = u_t \tag{6.14}$$

五、均衡的全要素生产率

根据式(6.5)、式(6.13)和式(6.14),可求得均衡的人口、工资以及房价,进一步地可求得均衡的全要素生产率,并取对数:

$$\ln A_{it} = D + \frac{(\alpha-1)\varphi}{(1-v)\xi}(\ln E_{it} + \rho\sum_{j\neq i}^{N}\omega_{ij}\ln E_{jt}) + \frac{\alpha\gamma\varphi[(1-v)\xi-(1-\alpha)\tau]}{(1-v)^2\xi}\ln \bar{z}_i$$

$$+\frac{(1-v+\varphi)(1-v)\xi-(1-\alpha)\varphi\tau}{(1-v)^2\xi}\ln\Omega_t + \frac{(1-\alpha)\varphi}{(1-v)\xi}\ln u_t \quad (6.15)$$

其中, $D = \frac{(1-v)^2\xi\varphi + (1-v)\xi v\varphi - (1-\alpha)v\tau\varphi}{(1-v)^2\xi}\ln v + \frac{(\alpha-1)\varphi\beta}{(1-v)\delta\xi}\ln\beta +$ $\frac{(1-\alpha)(\beta-1)\varphi}{(1-v)\xi}\ln(1-\beta) + \frac{(1-\delta)(1-\alpha)\beta\varphi}{(1-v)\delta\xi}\ln\bar{S} + \frac{(1-\alpha)\beta\varphi}{(1-v)\delta\xi}\ln c_0\delta +$ $\frac{(\alpha-1)\varphi\tau}{(1-v)\xi}\ln(1-\alpha)$, $\tau = \frac{\delta(1-\beta)+\beta}{\delta}$, $\xi = \frac{1-v}{(2-\alpha-v)\tau+v-1}$

从表达式(6.15)可以看出,不仅本地的环境规制会影响本地的全要素生产率,其他地区的环境规制也会影响本地的全要素生产率。并且,由于 ρ 的符号并不确定,本地环境规制与邻近地区环境规制对本地全要素生产率的影响方向可能相同,也可能不同。由于理论模型不能验证环境规制对全要素生产率的影响方向,需要进一步通过实证研究来进行判断。

第三节　地方政府环境规制策略性互动研究

在分析地方政府环境规制执行的策略性行为对城市生产率增长的影响之前,首先需要明晰两个问题:一是城市间环境规制执行是否存在策略性行为?二是如果存在城市间环境规制执行的策略性行为,具体的形式是什么?本节首先对这两个问题进行研究,为后面进一步研究环境规制执行竞争带来的生产率影响效应提供初步的判断依据。

一、模型设定、变量选取及数据说明

（一）模型设定

首先，我们先检验地方政府环境规制执行是否存在竞争行为。需要指出的是，研究发现，尽管随着时间的推移，中央政府与省政府的支持对环境执法效果有明显的推动作用，但是来自市长、市政府等层级的政府机构并未能够有效配合上级政府的政策（Zhan 等，2014），这说明主要是地市级的地方政府存在为自身利益而自主选择环境规制执行程度的动机，因此本章以地市级政府为研究对象。参考布鲁克纳（Brueckner，2003）和柯尼斯基（Konisky，2007），设定基本模型如下：

$$E_{it} = \lambda \sum_{j=1}^{N} \omega_{ij} E_{jt} + \eta X_{it} + \zeta_i + \zeta_t + \varepsilon_{it}, i = 1,2,\cdots,285, j \neq i \quad (6.16)$$

其中，E_{it} 是城市 i 在时期 t 的环境规制执行程度，ω_{ij} 表示城市 i 与城市 j 之间的空间关联程度，E_{jt} 是城市 j 在时期 t 的环境规制执行程度，X_{it} 是描述城市特征的控制变量，ζ_i 是城市固定效应，ζ_t 是时间固定效应，ε_{it} 是残差扰动项，假定残差扰动项不存在跨期相关性，但是可能存在空间相关性。我们关注的核心解释变量是 $\Sigma \omega_{ij} E_{jt}$，该项表示竞争城市加权平均的环境规制执行程度，相应地，λ 表示本城市环境规制执行程度关于其竞争城市环境规制执行程度的反应系数。

根据布鲁克纳（2003），在估计式（6.16）时需要解决三个计量问题：（1）$\Sigma \omega_{ij} E_{jt}$ 的内生性问题；（2）残差项可能存在空间自相关问题；（3）控制变量与残差项相关的问题。已有文献一般采用空间极大似然法（ML）或者两阶段最小二乘工具变量法缓解 $\Sigma \omega_{ij} E_{jt}$ 的内生性问题。早期采用两阶段最小二乘工具变量法的文献多是因为该方法忽略了雅可比项，从而避免了计算困难，但对于 ML 估计量而言存在的运算困难问题已经得到解决。考虑到 IV 方法由于忽略了雅可比项,参数估计值往往会超出其定义域的范围,因此我们参考龙小宁等(2014),采用 ML 估计方法。又考虑到残差项可能存在空间自相关,我们采用既包含空间滞后因变量又包含空间滞后误差项的 Kelejian-Prucha 模型进行系数估计,并且尽可能地控制了影响城市环境规制执行的变量,以缓解遗漏变量偏误导致的控制变量与残差项相关的问题。

其次,式(6.16)仅仅只能检验地方政府是否存在环境规制执行的策略交互行为,为进一步检验地方政府环境规制执行是否存在逐底竞赛式的交互行为,我们参考张文彬等(2010)的研究,设定两种形式的两区制空间杜宾(Dubin)固定效应模型来研究环境规制非对称性执行互动的具体形式:

$$E_{it} = \lambda_1 D_{it} \sum_{j \neq i} \omega_{ij} E_{jt} + \lambda_2 (1 - D_{it}) \sum_{j \neq i} \omega_{ij} E_{jt} + \eta X_{it} + \mu_i + \sigma_t + \varepsilon_{it} \tag{6.17}$$

其中,$D_{it} = \begin{cases} 1, 如果 \sum_{j \neq i} \omega_{ij} E_{jt} < \sum_{j \neq i} \omega_{ij} E_{jt-1} \\ 0, 其他 \end{cases}$,当竞争城市加权平均的环境规制执行程度较上年有所下降时,本地的环境规制执行程度反应系数为 λ_1,当竞争城市加权平均的环境规制执行程度较上年并未下降时,本地的环境规制执行程度反应系数为 λ_2。如果环境规制执行竞争完全是逐底竞赛式的话,那么可以预期的是 $\lambda_1 > 0$,而 λ_2 不显著异于 0。

$$E_{it} = \lambda_1 I_{it} \sum_{j \neq i} \omega_{ij} E_{jt} + \lambda_2 (1 - I_{it}) \sum_{j \neq i} \omega_{ij} E_{jt} + \eta X_{it} + \mu_i + \sigma_t + \varepsilon_{it} \tag{6.18}$$

其中,$I_{it} = \begin{cases} 1, 如果 E_{it} > \sum_{j \neq i} \omega_{ij} E_{jt} \\ 0, 其他 \end{cases}$,当竞争城市加权平均的环境规制执行程度小于本城市时,本城市环境规制执行程度反应系数为 λ_1,当竞争城市加权平均的环境规制大于等于本城市时,本城市环境规制执行程度反应系数为 λ_2。如果环境规制执行竞争完全是逐底竞赛式的话,那么可以预期的是 $\lambda_1 > 0$,而 λ_2 不显著异于 0。我们同样采用 ML 方法估计式(6.17)和式(6.18)。

（二）变量选取与数据说明

以往衡量环境规制的指标或多或少均掺杂了其他非政府行为的因素，难以准确衡量政府的环境规制竞争程度，因此我们采用了两个直接衡量地方政府环境规制执行程度的指标：第一个指标是城市辖区内政府通报处罚的环境违法企业数，用该城市的工业企业总数进行标准化处理，各城市政府通报处罚的环境违法企业数来源于非营利性环保机构“公众环境研究中心”公布的全国企业环境监管信息数据库，我们借助 Python 从公众环境研究中心的网站上将相关数据爬取下来并进行了手工整理，城市工业企业总数则来自《中国城市统计年鉴》，时间跨度为 2004—2013 年。“公众环境研究中心”公布的全国企业环境监管信息数据库将各地区政府通报处罚的环境违法企业进行了整理和汇总，涵盖的环境违法类型非常全面，不仅包括了水、气、固体废弃物等污染物排放超标，还包括了程序违法、监控数据失实等违法类型。这一数据库现在已广泛被研究者所使用（聂辉华，2013；梁平汉、高楠，2014）。

第二个指标是各城市政府通报处罚的涉及违规的污水处理厂数，用各城市总污水处理厂数进行标准化处理，各城市政府通报处罚的违规污水处理厂数来自非营利性环保机构“公众环境研究中心”公布的全国污水处理厂环境监管信息数据库，主要存在的违规类型包括水质超标、处理设施运行不正常、在线监控运行不正常、建设项目未完成环保验收等。我们同样借助 Python 从公众环境研究中心的网站上将相关数据爬取下来并进行了手工整理，各城市总污水处理厂数的数据来自《中国城市建设统计年鉴》，时间跨度为 2008—2013 年。《中国城市建设统计年鉴》给出了各地级市和县级市所辖区域内的污水处理厂数，由于公众环境研究中心数据库中的地级市范围囊括了其下辖的县级市，因此我们根据最新的行政区划，手工将《中国城市建设统计年鉴》中县级市的污水处理厂数加总到了所属的地级市层面。众所周知，污水处理厂是环境保护的最后一道防线，对于城市来说更是如此，我国在“十五”计划期间开始大量上马污水处理厂，但事实上很多污水处理厂并未真正起到治污的效果，相对企业而言，对违规的污水处理厂的通报与行政处罚可能更能反映出地方政府环境规制的执行强度。

我们还选取了如下影响环境规制执行的控制变量：(1)经济发展水平，采用人均 GDP 测度。经济发展水平越高，污染排放带来的居民边际效用损害越大(居民对环境质量的重视程度与主观评价越高)，政府越可能因回应公众的需求而加强环境规制执行程度。(2)对外开放程度，采用城市实际利用外商直接投资占 GDP 总额的比重测度。作为政府招商引资的主要目标，FDI 的存在会对政府的环境规制决策形成一定的干扰(张宇、蒋殿春，2014)。(3)财政自主程度，采用城市本级预算内财政收入占本级预算内财政总支出的比重测度。中国财政分权产生的"块状竞争"与政治集权产生的"条状竞争"相结合，使得地方政府现任官员具有放松环境监管的激励(王永钦等，2007)。(4)人口密度，采用年末总人口与行政区域面积的比值测度。人口密度越高的地区，环境污染的潜在威胁越大，因此地方政府可能倾向于采取更强的环境规制执行程度。(5)城镇登记失业率，采用城镇登记失业人员占单位从业人员、私营和个体从业人员、城镇登记失业人员三项总和的比重测度。地方政府可能出于缓解失业率的动机而放松环境规制执行程度，以便吸引资本流入而解决失业问题。(6)职工平均工资，用在岗职工工资总额除以在岗职工平均人数测度。居民的收入越高，对于清洁型产品的支付意愿越强，地方政府更可能倾向于较强的环境规制执行程度。数据来自《中国城市统计年鉴(2005—2014 年)》。

为了准确而全面地刻画竞争性城市，我们选择了三种空间权重矩阵：第一种是 Queen 型 0—1 邻接矩阵(W_1)①，当城市 i 与城市 j 相邻时，ω_{ij} 等于 1，当

① 常用的 0—1 邻接矩阵有三种形式：Rook 型、Bishop 型以及 Queen 型。Rook 相邻表示两个相邻的区域有共同的边。Bishop 相邻表示两个相邻的区域有共同的顶点，但没有共同的边。Queen 相邻表示两个相邻的区域有共同的边或顶点。与前两者相比，Queen 型邻接矩阵考虑的情形无疑更加全面，可以减少空间权重矩阵中可能存在的"孤岛"(即与其他区域均不相邻)。

城市 i 与城市 j 不相邻时，ω_{ij} 等于 0。这是最简单的设定方法，假定地方政府只与边界相邻的地方政府进行竞争。第二种是地理距离权重矩阵（W_2），ω_{ij} 等于城市 i 与 j 之间直线距离的倒数。与 0—1 型矩阵相比，该矩阵假定任何城市都可能是竞争性城市，只是地方政府更可能与距离更近的城市产生更强的竞争行为。第三种是经济距离权重矩阵（W_3），$\omega_{ij} = 1/|pgdp_i - pgdp_j + 1|$，与上述两个矩阵从地理空间视角出发构建权重矩阵的思路不同，该矩阵以人均 GDP 衡量城市之间的邻近程度。为使空间滞后项具有加权平均的含义，上述三种矩阵均采取了行标准化的方法进行了处理，并且设定对角线均为 0。①

上述所有价格型变量均为当年价，为消除通胀影响，我们均采用 GDP 指数进行“名义—实际”的平减处理，基期为 2004 年。与选用统一的 GDP 指数（张宇、蒋殿春，2014）或省级层面的 GDP 指数（王敏、黄滢，2015）对城市的价格型指标进行平减不同的是，我们采用各年份各地级市对应的 GDP 指数进行针对性平减处理，这样可以全面考虑到各城市价格波动的差异，无论从时间上还是空间上均更具可比性。各地级市的 GDP 指数来源于《中国区域经济统计年鉴（2005—2014 年）》和《中国统计年鉴（2005—2014 年）》。② 实际利用外商直接投资经汇率调整为以人民币计价，汇率来自国家统计局网站。我们根据城市的经纬度坐标计算城市间的地理距离，其中经纬度坐标来源于国家基础地理信息系统 1∶400 万地形数据库。主要变量的描述性统计见表 6-1。

---

① 尽管采用 Queen 型 0—1 矩阵尽可能减少了孤岛，但是仍然存在 6 个孤岛：舟山市、海口市、三亚市、西宁市、乌鲁木齐市以及克拉玛依市。为了使行标准化不出错，我们选择距离这六个城市最近的城市作为它们的邻居，具体配对分别为：舟山市—宁波市、海口市—湛江市、三亚市—海口市、西宁市—武威市、乌鲁木齐市—克拉玛依市、克拉玛依市—乌鲁木齐市。

② 《中国区域经济统计年鉴（2005—2014 年）》缺失部分直辖市的 GDP 平减指数，我们根据《中国统计年鉴（2005—2014 年）》上的数据进行了补充。

表 6-1　主要变量的描述性统计

变量	样本数	均值	标准差	最小值	最大值
环境规制执行程度(企业)	2850	0.051	0.071	0	0.797
环境规制执行程度(污水处理厂)	1710	1.225	1.483	0.023	17
经济发展水平	2850	15000	11000	57.460	160000
对外开放程度	2850	0.022	0.022	0	0.182
财政自主程度	2850	0.491	0.231	0.026	1.541
人口密度	2850	421	323	4.700	2662
城镇登记失业率	2850	0.035	0.022	0	0.410
职工平均工资	2850	14000	5117	5801	140000
对内开放程度	2850	0.329	0.069	0.036	0.642
政府支出规模	2850	0.096	0.043	0.040	1.936
人力资本水平	2850	1.422	0.507	0.447	4.193
产业结构	2850	0.518	0.088	0.027	0.897
人均城市道路面积	2850	2.302	0.565	-3.912	4.159
人均邮电量	2850	6.620	0.987	3.841	9.687
每万人拥有医院数	2850	-0.814	0.461	-2.497	2.386
每百人公共图书馆藏书	2850	3.906	1.064	0	6.358
国有资产占比	991810	0.096	0.282	0	1
资产劳动比	996488	285	653	0	138177
资产负债率	995970	0.576	4.882	0	4838
企业年龄	996514	11.050	11.240	0	100
研发费用	770865	444	16669	0	7142497

我们选取了 2004—2013 年中国 285 个地级及以上城市的全市(与市辖区相比,还包括了下辖县级市)统计数据进行分析。

二、环境规制执行的策略性行为研究

首先,我们研究了城市间是否存在环境规制执行的策略性互动行为。表 6-2 报告了式(6.16)的实证结果。可以发现:当采用空间邻接矩阵或者地理距离矩阵来刻画城市之间的关联程度时，无论是从通报处罚的环境违规企业数还是污水厂数来衡量环境规制执行程度，一个城市的环境规制执行程度均与其对应的竞争城市环境规制执行程度呈现出正相关性，且在统计意义和经济意义上均十分显著。估计系数范围介于 0. 207—1. 446，表明竞争城市环境规制执行程度降低（提升）一个单位会使本城市环境规制执行程度降低（提升）0. 2—1. 4 个单位。当用经济距离矩阵来刻画城市之间的关联程度时，用通报处罚的环境违规污水厂数来衡量的环境规制执行程度存在显著的正向空间相关性，用通报处罚的环境违规企业数来衡量的环境规制执行程度在加入一系列控制变量后虽然呈现出正向空间相关性，但是并未通过至少 10% 水平下的显著性检验，可能的原因是经济相邻的城市并不像地理相邻的城市具有那么明显的环境规制执行互动，只有通过表征更强执行程度的环境规制指标（通报处罚的环境违规污水处理厂数）才能观察到城市间的策略性行为。

表 6-2　Kelejian-Prucha 模型估计结果

变量	环境规制执行程度（企业）			环境规制执行程度（污水厂）		
	W_1	W_2	W_3	W_1	W_2	W_3
竞争城市环境规制执行程度（企业）	0. 465*** (8. 749)	1. 446*** (16. 384)	0. 064 (0. 139)	—	—	—
竞争城市环境规制执行程度（污水厂）	—	—	—	0. 454*** (6. 131)	0. 207*** (58. 137)	0. 459*** (5. 720)
空间误差项	-0. 309*** (-4. 318)	-0. 490*** (-2. 923)	-0. 023 (-0. 050)	-0. 272*** (-2. 748)	0. 996*** (658. 815)	-0. 432*** (-4. 681)
控制变量	控制	控制	控制	控制	控制	控制
城市固定效应	控制	控制	控制	控制	控制	控制
年份固定效应	控制	控制	控制	控制	控制	控制
样本数	2850	2850	2850	1710	1710	1710
R^2	0. 440	0. 436	0. 418	0. 405	0. 380	0. 364
$\log L$	4371. 70	4360. 57	4337. 22	-2348. 61	-2354. 78	-2372. 38

注：模型包括了截距项但未报告；括号内是 t 值；***、**、* 分别表示在 1%、5%、10%的水平下显著。

进一步地，我们研究城市间环境规制执行互动的具体形式，现有文献多批评中国各地区存在普遍性的环境规制执行不力，并且将其归咎于普遍性的逐底竞赛式环境规制执行互动（张华，2016），但事实是否真的如此？逐底竞赛式的环境规制执行竞争模式不仅意味着城市间存在环境规制执行的竞争行为，还意味着对于一个城市而言，只有当其与竞争城市的环境规制执行程度相比不利于其吸引流动性生产要素时，该城市才会参与环境规制竞争（Konisky，2007）。

表6-3和表6-4报告了式（6.17）和式（6.18）的实证估计结果。第一，当采用空间邻接矩阵和地理距离矩阵表征竞争城市时，考虑逐底竞赛的第一种情况，即仅当竞争城市环境规制执行程度降低时，该城市才参与环境规制执行竞争，估计结果显示当竞争城市环境规制执行程度较上年降低时，该城市会参与环境规制执行竞争，系数估计结果为正，并且大小介于0.181—0.740，说明存在逐底竞赛式的环境规制执行竞争，但与此同时，我们依然发现了支持空间邻近城市存在竞相向上竞争模式的证据：当竞争城市环境规制执行程度较上年上升时，城市的反应系数基本仍显著为正，系数估计大小介于0.205—0.427。

表6-3　环境规制（企业）非对称性执行互动估计结果

变量	环境规制执行程度					
	W_1	W_2	W_3	W_1	W_2	W_3
竞争城市环境规制执行程度低于上年	0.181*** (4.972)	0.549*** (5.160)	0.065 (1.234)	—	—	—
竞争城市环境规制执行程度高于上年	0.205*** (4.383)	0.427** (2.267)	-0.071 (-0.952)	—	—	—
竞争城市环境规制执行程度更低	—	—	—	0.049 (1.586)	0.209** (2.101)	-0.032 (-0.642)
竞争城市环境规制执行程度更高	—	—	—	0.909*** (22.053)	1.432*** (9.155)	0.570*** (7.923)
控制变量	控制	控制	控制	控制	控制	控制

续表

变量	环境规制执行程度					
	W_1	W_2	W_3	W_1	W_2	W_3
控制变量空间滞后项	控制	控制	控制	控制	控制	控制
城市固定效应	控制	控制	控制	控制	控制	控制
年份固定效应	控制	控制	控制	控制	控制	控制
样本数	2565	2565	2565	2850	2850	2850
R^2	0.452	0.447	0.437	0.574	0.603	0.568
log L	3928.996	3924.119	3904.284	4747.228	4878.176	4762.584

注：模型包括了截距项但未报告；括号内是 t 值；***、**、* 分别表示在 1%、5%、10%的水平下显著。

表 6-4　环境规制（污染处理厂）非对称性执行互动估计结果

变量	环境规制执行程度					
	W_1	W_2	W_3	W_1	W_2	W_3
竞争城市环境规制执行程度低于上年	0.169*** (3.577)	0.740*** (7.833)	0.084 (1.306)	—	—	—
竞争城市环境规制执行程度高于上年	0.289*** (4.378)	0.266 (0.860)	-0.035 (-0.326)	—	—	—
竞争城市环境规制执行程度更低	—	—	—	0.170*** (4.939)	0.705*** (6.512)	0.066 (1.183)
竞争城市环境规制执行程度更高	—	—	—	0.773*** (13.840)	3.336*** (17.877)	0.536*** (5.885)
控制变量	控制	控制	控制	控制	控制	控制
控制变量空间滞后项	控制	控制	控制	控制	控制	控制
城市固定效应	控制	控制	控制	控制	控制	控制
年份固定效应	控制	控制	控制	控制	控制	控制
样本数	1425	1425	1425	1710	1710	1710
R^2	0.427	0.423	0.410	0.611	0.642	0.596
log L	-2010.175	-2011.460	-2024.079	-1992.045	-1907.012	-2004.360

注：模型包括了截距项但未报告；括号内是 t 值；***、**、* 分别表示在 1%、5%、10%的水平下显著。

考虑逐底竞赛的第二种情况，即仅当竞争城市环境规制执行程度低于本城市时，该城市才参与环境规制执行竞争，得到的结论与第一种情况极为相似，我们既发现了空间相邻的城市间逐底竞赛式的环境规制竞争行为，也发现实际上同时存在竞相向上的环境规制执行竞争行为。上述结果说明环境规制竞争行为在城市间并不同质，空间邻近的城市间尽管存在逐底竞赛的环境规制执行竞争，但同时也存在竞相向上的环境规制执行竞争。第二，当采用经济邻近矩阵表征竞争城市时，考虑逐底竞赛的第一种情况，可以发现竞争城市环境规制执行的估计系数均未通过显著性检验，我们仅仅是在第二种情况中发现了支持经济相邻的城市间存在环境规制执行竞相向上的证据，进一步验证了上文的结论，即经济相邻的城市间存在的环境规制竞争行为弱于地理相邻的城市间存在的环境规制竞争行为，并且更多地表现为竞相向上的竞争模式。

第四节　环境规制策略性行为对城市生产率增长的影响

上文研究发现，并非全部城市均参与了逐底竞赛式的环境规制执行竞争，还存在城市同时参与了竞相向上式的环境规制执行竞争，这客观上造成了地区间环境规制执行程度的分化，可能会使企业通过跨地迁移降低环境治理成本的空间增大，从而影响环境规制执行对企业从事技术创新的倒逼机制。并且，由于生产率高的企业往往更容易承受政府增强的环境规制程度（Albrizio等，2017），因此选择放弃就地创新而进行跨地迁移的企业更多的是低生产率企业，这可能会使得城市间形成以邻为壑的生产率增长模式，本节对此进行进一步研究，试图回答以下问题：第一，环境规制执行是否存在“波特效应”，在控制了邻地环境规制执行以后这一效应是否仍然存在？第二，环境规制执行是否存在空间溢出效应，即是否存在因污染避难所效应引致的城市间以邻为壑的生产率增长模式？第三，环境规制对城市生产率增长的影响效应是否存在异质性，以及影响效应的传导机制是什么？

一、基本计量模型与生产率测算

（一）基本计量模型

根据空间均衡模型推导得出的城市全要素生产率决定方程（6.15）指向的是仅带有空间自滞后项的空间计量模型，因此我们采用空间自滞后回归模型（SLX）进行实证研究，即综合考虑本地环境规制执行和邻近城市环境规制执行对本地全要素生产率的影响，具体的形式如下：

$$\ln tfp_{it} = \alpha_0 + \alpha_1 E_{it} + \alpha_2 \sum_{j \neq i} \omega_{ij} E_{jt} + X_{it} + \zeta_i + \zeta_t + \varepsilon_{it} \qquad (6.19)$$

其中，下标 i、t 分别表示城市和时间，$\ln tfp_{it}$ 表示城市 i 时期 t 的生产率增长，E_{it} 表示城市 i 时期 t 的环境规制执行程度，$\sum_{j \neq i} \omega_{ij} E_{jt}$ 表示时期 t 除城市 i 之外所有城市环境规制执行程度的加权平均和，环境规制执行程度和空间权重矩阵的定义同上。X_{it} 表示城市层面的控制变量，根据刘生龙和胡鞍钢（2010）的研究，包括：经济发展水平（采用人均 GDP 测度，取对数形式）、对外开放程度（城市实际利用外商直接投资占地区生产总值的比重）、对内开放程度（城市社会消费品零售总额占地区生产总值的比重）、政府支出规模（政府支出占地区生产总值的比重）、人口密度（年末总人口与行政区域面积的比值，取对数形式）、人力资本水平（平均受教育年限）①、产业结构（第二产业占地区生产总值的比重）、人均城市道路面积（取对数形式）、人均邮电量（平减后取对数形式）、每万人拥有医院数（取对数形式）和每百人公共图书馆藏书（取对数形式）。此外，在回归过程中还控制了年份（ζ_t）和城市（ζ_i）固定效应。

采用式（6.19）来考察本地环境规制执行和邻近城市环境规制执行对本地全要素生产率的影响可能存在两个方面的问题：第一，由于环境规制一般仅

① 参考于斌斌（2015），具体地，首先设定不同教育水平的受教育年限分别为：小学 6 年、初中 9 年、大专以上 16 年（高中在校生数在样本期间的统计不连续，故本章并未考虑）。然后以各受教育水平人口数在总人口中的比例为权数，计算得到各地区的平均受教育年限。

对制造业企业的行为造成影响,而城市层面的全要素生产率不仅囊括了制造业企业的技术创新,还包含了城市内部产业结构变化(如产业结构服务化)的因素,可能难以准确揭示出环境规制引致的波特效应、污染避难所效应以及二者之间的关联。第二,城市环境规制执行与城市全要素生产率可能存在较为明显的反向因果关系,技术水平越高的城市对于环境的要求越高,地方政府可能内生地选择更强的环境规制执行程度,这会导致系数估计存在偏误。

因此,我们将式(6.19)中的被解释变量换成城市 i 中制造业企业的生产率增长,具体的形式如下:

$$\ln tfp_{ipft} = \alpha_0 + \alpha_1 E_{it} + \alpha_2 \sum_{j \neq i} \omega_{ij} E_{jt} + X_{it} + X_{ft} + \zeta_i + \zeta_t + \zeta_p + \varepsilon_{ipft} \tag{6.20}$$

其中,下标 p 表示行业,f 表示企业,$\ln tfp_{ipft}$ 为企业生产率的增长,X_{ft} 表示企业层面的控制变量,包括了国有资本占比、资本劳动比、资产负债率、企业年龄,ζ_p 表示行业固定效应,其他变量含义同式(6.19)。核心解释变量是 E_{it} 和 $\sum_{j \neq i} \omega_{ij} E_{jt}$,其中 E_{it} 的符号为正,说明在控制了环境规制执行的溢出效应后,本地环境规制仍然促进了本地企业生产率增长,即存在强形式的波特效应。$\sum_{j \neq i} \omega_{ij} E_{jt}$ 的符号为正,则说明邻地环境规制执行促进了本地企业生产率增长,形成了以邻为伴的城市生产率增长模式,$\sum_{j \neq i} \omega_{ij} E_{jt}$ 的符号为负,则说明邻地环境规制执行降低了本地企业生产率增长,形成了以邻为壑的城市生产率增长模式。

(二)城市生产率的测算

我们采取基于超越对数生产函数的随机前沿模型核算城市全要素生产率①,具体的模型如下:

---

① 传统测度全要素生产率的方法主要包括非参数的 DEA 方法和参数的 SFA 方法,关于这两个方法优缺点的比较现有文献已有较多论述,大多数均支持采用 SFA 模型,故本章在核算城市全要素生产率时采用 SFA 模型。

$$\ln Y_{it} = \beta_0 + \beta_1 \ln L_{it} + \beta_2 \ln K_{it} + 0.5\beta_3 \ln L_{it} \ln K_{it} + 0.5\beta_4 (\ln L_{it})^2 + 0.5\beta_5 (\ln K_{it})^2 + \beta_6 t \ln L_{it} + \beta_7 t \ln K_{it} + \beta_8 t + 0.5\beta_9 t^2 + v_{it} - u_{it} \quad (6.21)$$

其中，Y_{it} 为地区生产总值，L_{it} 、K_{it} 分别表示劳动力和物质资本存量，我们选取城市就业人数表征劳动力投入，选取全社会固定资产投资计算物质资本存量，v_{it} 是随机干扰项，服从独立同分布 $N(0,\sigma_v{}^2)$ ，u_{it} 与 v_{it} 相互独立，且 $u_{it} = u_i exp(-\eta(t-T))$ ，其中 u_i 为非负随机变量，用于衡量技术无效率，假定其服从独立同分布 $N^+(\mu,\sigma_u{}^2)$ ，η 为待估计参数，表示技术效率的变化率。

采用随机前沿模型估计全要素生产率最容易受到攻击的是结论高度依赖于模型的函数形式，为此我们采用最为一般化的超越对数生产函数形式，并且进行如下假设检验，以增强结论的可靠性和稳健性：(1) H_0：$\beta_3 = \beta_4 = \beta_5 = \beta_6 = \beta_7 = \beta_9 = 0$，即生产前沿函数可以退化为柯布—道格拉斯生产函数形式；(2) H_0：$\beta_6 = \beta_7 = \beta_8 = \beta_9 = 0$，即没有中性技术进步。具体地，均采用似然比检验统计量（LR，Likelihood-Ratio test statistics）进行检验，其中似然比检验统计量 $LR = -2(\ln L_0 - \ln L_1)$ ，$\ln L_0$ 和 $\ln L_1$ 分别表示在零假设和备择假设下的对数似然函数值。如果零假设成立，那么检验统计量 LR 服从渐进卡方分布（或者混合卡方分布），即 $LR \sim \chi^2(k)$ 。其中，k 表示自由度即为约束条件的个数。给定检验水平 α ，如果 $LR \sim \chi^2{}_\alpha(k)$ ，则拒绝零假设，否则接受零假设。检验结果发现基于超越对数生产函数和中性技术进步设定的随机前沿模型可以更好地估计城市层面全要素生产率增长，检验结果见表 6-5。

表 6-5　基于超越对数生产函数的随机前沿模型的检验结果

检验内容	零假设(H_0)	对数似然值($\ln L_0$)	对数似然值($\ln L_1$)	检验统计量 LR	临界值	检验结论
被解释变量：*tfpc_z*						
检验 1	$\beta_3 - \beta_4 = \beta_5 = \beta_6 = \beta_7 = \beta_9 = 0$	-1540.901	-1466.111	149.580	11.911	拒绝

续表

检验内容	零假设(H_0)	对数似然值($\ln L_0$)	对数似然值($\ln L_1$)	检验统计量 LR	临界值	检验结论
检验2	$\beta_6=\beta_7=\beta_8=\beta_9=0$	-1668.456	-1466.111	404.690	8.761	拒绝
被解释变量:*tfpc_s*						
检验1	$\beta_3=\beta_4=\beta_5=\beta_6=\beta_7=\beta_9=0$	-1609.492	-1498.645	221.694	11.911	拒绝
检验2	$\beta_6=\beta_7=\beta_8=\beta_9=0$	-1763.841	-1498.645	530.392	8.761	拒绝

注:根据余泳泽和张先轸(2015),很多研究在对SFA模型进行LR检验时都采用了普通的χ^2检验临界值,可能会存在错误推断的问题,因此我们采用单边广义似然比检验临界值,可以避免这一问题。具体地,我们采用了5%显著性水平下统计量的临界值。

采用极大似然法估计得出式(6.21)中的系数,结果见表6-6。我们将全要素生产率增长率($\dot{TFP}$)分解成技术进步(TP)、技术效率变化率($\dot{TE}$)以及规模效率(SE),具体的分解公式如下:

$$\dot{TFP} = TP + \dot{TE} + SE \quad (6.22)$$

$$TP = \frac{\partial \ln Y_{it}}{\partial t} = \beta_8 + \beta_9 t + \beta_6 \ln L_{it} + \beta_7 \ln K_{it} \quad (6.23)$$

$$\dot{TE} = \frac{\partial \ln TE_{it}}{\partial t} = -\frac{\partial u_{it}}{\partial t} = u_i \eta \exp[-\eta(t-T)] = \eta u_{it} \quad (6.24)$$

$$SE = (\varepsilon - 1)\left(\frac{\varepsilon_L}{\varepsilon}\dot{L} + \frac{\varepsilon_K}{\varepsilon}\dot{K}\right) \quad (6.25)$$

式(6.25)中,$\varepsilon_L = \frac{\partial \ln Y_{it}}{\partial \ln L_{it}} = \beta_1 + 0.5\beta_3 \ln K_{it} + \beta_4 \ln L_{it} + \beta_6 t$,$\varepsilon_K = \frac{\partial \ln Y_{it}}{\partial \ln K_{it}} = \beta_2 + 0.5\beta_3 \ln L_{it} + \beta_5 \ln K_{it} + \beta_7 t$,分别表示劳动力和资本的产出弹性,$\varepsilon = \varepsilon_L + \varepsilon_K$,表示规模弹性。我们首先根据式(6.23)、式(6.24)、式(6.25)分别计算出技术进步、技术效率变化以及规模效率,再根据式(6.22)计算出城市层面的全要素生产率增长。

核算城市层面全要素生产率的数据均来自《中国城市统计年鉴(2005—

2014年）》，其中地区生产总值根据城市对应的各年GDP平减指数调整为2004年的不变价格，《中国城市统计年鉴（2010）》中缺失了73个城市全社会固定资产投资的数据，我们采用线性插值法进行了补充，在计算资本存量时，我们分别参照张军等（2004）和单豪杰（2008）的处理方法，首先采用各年固定资产投资价格指数（2004=100）对固定资产投资进行平减处理，再采用永续盘存法估算了各城市的资本存量。①

表6-6　随机前沿模型的参数估计结果

资本存量核算方法		张军等（2004）资本存量		单豪杰（2008）资本存量	
变量	系数	估计值	标准误差	估计值	标准误差
截距	β_0	8.120***	1.005	7.427***	1.024
$\ln L_{it}$	β_1	1.647***	0.280	1.449***	0.265
$\ln K_{it}$	β_2	−0.207	0.154	0.110	0.163
$0.5\ln L_{it}\ln K_{it}$	β_3	−0.249***	0.038	−0.238***	0.038
$0.5(\ln L_{it})^2$	β_4	0.191***	0.018	0.218***	0.019
$0.5(\ln K_{it})^2$	β_5	0.081***	0.013	0.054***	0.015
$t\ln L_{it}$	β_6	0.006	0.007	0.007	0.007
$t\ln K_{it}$	β_7	0.001	0.006	0.011	0.006
t	β_8	−0.069	0.079	−0.368***	0.073
$0.5t^2$	β_9	−0.010***	0.002	0.001	0.003
σ^2	0.208***	0.009	0.199***	0.015	—
γ	0.291***	0.035	0.238***	0.059	—
η	0.183***	0.015	0.196***	0.019	—
log似然函数值		−1466.111	−1498.645	—	—
技术无效率不存在的LR检验		508.326	507.265	—	—

注：***、**、*分别表示在1%、5%、10%的水平下显著。

① 现有研究多采用这两种方法核算资本存量，其中张军等（2004）提供的计算方法设定折旧率为9.6%，初始资本存量采用固定资本形成除以10%；单豪杰（2008）提供的计算方法设定折旧率为10.96%，初始资本存量采用实际资本形成额比上平均折旧率与样本期间投资增长率平均值的和。

（三）企业生产率的测算

我们基于工业企业数据库（2004—2007 年），分别采用奥莱和帕克斯（Olley 和 Pakes，1996）和莱文森和彼得林（Levinsohn 和 Petrin，2003）提出的方法（以下分别称为 OP 方法和 LP 方法）计算企业的全要素生产率。由于工业企业数据库中企业存在较为频繁的进入和退出，因此选择半参数 OP 方法和 LP 方法测算企业全要素生产率，可以较好地控制最小二乘估计方法存在的样本选择性偏差和内生性偏误。核算的具体方法主要参考鲁晓东和连玉君（2012），其中，由于 OP 方法一般要求使用企业的投资数据，并且假定投资与产出之间始终保持单调关系，而这一假设在现实中往往并不成立，并且存在大量的样本企业缺失投资数据或者投资为负，会导致大量的样本损失，因此我们参考郭于玮和马弘（2016）的方法，以中间投入代替投资额采用 OP 方法估计 TFP 值。在基准回归分析中，我们主要采用根据 LP 方法计算得到企业全要素生产率，根据 OP 方法计算得到的企业全要素生产率则用于稳健性检验。

在核算企业全要素生产率之前，我们首先对中国工业企业数据库进行了如下处理：(1)参考李玉红等（2008）的方法，剔除了部分样本，包括删除了企业总产值为负、企业各项投入为负、员工人数小于 8 人、固定资产原值小于固定资产净值，工业增加值或中间投入大于工业总产值的样本，删除了缺失总资产、净固定资产、销售额以及工业总产值等变量值的样本。(2)工业企业数据库缺少 2004 年的工业增加值数据，我们根据聂辉华等（2012）提供的方法，自己计算了 2004 年的工业增加值数据。(3)中国在 2003 年采用了新的行业分类代码，我们统一了 2003 年前后中国工业部门全部四位数产业的统计口径，并且去掉了采掘业，电力、燃气及水的生产和供应业，仅保留了制造业的数据。(4)我们将 2004—2007 年的企业进行了匹配，最终构建了一个非平衡面板数据。具体地，首先采用法人代码进行识别，如果法人代码匹配不上或者法人代码重复，则采用企业名称进行匹配。如果企业名称仍然匹配不上或者企业名称重复，则使用“地区（地级市）+法人代表姓名”进行匹配。如果“地区（地级市）+法人代表姓名”依然匹配不上，则进一步采用其他信息进行匹配，所采用的信息包括电话号码、地区代码、邮政编码、行业代码、开工年份、主要产品和所在城镇的名称等。（5）根据国家统计局提供的地区行政代码，将 285 个地级市之外的样本企业剔除。

需要指出的是，在核算企业资本存量时，我们并未使用永续盘存法，这是因为在计算永续盘存法时多数研究均使用相邻年份企业的固定资产原值差额计算企业的固定资产投资，其中有约 1/4 的样本企业的固定资产投资小于 0，可能会使得永续盘存法得出的固定资本存量存在错误估算问题，故我们参考吴利学等（2016）的方法，利用企业固定资产净值年平均余额直接表示企业的固定资本存量。为了消除价格因素，企业工业增加值采用企业所在地区工业品出厂价格指数进行平减，中间投入采用原材料、燃料、动力购进价格指数平减，企业固定资本存量利用企业所在地区固定资产价格指数平减。上述指标均调整到以 1998 年为基期的实际值，各类价格指数来自《中国统计年鉴》。

二、基本结果分析

（一）城市层面的结果分析

我们根据张军等（2004）和单豪杰（2008）的方法计算了两种城市资本存量，并相应地核算了城市全要素生产率增长，分别将城市全要素生产率增长的两种核算结果对环境规制执行程度及其空间滞后项进行回归，结果见表 6-7。限于篇幅，此处仅报告了基于张军等（2004）方法核算的资本存量的估计结果，采用单豪杰（2008）方法估算的资本存量数据展开的回归分析结果与此相一致。

表 6-7 基于城市层面数据的估计结果

变量	(1)	(2)	(3)	(7)	(8)	(9)
	W1	*W2*	*W3*	*W1*	*W2*	*W3*
	tfpc_z			*tfpc_z*		
环境规制执行程度(企业)	0.019 (0.026)	0.017 (0.026)	0.016 (0.026)	—	—	—
竞争城市环境规制执行程度(企业)	-0.049 (0.031)	0.001 (0.223)	0.081* (0.048)	—	—	—
环境规制执行程度(污水厂)	—	—	—	0.001 (0.002)	0.001 (0.002)	0.001 (0.001)
竞争城市环境规制执行程度(污水厂)	—	—	—	-0.001 (0.002)	-0.035 (0.036)	0.005 (0.003)
控制变量	控制	控制	控制	控制	控制	控制
年份固定效应	控制	控制	控制	控制	控制	控制
地区固定效应	控制	控制	控制	控制	控制	控制
样本数	2850	2850	2850	1710	1710	1710
R^2	0.307	0.306	0.307	0.092	0.094	0.093

注:tfpc_z 表示基于张军等(2004)资本存量核算的城市全要素生产率增长;包含了截距项,限于篇幅并未报告;***、**、*分别表示在1%、5%、10%的水平下显著;括号内为异方差稳健的标准误差。

我们发现两点结论:第一,环境规制执行程度对城市生产率增长的估计系数为正,即环境规制执行程度提高有利于城市生产率增长,符合强形式的波特假说。第二,无论是采用地理邻接矩阵还是地理距离矩阵,空间相邻的竞争城市环境规制执行程度均对本地生产率增长呈现负向影响,即当空间相邻的城市提高环境规制执行程度时,本城市的生产率增长下降。不同的是,经济相邻的竞争城市环境规制执行程度对本地生产率增长呈现正向影响,表明当经济相邻的城市提高环境规制执行程度时,本城市生产率增长会上升。值得警惕的是,在加入了一系列城市层面的控制变量以后,我们发现无论是采用通报处罚的环境违规企业数还是污水处理厂数来衡量本地环境规制执行程度和竞争城市环境规制执行程度,其估计系数基本均未通过显著性检验,经济相邻的竞争城市环境规制执行程度的估计系数部分通过了显著性检验，但是并不稳健。因此，我们并不能根据城市层面的系数估计结果作出确定性的判断。

导致城市层面的系数估计结果多不显著的原因可能在于两个方面：首先，无论是本城市还是竞争城市环境规制执行程度，其对本地生产率增长产生影响的传导机制主要是通过影响制造业企业的生产率增长，而我们选择的城市层面的生产率增长数据不仅包含了制造业的生产率增长，还夹杂了如现代服务业等产业的生产率增长，甚至还囊括了城市层面管理水平等因素，从而可能干扰估计结果。其次，可能更为重要的是，在估计式（6.19）时可能存在较为严重的内生性问题，如城市环境规制执行与城市生产率增长之间可能存在双向因果关系，一方面，环境规制执行程度会通过影响污染企业的行为进而影响城市生产率增长；另一方面，城市政府部门存在根据生产率增长内生性选择环境规制执行程度的可能性，由于这种内生性的存在，导致了系数估计结果不一致，本应显著的变量也变得不显著。

（二）企业层面的结果分析

为了解决基于城市层面的数据进行估计存在的问题，我们采用城市内部制造业微观企业的生产率增长作为被解释变量。由于我们的数据仅涵盖了2007年以前的企业生产率增长，故下面的回归分析仅考虑基于通报处罚的环境违规企业数构建的环境规制执行程度，由于城市间通报处罚的污水处理厂数的差异并不大，基于通报处罚的环境违规企业数构建的环境规制执行程度相比而言更能获得一致的估计结果。

表6-8报告了基于企业层面数据的实证结果，我们可以发现，就估计系数的符号而言，基于企业数据的结果与基于城市数据的结果一致，并且在加入了一系列城市层面和企业层面的控制变量后结果依然稳健，不同的是，基于企业数据的估计结果均通过了至少5%水平下的显著性检验，说明我们可以进行可靠的统计推断。具体而言，在控制了竞争城市环境规制执行程度以后，本

地环境规制执行的估计系数为正,这从企业层面验证了强形式的波特假说,即环境规制能够刺激技术创新,产生的创新补偿效应不仅能够弥补遵循成本,还能提升企业的生产率增长(Jaffe 和 Palmer,1997;Lanoie 等,2011)。

表 6-8 基于企业微观数据的估计结果

变量	(1)	(2)	(3)
	W_1	W_2	W_3
环境规制执行程度(企业)	0.330*** (0.038)	0.330*** (0.038)	0.348*** (0.038)
竞争城市环境规制执行程度(企业)	−0.148** (0.070)	−1.596*** (0.348)	0.839*** (0.092)
国有资本占比	−0.290*** (0.010)	−0.290*** (0.010)	−0.290*** (0.010)
资本劳动比	0.001*** (0.000)	0.001*** (0.000)	0.001*** (0.000)
资产负债率	−0.138*** (0.023)	−0.138*** (0.023)	−0.138*** (0.023)
企业年龄	0.010*** (0.000)	0.010*** (0.000)	0.010*** (0.000)
城市层面控制变量	控制	控制	控制
年份固定效应	控制	控制	控制
地区固定效应	控制	控制	控制
行业固定效应	控制	控制	控制
样本数	899110	899110	899110
R^2	0.094	0.094	0.094

注:包含了截距项和城市层面的控制变量,限于篇幅并未报告;***、**、* 分别表示在 1%、5%、10%的水平下显著;括号内为异方差稳健的标准误差。

竞争城市环境规制执行程度的估计系数既可能为负也可能为正,表明环境规制执行对城市内企业生产率增长存在溢出效应,但溢出效应表现出不同的形式:第一,空间相邻的城市间存在以邻为壑式的生产率增长模式,即一个城市生产率增长的提升,以空间相邻城市生产率增长的降低为代价。例如上文提及,空间邻近的城市间存在显著的环境规制执行竞争行为,当空间邻近的城市提升环境规制执行水平后，由于全局同时存在竞相向上和逐底竞赛的竞争行为，空间邻近的城市间环境规制执行程度的差异变大，使得企业在就地创新和跨地迁移的选择中倾向于后者[①]，又因为生产率越高的企业越能够适应增强的环境规制执行水平（Albrizio 等，2017），从而导致低生产率企业出于回避环境规制的动机而跨地转移到环境规制执行水平相对低的城市，使这些城市内企业的生产率增长呈下降趋势。值得注意的是，相比于采用空间邻接矩阵刻画竞争城市，当采用地理距离矩阵刻画竞争城市时，竞争城市环境规制执行程度的负向溢出效应更为明显，表明低生产率企业因回避环境规制而跨地转移的现象不仅仅发生在行政边界接壤的城市间，同样存在于距离更远的城市间，区别只是在于随着距离的增加这一现象逐渐衰弱。

第二，不同于空间相邻的城市间存在以邻为壑的生产率增长模式，经济相邻的城市间表现为以邻为伴的生产率增长模式，即一个城市生产率增长的提升会促进经济相邻城市生产率增长的提升。上文关于环境规制互动行为的研究发现，相比于空间相邻的城市，经济相邻的城市间环境规制竞争较弱并且主要表现为竞相向上的互动形式，因此经济相邻的城市间就不太可能为了竞争流动性资源而追逐更低的环境规制执行水平，也就不太可能着力于吸引那些低生产率（高污染）的企业。[②] 正是由于迁入地存在阻碍生产率偏低企业迁入的筛选机制，为了回避环境规制而成功跨地迁移的企业相对迁入地企业而言往往有着更高的生产率，从而使经济邻近城市间环境规制执行互动引致了以邻为伴而非以邻为壑的生产率增长模式。

尽管在控制了竞争城市环境规制执行程度后，我们依然发现了支持强形

① 污染避难所假说已经指出与就地创新相比，污染企业可能会搬迁到环境规制程度更低的国家以回避日益提升的环境规制带来的治理成本增加（Copeland 和 Taylor，2004），如果一国内部环境规制差异较大，企业通过易址回避环境规制的避难行为同样可能在一国内部存在。

② 污染排放往往是与资源浪费联系在一起的，污染排放多一定程度上就表示资源利用效率低，因此高污染企业往往又具有低生产率的特征（Porter，1991；Porter 和 Van der Linde，1995）。

式波特假说的微观证据，但令人担忧的是，城市间企业生产率增长在空间上并非独立，尽管地理相邻城市间存在以邻为壑的生产率增长模式的同时，也存在经济邻近城市间以邻为伴的生产率增长模式，但是这些空间关联性都意味着环境规制执行激励企业从事技术创新的波特效应被削弱了：由于城市间存在环境规制竞争行为，客观上加大了污染（低生产率）企业通过跨地迁移回避环境规制的空间，因此，很多企业在面临政府施加的环境规制压力时，不再选择通过技术创新降低环境治理成本，而是选择跨地迁移到环境规制水平相对较低的地区。换言之，如果不存在污染企业通过易址回避规制的空间，对于所有城市而言，环境规制无论通过倒逼企业成长（企业自身生产率的增长）还是市场更替（低生产率企业的死亡与高生产率企业的诞生）均能提升所有城市的生产率增长，进而提升全国整体的生产率增长。相比之下，地方政府环境规制交互行为虽然提升了局部城市企业生产率增长，但是却未必有助于全局性的城市生产率增长。

三、稳健性检验

（一）生产率的不同测算方法

我们同时采用 OP 法和 LP 法测算了企业的生产率增长，上文的实证分析结果均基于 LP 法计算得出的企业生产率增长，为了检验本章研究结论的稳健性，我们将被解释变量换成根据 OP 法测算的企业生产率增长再次进行回归，结果见表 6-9。在控制城市、年份以及行业固定效应后，无论是否加入城市层面和企业层面的控制变量，我们发现：一方面，本地环境规制执行水平的估计系数均显著为正，且系数大小与上述结果类似；另一方面，空间相邻的竞争城市环境规制执行水平的估计系数显著为负，经济相邻的竞争城市环境规制水平的估计系数显著为正，且系数大小与上述结果同样类似。这表明即使考虑生产率的不同测算方法，本章的研究结论依然是稳健的。

表 6-9　不同生产率测算方法(OP 法)的结果

变量	(1)	(2)	(3)
	W_1	W_2	W_3
环境规制执行程度(企业)	0.310*** (0.038)	0.311*** (0.038)	0.329*** (0.038)
竞争城市环境规制执行程度(企业)	-0.140** (0.069)	-1.504*** (0.344)	0.835*** (0.091)
国有资本占比	-0.294*** (0.010)	-0.295*** (0.010)	-0.294*** (0.010)
资本劳动比	0.001*** (0.000)	0.001*** (0.000)	0.001*** (0.000)
资产负债率	-0.135*** (0.022)	-0.135*** (0.022)	-0.135*** (0.022)
企业年龄	0.009*** (0.000)	0.009*** (0.000)	0.009*** (0.000)
城市层面控制变量	控制	控制	控制
年份固定效应	控制	控制	控制
地区固定效应	控制	控制	控制
行业固定效应	控制	控制	控制
样本数	899110	899110	899110
R^2	0.128	0.128	0.128

注:包含了截距项和城市层面的控制变量,限于篇幅并未报告,备索;***、**、* 分别表示在 1%、5%、10%的水平下显著;括号内为异方差稳健的标准误差。

(二) 内生性问题的处理

内生性问题可能来源于三个方面:一是核心解释变量与被解释变量二者之间存在双向因果关系;二是测量误差问题;三是遗漏变量偏误。这三个问题均会导致核心解释变量与随机扰动项存在相关性,从而导致估计结果无法满足一致性要求。因此,我们对内生性问题进行了处理:首先,关于双向因果问题,正如上文研究的,如果被解释变量是城市层面的生产率增长,这一问题是毋庸置疑的,但是我们已经将被解释变量换成城市内企业的生产率增长,这一问题可能就并不严重,原因在于我们的解释变量是城市层面的环境规制执行水平,城市层面的核心解释变量可以影响到企业层面变量,但是单个企业层面的变量很难反过来影响城市层面的变量,因此本章研究结论受到双向因果关系的干扰较弱。其次,关于测量误差问题,之所以会出现测量误差问题,根本原因在于核心解释变量未能干净地衡量被表征的变量,而我们在本章中一个重要的努力就是构建了相对纯粹地刻画环境规制执行程度的变量,因此受到测量误差问题的干扰比较弱。最后,关于遗漏变量偏误问题,我们不仅控制了诸多城市层面可能影响企业生产率增长的变量,还控制了一些企业层面影响企业生产率增长的变量,更为重要的是,我们的核心解释变量是城市层面的解释变量,与单个企业的遗漏变量也不太可能存在较强的相关性,因此受到遗漏变量问题的干扰也相对较弱。

为了进一步控制内生性问题的干扰,我们采用了核心解释变量(城市层面环境规制执行水平)的滞后一期作为其工具变量,再次检验本章研究结论的稳健性。关于该工具变量的有效性,我们想说明两点:第一,滞后一期变量同当期变量存在明显的相关性(第一阶段回归的 F 值远大于 10,见表 6-10)。第二,滞后一期变量同当期随机误差项的相关性较低,尤其考虑到本章的核心解释变量是城市层面的而随机误差项是企业层面的。另外,需要说明的是,我们在同时采用本地环境规制执行水平和竞争城市环境规制水平的滞后一期作为工具变量时,异方差稳健的 DWH 检验并不支持竞争城市环境规制水平存在内生性问题,故我们仍然将竞争城市环境规制执行水平作为外生变量处理,这从侧面反映了即使环境规制执行水平存在内生性问题,也更多的是由反向因果或遗漏变量所致,而非测量误差。2SLS 的估计结果见表 6-10,可以发现上文的研究结论仍然成立,本地环境规制执行程度的估计系数显著为正,空间邻近竞争城市环境规制执行程度的估计系数显著为负而经济邻近城市环境规制执行程度的估计系数显著为正,这表明进一步考虑内生性问题后,本章的研究结论依然稳健。由于 OLS 估计结果和 2SLS 估计结果并不存在明显差异,故下文的研究仍然采用 OLS 估计方法。

表 6-10 内生性处理结果

变量	(1)	(2)	(3)
	W_1	W_2	W_3
环境规制执行程度(企业)	0.695*** (0.186)	0.698*** (0.185)	0.785*** (0.186)
竞争城市环境规制执行程度(企业)	-0.446*** (0.090)	-2.622*** (0.473)	1.296*** (0.111)
国有资本占比	-0.159*** (0.014)	-0.159*** (0.014)	-0.159*** (0.014)
资本劳动比	0.001*** (0.000)	0.001*** (0.000)	0.001*** (0.000)
资产负债率	-0.202*** (0.036)	-0.202*** (0.036)	-0.202*** (0.036)
企业年龄	0.006*** (0.000)	0.006*** (0.000)	0.006*** (0.000)
城市层面控制变量	控制	控制	控制
年份固定效应	控制	控制	控制
地区固定效应	控制	控制	控制
行业固定效应	控制	控制	控制
F	41123.21	46521.00	44061.04
p value(F.)	0.0000	0.0000	0.0000
样本数	527835	527835	527835
R^2	0.109	0.109	0.109

注:包含了截距项和城市层面的控制变量,限于篇幅并未报告,备索;***、**、*分别表示在1%、5%、10%的水平下显著;括号内为异方差稳健的标准误差。

(三)安慰剂检验

尽管我们尽可能同时控制了可能影响企业生产率增长的城市层面和企业层面的因素,但不可否认的是,仍然可能存在未观测到的因素(因此我们也未控制)使得上述的回归分析存在伪回归的问题。为了检验是否存在伪回归问题,我们采取了一个安慰剂检验。具体而言,城市间环境规制执行互动引致低生产率企业跨地迁移,进而使空间邻近城市生产率以邻为壑式增长以及经济邻近城市生产率以邻为伴式增长的一系列影响效应更可能发生在污染密集型行业,原因在于相比非污染密集型行业,污染密集型行业内的企业更可能受到环境规制的影响(Albrizio 等,2017),当环境规制水平提升时,相比非污染密集型行业中的企业,污染密集型行业内的企业更可能选择跨地转移而非就地创新(Milani,2016)。因此,如果本章的研究结论真的成立的话,那么可以预期的是,一方面,竞争城市环境规制执行程度对本地污染密集型行业内企业生产率增长的影响应该要强于对本地非污染密集型行业内企业生产率增长的影响;另一方面,本地环境规制执行程度对本地污染密集型行业内企业生产率增长的影响应该要弱于对本地非污染密集型行业内企业生产率增长的影响。如果结果与之相反的话,则说明很可能存在伪回归的问题。

国务院 2006 年公布的《第一次全国污染源普查方案》明确了我国 11 个重污染行业中的所有企业和 16 个重点工业污染源行业中的规模以上企业为重点污染源。我们选择其中 16 个重点工业污染源行业中的 10 个二位数制造业作为污染密集型行业,其余二位数制造业中非重污染行业的 10 个制造业作为非污染密集型行业。[①] 选择这一划分标准的原因在于该方案正好在本章的样本期间(2004—2007 年)出台,能够较好地呈现当时各行业的污染密度。需要指出的是,我们并未将 11 个重污染行业直接作为污染密集型行业进行考察,原因在于两个方面:第一,该方案指出 11 个重污染行业中的所有企业均为重点工业污染源,由于我们采用的微观企业数据仅包含了规模以上的企业样

① 污染密集型行业包括饮料制造业,医药制造业,化学纤维制造业,交通运输设备制造业,木材加工及木竹藤棕草制品业,通用设备制造业,纺织服装、鞋、帽制造业,金属制品业,专用设备制造业,计算机及其他电子设备制造业。非污染密集型行业包括烟草制品业,家具制造业,印刷和记录媒介的复制业,文教体育用品制造业,橡胶制造业,塑料制品业,电气机械及器材制造业,仪器仪表及文化、办公用机械制造业,工艺品及其他制造业,废弃资源和废弃材料回收加工业。

本,因此如果以11个重污染行业为标准的话,可能存在明显的样本遗漏和选择偏误,而该方案规定16个重点工业污染源行业中的规模以上企业为重点污染源,与我们使用的数据统计口径一致;第二,该方案指出的11个重污染行业有不少是依赖于当地自然资源的,如电力、热力的生产和供应业(Wu等,2017),这些行业不太可能进行搬迁,可能会掩盖环境规制对企业跨地转移的影响。

表6-11报告了安慰剂检验的结果。我们可以发现:第一,当采用空间邻接矩阵和地理距离矩阵刻画竞争城市环境规制执行程度时,其对本地污染密集型行业内企业生产率增长存在显著为负的影响,但是对本地非污染密集型行业内企业生产率增长的影响均未通过至少10%水平下的显著性检验。当采用经济相邻矩阵刻画竞争城市环境规制执行程度时,其对本地非污染密集型行业内企业生产率增长的影响(估计系数为1.135)虽然通过了显著性检验,但是小于其对本地污染密集型行业内企业生产率增长的影响(估计系数为1.337)。第二,本地环境规制执行程度对污染密集型行业内企业生产率增长的影响明显小于对非污染密集型行业内企业生产率增长的影响,系数估计仅占后者的一半左右,在控制空间邻近城市或经济邻近城市的环境规制执行程度后,这一结论均十分稳健。因此,我们可以判断本章的研究结论并不太可能受未观测因素的影响,因而也不太可能存在伪回归的问题。

表6-11　安慰剂检验结果

变量	(1)	(2)	(3)	(4)	(5)	(6)
	W_1	W_2	W_3	W_1	W_2	W_3
	污染密集型行业			非污染密集型行业		
环境规制执行程度(企业)	0.199*** (0.065)	0.189*** (0.065)	0.234*** (0.065)	0.338*** (0.093)	0.348*** (0.093)	0.359*** (0.093)
竞争城市环境规制执行程度(企业)	-0.249** (0.115)	-3.361*** (0.584)	1.337*** (0.146)	-0.054 (0.165)	1.060 (0.820)	1.135*** (0.220)
国有资本占比	0.282*** (0.017)	-0.283*** (0.017)	-0.282*** (0.017)	-0.451*** (0.021)	-0.451*** (0.021)	-0.451*** (0.021)

续表

变量	(1)	(2)	(3)	(4)	(5)	(6)
	W_1	W_2	W_3	W_1	W_2	W_3
	污染密集型行业			非污染密集型行业		
资本劳动比	0.001*** (0.000)	0.001*** (0.000)	0.001*** (0.000)	0.001*** (0.000)	0.001*** (0.000)	0.001*** (0.000)
资产负债率	-0.169*** (0.039)	-0.169*** (0.040)	-0.169*** (0.039)	-0.183*** (0.012)	-0.183*** (0.012)	-0.183*** (0.012)
企业年龄	0.010*** (0.000)	0.010*** (0.000)	0.010*** (0.000)	0.008*** (0.000)	0.008*** (0.000)	0.008*** (0.000)
城市层面控制变量	控制	控制	控制	控制	控制	控制
年份固定效应	控制	控制	控制	控制	控制	控制
地区固定效应	控制	控制	控制	控制	控制	控制
行业固定效应	控制	控制	控制	控制	控制	控制
样本数	340339	340339	340339	189254	189254	189254
R^2	0.084	0.084	0.084	0.101	0.101	0.101

注:包含了截距项和城市层面的控制变量,限于篇幅并未报告,备索;***、**、*分别表示在1%、5%、10%的水平下显著;括号内为异方差稳健的标准误差。

(四)进一步讨论

1.分地区的子样本回归

由于中国各地区自然禀赋及地理条件差距较大,并且改革开放以来的对外开放政策在地区间的进程也不一致,因此基于全国样本得出的研究结论可能存在地区异质性,我们将全国样本分为东部、中部及西部三个子样本,进一步研究环境规制对城市内企业生产率增长影响的地区异质性。①

表6-12、表6-13以及表6-14分别报告了基于东部地区、中部地区及西部地区子样本的回归结果。可以发现,在加入了城市层面和企业层面的控制

① 东部地区包括北京、天津、河北、辽宁、上海、江苏、浙江、福建、山东、广东、海南等省份内的地级市;中部地区包括山西、内蒙古、吉林、黑龙江、安徽、江西、河南、湖北、湖南等省份内的地级市;西部地区包括广西、重庆、四川、贵州、云南、陕西、甘肃、青海、宁夏、新疆等省份内的地级市。

变量以后，我们发现仅东部地区的结果与全样本的结果一致，而中部地区和西部地区与全样本的结果并不一致。原因可能在于：一方面，由于拥有更强的资本网络，高生产率企业更容易在承受环境规制的压力下释放技术创新产生的补偿效应，从而往往更能适应不断提升的环境规制水平，相比而言，低生产率企业迫于生存压力而从事技术创新活动，短期内会因为较大的遵循成本而拖累其生产率增长。东部地区的企业相比中部地区和西部地区而言，整体上更加接近全国层面的技术前沿，因此环境规制能够在东部地区产生对城市内企业生产率增长的促进效应而未能在中部地区和西部地区产生类似的效应就不足为奇了。

表 6-12　东部地区的子样本检验

变量	(1)	(2)	(3)
	W_1	W_2	W_3
	东部		
环境规制执行程度（企业）	0.768*** (0.052)	0.751*** (0.052)	0.804*** (0.052)
竞争城市环境规制执行程度（企业）	−0.338*** (0.092)	−2.826*** (0.479)	0.966*** (0.113)
国有资本占比	−0.319*** (0.014)	−0.320*** (0.014)	−0.319*** (0.014)
资本劳动比	0.001*** (0.000)	0.001*** (0.000)	0.001*** (0.000)
资产负债率	−0.187*** (0.006)	−0.187*** (0.006)	−0.187*** (0.006)
企业年龄	0.011*** (0.000)	0.011*** (0.000)	0.011*** (0.000)
城市层面控制变量	控制	控制	控制
年份固定效应	控制	控制	控制
地区固定效应	控制	控制	控制
行业固定效应	控制	控制	控制
样本量	716395	716395	716395
R^2	0.096	0.096	0.096

注：包含了截距项和城市层面的控制变量；***、**、* 分别表示在 1%、5%、10%的水平下显著；括号内为异方差稳健的标准误差。

表 6-13　中部地区的子样本检验

变量	(4)	(5)	(6)
	W_1	W_2	W_3
	中部		
环境规制执行程度(企业)	-0.244*** (0.064)	-0.253*** (0.064)	-0.241*** (0.064)
竞争城市环境规制执行程度(企业)	0.235* (0.129)	1.285** (0.603)	0.013 (0.176)
国有资本占比	-0.253*** (0.020)	-0.253*** (0.020)	-0.253*** (0.020)
资本劳动比	0.001*** (0.000)	0.001*** (0.000)	0.001*** (0.000)
资产负债率	-0.050* (0.027)	-0.050* (0.027)	-0.050* (0.027)
企业年龄	0.008*** (0.000)	0.008*** (0.000)	0.008*** (0.000)
城市层面控制变量	控制	控制	控制
年份固定效应	控制	控制	控制
地区固定效应	控制	控制	控制
行业固定效应	控制	控制	控制
样本量	124523	124523	124523
R^2	0.102	0.102	0.102

注：包含了截距项和城市层面的控制变量；***、**、*分别表示在1%、5%、10%的水平下显著；括号内为异方差稳健的标准误差。

表 6-14　西部地区的子样本检验

变量	(7)	(8)	(9)
	W_1	W_2	W_3
	西部		
环境规制执行程度(企业)	0.103 (0.147)	0.015 (0.147)	0.117 (0.148)
竞争城市环境规制执行程度(企业)	-0.008 (0.233)	-8.192*** (1.421)	0.587 (0.453)
国有资本占比	-0.177*** (0.024)	-0.176*** (0.024)	-0.177*** (0.024)

续表

变量	(7)	(8)	(9)
	W₁	**W₂**	**W₃**
	西部		
资本劳动比	0.001*** (0.000)	0.001*** (0.000)	0.001*** (0.000)
资产负债率	-0.131*** (0.029)	-0.131*** (0.029)	-0.131*** (0.029)
企业年龄	0.006*** (0.000)	0.006*** (0.000)	0.006*** (0.000)
城市层面控制变量	控制	控制	控制
年份固定效应	控制	控制	控制
地区固定效应	控制	控制	控制
行业固定效应	控制	控制	控制
样本量	58192	58192	58192
R^2	0.111	0.112	0.111

注:包含了截距项和城市层面的控制变量;***、**、*分别表示在1%、5%、10%的水平下显著;括号内为异方差稳健的标准误差。

另外,空间邻近的城市间以邻为壑的生产率增长模式和经济邻近的城市间以邻为伴的生产率增长模式同时存在的前提在于城市间形成了环境规制执行的交互行为,更为具体地,在于城市间同时形成了竞相向上和逐底竞赛式的策略性互动,使地区间环境规制执行存在较为明显的差异。在东部地区内部,东部沿海城市与东部非沿海城市之间可能存在较为明显的环境规制执行竞争以及环境规制执行差异,而在中部地区和西部地区内部,各城市间可能并不存在明显的环境规制执行竞争,其中的城市更多地参与了跨地区而非地区内的环境规制执行竞争。

2. 分企业所有制的子样本回归

在环境规制影响企业行为的文献中,关于企业所有制的异质性讨论是比较重要的话题,对于中国这样一个处在渐进性改革进程中的国家而言,企业所有制纷繁复杂,因此研究环境规制对城市内企业生产率增长的影响效应是否存在企业异质性就很有意义。基于此,我们参考聂辉华和贾瑞雪(2011),根据企业实收资本的控股方从所有制造业样本企业中提取了三类企业:国有企业、私营企业以及外资企业,比较环境规制执行对城市内这三种不同所有制企业的异质性影响效应。

表6-15、表6-16以及表6-17报告了三种类型的企业子样本的回归结果,我们可以发现:一方面,在加入城市层面和企业层面控制变量,并控制了竞争城市环境规制执行程度以后,环境规制执行对城市内私营企业生产率增长产生了显著的正向影响,符合强形式的波特假说,而对城市内国有企业生产率增长产生了显著的负向影响,对城市内外资企业生产率增长则未产生显著影响。

表6-15 企业所有制的异质性检验:国有企业

变量	(1)	(2)	(3)
	W_1	W_2	W_3
	国有企业		
环境规制执行程度(企业)	-0.488* (0.260)	-0.446* (0.259)	-0.464* (0.258)
竞争城市环境规制执行程度(企业)	0.532 (0.469)	-2.054 (2.127)	-0.140 (0.730)
国有资本占比	-1.503*** (0.053)	-1.504*** (0.053)	-1.504*** (0.053)
资本劳动比	0.001*** (0.000)	0.001*** (0.000)	0.001*** (0.000)
资产负债率	-0.301*** (0.046)	-0.301*** (0.046)	-0.301*** (0.046)
企业年龄	0.004*** (0.001)	0.004*** (0.001)	0.004*** (0.001)
城市层面控制变量	控制	控制	控制
年份固定效应	控制	控制	控制
地区固定效应	控制	控制	控制

续表

变量	(1)	(2)	(3)
	W_1	W_2	W_3
	国有企业		
行业固定效应	控制	控制	控制
样本量	29650	29650	29650
R^2	0.200	0.200	0.200

注:包含了截距项和城市层面的控制变量;***、**、*分别表示在1%、5%、10%的水平下显著;括号内为异方差稳健的标准误差。

表6-16　企业所有制的异质性检验:私营企业

变量	(4)	(5)	(6)
	W_1	W_2	W_3
	私营企业		
环境规制执行程度(企业)	0.224*** (0.050)	0.224*** (0.050)	0.247*** (0.050)
竞争城市环境规制执行程度(企业)	0.035 (0.091)	-1.111** (0.466)	0.734*** (0.113)
国有资本占比	1.369*** (0.084)	1.368*** (0.084)	1.369*** (0.084)
资本劳动比	0.001*** (0.000)	0.001*** (0.000)	0.001*** (0.000)
资产负债率	-0.079*** (0.027)	-0.079*** (0.027)	-0.079*** (0.027)
企业年龄	0.013*** (0.000)	0.013*** (0.000)	0.013*** (0.000)
城市层面控制变量	控制	控制	控制
年份固定效应	控制	控制	控制
地区固定效应	控制	控制	控制
行业固定效应	控制	控制	控制
样本量	443012	443012	443012
R^2	0.090	0.090	0.090

注:包含了截距项和城市层面的控制变量;***、**、*分别表示在1%、5%、10%的水平下显著;括号内为异方差稳健的标准误差。

表 6-17 企业所有制的异质性检验:外资企业

变量	(7)	(8)	(9)
	W_1	W_2	W_3
	外资企业		
环境规制执行程度(企业)	-0.108 (0.183)	-0.148 (0.183)	-0.110 (0.183)
竞争城市环境规制执行程度(企业)	0.189 (0.314)	-3.732** (1.625)	0.490 (0.542)
国有资本占比	0.713*** (0.094)	0.713*** (0.094)	0.713*** (0.094)
资本劳动比	0.001*** (0.000)	0.001*** (0.000)	0.001*** (0.000)
资产负债率	0.039*** (0.012)	0.039*** (0.012)	0.039*** (0.012)
企业年龄	0.038*** (0.001)	0.038*** (0.001)	0.038*** (0.001)
城市层面控制变量	控制	控制	控制
年份固定效应	控制	控制	控制
地区固定效应	控制	控制	控制
行业固定效应	控制	控制	控制
样本量	73885	73885	73885
R^2	0.145	0.145	0.145

注:包含了截距项和城市层面的控制变量;***、**、*分别表示在1%、5%、10%的水平下显著;括号内为异方差稳健的标准误差。

另外,从竞争城市环境规制执行水平对本地企业的影响估计结果来看,空间邻近和经济邻近城市的环境规制执行水平均未对本地国有企业的生产率增长产生显著影响,说明空间邻近和经济邻近城市环境规制执行水平的提升并未导致辖区内国有企业发生明显的迁址行为,这与我们的预期和常识相符,对于国有企业而言,可能不太会因为经济层面的因素发生大规模的迁址行为。竞争城市环境规制执行程度对本地私营企业和外资企业的生产率增长虽然存在溢出效应,但是结果并不稳健,值得注意的是,空间邻近的城市环境规制执行程度对本地外资企业生产率增长的负向影响强于对本地私营企业生产率增长的负向影响,这可能一定程度上反映了外资企业相比国内企业缺乏本地网络植入效应,从而在选址上更具灵活性的事实。

3. **可能的机制讨论**

上文验证了环境规制对不同地区和不同所有制企业生产率增长存在异质性影响,导致这一影响存在异质性的可能原因除了地区间环境规制执行竞争的异质性特征和不同所有制企业的产权异质性特征外,还可能是企业在回应环境规制时采取了不同的措施:一方面,企业可能通过技术创新来降低环境规制带来的额外成本,具体表现在加强自主创新和追赶技术前沿两个方面。另一方面,企业可能通过制度创新提高管理效率,从而降低环境规制带来的额外成本。相应地,本地环境规制执行和邻地环境规制执行对本地企业生产率增长的影响存在两个可能的传导机制:一是通过影响本地企业的技术创新投入,二是通过影响本地企业的制度创新投入。我们对可能存在的机制进行讨论,需要注意的是,由于数据的限制,我们无法直接识别环境规制影响企业制度创新投入从而影响生产率增长的传导机制,因此我们通过控制技术创新投入这一机制,来间接推断是否存在制度创新投入的传导机制。

我们在基准回归方程中加入本地企业的研发强度,具体地采用研究开发费用占销售收入比重表征。当被解释变量为企业生产率增长时,如果在控制了企业研发强度后,我们未能如上文一样观察到本地环境规制执行的波特效应和污染避难所效应,则说明制度创新投入并不是环境规制影响生产率增长的机制,而如果相反的话,则说明制度创新投入确实是本地环境规制执行和邻地环境规制执行影响本地企业生产率增长的传导机制。

表 6-18 报告了机制讨论的实证结果,我们可以发现:第一,当以企业生产率增长为被解释变量时,在控制了本地企业研发强度后,本地环境规制执行程度的正向影响和竞争城市环境规制执行程度的负向影响仍然通过了 1%显著性水平下的检验,这充分说明了环境规制执行确实通过影响制度创新投入,继而影响了企业生产率增长,具体表现在:本地环境规制执行水平提升以后,

促进本地企业加强制度创新能力，不断优化资源配置效率和组织管理水平，从而提升了本地企业生产率增长。同时，邻地环境规制执行水平提升以后，无法通过制度优化适应新环境规制执行水平的低生产率企业迁移到环境规制执行水平相对较低的本地，降低了本地企业整体性的制度创新能力，从而降低了本地企业生产率增长。

表 6-18　环境规制影响生产率增长的机制检验

变量	(1)	(2)	(3)	(4)	(5)	(6)
	W_1	W_2	W_3	W_1	W_2	W_3
	研发强度			企业生产率增长		
环境规制执行程度(企业)	-0.001** (0.001)	-0.001** (0.001)	-0.001** (0.001)	0.182*** (0.041)	0.189*** (0.041)	0.208*** (0.041)
竞争城市环境规制执行程度(企业)	-0.001 (0.001)	0.003 (0.005)	-0.002 (0.001)	-0.428*** (0.075)	-1.982*** (0.391)	0.743*** (0.093)
研发强度	—	—	—	0.855 (0.654)	0.855 (0.654)	0.856 (0.654)
国有资本占比	0.002*** (0.000)	0.002*** (0.000)	0.002*** (0.000)	-0.223*** (0.012)	-0.223*** (0.012)	-0.223*** (0.012)
资本劳动比	0.001*** (0.000)	0.001*** (0.000)	0.001*** (0.000)	0.001*** (0.000)	0.001*** (0.000)	0.001*** (0.000)
资产负债率	-0.001** (0.000)	-0.001** (0.000)	-0.001** (0.000)	-0.144*** (0.029)	-0.145*** (0.029)	-0.145*** (0.029)
企业年龄	0.001*** (0.000)	0.001*** (0.000)	0.001*** (0.000)	0.010*** (0.000)	0.010*** (0.000)	0.010*** (0.000)
城市层面控制变量	控制	控制	控制	控制	控制	控制
年份固定效应	控制	控制	控制	控制	控制	控制
地区固定效应	控制	控制	控制	控制	控制	控制
行业固定效应	控制	控制	控制	控制	控制	控制
样本数	728023	728023	728023	726343	726343	726343
R^2	0.015	0.015	0.015	0.100	0.100	0.100

注：包含了截距项和城市层面的控制变量；***、**、* 分别表示在 1%、5%、10%的水平下显著；括号内为异方差稳健的标准误差。

第二，当以企业生产率增长为被解释变量时，研发强度虽然对企业生产率增长存在正向影响，但是并未通过至少10%显著性水平下的检验，这说明环境规制可能并未通过影响技术创新这一渠道影响生产率增长，为了进一步对此验证，我们将被解释变量换成研发强度，结果如列(1)—列(3)所示，本地环境规制执行水平对研发强度呈现显著的负向影响，而邻地环境规制执行水平的影响均未通过显著性检验，进一步说明了技术创新并非传导机制，并且原因不仅在于研发投入未能转化为相应的生产率增长，更在于环境规制未能触发企业的研发投入。由于政策冲击引致创新投入，继而带来实质性技术进步、产业化应用并形成生产率增长需要很长一段时间，因此我们观察到的生产率增长可能更多来源于制度创新，如资源配置效率优化、组织管理水平提升等。

第五节　促进城市生产率增长的环境治理路径

经过四十多年的改革开放，中国经济持续增长与环境问题的矛盾逐渐显现，为增长而治理已经成为中国下一轮经济中高速增长的必要路径。尽管改革开放以来的粗放型经济发展模式确实引致了当前中国面临的普遍性严重污染问题，但是随着经济发展水平的提升，不少地方政府实际上正在通过提升环境规制执行程度试图改善这一现状。不仅如此，现有文献往往忽视了地方政府间环境规制交互行为可能给地区生产率增长带来的影响，使我们未能很好地理解地方政府间环境规制执行互动与中国经济长期增长的内在联系。基于此，本章利用爬取的数据，首先构建了两个干净的衡量地方政府环境规制执行水平的指标，对地方政府间环境规制交互行为的存在性和具体形式进行了再检验。在此基础上，本章将现有文献中常见的“波特假说”和“污染避难所假说”进行了空间上的嫁接，从本地效应和溢出效应的双重视角出发，考察了地方政府环境规制执行互动对城市生产率增长的影响。

本章研究发现：一是就城市层面而言，地方政府间存在显著的环境规制执行的竞争行为，并且既存在逐底竞赛式的环境规制执行互动，也存在竞相向上式的环境规制执行互动，这可以很好地解释近年来地方政府间环境规制整体性的趋异现象。进一步地，与经济相邻的城市相比，空间相邻的城市表现出更为明显的环境规制竞争互动，反映了迁移成本和本地市场效应对企业易址以及地方政府间环境规制执行策略性行为的重要影响。二是地方政府环境规制执行程度确实对本地企业生产率增长产生了显著的正向影响，验证了强形式的“波特假说”。与此同时，空间邻近城市环境规制执行程度和经济邻近城市环境规制执行程度对本地企业生产率增长分别产生了显著的负向空间溢出效应和正向空间溢出效应，表明环境规制执行提升以后虽然促进了部分企业就地加强创新，但是也使部分低生产率企业选择跨地迁移。尽管低生产率企业跨地转移使空间邻近的城市间形成以邻为壑的生产率增长模式的同时，也使得经济邻近的城市间形成以邻为伴的生产率增长模式，但更为重要的是，地方政府间参与不同形式的环境规制竞争引致的地区间趋异的环境规制执行水平，弱化了企业就地从事创新的激励，使污染企业在就地创新和跨地迁移选择中更加偏向后者，削弱了“波特效应”成立的微观机制，长此以往，局部地区加强环境规制只会使生产率实现空间上的重新布局，即使这些局部地区生产率增长出现提升，全国的生产率增长未必会保持一致性的上升趋势，这显然无益于中国经济的长期增长。

本章的研究启示：一方面，中国已经进入工业化中后期，与此同时环境污染已经带来了巨大的经济发展代价，着眼于经济长期可持续发展的中央政府要践行为增长而治理的宏观政策目标，在此约束下，中央政府应该加强对地方政府环境规制执行水平的监管和违规行为的惩罚，并且采取差异化而非“一刀切”的财政或官员晋升激励机制以缓解地方政府间依然存在的环境规制执行的逐底竞赛行为，鼓励地方政府深化业已形成的竞相向上的环境规制执行的竞争行为。另一方面，中国经济增长正面临着动力不足和潜力缺失的风险，需要改变长期以来依赖需求侧管理的政策导向，从供给侧结构性改革出发，提升全社会的生产率增长。具体而言，地方政府在加强环境规制执行水平的同时，需要适应性地构建有助于促进企业生产率增长的微观激励机制，尤其是地理邻近的地方政府之间，需要就协同环境规制达成共识，约束企业通过易址回避规制的空间，以真正促进企业从事创新行为。在此基础上，进一步促进企业间的技术扩散，既实现技术前沿的上移，又实现落后企业对技术前沿的追赶，这样才能给中国经济长期可持续增长提供源源不断的动力，才能为中国经济更好地适应新常态开拓一条广阔的道路。

第七章　地方政府干预与能源利用效率

本章将“全国文明城市”称号作为政府干预的代理变量，利用 2006—2017 年江苏省地级市面板数据，探讨政府干预对能源利用效率的影响。研究显示：(1)以获评文明城市为代表的强政府干预地区具有相对更高的能源利用效率，并且分地区回归的结果显示文明城市创建行动对于能效低得分地区的能效提升帮助更大。(2)建设并获评文明城市的强政府干预地区，其财政支出水平上升对能源效率的负面影响更小，同时评选过程中当地政府对地区环境规制提出更高要求，倒逼地区科技创新发展，有助于当地能源效率水平的上升。本章研究了建设“全国文明城市”中政府干预对能源效率的作用方向，并从经济社会建设、生态文明建设两个方面探讨了其对能源效率影响的具体机制，丰富了关于政府干预与能源利用效率关系的理论研究。

第一节　中国能源效率提升的价值

随着经济的持续发展，我国经济总量已经跃居世界第二。我国国内生产总值已经从 2016 年的 70 万亿元增长到 2020 年的 90 万亿元以上，经济增长成绩令人瞩目。伴随经济不断增长的是我国多年来持续对能源的高消费。煤炭作为全球发电主要利用的能源，在各类能源消费指标中煤炭消费量是一个重要指标。如图 7-1 所示，根据国家统计局给出的最新统计数据，2014—2018 年我国国内的煤炭消费总量始终维持在 35 亿吨以上。尽管近几年我国国内煤炭消费占能源总消费的比重开始呈现下降趋势，但煤炭消费仍占能源消费总量的一半以上。

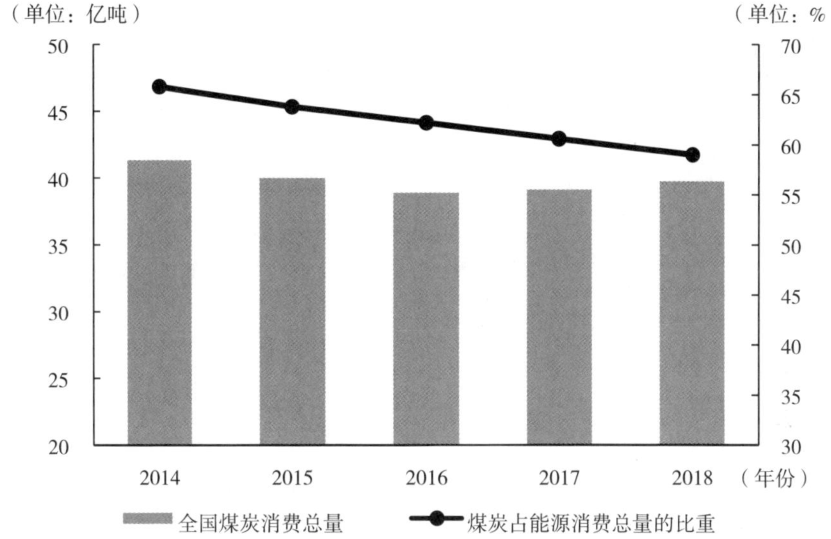

图 7-1　2014—2018 年全国煤炭消费总量及煤炭消费占比

随着我国经济的不断发展，能源供需矛盾日益突出、环境污染问题日益加剧，在此背景下，我国相关政策陆续出台。"十三五"全民节能行动计划、"十三五"节能环保产业发展规划、能源生产和消费革命战略（2016—2030 年）等诸多节能政策在"十三五"期间被提出。"十三五"规划指出，要全面推动能源的节约，并明确规划了"能源消费总量控制在 50 亿吨标准煤以内""全国排放总量下降 10%以上"等节能减排要求。在 2019 年、2020 年的政府工作报告中也相继提出了加强污染防治、加紧生态环境治理、降低单位国内生产总值能耗等有关节能环保的指导要求。"十四五"规划提出单位 GDP 能源消耗和二氧化碳排放分别降低13.5%、18%的目标。然而,由于中国的煤炭能源在禀赋和价格上具有优势,我国目前以煤炭为主的能源消费格局将在未来的一段时间内继续维持,因此在能源结构方面可实现的节能减排空间并不大。那么,面对当下日益加剧的减排压力和紧张的能源状况,要如何在经济高质量发展的前提下实现节能减排的任务,提高能源效率的战略或许是目前最合理有效的答案。

在早期有关能源效率的文献中,众多学者都将研究聚焦在能源效率的测算上,进而讨论我国不同省份或不同地域之间的能源效率差异,并基于此指出了相对更具有能源效率提升潜力的地区。然而,通过DEA模型测算的全要素能源效率是一种相对效率,衡量的是在固定投入下,实际产出达到理想最大产出的程度(魏楚和沈满洪,2007)。而最大产出是根据模型中所有地区的投入产出情况获得的生产前沿决定的,当前实现了有效产出的地区,是相较于当下其他地区的生产情况而言的。假设当模型中涉及的所有地区都实现了固定投入下产出的提升,生产前沿将发生变动,相比旧的生产前沿面,在新的生产前沿上有效产出水平将增大。也就是说,即使实现了有效产出的地区,也有提升能源效率的可能,因此,探究能源效率的影响因素就变得极为重要。

政府干预对能源效率有显著的影响。政府通过财政支出造成的对经济社会影响程度的增加会导致部分能源效率损失(魏楚和沈满洪,2007);政府干预可以帮助改善资源禀赋所引起的"资源诅咒"问题(潘雅茹和罗良文,2017);政府颁布的环境规制政策对于能源效率的提升则有正向作用(戴彦德等,2007;Filippini等,2017;韩超等,2020)。目前,为实现节能减排,中国已颁布了许多环境规制政策,其中包括命令型环境规制政策和污染排放权交易制度这两类政策。前者如面向高能耗企业的"千家企业节能行动"可以通过提升企业竞争力帮助企业提升能效(Filippini等,2017);而后者如排污权交易制度可以通过提高政策施行地区的市场化水平、完善政府与市场关系来降低当地能耗水平(史丹和李少林,2020)。我国目前主要以命令型环境规制工具为主，以排污权交易制度、碳排放权为代表的市场化环境工具目前仍处于试运行状态，以排污权交易制度为例，该政策仅在江苏省、浙江省等11个省份中进行试运行，并且，由于相关法律法规不健全、排污情况不易检测等原因，实施困难较大。目前来看，市场化环境工具仍然存在许多问题需要解决，因此命令型环境规制工具很有可能继续在我国建立健全绿色低碳循环发展经济体系的过程中发挥重要的作用。

"全国文明城市"评选作为一个综合性的城市品牌评选，不仅对参选地区的社会经济发展情况提出了多项要求，同时也对地区的生态文明建设提出了指导建议。截至2021年，"全国文明城市"评选已经举办到第六届，已有接近300个城市或地区获得"全国文明城市"称号。在参与创建"全国文明城市"的过程中，无论是客观上为了实现相关评选标准的要求，还是当地政府主观上具有建设文明城市的积极性，政府干预都是必不可少的，因此本章试图讨论"全国文明城市"评选活动中政府干预对能源效率的影响。此外，如地形地貌、日照等自然环境因素被认为是影响能源效率的重要因素（杨红亮等，2009），然而，众多学者在基于省际数据的能源效率影响因素研究中往往都忽视了自然环境因素，因此，本章在接下来的实证中拟通过将研究目标限定于江苏省13个地级市，从而在一定程度上规避自然环境因素导致的能源效率差异，减小回归结果的误差。

第二节　政府干预与能源效率的概念与关联

一、能源效率

（一）能源效率的定义

1995年，世界能源委员会将能源效率定义为"减少提供同等的能源服务的能源投入”,该定义可以用如下的公式表述:能源效率=生产过程的产出/能源消耗。然而,世界能源委员会给出的定义并不是有关能源效率的唯一定义,在目前国内外已有的文献中,对能源效率的定义还没有形成一个统一的标准,目前主要被用来评价能源效率的指标有单要素能源效率指标以及全要素能源效率指标。世界能源委员会对能源效率的定义即为单要素能源效率指标中的一种,然而有学者指出,产出与能源投入的比值实际衡量的是能源生产率(魏楚和沈满洪,2007),这属于单要素生产率的一种。能源生产率可以通过公式 $EP=Y/E$ 表示,它与能源消耗强度是互为倒数的关系。与之类似的还有多要素生产率,可以通过公式 $EP=Y/\sum w_i x_i$ 表示,即通过对多种投入要素根据相应的权重进行加总后得到的投入产出比, w_i 表示各投入要素的权重, x_i 表示生产过程中的投入要素。

由于单要素能源效率仅考虑了单一的能源要素与产出间的比例关系,不能体现在给定能源投入条件下实际产出与最大可能产出的关系。因此,我们引入全要素能源效率的概念来衡量在给定能源投入水平下实际产出达到最大产出的程度。显然,我们可以发现单要素能源效率指标与全要素能源效率指标之间存在一定的差异。基于 DEA 模型的全要素能源效率,不仅只衡量能源投入与最终产出的单一关系,还基于新古典生产理论的框架将能源与劳动及资本要素之间的替代效应包含在模型中。查恩斯(Charnes 等,1978)提出的在基于规模报酬不变(CCR)假设下的 DEA 模型引起了广泛的关注。然而以 CCR 为代表的径向测算模型包含了投入产出等比变化的假设,该假设过于苛刻,并且无法将现实存在的非期望产出包含在 DEA 模型中,在全要素能源效率评估中存在一定的缺陷,此后由托内(Tone,2001)提出的 SBM-DEA 模型则可以在测算过程中包含废气排放等非期望产出对于能源利用效率的影响,并采用非径向的松弛变量来设定关于投入、产出要素的约束方程,规避了投入要素同比例增减的苛刻条件,从而实现全要素能源效率的测算。

综上所述,目前常见的两种能源效率测算方式——单要素能源效率指标与全要素能源效率指标之间存在一定的差异。单要素能源效率指标直接根据生产产出与能源投入的比衡量能效；而全要素能源效率主要测算的是固定能源投入下，实际生产达到最优生产的程度。无论是传统的单要素能源效率指标还是基于 DEA 的全要素能源效率指标，都有其自身的优点和缺点。总的说来，单要素方法使用起来简单、便于直观理解，但仅考虑了单一能源要素与产出间的关系，忽视了资本、劳动等其他生产要素的影响。同单要素方法相比，全要素能源效率指标可以解释生产中不同投入要素间的替代效应，同时也反映了地区潜在的能源效率提升潜力。然而，基于 DEA 模型的全要素方法也有其缺点，从本质上讲，根据 DEA 模型获得的能源效率得分容易受到样本数据的影响。并且，全要素能源效率指标测算获得的是一种相对效率，仅对模型中包含的决策单元的能源效率作出评价。

（二）能源效率的测算与影响因素

目前，有关能源效率的研究主要从以下两个方面展开：一是关于地区或行业的能源效率的测算与评价，二是关于能源效率的影响因素分析。这两个方向的研究并不割裂，前者在对目标地区或行业进行能源效率的测算后，一般会对能源效率的得分作出相应的评价；后者关于能源效率的影响因素分析往往也是基于能效水平的测算，无论是单要素能源效率还是全要素能源效率，能源效率的得分情况是研究能源效率影响因素的基础。

一方面，有关能源效率测算的研究通过单要素能源效率指标和全要素能源效率指标对不同地区、不同行业的能源效率进行测度。在早期研究中，众多学者通过国际比较来衡量中国当前的能耗强度情况。大多数比较显示，若采用汇率法计算，中国的能耗强度高于世界平均水平，并且差距较大，部分学者对汇率进行了一定的估算和调整后的研究表明，我国的能耗强度比日本的能耗水平高出 3 倍以上（金三林，2006）；使用能源物理效率作为比较指标的实证结果表明，我国比当时处于国际先进水平的日本低 10%左右（蒋金荷，

2004);此外,也有学者的研究表明,与发达国家的能源效率水平相比,我国在20世纪90年代末期的能源效率水平远超美国、日本、德国等发达国家(王庆一,2011)。

与此同时,基于DEA模型的全要素能源效率指标的研究结果与单要素能源效率指标的测算结论有比较大的差异。对23个发展中国家的能源效率水平的比较分析表明,1980—2005年,中国能源效率的改善速度最为明显(Zhang等,2011)。金培振等(2011)应用超效率DEA方法,获得了中国与OECD国家的能源效率,比较结果表明中国的全要素能源效率正在逐年提高,而节能潜力则逐年降低,与发达国家之间的差距越来越小。

除了国际间比较外,众多学者考察了中国不同地区、不同行业能源效率变动趋势及地区、行业间的能效差异。对中国省际能源效率的测算表明,1995—2004年中国绝大多数的省份能源效率变化趋势符合先升后降的波动特征,拐点出现在2000年左右(史丹,2002;魏楚和沈满洪,2007)。目前文献中最早使用全要素能源效率指标分析中国能效问题的研究(Hu和Wang,2006)将一个地区的能源效率定义为该地区能源使用目标值与实际值的比值,研究结果表明1995—2002年人均GDP最高的东部地区能源效率得分最高,其次为人均GDP水平最低的西部地区,而中部地区的能源效率水平最低。在1995—2002年,东部地区和中部地区的能源效率实现了不同程度的提高。与这一研究的结论稍有不同,杨红亮和史丹(2008)分别采用单要素指标以及全要素指标计算中国东中西部地区的能源效率,结果显示国内东部地区能源效率水平最高,其次是中部地区,西部地区最低。

师博和沈坤荣(2008)的研究将知识存量包含到生产函数中,根据规模报酬不变的超效率DEA模型对中国省际能源效率进行测算,研究结果表明,在1995—2005年,中国东部地区的能效水平最高且变化趋势平坦,而中西部地区的能效水平则在波动中呈现上升趋势。对全要素能源效率模式的聚类分析结果指出,国家应重点关注到低效率、高投入的山西等省份,制定相应的节能计划及相关政策;李兰冰(2012)采用四阶段 DEA 方法,将能源利用效率分解为能源管理效率以及能源环境效率,测算了中国省际能源利用效率情况,并对此形成的原因与发展路径进行了分析,实证结果显示,中国对能源的使用还未实现由低效率向高效率的转变,仍然呈现出不断上下波动的特征。有关行业能效水平的研究表明,产业结构的调整可以促使包括能源要素在内的各种生产要素从低生产率的行业向高生产率的行业流动,这可以帮助降低整体的能源消耗强度(史丹,2002;吴巧生和成金华,2006);胡秋阳(2014)分析了不同能耗水平产业的能源效率变化对于中国能耗总水平的影响,其研究结果表明,尽管能源效率的提升可以帮助降低成本,但因此也促进了产出的增长,特别是对于高能耗产业而言,这样的能耗回弹更为明显;陈钊和陈乔伊(2019)从微观视角,测算研究了中国 2001—2010 年工业企业行业能源效率情况,研究发现能源效率在行业内部存在巨大的异质性,不同企业对能源的利用效率差距较大,并且在统计时间内暂时还未出现差距减小的趋势。

另一方面,众多学者对影响能源效率的因素进行了研究。李廉水和周勇(2006)认为,技术进步使能源效率的提高在实践中成为可能;此外,"波特假说"(Porter 和 Van der Linde,1995)认为,环境规制可以对科技创新发展产生促进作用,因此环境规制也有助于改善能源效率。杨继生(2009)采用 STR 模型分析中国能效与能源价格的关系,结果表明 1993 年之前中国能源效率与能源价格的关联并不强,在 1993 年之后能源价格对于能源效率的影响开始逐渐增强;袁晓玲等(2009)认为,由于中国的能源消费长期以来都是以煤炭为主,电煤和商品煤的价格双轨制导致了中国能源价格与能源效率间仅存在弱正相关性;李兰冰(2015)在地理上将中国划分为东部、中部、西部以及东北部地区,并测算了这四个地区的全要素能源效率,研究结果表明,资源充裕的地区陷入"资源诅咒",能源效率发展并不乐观。

由于中国的能源禀赋、煤炭价格优势决定了我国对于煤炭能源消费和火电的需求依赖程度较大,因此,学者逐渐将研究的视角转变到产业结构与能源效率的关系。史丹(2002)认为,产业结构的调整可以对提高能源效率产生促进作用,但这种正向的促进作用正在逐渐减小;齐志新等(2007)研究发现,工业轻重结构虽然对能源消费存在影响,但影响相对比较小,并且影响力还在逐渐下降;魏楚和沈满洪(2007)的研究表明,第三产业占 GDP 的比重的上升对于提升能源效率有正面的作用。师博和沈坤荣(2008)通过对 1995—2005 年中国省际全要素能源效率进行测算,并基于市场分割的视角论证尽管能源禀赋相对高的地区全要素能源效率相对较低,但其根本的原因是市场分割导致的资源配置扭曲阻碍了工业规模经济的形成,因此导致了能源效率的损失;此后,师博和沈坤荣(2013)还探究了政府干预下经济集聚与能源效率的关系,研究表明,企业以及产业的集聚均有助于能源效率的提升。

除了对产业结构的考察外,经济结构中,市场化水平和对外开放程度等因素也对能源效率有着显著的影响。林伯强和杜克锐(2013)研究结果表明,要素市场的扭曲对我国能源效率产生了巨大的负面影响,因要素市场扭曲导致的能源损失量为总能源损失的 20%以上;魏楚和郑新业(2017)基于 1995—2012 年的省际面板数据的研究表明,市场分割会影响地区的配置效率从而造成了能源效率的损失;史丹和李少林(2020)利用中国 2003—2017 年地级及以上城市数据,考察了排污权交易制度对能源效率的影响,研究结果表明排污权交易制度可以通过提升市场化水平以帮助提升能源效率。

魏楚和沈满洪(2007)认为,对外开放可以帮助新进技术的引进,从而促进能源效率的提升,并且高技术水平的企业将促使生产前沿的外移。此外,城镇化在一定程度上反映了我国经济结构的变迁。科尔等(2004)的研究认为,城镇化通过影响能源消费量进而对能源效率发生作用;相似的,桑达斯基(Sadorsky,2013)通过对 76 个发展中国家的数据进行实证分析,结果表明城镇化导致的消费和生产的集中化可以帮助激发经济活力,同时城镇化带来的规模经济则促进了能源利用效率的提升。

除了以上因素外,还有部分学者探究了自然环境因素与能源效率的关系。

杨红亮等(2009)利用中国2005年的省级数据,将自然环境变量纳入投入要素中,测算了各地区的能源效率水平。结果表明,一个地区自身自然环境情况对该地区的能源效率得分有比较大的影响;王兵和聂欣(2016)采用包含自然环境因素的SBM模型测算了中国部分省区的能源效率,结果显示地形地貌等自然环境因素对于能源效率有显著的负向影响。

二、政府干预与能源效率

(一)政府干预对能源效率的影响

政府干预,一般是指政府对于经济运行的调控与管制。政府干预对于能源效率的影响已被诸多学者证明存在。在目前的文献中,大部分学者探讨地方政府通过财政支出的干预方式对能源效率产生的影响。魏楚和沈满洪(2007)认为,政府对市场经济的干预将对能源效率的提升产生负面的影响,政府财政支出占GDP的比重越高,对能源效率产生的负面影响越大;师博和沈坤荣(2013)的研究表明,地方政府干预的加强将抑制产业集聚对于能源效率的提升作用;孙自愿等(2015)的研究讨论了政府干预和煤炭企业之间可能存在的关系,其研究结论显示政府干预程度的提升有助于企业资源配置的优化;潘雅茹和罗良文(2017)认为,政府干预可以帮助改善资源禀赋造成的"资源诅咒"问题,政府补贴和政府处罚均可以帮助改善"资源诅咒"的现象;其中政府补贴可以使资源禀赋对能效的负面影响转为正面影响,政府处罚则可以削弱资源禀赋造成的"资源诅咒"。

此外,还有部分学者将研究聚焦于政府实施的环境规制对于能源效率的影响。环境规制与能源利用效率的关系一直存在着广泛争论,传统分析认为环境规制导致的污染治理成本的增加在短期内可能会降低能源效率(Barbera和Mcconnell,1990),而"波特假说"则认为环境规制以促进创新的渠道改善了能源效率(Porter和Van der Linde,1995)。在对我国环境规制工具的研究中,

"千家企业节能行动"是其中的热门研究对象。戴彦德等(2007)将深入推进"千家企业节能行动"作为实现单位 GDP 能耗降低 20%目标的具体措施建议;韩超等(2020)的研究显示"千家企业节能行动"并未引起能源消费结构的改变,而对能源效率的提升有显著的正向作用。以"千家企业节能行动"为代表的命令型环境规制工具是我国目前主要的环境规制手段,但同时我国也在逐步探索以排污权交易制度、碳排放权交易制度为代表的市场化环境工具,史丹和李少林(2020)的研究表明排污权交易制度的实施可以显著降低单位地区的能耗强度,并推动绿色创新,提升单位地区的绿色全要素能源效率。

综上所述,在目前已有的文献中,关于地方政府干预与能源效率的关系并未达成共识。作为地方政府对辖区环境与能耗干预的一次典型政策冲击,本章试图将"全国文明城市"评选作为地方政府干预的代理变量,研究"全国文明城市"评选活动中政府干预对能源效率的影响,我们将在接下来的小节中对此作出详细的说明。

(二)"全国文明城市"与政府干预

"全国文明城市",是指具有高城市文明程度和市民整体素质的城市。"全国文明城市"称号作为目前全国范围内最难创建的综合性城市品牌,其评选目的在于鼓励城市在物质文明、政治文明和精神文明等多方面实现全面协调发展。在目前各类综合性的城市品牌评选活动中,"全国文明城市"评比得到了各地政府的热烈响应。

目前有关"全国文明城市"的研究集中于讨论文明城市对评选地区及评选地区企业的影响。吴海民等(2015)的研究阐明,提升城市文明程度有助于所在地民营上市公司利润率水平的提升,城市文明的进步可以降低当地的市场交易成本,提升企业的利润水平。与之相反,郑文平和张冬洋(2016)的研究表明"全国文明城市"评选不利于当地企业利润率的提升,文明城市评选使评选地区企业的生产成本提升、竞争力下降,这和评选本身的意图发生了矛盾。石大千等(2019)认为,创建文明城市可以帮助地区企业提升全要素生产率和劳动生产率,此外石大千的研究还探讨了文明城市建设分别在城市层面和企业层面的影响:从城市层面看,“全国文明城市”评选对当地经济高质量发展产生了促进作用;从企业层面看,文明城市创建对国有企业的推动效应要强于非国有企业。

本章将主要讨论“全国文明城市”评选活动中政府干预与能源效率的关系,并使用“全国文明城市”称号作为政府干预的代理变量,这一做法的合理性体现在如下两个方面:

第一,“全国文明城市”的成功建设离不开政府干预。成功创建“全国文明城市”的难度在于该建设活动中评判标准的数量多、范围广。文明城市评选的具体标准来自《全国文明城市测评体系》,主要包括了三大板块及其中的12 项测评项目,具体的测评内容涵盖了 90 个方面,需要满足的测评标准更是有 188 条具体指标,这些标准对地区的社会经济、生态文明、党建等方面都提出了详细的要求。在具体测评项目中,如“开展整治虚假违法广告专项行动”“城市市辖区水质优良(达到或优于Ⅲ类)比例连续三年上升”等要求均需要政府的支持和干预;而“单位 GDP 能耗低于年度控制目标”等要求仅靠市场机制很难实现,需要政府的引导和管控。因此为满足名目如此繁复、考察范围如此之广的“全国文明城市”评选标准,不难想象政府在其中必须要承担起重要的责任,实施政府干预。

第二,地方官员要加强引导和管制,通过成功建设文明城市使自身更具竞争力。尽管“全国文明城市”评选具有比较严格复杂的评选条件和标准,并且参与评选还需经过两轮严格的考核,仍有众多城市积极参与,这可以说明“全国文明城市”建设评选活动具有比较良好的激励机制。地方政府为了实现评选的成功,大多会不遗余力地为建设文明城市开展相关工作。具有多项客观评选标准的文明城市评选活动是值得竞争的项目,一旦能够成功被评为“全国文明城市”,城市品牌的建设会显著提升地方官员的政绩。因此为赢得“全国文明城市”评选，地方政府有理由加强其影响力，实施干预，以帮助地区达到各项评选标准。

综上所述，地方政府为帮助地区实现高质量发展，有动力参与到“全国文明城市”建设活动中来，并帮助地区达到文明城市各项评比标准。同时绩效考核机制也将激励地方政府通过加强引导和管制，以获得“全国文明城市”这一具有极高含金量的城市品牌称号，从而在绩效考核中更具竞争力。由此可见，在“全国文明城市”评选活动中，当地政府将进行更强的政府干预，因此本章考虑将“全国文明城市”称号作为政府干预的代理变量，将获评“全国文明城市”称号的地区作为政府强干预地区。

第三节　地方政府干预影响能源利用效率的实证分析

一、研究假说

目前已有的研究表明政府干预对于能源效率存在影响，然而不同的干预手段对于能源效率的作用方向并不相同。在上一节中，我们已经给出了“全国文明城市”评选活动将引发政府干预行为的依据，接下来我们将讨论“全国文明城市”评选活动中政府干预对能源效率的作用方向以及影响路径，并据此提出本章实证研究的假说。

“全国文明城市”评选不仅关注评选地区的经济建设情况，对评选地区社会建设、生态文明建设、政治建设、文化建设、党的建设等多个方面发展也提出要求。从“全国文明城市”评选的初衷来看，其最终的目的在于发展一条具有中国特色的可持续城市化发展新道路（鲍宗豪，2011），“全国文明城市”评选活动对地区全面协调可持续发展的要求可以帮助地区实现“人的文明”“物的文明”和“制的文明”的提升（吴海民等，2015），这将带来人文素养的提升、基础设施的完备、市场秩序的规范。与此同时，由于复杂多样评选标准的客观要求以及当地政府官员在绩效考核中更强的管制意愿，参加“全国文明城市”建设评选活动都将导致地区政府干预的加强。

据此，本章提出假设1：创建“全国文明城市”的政府干预行为有助于地区能源效率的提升。

在提出假设1后，我们接下来从文明城市对于社会经济、生态文明建设的要求出发，讨论“全国文明城市”评选活动中政府干预对于能源效率的影响路径。首先，文明城市评选的主要评选参考标准——《全国文明城市测评体系》，分别对“牢固的思想道德基础”“良好的经济社会发展环境”“长效常态的创建工作机制”三大板块提出了评选参考标准。而第二板块中具体提出了“公平正义的法治环境”“诚信守法的市场环境”“可持续发展的生态环境”等八项测评项目，显示出了“全国文明城市”评选对于社会经济的评选要求与我国经济高质量发展要求的高度一致性。尽管“全国文明城市”评选具有比较复杂严格的评选条件和标准，并且参与评选还需经过两轮严格的考核，然而仍有众多城市积极参与，这可以说明“全国文明城市”建设评选活动具有比较良好的激励机制。

在《全国文明城市测评体系》提出的三大评选标准板块中，第二板块“良好的经济社会发展环境”中包含了全部12项标准中的8项，可见经济社会建设之于“全国文明城市”建设的重要性。地方政府为了满足其有关经济社会发展的评选要求，大多会不遗余力地为建设文明城市开展相关工作。正如前文阐释，绩效考核机制将促进当地政府官员积极行动。尽管“全国文明城市”评选的评选流程复杂、评选标准众多，但这也保证了其评判标准的客观性以及可衡量性，一旦能够成功被评为“全国文明城市”，城市品牌的建设会显著提升地方官员的政绩。因此，为赢得“全国文明城市”评选，地方政府有理由加强其影响力，通过财政支出对当地的社会经济进行干预，以帮助地区达到相关社会经济建设的评选标准，这有助于完备当地的基础设施建设、优化资源配置等。

因此从“全国文明城市”建设中对于经济社会建设的要求来看,我们作出以下的假设 2:在“全国文明城市”评选活动中的政府干预下,财政支出占比的增加有助于能源效率的提升。

其次,根据《全国文明城市测评体系》,“全国文明城市”评选中对于生态文明建设提出了绿地率、人均绿地面积、生活垃圾无害化处理率、消除黑臭水体、城市空气质量、城市水环境质量等方面的要求。可见“全国文明城市”评选本身具有命令型环境规制工具的属性。同样地,因绩效考核的激励,当地政府更具有动力加强对当地的环境规制。环境规制对于能源效率的影响已在许多文献中被讨论过,“波特假说”认为环境规制可以通过促进创新最终实现能源效率的改善(Porter 和 Van der Linde,1995)。当环境规制发生作用时,为达到相关要求和标准,无论是通过调整生产,直接实现污染排放的减少,还是通过污染排放市场交易机制,获得更多的排污权利,都将使生产者的生产成本增加,而原先可能的生产性投资被环境规制造成的额外生产成本替代,为降低环境治理成本、保持竞争力,生产者有理由进行科技创新。也就是说,上述情况造成的生产成本的上升将有可能形成对技术创新的倒逼机制,形成“创新效应”(Porter 和 Van der Linde,1995;陈德敏和张瑞,2012)。由此可见,“波特假说”提供了建设“全国文明城市”的政府干预行为有助于能源效率提升的理论支持。

基于以上讨论,从“全国文明城市”建设中对于生态文明建设的要求来看,我们提出假设 3:在建设“全国文明城市”中,政府将加强对于环境规制的要求,从而促进地区的科技创新,帮助地区实现能源效率的提升。

至此,本章基于 2006—2017 年江苏省地级市面板数据,从“全国文明城市”建设中对于经济社会建设、生态文明建设这两个方面的评选标准和要求出发,将“全国文明城市”称号作为政府干预的代理变量,提出了以上三个假设,在尽可能规避自然环境因素差异的情况下,研究地级市层面政府干预对于能源利用效率的影响。本章将围绕以上提出的三个假设，进行模型设定与实证检验，我们将在接下来的小节中，通过 SBM 模型测算江苏省各地级市的能效水平，并构建双向固定效应模型探讨“全国文明城市”评选活动中政府干预对能源效率是否存在显著的影响，以及具体的影响方向。

二、模型设定

（一）SBM-DEA 模型及数据选取

数据包络分析（Data Envelopment Analysis，DEA）是一种基于线性规划，可以用于评价同类决策单元（DMU）投入产出相对有效性的线性规划模型的应用。其具体的方法是构造一个非参数的包络前沿面，使有效点均位于生产前沿面上，通过数据包络分析对于能源利用效率进行测算在理论界被广泛地认可。

在径向的 CCR-DEA 模型中，设定存在 n 个决策单元（DMU），每个决策单元有相同的 m 种投入要素以及 s 种产出要素，并且径向 DEA 模型假设每个决策单元的投入和产出是同比例变化的。CCR-DEA 模型设定如下，其目的在于衡量某一决策单元 j 是否处于生产前沿面上，即该决策单元决策是否有效。

$$\min \theta$$

$$\sum_{j=1}^{m} x_j \lambda_j \leqslant \theta X_0 ; \sum_{j=1}^{s} y_j \lambda_j \geqslant Y_0 \tag{7.1}$$

$$\lambda_j \geqslant 0,\ j = 1, 2, \cdots, n$$

当 $\theta = 1$ 时，表示决策单元决策有效；反之则说明该决策单元仍有效率提升空间。对于某决策单元而言，决策单元有效，即说明实现了对于生产可能集而言的投入最小、产出最大的帕累托最优。

然而，由于传统的径向 DEA 模型有关投入产出等比变化的假设过于苛刻，同时也在很多情况下并不符合事实，在效率评估中存在缺陷。为获取江苏省 13 个地级市在第二届至第五届全国文明城市评选周期中的能源利用效率数据，本章采用托内(2001)提出的 SBM-DEA 模型(Slack Based Measure)对能源效率进行测算。相较于传统的 CCR 模型、BCC 模型等径向 DEA 模型，SBM 模型在测算过程中可以包含废气排放、废水排放等非期望产出对于能源利用效率的影响。同时，相较于投入要素必须等比增减的径向模型设定，SBM 模型通过非径向的松弛变量规避了投入要素等比例增减的苛刻条件。

在 SBM 模型中，假设存在 n 个决策单元(DMU)，每一个决策单元投入 m 种生产要素后，可以产出 s_1 种期望产出以及 s_2 种非期望产出，SBM 模型设定如下：

$$\rho = \min \frac{1 - \frac{1}{m}\sum_{i=1}^{m} S_i^- / x_{i0}}{1 + \frac{1}{s_1 + s_2}\left(\sum_{r_1=1}^{s_1} S_{r_1}^g / y_{r_10}^g + \sum_{r_2=1}^{s_2} S_{r_2}^b / y_{r_20}^b\right)} \tag{7.2}$$

$$x_0 = X\lambda + S^-; y_0^g = Y^g\lambda - S^g; y_0^b = Y^b\lambda + S^b; S^-, S^g, S^b, \lambda \geqslant 0$$

在以上模型中，x_0 、y_0^g 和 y_0^b 分别代表决策单元的投入要素、期望产出要素以及非期望产出要素，所求的 ρ 表示决策单元的能源利用效率。约束条件中的 X 、Y^g 和 Y^b 分别是所有被考察决策单元的投入要素矩阵、期望产出要素矩阵以及非期望产出要素矩阵，而 S^- 、S^g 和 S^b 则分别表示投入要素、期望产出要素、非期望产出要素的松弛变量。因此约束条件通过松弛变量分别对决策单元的投入和产出进行约束。当 $\rho = 1$ 时，表明投入产出的松弛变量同时满足 $S^- = 0$、$S^g = 0$、$S^b = 0$。也就是说，在当前的投入产出条件下，该决策单元的投入和产出没有可以改进的空间，不存在效率提升的空间；反之，当 $\rho < 1$ 时，即 S^- 、S^g 、S^b 至少有一个不为 0 时，说明决策单元未能实现最优投入产出决策，投入上或产出上还存在改进的空间，决策单元仍有效率提升空间。

本章将能源投入、劳动力投入、资本投入作为投入要素，分别以城市能源消费量(Energy)、年末劳动力人口数(Labor)、资本存量(Capital)来衡量投入要素；将经济产出作为期望产出，以城市生产总值（GDP）来衡量；将污染排放作为非期望产出，以工业二氧化硫排放量（SO_2）、工业粉尘排放量（Dust）、工业废水排放量（Water）来衡量。相关指标的数据来源如下。

（1）城市能源消费量（Energy）：由于江苏省大部分城市的能源消费数据并未公布，且早期数据缺失严重，因此本章依据陈诗一和陈登科（2017）的测算方法，根据工业企业数据库统计江苏省各城市各行业工业总产值占全国的比重，再基于这一比重根据《中国能源年鉴》中统计的分行业能源消费数据，将能源消费量分配到对应地区的各个行业上，通过加总每个地区不同行业的能源消费量，可以得到江苏省 13 个地级市 2006—2017 年的能源消费数据。

（2）年末劳动力人口（Labor）：数据来自《江苏统计年鉴》，其中 2006—2009 年数据来自《江苏统计年鉴》中主要城市就业情况提供的劳动力人口数，2010—2017 年劳动力人口数据来自《江苏统计年鉴》中分地区从业人数。

（3）资本存量（Capital）：在已有的研究中，通常将资本存量作为资本投入的代理变量。本章根据永续盘存法，按以 2006 年为基期的不变价格，计算江苏省各地级市的资本存量：$K_{i,t}=K_{i,t-1}\times(1-\delta)+I_{i,t}$，其中，$K_{i,t}$ 和 $I_{i,t}$ 分别代表第 i 个地级市、第 t 个时期的固定资本存量和固定资产投资，固定资产数据来自 CSMAR 国泰安数据库中的分城市固定资产投资数据，2006—2017 年的固定资产投资总额使用对应的价格指数平减为 2006 年不变价格，价格平减指数参考 CEIC 宏观经济数据库中的江苏省固定资产价格指数数据；δ 为固定资产折旧率，参考张军等（2004）的研究，折旧率设定为 9.6%。

（4）城市生产总值（GDP）：数据来自 CSMAR 国泰安数据库中的分城市国内生产总值数据，2006—2017 年的城市 GDP 使用对应的价格指数平减为 2006 年不变价格，价格指数采用 CEIC 宏观经济数据库中的国内生产总值价格指数。

（5）工业二氧化硫排放量（SO_2）：数据来自 CSMAR 国泰安数据库中的 2006—2017 年分城市工业二氧化硫排放量。

(6)工业粉尘排放量(Dust):数据来自 CSMAR 国泰安数据库中的 2006—2017 年分城市工业粉尘放量。

(7)工业废水排放量(Water):数据来自 CSMAR 国泰安数据库中的 2006—2017 年分城市工业废水排放量。

(二)固定效应模型及数据选取

将污染排放作为非期望产出囊括到 SBM-DEA 模型中,可以测算江苏省各地级市的全要素能源效率。为验证前文中提出的三个假设,本章在控制相关变量的情况下,将全要素能源效率对政府干预(GI)进行回归,以验证政府干预对能源效率的作用方向。并在进一步的实证中,通过构造政府干预(GI)与财政支出水平(FE)、科技创新水平(TL)的交互项,分析政府干预对能源效率的影响路径。

如我们在前面的小节中所述,"全国文明城市"评选活动将导致政府干预的加强,因此,本章构建全国文明城市虚拟变量作为政府干预(GI)的代理变量。由于"全国文明城市"的评选每三年举行一次,当选文明城市的地区在下一届评选中将直接参与复查考核,复查确认通过则保留文明城市荣誉。据此,我们设定当某地区在文明城市评选当年评选上文明城市或复查成功保留称号时,评选当年及随后保留品牌称号的两年中 GI=1,该地区为强政府干预地区;否则,GI=0,表示地区未能获得文明城市称号或复查不合格未能保留文明城市称号,该地区为弱政府干预地区。同时,需要再次在这里说明,建设"全国文明城市"是政府众多干预手段的一种,本章认为在控制住政府财政投入规模等变量的前提下,参与文明城市评选活动相较于未参与城市品牌建设造成的政府干预更强。

根据历年"全国文明城市"获奖及复查名单,江苏省 13 个地级市在 2006 年至 2017 年间的文明城市获评情况如表 7-1 所示。可以发现,江苏省各个地级市中获评文明城市的城市数量明显呈现出逐届上升的趋势,有越来越多的地区参与到文明城市的建设中来。在 2008 年第二届"全国文明城市"评选中,仅有南京市、南通市、苏州市三个城市获评文明城市,到 2017 年第五届评选时,已有十个城市获评文明城市,苏中及苏南地区的八个城市均已获评全国文明城市。获得城市品牌称号的城市在下一届评选中直接参与复查,除了南京市在第四届文明城市复查中未能成功通过复查考核,其余城市在获得文明城市称号后均在往后的评选中保留称号。

表 7-1　2006—2017 年江苏省各地级市获评文明城市情况

地级市＼年份	2006	2007	2008	2009	2010	2011	2012	2013	2014	2015	2016	2017
常州市	0	0	0	0	0	1	1	1	1	1	1	1
淮安市	0	0	0	0	0	0	0	0	0	0	0	0
连云港市	0	0	0	0	0	0	0	0	0	0	0	0
南京市	0	0	1	1	1	1	1	1	0	0	0	1
南通市	0	0	1	1	1	1	1	1	1	1	1	1
苏州市	0	0	1	1	1	1	1	1	1	1	1	1
泰州市	0	0	0	0	0	0	0	0	1	1	1	1
无锡市	0	0	0	0	0	0	0	0	1	1	1	1
宿迁市	0	0	0	0	0	0	0	0	0	0	0	1
徐州市	0	0	0	0	0	0	0	0	0	0	0	1
盐城市	0	0	0	0	0	0	0	0	0	0	0	0
扬州市	0	0	0	0	0	1	1	1	1	1	1	1
镇江市	0	0	0	0	0	0	0	0	1	1	1	1

注:表中"1"表示该地区获评文明城市,为强政府干预地区;表中"0"表示该地区未获评文明城市,为弱政府干预地区。

资料来源:历年"全国文明城市"获奖及复查名单。

"全国文明城市"评选对评选地区提出了经济建设、社会建设、生态文明建设、政治建设、文化建设、党的建设全面建设发展的要求。根据前文的分析,为验证假设 1:创建"全国文明城市"的政府干预行为有助于地区能源效率的提升。本章采用双向固定效应模型,设定影响能源效率的基础模型如下所示:

$$EE_{i,t} = \alpha + \beta_1 FE_{i,t} + \beta_2 \ln(TL_{i,t}) + \beta_3 OD_{i,t} + \beta_4 IS_{i,t} + \beta_5 UD_{i,t} + \beta_6 GI_{i,t} + \mu_i + \lambda_t + \varepsilon_{i,t} \quad (7.3)$$

式(7.3)中，i 表示城市，t 表示年份。选取政府财政支出水平(FE)、科技创新水平(TL)、对外开放程度(OD)、产业结构(IS)、城镇化水平(UD)作为解释变量，变量的数据来源如下：

(1)财政支出水平(FE)：政府财政支出的上升本身可能会造成生产率和能源效率的下降，本章参考魏楚和沈满洪(2007)的研究，采用政府财政支出与GDP的比值来衡量地区政府财政支出水平，其中2006—2017年的城市GDP使用对应的价格指数平减为2006年不变价格，价格指数采用CEIC宏观经济数据库中的国内生产总值价格指数。2006—2017年地区财政支出、GDP数据来自CSMAR国泰安数据库。(2)科技创新水平(TL)：科技创新水平对能源效率有直接的影响，本章选取地区当年专利的获取数量来衡量该地区的科技创新水平，数据来自CNRDS中国研究数据服务平台。(3)对外开放程度(OD)：对外开放程度的扩大有助于先进的生产技术、生产设备、管理经验的引进，进而帮助地区能源效率实现提升，本章使用外商实际投资额与GDP的比值衡量地区对外开放程度，其中2006—2017年的城市GDP使用对应的价格指数平减为2006年不变价格，价格指数采用CEIC宏观经济数据库中的国内生产总值价格指数，2006—2017年外商实际投资数据来自CSMAR国泰安数据库。(4)产业结构(IS)：产业结构情况对能源效率具有一定的影响，第三产业占GDP比重的增长有助于能源效率的提升，本章使用产业结构高级化指标，即第三产业与第二产业产值的比值来衡量地区的产业结构，2006—2017年第二产业、第三产业产值数据来自CSMAR国泰安数据库。(5)城镇化水平(UD)：城镇化水平的提升将通过促进规模经济的发展提升能源效率(Sadorsky,2013)。由于江苏省部分地区的城镇人口、农村人口数据缺失，无法通过城镇人口与总人口的比值计算各地区的城镇化水平，本章参考师博和沈坤荣(2013)的方法，使用城市人口与辖区面积的比值，即城市密度指标作为城镇化水平的代理变量,2006—2017 年城市人口、城市面积数据来自 CEIC 宏观经济数据库。

为了验证前文中的假设 2、假设 3,进一步考察政府干预对于能源利用效率的影响路径,在式(7.3)中加入政府干预水平(GI)与政府财政支出水平(FE)以及政府干预水平(GI)与科技创新水平(TL)的交互项后,分别得到式(7.4)、式(7.5):

$$EE_{i,t} = \alpha + \beta_1 FE_{i,t} + \beta_2 \ln(TL_{i,t}) + \beta_3 OD_{i,t} + \beta_4 IS_{i,t} + \beta_5 UD_{i,t} + \beta_7 (GI_{i,t} \times FE_{i,t}) + \mu_i + \lambda_t + \varepsilon_{i,t} \quad (7.4)$$

$$EE_{i,t} = \alpha + \beta_1 FE_{i,t} + \beta_2 \ln(TL_{i,t}) + \beta_3 OD_{i,t} + \beta_4 IS_{i,t} + \beta_5 UD_{i,t} + \beta_8 (GI_{i,t} \times \ln(TL_{i,t})) + \mu_i + \lambda_t + \varepsilon_{i,t} \quad (7.5)$$

在式(7.3)的基础上,我们在式(7.4)中添加政府干预水平(GI)与财政支出水平(FE)的交互项,若该交互项显著为负,则可以验证前文提出的假设 2:在“全国文明城市”评选活动中的政府干预下,财政支出占比的增加有助于能源效率的提升。我们在式(7.5)中添加政府干预水平(GI)与科技创新水平(TL)的交互项,若该交互项显著为正,则可以验证前文提出的假设 3:在建设“全国文明城市”中,政府将加强对于环境规制的要求,从而促进地区的科技创新,帮助地区实现能源效率的提升。

三、政府干预强度对能源效率的影响

(一)能源效率的影响因素

根据 SBM-DEA 模型,我们已测算获得了 2006—2017 年江苏省 13 个地级市的全要素能源效率,那么接下来我们采用双向固定效应模型初步验证政府干预对能源效率的影响效应。在未控制时间效应以及城市固定效应的情况下,先简单检验政府干预(GI)对于能源效率(EE)的影响。回归结果如表 7-2 所示,列(1)仅对政府干预(GI)进行回归,结果表明,为参选并获评“全国文明城市”而产生的政府干预对提升城市能源效率具有显著的正向作用。根据OLS的回归结果，我们初步判断建设“全国文明城市”中政府干预对于能源利用效率存在正面的影响。进一步，列(2)控制了城市效应和时间效应，可以发现，政府干预(GI)的回归系数在1%显著性水平下显著为正，强政府干预地区相比弱政府干预地区其能源利用效率要高0.13。也就是说，建设文明城市引起的政府干预有利于能源效率的提升。这是一个令人欣喜的结果，因为这表明建设文明城市中的政府干预行为对能源效率的影响与文明城市评选活动的初衷是一致的。

表7-2 政府干预与全要素能源效率

变量	(1)	(2)	(3)
政府干预	0.1124*** (0.026)	0.1303*** (0.033)	0.1382*** (0.033)
财政支出水平	—	-2.0121* (1.089)	-1.9374* (1.079)
科技创新水平	—	0.0871** (0.037)	0.1025*** (0.038)
对外开放程度	—	26.1552*** (5.555)	27.3510*** (5.542)
产业结构	—	2.1970*** (0.261)	2.1164*** (0.262)
城镇化水平	—	-0.7258*** (0.259)	-2.9147** (1.220)
城镇化水平平方项	—	—	1.0946* (0.597)
截距项	0.8361*** (0.020)	-0.5981 (0.405)	0.3299 (0.645)
城市固定效应	NO	YES	YES
时间固定效应	NO	YES	YES
样本量	156	156	156
R^2	0.085	0.522	0.535

注：表中的***、**、*分别表示在1%、5%、10%的水平下显著，括号内的数值为标准误差。

此外,双向固定效应模型中其他控制变量对于能源效率的影响基本与前人的研究结论一致。以获得的专利数衡量的科技创新水平(TL)、以外商实际投资额占 GDP 的比重衡量的对外开放程度(OD)、以第三产业与第二产业产值的比值衡量的产业结构高级化(IS)这三个控制变量的回归系数均显著为正,表明这三者均有助于地区能源效率的提升。以政府财政支出占 GDP 比重衡量的政府财政支出水平(FE)的回归系数显著为负,表明其一定程度上抑制了能源效率的提升。比较令人意外的是,城镇化水平对能源效率有显著的负面影响,得到这个结果可能的原因是城镇化的发展会产生“拥挤效应”,城镇化水平与地区能源效率得分之间可能存在非线性的关系。因此,我们在回归中加入城镇化水平的平方项(UD2),进行二次回归,回归结果如列(3)所示,发现其他控制变量以及核心解释变量的回归结果和列(2)的结果基本一致,作用方向均未发生改变,而城镇化水平平方项的回归系数显著为正,且城镇化水平的回归系数仍然显著为负,由此可见,城镇化水平与能源效率间呈现出显著的“U”型关系,这与“先污染后治理”的城市发展路径相吻合。

(二)政府干预与能源效率

表 7-3 报告了“全国文明城市”中政府干预通过财政支出对能源效率影响的回归结果。其中,列(1)同表 7-2 中列(3),列(2)是在不考虑城镇化“拥挤效应”时的回归结果,列(3)则在列(2)回归的基础上加上了城镇化的平方项(UD2)。相较上一小节中的回归模型,这里增加了政府干预(GI)与财政支出水平(FE)的交互项后,各个控制变量的作用方向未发生改变,科技创新水平(TL)、对外开放程度(OD)、产业结构高级化(IS)对于地区能源效率的提升有显著的正向作用;政府财政支出水平(FE)的提升则对地区能源效率有显著的负向作用;而城镇化水平(UD)与地区能源效率呈现出显著的“U”型关系。其中,政府财政支出水平的增加将导致地区能源效率的损失,政府财政支出占 GDP 的比重每上升 1%,全要素能源效率得分就会下降 0.020。但与此同时,

财政支出水平与政府干预的交互项的回归系数在1%的显著性水平下显著为正,这说明在相同的财政支出水平下,建设并获评"全国文明城市"中的政府干预可以帮助能源效率提升,相比弱政府干预地区,能源效率将提升0.012。当地方参与建设并获评"全国文明城市"时,政府财政支出水平增长对能源效率的负面作用会被极大地削弱。尽管回归结果证明了政府这只"看得见的手"对市场机制的影响将对能源效率的提升不利,然而参与"全国文明城市"评选活动中通过财政支出产生的政府干预对能源效率提升具有推进作用。由此可见,并不是所有时候,政府财政支出水平的上升都将造成能源效率的损失。

表7-3 政府干预、财政支出水平与全要素能源效率

变量	(1)	(2)	(3)
财政支出水平	-1.9374* (1.079)	-2.0103* (1.094)	-1.9438* (1.087)
科技创新水平	0.1025*** (0.038)	0.0869** (0.037)	0.1013*** (0.038)
对外开放程度	27.3510*** (5.542)	25.6266*** (5.559)	26.6806*** (5.550)
产业结构	2.1164*** (0.262)	2.2206*** (0.262)	2.1460*** (0.263)
城镇化水平	-2.9147** (1.220)	-0.6728** (0.259)	-2.7245** (1.223)
城镇化水平平方项	1.0946* (0.597)	—	1.0277* (0.599)
政府干预	0.1382*** (0.033)	—	—
政府干预×财政支出水平	—	1.1786*** (0.311)	1.2371*** (0.311)
截距项	0.3299 (0.645)	-0.6517 (0.407)	0.2176 (0.648)
城市固定效应	YES	YES	YES
时间固定效应	YES	YES	YES

续表

变量	(1)	(2)	(3)
样本量	156	156	156
R^2	0.535	0.518	0.529

注:表中的***、**、*分别表示在1%、5%、10%的水平下显著,括号内的数值为标准误差。

根据表7-3的回归结果,我们验证了假设2中的结论,在“全国文明城市”评选活动中的政府干预下,财政支出占比的增加有助于能源效率的提升。也就是说,从经济建设的角度来看,文明城市活动中的政府干预对地区能源效率具有正面影响,那么接下来我们将进一步通过回归对假设3进行检验,论证“全国文明城市”评选活动中政府干预下环境规制的加强与能源效率的关系。如果可以验证假设3,那么无论是从经济社会建设的角度还是从生态文明建设的角度,我们就都可以证明为建设“全国文明城市”的政府干预行为可以提升地区能源利用效率。

表7-4报告了对于双向固定效应式(7.5)的回归结果。可以看到,列(2)、列(3)中控制变量的回归结果和列(1)的结果基本一致,各个控制变量的作用方向依然未发生变化,且回归结果均显著。根据列(3)我们可以看到,以地区的专利获得数量衡量的科技创新水平(TL)有助于能源效率的提升,每提升一个单位的科技创新水平,全要素能源效率水平将提升0.1。我们在前文中已经阐释,全要素能源效率作为相对效率指标,0.1的提升是不可忽视的。在江苏省13个地级市中,仅有六个地区在12年间达到了平均0.9以上的能源效率得分。在列(3)的回归结果中,政府干预(GI)与科技创新水平(TL)的交互项的回归系数显著为正。也就是说,在同等的科技创新水平下,强政府干预地区中的科技创新因素可以额外帮助地区能源效率提升0.014。“全国文明城市”的品牌建设对于城市的节能减排要求将导致生产成本的上升,这将倒逼科技创新的发展、形成“创新效应”,从而促进了能源利用效率的提升。因此,表7-4的回归结果验证了前文提出的假设3:在建设“全国文明

城市”中，政府将加强对于环境规制的要求，从而促进地区的科技创新，帮助地区实现能源效率的提升。

表 7-4　政府干预、科技创新水平与全要素能源效率

变量	(1)	(2)	(3)
财政支出水平	-1.9374* (1.079)	-2.0695* (1.094)	-2.0076* (1.086)
科技创新水平	0.1025*** (0.038)	0.0860** (0.037)	0.1001*** (0.038)
对外开放程度	27.3510*** (5.542)	26.4718*** (5.627)	27.5434*** (5.622)
产业结构	2.1164*** (0.262)	2.1677*** (0.262)	2.0916*** (0.264)
城镇化水平	-2.9147** (1.220)	-0.7492*** (0.261)	-2.7766** (1.226)
城镇化水平平方项	1.0946* (0.597)	—	1.0138* (0.599)
政府干预	0.1382*** (0.033)	—	—
政府干预×科技创新水平	—	0.0139*** (0.004)	0.0139*** (0.004)
截距项	0.3299 (0.645)	-0.5498 (0.406)	0.3127 (0.650)
城市固定效应	YES	YES	YES
时间固定效应	YES	YES	YES
样本量	156	156	156
R^2	0.535	0.517	0.528

注：表中的***、**、*分别表示在1%、5%、10%的水平下显著，括号内的数值为标准误差。

四、稳健性检验

在上一小节中，固定效应模型的回归结果证明了建设“全国文明城市”中政府干预对能源效率的正面影响，并对前文提出的假设 1、假设 2、假设 3 分别进行了检验。接下来，我们将使用仅包含工业废水作为非期望产出的SBM-DEA 模型，重新测算获取全要素能源效率（EE_2），并将新获得的全要素能源效率（EE_2）作为被解释变量，展开稳健性检验。回归结果如表 7-5 所示。

表 7-5 稳健性检验

变量	（1）	（2）	（3）
财政支出水平	-2.8644*** （0.982）	-2.8713*** （0.987）	-2.9143*** （0.985）
科技创新水平	0.0592* （0.034）	0.0583* （0.034）	0.0575* （0.034）
对外开放程度	18.9302*** （5.041）	18.3960*** （5.042）	19.1310*** （5.098）
产业结构	1.3141*** （0.238）	1.3368*** （0.239）	1.2947*** （0.239）
城镇化水平	-0.3434 （1.110）	-0.1953 （1.111）	-0.2425 （1.112）
城镇化水平平方项	0.1325 （0.543）	0.0802 （0.544）	0.0724 （0.543）
政府干预	0.1062*** （0.030）	—	—
政府干预×财政支出水平	—	0.9460*** （0.282）	—
政府干预×科技创新水平	—	—	0.0108*** （0.003）
截距项	-0.0886 （0.587）	-0.1751 （0.589）	-0.1003 （0.590）
城市固定效应	YES	YES	YES
时间固定效应	YES	YES	YES
样本量	156	156	156
R^2	0.508	0.504	0.504

注：***、**、*分别表示在 1%、5%、10%的水平下显著，括号内的数值为标准误差。

由于未能将所有污染排放包括到 DEA 模型中，重新测算获得的能源效率得分（EE_2）与前文中展示的能源效率得分（EE）结果存在一定的差异。不过可以从表 7-5 中看到,回归结果中各个控制变量的作用方向未发生改变,和上一小节中的回归结果一致,除了城镇化水平与能源效率的"U"型关系不显著外,其他控制变量的回归结果仍然保持显著。同时,政府干预(GI)以及两个交互项的回归系数均在 1%的显著性水平下显著,且其作用方向也与前文的结论一致。列(1)的回归结果表明,建设"全国文明城市"中的政府干预可以帮助能源效率提升 0.11,城市品牌的创建有利于地区能源效率的发展。在双向固定效应模型中,我们加入交互项后得到了列(2)、列(3)中的回归结果。列(2)的回归结果表明,尽管采用重新测算的能源效率 EE_2作为被解释变量时,政府财政支出水平对能源效率的负面影响更大,政府财政支出占 GDP 的比重每上升 1%会造成地区能源效率损失 0.029,但与此同时创建文明城市中的政府干预导致的财政支出水平的上升仍然可以削弱其中约 1/3 的负面影响。列(3)的回归结果显示,采用重新测算的能源效率 EE_2作为被解释变量时,科技创新水平的提升对能源效率的正面影响有所减弱,但政府干预与科技创新水平的交互项的回归系数依然在 1%的显著水平下显著为正,并且政府干预可以帮助科技创新的正面影响提升约五分之一。

五、异质性分析

根据各地级市的能源效率,将排名前六位与后七位的地区划分为能效得分高分组和低分组,讨论政府干预对不同地区能源效率的异质性影响效应。表 7-6报告了固定效应模型对于政府干预的回归结果以及分地区回归结果。列(1)是未分组情况下对政府干预的双向固定效应回归结果,列(2)是对能效平均得分排名前六位的高分组地区的回归结果,列(3)是对能效平均得分排名后七位的低分组地区的回归结果。除了高分组回归中,科技创新水平(TL)对能源效率为不显著的负面影响外,在分组回归中控制变量对能源效率的作用方向并未发生改变,和列(1)中的结果保持一致:财政支出水平(FE)对能源效率有抑制作用;对外开放程度(OD)和产业结构高级化(IS)对能源效应的提升有帮助作用;城镇化水平(UD)则与能源效率呈"U"型关系。

表 7-6　"全国文明城市"与全要素能源效率的分地区回归结果

变量	(1)	(2)	(3)
财政支出水平	-2.8644*** (0.982)	-7.2173*** (1.872)	-1.2244 (1.962)
科技创新水平	0.0592* (0.034)	-0.0143 (0.043)	0.2498*** (0.064)
对外开放程度	18.9302*** (5.041)	15.8409*** (5.779)	33.5692*** (9.595)
产业结构	1.3141*** (0.238)	0.5153 (0.354)	2.7079*** (0.384)
城镇化水平	-0.3434 (1.110)	-2.4560** (1.014)	-14.9738** (6.648)
城镇化水平平方项	0.1325 (0.543)	0.9244* (0.527)	7.9327** (3.353)
政府干预	0.1062*** (0.030)	0.0574* (0.032)	0.1767** (0.067)
截距项	-0.0886 (0.587)	2.5466*** (0.661)	3.6980 (2.878)
城市固定效应	YES	YES	YES
时间固定效应	YES	YES	YES
样本量	156	72	84
R^2	0.508	0.572	0.669

注:表中的***、**、*分别表示在1%、5%、10%的水平下显著,括号内的数值为标准误差。

关注到我们的核心解释变量政府干预(GI)上,回归结果表明无论在哪个分组下,建设文明城市中的政府干预均有利于能源效率的提升。地区间的最大差异在于高分组的回归系数明显低于低分组的回归系数,未分组下政府干预的回归系数大小介于高分组和低分组的回归结果之间。高分组地区中,强政府干预可以帮助能源效率提升 0.057,在低分组中强政府干预可以帮助地区能效提升 0.177。造成这个结果的可能原因是低分组中的地区能源效率得分普遍更低,投入产出可改进空间更大。由此可见,参与建设并获评文明城市次数更少、能源效率得分更低的低分组城市，其实更有必要参与到“全国文明城市”的建设活动当中来，城市品牌建设活动中的政府干预有助于提升能源效率。

第四节 发挥政府干预对能源效率的促进作用

本章主要研究了建设文明城市中的政府干预与能源效率的关系，一方面丰富了关于政府干预影响能源效率的研究，另一方面也验证了文明城市建设对地区能效的影响，与其评选初衷一致。根据包含三种非期望产出的SBM-DEA模型，本章测算了江苏省13个地级市2006—2017年的全要素能源效率。结果显示，在12年间能源效率较高的地区，更多获评“全国文明城市”称号。在文明城市建设活动中，无论是因为复杂的评选标准需要政府引导，还是因为地方政府官员为了在绩效考核中占据优势，参与文明城市评选活动相较于未参与城市品牌建设造成的政府干预更强。因此，本章通过固定效应模型对建设文明城市中的政府干预及相关交互项进行了实证分析。

从回归结果中，本章得到了以下三个结论：第一，建设“全国文明城市”中的政府干预对于地区能源效率的提升具有显著的正面作用，并且这样的正面作用对于能源效率得分相对更低的地区而言帮助更大——能源效率低得分地区获得的能效提升约是能源效率高得分地区的3倍。创建文明城市，既是各个地区对城市品牌荣誉的追求，也是各个地区持续高质量发展的推动力。第二，在以往的研究中，政府财政支出水平的提升被证实会导致地区能源效率的降低，然而，在建设文明城市中，通过财政支出实现的政府干预对能源效率具有正面的影响，因此本章的实证结果说明政府财政支出水平的上升在某些情况下也可以帮助地区能效的上升。第三，建设“全国文明城市”过程中政府对环境规制的加强将对地区创新形成有效的倒逼机制。科技创新对于地区能源效率有显著的促进作用，而强政府干预地区中科技创新因素可以额外帮助地区能源效率提升 0.014。

基于本章的实证结果,就此提出以下三点政策建议:首先,应继续鼓励各地区参与建设“全国文明城市”。在“全国文明城市”评选这一颇具代表的综合性城市品牌评选活动中,政府干预行为有助于地区能源效率的提升,这样的结果与文明城市评选活动本身的意图一致。同时,由于得分相对更低的地区获评文明城市的次数更少或还未参与、获得过“全国文明城市”的称号,而“全国文明城市”评选中政府干预对于能源效率得分相对较低的地区的能效提升具有更强的作用,因此,中央政府更应该鼓励还未参评“全国文明城市”的地区参与评选,开展文明城市建设活动。其次,合理制定政府干预政策,发挥政府干预对能源效率的提升作用。政府财政支出占 GDP 比重的上升不利于地区能源效率的发展,而在参选“全国文明城市”时,政府干预对于全要素能源效率反而具有显著的正面作用,并且可以在极大程度上削弱财政支出上升导致的负面影响。因此地区政府在考虑制定干预政策、规划财政支出时,可以更多地关注综合性的城市品牌建设活动。最后,积极推动地区科技创新,促进经济高质量发展。“全国文明城市”评选活动本身包含了对地区生态环境的要求,在此期间政府对环境规制的加强将在一定程度上倒逼地区的科技创新发展,从而促进能源效率的提升。因此,在建设“全国文明城市”的过程中,当地政府应积极关注辖区的科技创新发展,引导企业加大创新力度。

第八章　地方环境政策创新的治理效应

优质的环境不仅是政府治理的目标，也是社会公众的迫切期盼。本章基于2004—2010年国控监测点水污染数据和手工整理的河长制演进数据，采用双重差分法识别河长制是否显著降低了水污染程度，为研究“制度不健全背景下政策能否有效”和“公共部门中非正式组织绩效”等理论问题提供了来自中国水污染治理领域的经验证据。研究显示：河长制达到了初步的水污染治理效果，即使考虑一系列识别假定检验和稳健性检验，这一结论仍然成立。但是，在本章研究的样本期内，河长制并未显著降低水中各类深度污染物，这符合水污染治理长期性见效的客观规律，但是也可能揭示了地方政府治标不治本的粉饰性治污行为。为此，在全面推行河长制的进程中，中央政府应更加清晰地界定治理目标，设计切实有效的问责机制，在鼓励公众参与的同时，尤其需要引进专业的第三方水质检测机构进行监督，以期实现最大化的治理绩效。

第一节　中国地方环境治理现状

在制度不健全的背景下如何设计有效的治理政策一直是社会科学与公共

经济学讨论的重要问题。一系列最新研究认为，由于缺乏保障政策成功的必要条件，制度不健全往往会引致政策失败（Banerjee 等，2008；Duflo 等，2013）。如同很多发展中国家那样，我国仍然存在体制机制不够完善的地方，如产权制度不够明晰、地方政府机构膨胀等。在此制度背景下，政府主导的环境治理政策是否一定难逃失败的窠臼？① 不少研究指出，一些市场化的环境治理手段可以有效缓解环境污染问题，如碳排放权交易等。但是，不可否认的是，环境供给是作为公共品存在的，这决定了在构建市场机制基础上，政府职责同样不可或缺。但问题是，该如何设计有效的政府治理政策？回答这一问题，对我国地方政府环境治理政策的研究不仅具有理论价值，还存在重要的现实意义。

有研究表明，我国地方政府环境治理政策的重点并非在于如何建立更为全面的环境立法体系，而是在于如何提高现有法律法规的执行效率（Wang 等，2003；包群等，2013）。因此，本章重点关注针对地方政府环境治理执行体系构建的政策问题。具体而言，本章研究我国水污染治理政策中的河长制，通过对这一具体的水污染治理政策进行严谨的政策效应评估，试图回答前文提出的两个问题：制度不健全背景下政策是否一定无效，以及如何设计有效的环境治理政策。河长制并非一项新的环境立法，而是在治理水污染方面，对政府组织的激励进行重新设计的一项政策。当前，在我国水污染治理领域，最大的问题在于"九龙治水"，即水污染治理涉及的部门非常多，在实际治理过程中往往存在部门间协调不力、各部门权力有限等问题。河长制重新梳理了地方政府环境治理的执行架构，采用行政首长负责制，理论上解决了执行权力不够、执行效率低下等问题。正因如此，通过对河长制进行政策效应评估，可以回答上述两个问题。并且，在环境政策领域中，将地方政府"一把手"的升迁与本地环境治理直接联

① 这里所讲的环境治理政策与具体的环境规制工具或者环境治理工具相比，内涵更加宽泛，因此，这里所讲的政府主导的环境治理政策并不等同于命令控制型环境规制工具，而表示某一个具体的环境治理政策，如旨在治理空气污染的"两控区"政策。至于在某一个具体的环境治理政策下，选择何种环境治理工具，这并非本章试图讨论的问题。

系在一起,是一种典型的公共部门中的非正式组织形式,原因在于正式的组织架构中,并未直接对"一把手"赋予这样的责任。长期以来,公共部门中的非正式组织结构对绩效的影响如何?限于识别的困难,鲜有文献进行这方面的研究尝试。本章通过评估河长制的政策效应,对这一理论问题进行回应。

评估政策效应的最大挑战在于政策实施的内生性,而在我国各地区渐进性推行的河长制恰好提供了一个难得的准自然实验,可以较好地解决内生性问题。具体地,本章首先构建了一个理论框架,阐明河长制相比原先的多部门治水而言,由于建立了执行部门间的协调机制,可能能够提高水污染治理效果,但是,河长制也存在依赖人治而非法治的不足之处,可能不利于提高水污染治理效果,因此,河长制是否能够有效降低水污染取决于这两者的权衡。随后,本章利用 2004—2010 年国控监测点层面的水污染数据和手工整理的河长制实施数据,使用双重差分法(Difference in Differences,DID)研究河长制是否显著降低了水污染程度。实证结果发现,河长制显著增加了水中的溶解氧,实现了初步的水污染治理效应,同时,河长制并未显著降低水中的各类深度污染物,这一方面与水污染治理的客观规律有关,另一方面也可能揭示了地方政府在推行河长制的过程中存在治标不治本的粉饰性治污行为。

本章的研究结果表明,一方面,就理论启示而言,由于河长制达到了初步的水污染治理效果,这说明即使在制度不尽完善的发展中国家,环境政策也能获得成功,并且,公共部门中的非正式组织也可以获得较好的绩效。另一方面,就政策指导而言,在全面推行河长制的过程中,为了最大化河长制的水污染治理效果,避免地方政府可能存在的粉饰性治污行为①,中央政府需要界定

① 地方政府可能存在粉饰性水污染治理行为有两个重要原因:一是公众对水污染治理的需求不足,这是因为公众在面临水污染时的防护成本较低,防护效果较好,如公众可以通过使用自来水和瓶装水来规避水污染可能带来的健康问题,相比之下,空气污染的防护成本更高,效果也更差,故公众对空气污染治理的需求较高。二是相比空气污染,公众对于水污染的识别能力不足,只有当水污染严重到一定程度的时候,公众才能够通过肉眼察觉出水污染,地方政府解决好表面的水污染问题就能一定程度回应公众对水污染治理的需求(He 和 Perloff,2016)。

明晰的治理目标，实施有效的问责机制，在鼓励公众参与的同时，尤其需要引入专业的第三方水质检测机构进行监督。

从既有文献看，随着因果识别工具的发展，近年来有不少文献开始对环境治理政策进行政策效应评估，其中，多数文献关注了空气污染治理政策，针对水污染治理政策进行政策效应评估的文献较少。具体到我国特定的情境下，在空气污染治理政策的研究领域，现有文献大多从影响出口与健康的角度评估了我国 1998 年开始实施的“两控区”政策的空气污染治理效应（Hering 和 Poncet，2014；Tanaka，2015）。

在水污染治理政策的研究领域，研究大致可以分为三类。一是识别是否存在跨界水污染或者污染转移的问题（Cai 等，2016；Wu 等，2017）。二是研究水污染对公众健康乃至生命预期的影响（Sigman，2002，2005；Lipscomb 和 Mobarak，2016；Ebenstein，2012）。三是研究水污染治理的政策效应。一些文献研究了各地区差异性的水污染规制程度带来的污染转移效应（Wu 等，2017；Chen 等，2016）。一些文献则直接对水污染治理政策进行了政策效应评估，评估印度的一项水污染治理政策——“全国河流保护规划（NRCP）”产生的污染治理效应（Greenstone 和 Hanna，2014）。

与上述研究相比，本章的边际贡献主要有以下方面。第一，目前直接对我国某一项具体的水污染治理政策进行严谨的政策效应评估的文献较为缺乏，本章评估河长制是否降低水污染程度的政策效应，既对这一政策的推广提供启示，更是对已有文献的有益补充。第二，在评估政策效应时，最大的挑战在于处理内生性问题，河长制的推行在空间上存在差异，这提供了一个难得的准自然实验，可以较好地解决内生性问题，并且河长制政策所涉及的政府组织设计问题在我国其他污染治理领域同样存在，因此，本章的研究结论具有一般性。第三，本章采用了更为详细的水污染指标，能够更全面地反映水污染治理的效果。

第二节　中国地方环境政策创新——河长制

一、河长制的政策背景

2016年年底，我国中央政府开始全面推行河长制，作为水污染治理政策的重要创新，河长制是一项典型的自下而上式政策。事实上，河长制可以追溯到2007年，从2007年无锡市首次提出河长制开始，这一政策逐渐被我国多个地方政府采纳并实施，最终被中央政府认可并加以推广。① 我们手工整理了其大致的产生和演进过程。

2007年，太湖蓝藻大面积暴发，引发了大规模的饮用水危机。因此，同年，无锡市印发《无锡市河（湖、库、荡、氿）断面水质控制目标及考核办法（试行）》，将河流断面水质监测结果纳入各市县区党政主要负责人政绩考核内容，各市县区不按期报告或拒报、谎报水质检测结果的，按有关规定追究责任。这标志着河长制正式开始成为地方政府治理水污染的一项政策。同年，绍兴市实施清水工程建设，也对河长制进行了试点。②

2008年，江苏省在太湖流域推广河长制，全省15条主要入湖河流全面实行河长制，每条河由省市两级领导共同担任河长。云南省昆明市在治理滇池污染时对滇池流域主要入湖河道正式实行河长制。云南省玉溪市澄江县对辖区内抚仙湖、阳宗海径流区内河道实行河长制，全县副处以上干部对抚仙湖北

---

① 河长制从2007年开始，在我国各地区渐进性实施十年后，中央政府出台《关于全面推行河长制的意见》，标志着这一政策得到了中央政府的认可，不过，早在2009年，时任国家环保部部长周生贤在无锡视察时就指出，河长制是新形势下治水、治河、治污、治湖的新鲜经验，要在全国的江河湖海治理中推广这一经验。参见《河长制根生无锡走向全国》，《无锡日报》2009年7月3日。

② 一直到2012年，绍兴市才在试点的基础上出台《绍兴市人民政府办公室关于在绍兴市区主要河道实施河长制管理工作的通知》，参见《“河长制”管出河道新面貌》，《中国水利报》2013年2月1日。

岸23条河道和阳宗海1条河道的保洁、改善水质等环境综合治理负责。浙江省长兴县对辖区的县级河道水口港实施了河长制。河南省周口市出台《周口市河流断面水质控制目标管理办法》，规定各县（市、区）党委、政府对辖区内河流实行属地行政首长负责制下的河长制。辽宁省开始对省内全部河流实行河长制，并加大对河流出市断面水质的考核和超标处罚力度。河北省出台《河北省子牙河水系污染综合治理实施方案》，对水质污染严重的子牙河水系实行河长制，由所流经的5市、14位市级领导担任河长，分包辖区内主要河流污染综合治理任务，主要涉及河北省石家庄市、邯郸市、邢台市、衡水市以及沧州市5市。

2009年，湖北黄冈市在全省率先推行河长制，对全市长江、遗爱湖等23个重点水域实行综合治理，使党政部门主要负责人与全市河流、湖泊、水库所在地的政府部门，共同负责重点水域的水污染防治和环境综合治理。四川内江市在全川率先推行河长制，将8条主要河流纳入河长制管理。福建省三明市大田县出台《大田县人民政府办公室关于均溪、文江流域水环境实行"河长制"管理的意见》，在全省率先实行河长制。贵州省政府出台《关于在三岔河流域实施环境保护河长制的通知》，要求六盘水市、安顺市、毕节地区以及九个县区（水城县、六枝特区、钟山区、西秀区、平坝县、普定县、织金县、纳雍县、威宁县）政府党政主要负责人担任本辖区内三岔河流域主要河流的河长。江苏淮安市出台《中共淮安市委、淮安市人民政府关于全面建立"河长制"加强水环境综合整治和管理的决定》，开始推行河长制。黑龙江省对污染较重的阿什河、安邦河、呼兰河、安肇新河、鹤立河、穆棱河试行河长制。河南省漯河市对辖区内河流实施河长制。

2010年，连云港化工园区和扬州市开始推行河长制。随后，越来越多的地区开始实施河长制，截至2016年年底，北京市、天津市、江苏省、浙江省、安徽省、福建省、江西省、海南省八个省（直辖市）已经全境推行河长制，16个省（自治区、直辖市）在部分地区实行了河长制。

二、河长制的政策效应

河长制是从河流水质改善领导督办制、环保问责制所衍生出来的水污染治理政策，它有效落实了地方政府对环境质量负责的基本法律制度，体现了《环境保护法》中"地方各级人民政府应当对本辖区的环境治理负责"的要求，把地方党政领导推到了第一责任人的位置，最大限度地整合了各级党委政府的执行力。从组织架构上，河长制纵向整合了各级地区行政长官（省委书记、省长、市委书记、市长、县委书记、县长等），横向协调政府各级部门，使得发改、经贸、财政、规划、建设、水利、国土、城管、工商以及公安等12个涉水部门各有分工。从政策效果上来看，河长制对当前我国水污染治理带来了利好，但是，不可否认的是，河长制自身也存在一些不足，可能会难以体现出有效的水污染治理效应。

从水污染治理效应来看，河长制解决了长期以来水污染治理的痼疾，至少在以下方面可能带来显著的水污染治理效应：(1)河长制的核心是党政领导负责制，明确表明了河长是河流、湖泊的第一责任人，可以解决原来环保部门无权监管的问题，也可以改变过去各职能部门间职责不清、相互推诿的弊病。(2)河长制可以解决长期以来水污染治理中各部门缺乏协调的问题，水污染治理涉及多个部门，如发改委、财税、水利、国土等部门，过去多个部门之间缺乏协调，当矛盾出现可能会因为沟通缺失，导致问题搁置，而河长制推行以后，一旦出现问题，可以通过河长来协调、调度和监督，大大提高了水污染治理效率。(3)由于水污染物具有区域流动性特征，水污染治理的一个难点是无法完全按照行政区划界定责任，河长制可以降低行政区域间联防联治的沟通成本，真正做到上下游、左右岸共治。(4)河长制可以降低上级部门获取污染信息的成本，如果中间的层级过多，会导致治理的行政成本上升，也会妨碍治理绩效的提升。

与此同时，河长制本身也存在一些政策不足，可能会使河长制无法有效发挥其水污染治理效应：(1)河长制未基于现有政府部门中的正式组织结构，河长并非行政序列中的一职，地方行政长官的精力有限，长期可能难以持续性地关注水污染治理,可能存在"县官不如现管"的现象,因此难以真正解决过去水污染治理中存在的诸多痼疾。(2)河长制缺乏有效的问责机制,一方面,虽然河长制明确了地方"一把手"对水污染治理负总责,但是,在实际操作来看,问责的主体要么是下级(环保部门),难以公正评核,要么是上级,出于承担连带责任的顾忌,也可能难以保证问责的公正性;另一方面,河长制只是明确了地方"一把手"负总责,但是对具体部门承担的责任缺乏较为明晰的界定,并且,河长制的推行可能会使现有职责部门倾向于将全部责任推给河长,从而不利于水污染治理。(3)河长制是一种行政过度干预的表现,可能会使得水污染治理产生过度的行政权依赖,由于更多依赖于人治而非法治,长期来看,很可能会存在"人走政息"的问题。即使在短期,河长制的治理效果也十分依赖于地方行政长官,具有较大的不确定性,如果河长认真履职,可以促进流域和湖泊的水污染治理;而如果河长不认真履职,河长制的设立就会形同虚设,和现有立法规定的监管体制没有两样,水污染问题仍然难以得到解决。除此之外,可能还会存在一个隐性问题,在现行行政层级下,如果上级负责的河流水污染治理效果不佳,下属很可能缺乏有效的激励去治理其负责的河流,如副市长负责的河道,其治理效果可能会参照市长、市委书记负责的河道,如果上级治理乏力,就会引发下级官员水污染治理不逮的连锁效应。

第三节　河长制的治理效应

一、数据

为了严谨地识别河长制的水污染治理效应,我们收集整理了如下数据:

第一,关于水污染数据。本章使用的数据是2004—2010年497个国控断面监测点报告的水污染数据,这497个监测点分布在我国最主要的水系上,包括长江、黄河、珠江、松花江、淮河、海河、辽河、西北诸河、西南诸河以及浙闽区河流。水污染数据包括 8 个分项指标和 1 个综合指标，其中，分项指标包括溶解氧(DO)、化学需氧量(COD)、五日生化需氧量(BOD)、氨氮(NH)、石油类(petroleum)、挥发酚(phenol)、汞(mercury)以及铅(lead)。综合指标是水质，分为六个等级，分别为一类、二类、三类、四类、五类以及劣五类，依次表示水污染越来越严重。该数据来自历年《中国环境年鉴》。需要指出的是，在研究我国环境治理问题时，数据质量是一个无法回避的问题，由于地方环保部门受到地方政府的影响，因此可能存在数据误报的情况。但是，由于我们选取的水污染数据均来自国控断面监测点，地方政府操纵数据的可能性很小(Ghanem 和 Zhang，2014)，因此数据质量对本章结论的影响较小。

第二，关于河长制演进的数据。我们以国控断面监测点为研究对象，为了识别各监测点是否受到河长制推行的影响，以及在哪一年开始受到影响，我们首先，根据《中国环境年鉴》中各监测点的地址获得其对应的经纬度数据，将其呈现在中国地级市地图上，从而将各监测点与各地级市匹配起来，其中对应的国控断面监测点受到河长制的影响。我们还将各监测点与中国县级行政区域地图进行匹配获得每个监测点所属的县级单元。但是，在本章的样本期内，自主推行河长制的三个县(澄江县、长兴县以及大田县)所辖行政区域内并无匹配的监测点，因此实证分析中所有的监测点都是与对应的地级市匹配起来的，根据各地级市推行河长制的情况确定各监测点受河长制影响的情况。

其次，我们主要通过网络搜寻的方式检索各地区发布的官方文件，手工整理了各地级市是否推行河长制，以及哪一年开始推行河长制的信息，从而识别对应监测点受河长制影响的信息。例如，淮安市推行河长制的时间根据《中共淮安市、淮安市人民政府关于全面建立“河长制”加强水环境综合整治和管理的决定》得到。为了进一步验证我们收集的各地区推行河长制时间的准确性，我们还通过“中国知网”检索关键词为“河长制”的新闻报道，根据这些材料手工整理各地区实施河长制的时间，并与之前的结果进行比对。

为了控制其他因素对水污染的影响，并且缓解河长制推行可能存在的内生性问题,我们还加入了一些控制变量,包括人均 GDP、GDP 增长率、城市蔓延度、气温。人均 GDP 和 GDP 增长率的数据来源于《中国区域经济统计年鉴》,夜间灯光数据来自美国国防气象卫星计划(DMSP)报告的晚间 20:30—22:00 的影像,气温数据来自中国气象科学数据共享服务网,将各监测点与最近的气象站进行匹配,从而获得各监测点相应时间的气温。

在样本期间的选择方面,我们将研究样本限定在 2004—2011 年,原因在于:(1)为了检测河流污染,我国在 2004 年才开始大规模扩大其国控监测站点,在此之前,缺少遍及全国的监测站点水污染数据,因此,我们的研究期从 2004 年开始;(2)《中国环境年鉴》在 2010 年以后不再公开详细的监测点水污染数据,因此,我们的研究期截至 2010 年。需要指出的是,尽管由于数据限制,我们不能获得更长时间段的数据来研究河长制的政策效应,但是,由于河长制在 2007 年就首次由无锡推行,随后的几年陆续被全国多个地区采用,因此,将研究期限定为 2004—2010 年已经能够捕捉到政策推行在时空上的差异性,从而能够一定程度揭示出河长制的政策效应。表 8-1 报告了本章主要变量的描述性统计结果。

表 8-1　主要变量的描述性统计

主要变量	定义	样本量	均值	标准差	最小值	最大值
水污染数据						
DO	溶解氧(mg/L)	3377	7.290	2.050	0	38
COD	化学需氧量(mg/L)	3377	6.750	10.970	0	195.400
BOD	五日生化需氧量(mg/L)	3377	5.620	14.290	0	251
NH	氨氮(mg/L)	3377	2.140	5.280	0	54.850
petroleum	石油类(mg/L)	3377	0.110	0.300	0	4.910
phenol	挥发酚(mg/L)	3377	0.010	0.030	0	1.070
mercury	汞(μg/L)	3377	0.030	0.090	0	3.080
lead	铅(mg/L)	3377	0.010	0.010	0	0.340
watergrade	水质,分为 6 个等级	3375	3.500	1.580	1	6

续表

主要变量	定义	样本量	均值	标准差	最小值	最大值
河长制推行数据						
hezhangzhi	如果监测点该年受到河长制影响,则 hezhangzhi = 1,否则 hezhangzhi = 0	3377	0.080	0.260	0	1
控制变量						
gdpp	人均 GDP	3377	2	1.810	0.290	28.250
gdpg	GDP 增长率	3377	0.140	0.030	-0.360	0.330
light	夜间灯光亮度	3377	1846	1951	0	8326
temperature	气温	3377	13.680	5.320	-3.900	25.400

二、计量模型设定

评估河长制的政策效应,即研究河长制水污染治理效应的存在性以及具体大小。研究这个问题最大的挑战来自内生性问题,以及其他同时性政策的干扰。为了排除伪相关的可能性,如与河长制同时发生的一些政策或者经济社会变化影响水污染的治理,进而影响水污染的结果,我们基于 2007 年以后河长制在我国多个地区逐步推进的特征,采用双重倍差法进行估计,选择受河长制影响的监测点为实验组,同期未受到河长制影响的监测点为控制组。我们采用倍差法的基本思想是,河长制的推进一方面产生了同一个监测点在河长制实施前后的差异,另一方面又产生了同一时点上受影响的监测点与未受影响的监测点之间的差异,基于这种双重差异形成的估计可以有效控制其他同时性政策的影响,更重要的是,也可以控制受影响监测点和未受影响监测点的事前差异,进而可以识别出河长制的政策效应。

基准的 DID 估计方程设定如下:

$$y_{it} = \beta hezhangzhi_{it} + X_{it} + \alpha_i + \gamma_t + \varepsilon_{it} \tag{8.1}$$

式中,i 和 t 分别表示监测点和年份,y_{it} 表示水污染指标,X_{it} 是控制变量,包括人均 GDP、GDP 增长率、夜间灯光亮度以及气温。其中,人均 GDP 和

GDP 增长率是监测点所对应城市的数据，位于城市边界的监测点取相邻城市的均值，夜间灯光亮度是以监测点为中心，半径为 5 千米的缓冲区的灯光亮度，气温是距离监测点最近的气象站测度的气温。α_i 是监测点固定效应，将其加入回归方程中可以控制监测点间不随时间变化的差异，γ_t 是时间固定效应，将其加入回归方程中可以控制随时间变化的共同冲击，ε_{it} 是误差项。

$hezhangzhi_{it}$ 是回归主要关注的变量，表明监测点 i 在年份 t 是否受到河长制政策的影响，若受到河长制影响，该变量取值为 1；若未受到河长制影响，该变量取值为 0。具体来看，可以将这一变量分解为：$hezhangzhi_{it} = treatment_i \times post_{it}$，其中，如果监测点 i 在样本期间受到河长制影响的话，则 $treatment_i = 1$；反之为 0。$post_{it}$ 是事后变量，令监测点在 t_{i0} 刚开始受到河长制的影响，则当 $t \geqslant t_{i0}$ 时，$post_{it} = 1$；反之为 0。考虑到可能存在序列相关性和异方差，我们将标准误差聚类到监测点层面。

三、平行趋势假设的事前检验

采用 DID 方法的基本前提是平行趋势假定，即如果没有政策对处理组产生的冲击，处理组和控制组的结果变量的变化趋势不应该随时间推移存在系统性差异。我们无法直接观察如果没有政策冲击的情况，但是我们可以检验政策冲击前处理组和控制组是否满足同趋势假设。

图 8-1 和图 8-2 报告了样本期间，处理组和控制组水污染溶解氧与化学需氧量指标的变化趋势。我们可以发现，在河长制最早开始实施的 2007 年之前，处理组和控制组各项水污染指标的变化趋势基本一致，满足平行趋势假定。在河长制最早开始推行的 2007 年之后，处理组和控制组各项水污染指标的变化趋势开始发生变化，主要表现为：相比控制组而言，处理组水污染改善得更为明显，处理组的溶解氧相比控制组上升的幅度更大，处理组的化学需氧量相比控制组下降的幅度更大，这初步说明，河长制可能实现了水污染治理效应。

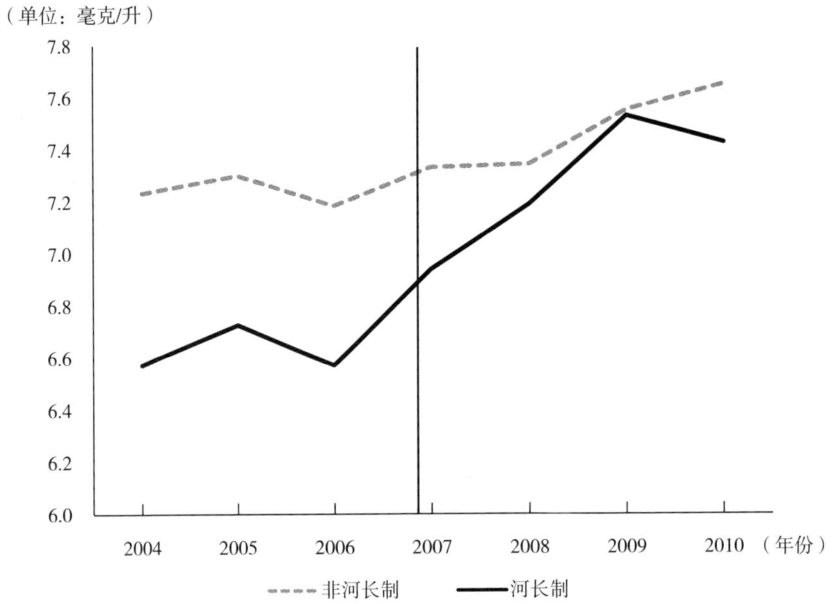

图 8-1　2004—2010 年溶解氧变化趋势

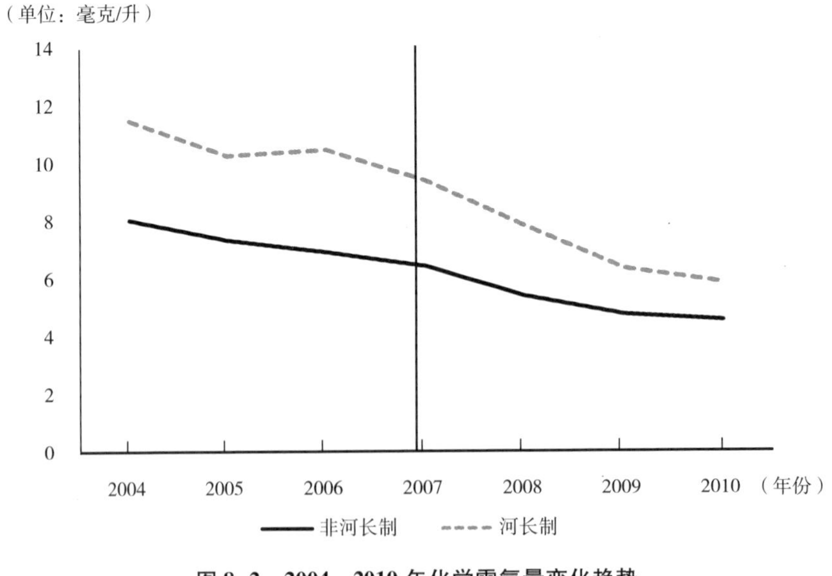

图 8-2　2004—2010 年化学需氧量变化趋势

四、基准回归结果

我们首先进行基准回归。尽管我国政府在水污染治理中较多关注化学需氧量(COD),但是,由于河长制政策并未将水污染治理目标局限于单一的指标,所以不同于现有文献选择 COD 作为基准回归的被解释变量(Kahn 等,2015;Chen 等,2016),我们在基准回归中将各项水污染指标作为被解释变量,结果如表 8-2 所示。其中,奇数列报告了不加入控制变量的回归结果,可以发现:河长制显著提升了水中的溶解氧,且通过了 1%显著性水平下的检验,由于溶解氧越少,水污染越严重,这说明河长制一定程度上降低了水污染。同时,河长制对表征水污染的其他指标(与水污染正相关的指标)虽然存在负向影响,但是均未通过至少 5%显著性水平下的检验,这说明河长制并未全面改善水污染。

采用双重差分法进行估计的前提是政策实施为随机的,或者即使不是随机的,也要与误差项无关。① 为了使这一假设更加令人信服,我们在加入地区和时间固定效应后进一步加入控制变量,偶数列报告了加入控制变量的回归结果,可以发现:上述结论仍然成立,即河长制显著提升了水中的溶解氧,而未显著改善其他表征水污染的指标。不同的是,在加入控制变量之后,河长制对溶解氧的影响系数略微下降,具体而言,在样本期内,河长制使溶解氧平均上升了 0.369 个单位,考虑到我们选取的样本中,溶解氧的均值是 7.290。由此可知,河长制提升了水中的溶解氧达 5.06%,这是一个相当大的政策效应。

为什么河长制显著提升了水中的溶解氧,但是又未能显著降低其他表征水污染的指标?回答这个问题之前首先需要厘清溶解氧与其他水污染指标

① 需要承认的是,河长制在我国各地区并非随机推行,但是这不会对本章研究的因果识别构成太大挑战,原因在于:一方面,河长制是由地方政府自行推行的,尽管河长制在哪个地区推行存在选择问题,但是时间维度上仍然存在一定的随机性;另一方面,在加入地区、时间固定效应以及控制变量后,我们认为河长制的推行与地区间业已存在的水污染差异无关,即我们发现的河长制的政策效应并不受遗漏变量的影响,在下文的检验中,这一假定基本成立。

存在的差异。COD与BOD指标类似,均表示分解水中有机污染物所需的氧气,COD和BOD的值越高,说明水中有机污染物越多。但是,由于水中的污染物并不全部是有机污染物,因此,COD和BOD并不能全面反映水的污染程度,同时需要考虑氨氮、石油类、挥发酚、汞以及铅等其他类型的水污染物。与上述指标不同的是,溶解氧与水污染并无直接关联,即溶解氧并非水污染物本身(如汞)或其直接表征指标(如COD),只是水污染物会消耗水中溶解氧,并且影响水体与空气的氧气交换,阻碍水生植物的光合作用,从而会降低水中的溶解氧,直接引致水体产生发臭发黑的现象。① 与降低水中的污染物相比,增加水中的溶解氧更加快捷高效,具体的手段包括清淤、打捞蓝藻、安装增氧机等。因此,河长制可能通过清淤和打捞蓝藻等方式增加了水中的溶解氧,一定程度上消除了水体发臭发黑的问题,但是还未显著降低水中的各类深度污染物。②

尽管河长制仍未显著降低水中的各类深度污染物,而只是显著增加了水中的溶解氧,但这并不代表河长制未能产生有效的水污染治理效应;相反,河长制可能是解决多年来水污染"久病不愈"难题的重要政策创新。原因在于,水污染治理是一个长期的过程,具有其内在的阶段性治理特征,任何政策都很难在短期内"毕其功于一役",由于样本数据的限制,我们采用的水污染数据截至2010年,而样本中的多数地区是在2008年或者2009年开始推行河长制

① 换言之,水中的溶解氧不足是水体发臭发黑的直接原因,而水中的各种污染物是造成水体黑臭的根源。当水中由于溶解氧不足变为缺氧环境,厌氧微生物分解有机物产生大量臭味气体逸出水面进入大气,致使水体黑臭。

② 由于大水面作用是溶解氧的主要来源,因此,通过清淤加快水体流动以及通过打捞蓝藻增加水体曝气面积,均可以有效增加水中溶解氧,改善水体的缺氧环境,一定程度消除水体发臭发黑的现象。事实上,这一解释得到了各地区在推行河长制的过程中有关水污染治理方式以及效果的佐证。在治理方式上,例如,整个太湖流域每年花费七千万元,用于每天打捞蓝藻。无锡市惠山区钱桥街道向阳河先后采取安装增氧泵、种植水生植物等措施改善水质。在治理效果上,例如,天津市在报道河长制效果时强调感官水质改善和环境卫生达标,徐州市沛县设定河长管护的标准是河面清洁、河坡整洁、河道畅通等,关于河道整治的报道也主要是河里的水草、垃圾、漂浮物等被清理干净,江苏省海安市在报道河长制治理效果时,主要报道水草封河现象被彻底改变等。

的，在这么短的政策期，河长制就明显改善了黑臭水体，正验证了这一政策的有效性，而未能观察到河长制对深层次水污染指标的显著影响，这其实符合水污染治理的客观规律。① 河长制已经达到了初步的水污染治理效果，只要继续推行河长制，在更长的时间内完全可以期待其产生更大的政策效应。但是，也要警惕的是，由于公众对于水污染的识别能力不足，以及河长制本身存在的政策不足，在继续全面推行河长制的过程中，应该谨防地方政府可能存在的治标不治本的粉饰性治污行为，即仅仅停留于治理表面的污染垃圾、蓝藻等，而不致力于治理对公众健康更加有害的深度污染物。

表 8-2　基准回归结果

变量	被解释变量							
	(1)	(2)	(3)	(4)	(5)	(6)	(7)	(8)
	DO	DO	COD	COD	BOD	BOD	NH	NH
hezhangzhi	0.372*** (0.136)	0.369*** (0.138)	-1.860 (1.707)	-1.968 (1.729)	-3.941* (2.240)	-3.792 (2.302)	-0.418 (0.365)	-0.372 (0.396)
控制变量	无	有	无	有	无	有	无	有
固定效应	包括年份、监测点固定效应							
样本量	3377	3377	3377	3377	3377	3377	3377	3377
R^2	0.799	0.799	0.730	0.731	0.714	0.717	0.881	0.882
	被解释变量							
	(9)	(10)	(11)	(12)	(13)	(14)	(15)	(16)
	petroleum	petroleum	phenol	phenol	mercury	mercury	lead	lead
hezhangzhi	-0.022 (0.033)	-0.015 (0.036)	-0.002 (0.002)	-0.001 (0.002)	-0.017 (0.013)	-0.018 (0.014)	0.001 (0.001)	0.001 (0.001)
控制变量	无	有	无	有	无	有	无	有
固定效应	包括年份、监测点固定效应							

① 就这些地区而言，深层次的水污染治理目标实现的截至年份往往超出了本章的样本期，例如，四川内江市在 2009 年推行河长制时，制定的目标是：截至 2011 年，主要河流水质全部达到国家地表水三类标准。而初步的水污染治理目标（基本消除黑臭现象）实现的截至年份往往正好在本章的样本期内，例如，无锡市推行河长制的目标是确保 2009 年省、市级河道水环境基本消除黑臭现象，到 2010 年彻底消除河道黑臭现象。这为本章的解释提供了有力的佐证。

续表

	被解释变量							
	(9)	(10)	(11)	(12)	(13)	(14)	(15)	(16)
	petroleum	**petroleum**	**phenol**	**phenol**	**mercury**	**mercury**	**lead**	**lead**
样本量	3377	3377	3377	3377	3377	3377	3377	3377
R^2	0.584	0.587	0.466	0.466	0.400	0.401	0.749	0.750

注:括号中是聚类到监测点层面的标准误差;包括常数项但是未报告,控制变量包括:人均 GDP、GDP 增长率、城市蔓延度以及气温;*** 、** 、* 分别表示在 1%、5%、10%的水平下显著。

上述回归结果发现,河长制产生了初步的水污染治理效应,但是还未显著降低一系列深层次的水污染物,为了进一步验证这一结果,我们将被解释变量换成水质(分成六个等级)再次进行回归。可以预期的是,样本期内,如果河长制只是通过清淤或打捞蓝藻等增加了水中的溶解氧,那么,河长制应该仍未对水质产生显著影响。表 8-3 报告了回归结果,我们控制了不同形式的地区固定效应,可以发现,样本期内,河长制还未显著改善水质,甚至在不控制地区固定效应和控制水系固定效应时,河长制还对水质存在显著的正向影响。这说明上文的结论是成立的。

表 8-3　河长制与水质的回归结果

变量	被解释变量				
	(1)	(2)	(3)	(4)	(5)
	watergrade	**watergrade**	**watergrade**	**watergrade**	**watergrade**
hezhangzhi	−0.036 (0.071)	0.794*** (0.178)	−0.044 (0.073)	0.525*** (0.144)	−0.021 (0.077)
控制变量	无	有	有	有	有
年份固定效应	有	有	有	有	有
地区固定效应	监测点	无	监测点	水系	县
样本量	3375	3375	3375	3375	3375
R^2	0.894	0.070	0.895	0.326	0.829

注:括号中是聚类到监测点层面的标准误差;包括了常数项但是未报告,控制变量包括:人均 GDP、GDP 增长率、城市蔓延度以及气温;*** 、** 、* 分别表示在 1%、5%、10%的水平下显著;监测点对应的水系根据《中国环境年鉴》得到;监测点对应的县域行政单位根据其经纬度坐标与中国县级行政区域地图匹配得到。

五、稳健性检验

在对本章的识别假定进行检验后，我们的结论还通过了一系列稳健性检验。① 具体如下：

第一，我们进一步加入一些可能会影响水污染的变量，以消除其他未被控制的因素干扰河长制政策效应的可能。具体地，我们加入了产业结构、财政分权、人口密度、失业率以及平均工资等控制变量，数据来源于历年的《中国城市统计年鉴》②。表 8-4 中列（1）报告了对应的回归结果，可以发现，河长制的初步水污染治理效应仍然成立，并且估计系数大小与基准回归类似。

表 8-4　稳健性检验结果

变量	被解释变量：DO					
	（1）	（2）	（3）	（4）	（5）	（6）
hezhangzhi	0.285** （0.140）	0.667*** （0.233）	0.356** （0.139）	0.278*** （0.108）	0.313** （0.159）	0.251* （0.142）
控制变量	有	有	有	有	有	有
年份固定效应	有	有	有	有	有	有
地区固定效应	有	有	有	有	有	有
水系、年份联合固定效应	无	无	无	无	无	有
样本量	2910	2956	3212	3043	2857	3377
R^2	0.803	0.782	0.798	0.796	0.848	0.815

注：括号中是聚类监测点层面的标准误差；地区固定效应为监测点固定效应；包括常数项但是未报告，列（1）的控制变量包括：人均 GDP、GDP 增长率、城市蔓延度、气温、产业结构、财政分权、人口密度、失业率以及平均工资；列（2）—列（6）的控制变量包括：人均 GDP、GDP 增长率、城市蔓延度以及气温；***、**、* 分别表示在 1%、5%、10%的水平下显著。

---

① 我们还按照文中的稳健性检验思路对河长制与其他水污染指标的关系进行了分析，研究结果同样支持基准回归的结论，即在本章研究样本期内，河长制并未显著降低水中的深度污染物。

② 国家统计局城市社会经济调查司编：《中国城市统计年鉴》，中国统计出版社 2020 年版。

第二,为了解决河长制推行可能存在的内生性,我们参考谭之博等(2015)的研究思路,采用同时推行河长制和完全未推行河长制的子样本进行回归分析。具体地,选取一省内部所有监测点同时受到河长制影响的监测点作为处理组,而同时期完全没有受到河长制影响的监测点作为对照组,进行子样本的分析。表 8-4 中列(2)报告了对应的回归结果,可以发现,本章的结论依然成立。①

第三,我们借助 PSM-DID 方法先筛选对照组,再进行 DID 回归,进一步增强结论的可信度。PSM-DID 的思想源于匹配估计量,基本思路是在控制组中找到某个监测点 j,使 j 与处理组中监测点 i 的可观测变量尽可能相似(匹配),即 $X_i \approx X_j$,当监测点的个体特征对是否实行河长制的作用完全取决于可观测的控制变量时,监测点 j 与 i 受河长制影响的概率相近,从而可以相互比较。在对处理组和控制组中的个体进行匹配时,需要度量个体间的距离,倾向得分匹配法不仅是一维变量,而且取值介于[0,1],在度量距离时具有良好的特性。具体地,我们采用一对一匹配,并且采用 Logit 回归来估计倾向得分。表 8-4 中列(3)报告了对应的回归结果,可以发现,本章结论依然成立。

第四,为了排除基准回归的结果受到潜在异常值的影响,我们基于被解释变量 5%—95%分位点的数据再次进行回归,表 8-4 中列(4)报告了对应的回归结果,可以发现,本章结论依然保持稳健。

第五,基准回归还存在一个潜在的问题,即被解释变量可能对解释变量存在反向影响,而如果联立方程偏误存在的话,对关键解释变量的系数估计就是不一致的。为了排除这一可能性,我们将所有解释变量滞后 1 期,重新进行回归。这样做的逻辑是,当期的被解释变量不会对上期的解释变量产生影响,因为自变量已经是前定的了。表 8-4 中列(5)报告了对应的回归结果,可以发现,本章的结论依然成立。

---

① 不同的是,此时河长制对溶解氧的提升效应明显大于基准回归的结果。这是因为采取这样的子样本进行分析,使组间差异被忽略,从而高估河长制的政策效应。

第六,考虑到不同水系的水污染随时间推移可能呈现不同的变化趋势,例如,不同的水系枯水期和丰水期不同。[①] 我们在加入监测点固定效应、年份固定效应的基础上进一步加入"水系、年份"的联合固定效应,以控制不同水系特异性的时间冲击。这相当于在此准实验中,只对同一水系内的不同监测点进行对比。表 8-4 中列(6)报告了对应的回归结果,可以发现,本章结论依然成立。

六、异质性分析

截至目前,我们发现河长制产生了初步的水污染治理效应,并且这一政策效应稳健存在。我们想继续回答的一个问题是:河长制的初步水污染治理效应是否受到其他因素的影响?具体而言,首先,河长制作为行政首长负责制,地方官员的特征是否会对河长制的水污染治理效应产生影响?其次,已有大量研究指出,在水污染治理领域存在着以邻为壑的跨界污染现象。[②] 河长制是否也使地方政府存在跨界污染的激励?对这些问题的回答有助于进一步理解河长制产生水污染治理效应背后的机理,从而有利于在全面推行河长制的过程中更好地发挥其水污染治理效应。

具体地,我们同时考察官员特征和行政边界对河长制政策效应的异质性影响。根据《关于全面推行河长制的意见》,我国将全面建立省、市、县、乡四级河长体系,各省(自治区、直辖市)设立总河长,由党委或政府主要负责同志担任,因此,我们考察省委书记和省长个体特征对河长制政策效应的影响。由于中央政府近年来对污染问题愈加关注,并且在官员晋升考核机制中逐渐增加环境因素的权重,因此,理论上来看,地方官员特征会影响环境治理政策的

① 南北方的河流水文特征有很大差别,如与南方河流相比,北方河流夏季水丰富,冬季水干涸的季节变化更加明显。

② 跨界污染根源于官员晋升与经济发展挂钩的激励机制,地方政府在边界附近降低环境规制程度,既可以享受污染企业带来的税收和 GDP 增长,又由于污染外部性,可以不用完全承受污染企业排放对辖区内水资源的破坏。

效果。考虑到环境治理见效慢而经济增长见效快，我们预期年龄越小的地方官员出于长期职业生涯的考虑可能更有动机去加强环境规制，而年龄越大的地方官员更可能偏向于发展经济而缺乏加强环境规制的动力。为了验证这一推测，我们估计如下回归方程：

$$y_{it} = \beta_1 hezhangzhi_{it} + \beta_2 age_{it} + \beta_3 age_{it} \times hezhangzhi_{it} + X_{it} + \alpha_i + \gamma_t + \varepsilon_{it} \quad (8.2)$$

式中，age_{it} 分别用 t 年监测点 i 所属省份的省委书记年龄（*Secretary Age*）和省长年龄（*Governor Age*）表示，其他变量定义同式(8.1)。省委书记和省长的年龄根据他们的出生年份计算得到，出生年份信息根据中国名人录网站中的中国高官资料库整理得到。

与此同时，我们预期，与以往的水污染治理政策相比，河长制可能不太会引致跨界污染现象，原因在于：河长制使水污染治理的组织架构从部门制演变为首长负责制，大大降低了不同行政区域间水污染治理的信息沟通成本，并且由于责任具体落实到地方主要官员，跨界污染的负外部性被内部化，相互推诿扯皮的可能性有所降低。为了验证这一推测，我们估计如下回归方程：

$$y_{it} = \beta_1 hezhangzhi_{it} + \beta_2 boundry_i + \beta_3 boundry_i \times hezhangzhi_{it} + X_{it} + \alpha_i + \gamma_t + \varepsilon_{it} \quad (8.3)$$

式中，$boundry_i$ 是行政边界变量，我们采用了两个具体的变量进行表征：先采用是否处于行政边界的虚拟变量（$boundry\_dummy_i$），如果监测点 i 处于两省的行政边界处，则 $boundry\_dummy_i = 1$，否则 $boundry\_dummy_i = 0$。《中国环境年鉴》报告了各监测点是否处于省级行政边界的情况，我们将其转换成0—1变量。再采用连续型的边界变量（$boundry\_distance_i$），这一变量表示监测点 i 距离最近省界的地理距离，我们借助 ArcGIS 根据各监测点的经纬度坐标和中国省级行政区域地图计算得到。

表8-5报告了异质性分析的结果。其中，列(1)报告了加入省长年龄与

河长制当年是否实施的交互项的结果,发现系数估计结果为-0.052,且通过了5%水平下的显著性检验,说明省长的年龄越大,河长制的水污染治理效应越弱,这与我们的预期相符。列(2)报告了加入省委书记年龄与河长制当年是否实施的交互项的结果,发现系数估计结果为正,且未通过至少10%水平下的显著性检验,说明省委书记的年龄对河长制的治理效应并不存在影响。在我国地方政府治理的行政框架中,省委书记虽然是最有权力的省级地方官员,但其更多地承担监督政府治理的角色,省长才是负责具体行政职务的地方官员,当地方出现环境污染事故后,中央政府也往往是对省长进行问责。由此,我们可以理解为何河长制的水污染治理效应取决于省长的个体特征,而不取决于省委书记的个体特征。但是,需要注意的是,河长制要求地方党委或政府负总责,强调党政同责,因此,本章的研究发现也说明,河长制在落实环境保护党政同责方面还任重道远。

列(3)和列(4)报告了加入行政边界与河长制当年是否实施的交互项的结果,可以发现,无论是用虚拟变量($boundry\_dummy_i$)还是连续变量($boundry\_distance_i$)作为行政边界的代理变量,交互项的系数估计均未通过至少10%水平下的显著性检验,这说明地方政府在推行河长制的进程中并不存在跨界污染现象,这与我们的预期相符,说明河长制是一项能够祛除跨界污染痼疾的政策创新。但是,也要注意的是,河长制目前并未引致跨界污染,即地方政府并未刻意在行政边界附近避免推行河长制,可能还与当前河长制仍处于初步水污染治理阶段有关。由于目前河长制仍然只是主要体现在对水面垃圾、蓝藻等污染物的清理,相比对水中深度污染物的治理而言,这一治理更容易受到邻近地方政府和公众的监督,跨界污染的成本较高。未来在进行深层次的水污染治理中,由于邻近地方政府和公众难以快速察觉深度污染物的溢出,因此河长制是否能够继续规避跨界污染问题,仍然需要进一步的研究。

表 8-5 异质性分析结果

变量	被解释变量:DO			
	(1)	(2)	(3)	(4)
hezhangzhi	3.352*** (1.211)	-1.929 (1.622)	0.355** (0.152)	0.423** (0.206)
Governor Age	0.009 (0.008)	—	—	—
Governor Age×hezhangzhi	-0.052** (0.020)	—	—	—
Secretary Age	—	0.006 (0.006)	—	—
Secretary Age×hezhangzhi	—	0.037 (0.027)	—	—
boundary_dummy×hezhangzhi	—	—	0.068 (0.333)	—
boundary_distance×hezhangzhi	—	—	—	-0.001 (0.003)
控制变量	有	有	有	有
年份固定效应	有	有	有	有
地区固定效应	有	有	有	有
样本量	3377	3377	3377	3377
R^2	0.800	0.800	0.799	0.799

注:括号中是聚类监测点层面的标准误差;地区固定效应为监测点固定效应;包括常数项但是未报告,控制变量包括:人均 GDP、GDP 增长率、城市蔓延度以及气温;***、**、* 分别表示在 1%、5%、10% 的水平下显著;由于控制了监测点固定效应,*boundary_dummy* 和 *boundary_distance* 在回归过程中被省略。

七、机制讨论

我们发现,在本章样本期内河长制产生了初步的水污染治理效应。与此同时,河长制也未显著减少水中的深度污染物。我们想进一步回答河长制的政策效应未能完全体现的机制是什么,对这一问题的回答有助于在全面推行河长制的进程中找到充分发挥河长制水污染治理效应的政策着力点。根据

《国务院关于开展第一次全国污染源普查的通知》，水污染有三个来源：工业污染、生活污染以及农业污染。已有研究大多认为，我国地方政府较难治理农业和生活源污染。相比之下，由于地方政府在土地出让和税收征管方面可以影响工业企业的生产成本，地方政府在治理污染时往往从工业企业入手。①那么，河长制推行初期未能有效减少水中污染物仅仅是因为农业和生活源污染难以治理，还是因为工业源污染也未能得到有效治理？

地方政府治理辖区内工业污染的途径往往是推动产业升级，一方面，降低本辖区内污染密集型企业的产能，甚至逼迫污染密集型企业搬离本地；另一方面，增加本地招商引资的环境门槛，使污染密集型企业无法进入本地。因此，为了对河长制仍未有效改善水质的具体机制进行研究，我们分别研究河长制对辖区内污染密集型行业的工业增加值、企业个数以及新企业个数的影响。具体地，我们考察30个二位数行业，其中7个行业是水污染密集型行业，其余的23个行业是非水污染密集型行业，划分标准来自《第一次全国污染源普查公报》。② 企业数据来自历年的工业企业数据库，我们将微观企业的数据加总到二位数行业层面，核算工业增加值、企业个数以及新企业个数三个指标。

---

① 导致这一现象的原因在于中国环境管理体制最基层的执行组织是设在县级政府内的环保局及其他组织机构，虽然有部分地方政府尝试在乡镇政府设立环保机构，但长期以来并没有成为普遍趋势。因此，广大农村生产生活造成的面源污染，政府环保部门往往鞭长莫及，相应的管理体制建设基本处于空白状态。并且，农村面源污染具有复杂多样和时空分散的特征，采用工业源污染的管理模式，即便乡镇一级环保机构比较完善，在面对地广人稀的农村和时空分散的面源污染时，也会因成本过高而力不从心。

② 水污染密集型行业分别是：食品加工业，纺织业，纺织服装、鞋、帽制造业，造纸及纸制品业，石油加工、炼焦及核燃料加工业，化学原料及化学制品业以及有色金属冶炼及压延加工业。非水污染密集型行业分别是：食品制造业，饮料制造业，皮革、毛皮等制造业，木材加工及木、竹、藤等制造业，家具制造业，印刷和记录媒介的复制业，文教体育用品制造业，医药制造业，橡胶制造业，塑料制品业，非金属矿物制品业，黑色金属冶炼及压延加工业，金属制品业，通用设备制造业，专业设备制造业，交通运输设备制造业，电气机械及器材制造业，通信设备、计算机及其他电子设备制造业，仪器仪表及文化、办公用机械制造业，工艺品及其他制造业，电力、热力的生产和供应业，燃气生产和供应业以及水的生产和供应业。虽然采矿业也会产生大量水污染，但由于采矿业的地理分布很大程度取决于自然资源的分布，因此我们未加以考虑。

我们估计一个三重差分模型(DDD),模型设定形式如下:

$$firm_{ckt} = \alpha\, pollution_k \times hezhangzhi_{ct} + X_{ct} + \nu_{ct} + \lambda_{kt} + \theta_{ck} + \varepsilon_{ckt} \quad (8.4)$$

式中,c 表示监测点所在的地级市,k 表示二位数行业,t 表示年份。$firm_{ckt}$ 表示在 t 年城市 c 行业 k 的生产活动,具体采用二位数行业的工业增加值、企业个数以及新企业个数表征。① $hezhangzhi_{ct}$ 表示在 t 年城市 c 是否实行河长制,实行的话,该变量为 1,否则为 0。$pollution_k$ 表示产业 k 是否为水污染密集型产业,如果是水污染密集型产业,则该变量为 1,否则为 0。X_{ct} 表示城市 c 在 t 年的一些特征变量,包括人均 GDP、开放程度、产业结构、财政分权、人口密度、失业率以及平均工资,数据来源于历年的《中国城市统计年鉴》。ν_{ct} 、λ_{kt} 、θ_{ck} 分别表示"地区—年份"固定效应、"产业—年份"固定效应、"地区—产业"固定效应,ε_{ckt} 是误差项。

表 8-6 报告了机制讨论的结果。其中,列(1)—列(3)报告了未控制联合固定效应的结果,$pollution$ 的估计系数为正,且均通过了 1%水平下的显著性检验,说明我国工业发展仍然依赖于污染密集型行业,产业结构升级仍然是今后较长一段时间工业发展的题中应有之义。$pollution_k \times hezhangzhi_{ct}$ 的系数均不存在统计显著性,说明河长制并未显著影响水污染密集型行业的生产活动,即河长制在实施初期未能推动辖区产业结构的去污染化。列(4)—列(6)报告了加入联合固定效应的结果,可以发现河长制未能推动产业结构去污染化的结论仍然成立。因此,在全面推行河长制并对水污染进行深层次治理的过程中,不仅要解决长期以来存在的农业源和生活源污染问题,还要继续着力于治理工业源污染,可以预期的是,推动本地产业结构的清洁化仍然能够获得显著的水污染治理效果。

---

① 在具体回归过程中,被解释变量工业增加值和企业个数均取对数,而新企业的个数未取对数,原因在于本章样本中,有约 64%的样本的新企业个数为 0,采用水平值可以包括这些不存在新企业的样本。

表 8-6　机制讨论结果

变量	被解释变量:DO					
	(1)	(2)	(3)	(4)	(5)	(6)
	工业增加值	企业个数	新企业个数	工业增加值	企业个数	新企业个数
hezhangzhi × *pollution*	-0.031 (0.090)	0.060 (0.051)	-0.148 (0.224)	0.081 (0.154)	0.142 (0.085)	0.275 (0.401)
hezhangzhi	-0.014 (0.051)	-0.016 (0.033)	-0.057 (0.169)	—	—	—
pollution	0.590*** (0.043)	0.446*** (0.024)	0.773*** (0.091)	—	—	—
控制变量	有	有	有	有	有	有
固定效应	年份、监测点			省份—年份、行业—年份、省份—行业		
样本量	33469	33655	33655	33469	33655	33655
R^2	0.339	0.426	0.156	0.605	0.691	0.269

注:包含了截距项但是未报告,列(1)—列(3)的标准误差聚类到监测点层面,列(4)—列(6)的标准误差聚类到省级层面;控制变量包括:人均 GDP、开放程度、产业结构、财政分权、人口密度、失业率以及平均工资;***、**、* 分别表示在 1%、5%、10%的水平下显著。

第四节　深化河长制改革的路径

本章利用我国多个地方政府渐进性推行河长制的准自然实验,使用双重差分的识别策略,评估了这一政策对水污染的治理效果。实证结果表明,河长制达到了初步的水污染治理效果,在进行了一系列识别假定检验和稳健性检验后,这一基本结论仍然成立,从而回应了两个理论问题:其一,在制度框架不健全的背景下,环境治理政策也能取得成功;其二,公共部门中的非正式组织绩效并不一定较低。但是,样本期内,河长制并未有效降低水中的深度污染物,这符合水污染治理长期性见效的客观规律,但是也可能揭示地方政府治标不治本的粉饰性治污行为。异质性讨论部分显示:第一,辖区地方官员的年龄越小,河长制的水污染治理效应越强,且这种影响效应只存在于省长,而不存在于省委书记。第二,与以往文献揭示的跨界污染不同的是,河长制对水污染的治理并不存在边界效应。最后，机制讨论表明，本章样本期内，河长制并未显著减少辖区内水污染密集行业的生产活动，说明在全面推行河长制的进程中，通过促进辖区产业结构清洁化能够获得显著的水污染治理效果。

本章研究发现，河长制是一项重要的水污染治理政策创新，中央政府关于全面推行河长制的决策对治理当前十分严重的水污染具有重要的现实意义。① 同时，在继续推行河长制的进程中，一方面，要遵循水污染治理的客观规律，避免毕其功于一役的急切心态，需要意识到水污染治理的长期性和艰巨性；另一方面，要避免地方政府可能存在的粉饰性治污行为。为此，需要做到：第一，中央政府因地制宜地制定清晰且具体的河长制治理目标，就确切和精准的治理目标对地方政府进行严格考核。第二，中央政府应增加环境治理在官员晋升中的考核权重，并且严格执行对地方官员的生态环境离任审计。第三，引入第三方专业水质检测机构进行监督，与单一的鼓励公众参与相比，通过引入专业水质检测机构，可以弥补公众监督固有的不足。随着中央政府全面推行河长制，并且切实落实各方面保障措施，一定能够在延续前期河长制水污染治理效应的同时，避免之前河长制自主推进过程中可能存在的不足，真正实现中央政府与地方政府在水污染治理目标上的协同。

① 河长制已经得到中央政府的足够重视，2016 年 12 月，中共中央办公厅、国务院办公厅印发了《关于全面推行河长制的意见》，要求截至 2018 年年底，全国全面推行河长制。随后，全国绝大多数地区相应地推出了实施河长制的具体政策和计划。

第九章　土地功能演变与经济增长持续性

1994年分税制改革后，地方政府财政收支缺口扩大，促使土地作为生产要素的功能演变为土地财政这一新事物，并由此衍生金融功能，给地方政府带来正规税收之外的支出灵活性，间接推进工业化进程和以基础设施建设、公共服务体系构建以及城市间的互联互通为重点的城镇化进程。但是，地方政府非理性博弈以及财政支出对土地财政的过度依赖弱化了土地财政等制度安排的正面功能，导致资产泡沫堆积、交易成本增加、地方债务扩大。如果听之任之，很可能触发“明斯基时刻”，引发系统性金融风险。为了弱化土地财政的负面影响，强化其正面效应，需要规范完善地方政府的收支制度安排与支出行为。

“劳动是财富之父，土地是财富之母”①，工业化创造了对工业用地的需求，土地作为重要的生产要素在工业化进程中发挥了不可替代的作用；由工业化带动的人口集聚以及住房制度改革创造了对商服用地和住宅用地的需求②，随着

---

① 本章提及的“土地”是土地使用权的缩写，土地资产实际上是对国有土地使用权的垄断权力。

② 改革开放前，中国实行公有住房实物分配制度，城镇居民住房的主要来源为单位建房分配，住房租金只占工资收入的2%—3%，住房的商品属性被忽略，仅作为国家福利手段。1978年后，城市住房制度开始了市场化的探索过程，经历了住房制度的市场化探索期（1978—1997年）、住房市场供给的形成期（1998—2002年）、住房市场供给的成熟期（2003年至今）三个阶段。

地方政府完全垄断了土地一级市场，土地价值被再定义、再发现，土地的生产要素功能逐步演变为财政功能，土地出让金成为地方政府重要的非税收入来源，在分税制改革后弥补了地方政府的财政收支缺口（见图 9-1），“以地谋发展”的融资模式初步形成。土地的金融功能脱胎于土地财政，促使地方政府融资模式转向“土地财政+平台贷款”（徐忠，2018）。此外，受到纵向财政失衡（陈志勇和陈莉莉，2010；吴群和李永乐，2010；贾康和刘微，2012；孙秀林和周飞舟，2013）、晋升激励（陶然等，2009；张莉等，2011）、“寻租”等多方面影响（Cai 和 Zhang，2013），地方政府普遍存在卖地、土地抵押担保等融资行为，并与房地产开发商“拿地”形成激励相容，正是两者的共同作用开启了大规模快速城镇化，1978—1997 年城镇化率平均每年增加 0. 7%，而 1998—2016 年平均每年增加 1. 3%。城镇化的快速推进极大改善了人民群众的居住条件，从 1998 年起，商品住宅销售面积年均增速高达 17. 1%，城镇居民人均住宅建筑面积从 1998 年的 18. 7 平方米上升至 2016 年的 36. 6 平方米。[①] 住房供需矛盾得到缓解。

如果土地功能没有演变，地方政府就无法推动城市滚动开发，大规模城市基础设施、公共服务投资以及招商引资的优惠政策承诺将无法实现；中国制造业也会面临居高不下的用地成本，难以维持全球制造成本优势，工业化进程将因此受到极大阻碍。但是，在起到上述作用之外，地方政府非理性博弈以及财政支出对土地财政等制度安排的过度依赖加剧了资产泡沫、地方债务等问题，如果听之任之，很可能触发“明斯基时刻”，引发系统性金融风险，造成短期经济的异常波动，影响中长期经济增长的可持续性。为此，本章试图研究土地功能演变的制度背景、主要表现以及负面影响，并为更好发挥土地财政的正面功能提供对策。

① 资料来源：根据《中国统计年鉴》（1981—2017 年）计算得出。

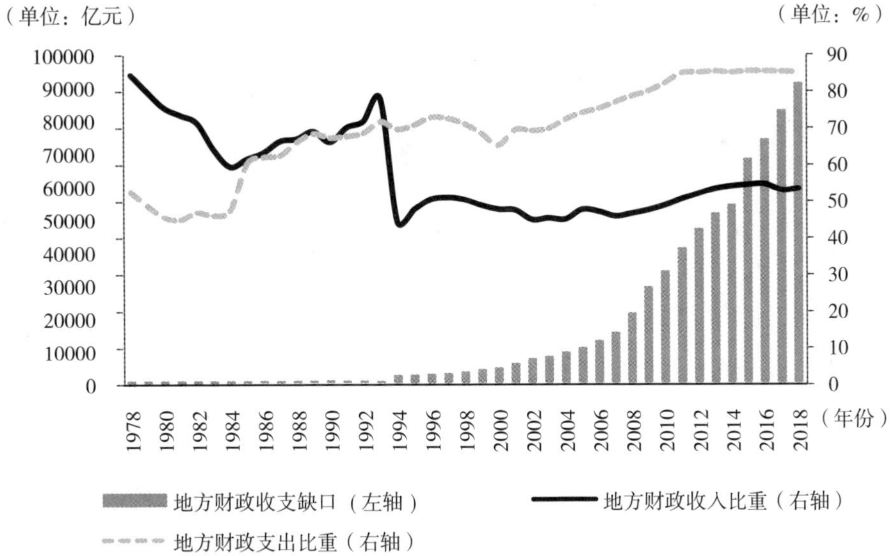

图 9-1　分税制改革后地方政府财政收支情况

注：财政收支缺口是指一般预算支出与一般预算收入的差额。

资料来源：财政部。

第一节　土地功能演变的制度背景及主要表现

为推行分税制改革，中央承诺将土地出让金划归地方政府管理，因此 1994 年起地方政府成为国有建设用地的唯一供应方，与之对应的是土地成为一项重要的地方政府资产。经过一系列特殊的土地制度安排，地方政府通过市场化手段出让国有土地，为城市建设筹措资金，形成土地财政，进一步衍化出金融功能。土地功能演变是改革开放以后特有的经济现象，有力地推动了工业化、城镇化进程，离开地方政府土地财政等特殊的制度安排，就无法透视高速增长的中国经济。

一、制度背景

整体来看，中国的土地制度走了一条不完全市场化改革的道路，市场化改革体现在土地有偿使用方式，而不完全体现在土地供给主体单一，两者相结合使地方政府通过市场化的出让方式最大化土地收益。

城镇土地使用权制度改革促成了土地价值的再发现。为了提高土地资源配置效率，纾解地方财政困难，1986 年中央出台《中华人民共和国土地管理法》，国有建设用地制度从无偿划拨转为无偿划拨与有偿使用并存，随后开启土地市场化改革试点。①《中华人民共和国城镇国有土地使用权出让和转让暂行条例》规定了土地使用权出让和转让细则，国有土地有偿使用制度进入实际执行层面。《划拨土地使用权管理暂行办法》明确土地使用权获取方式包括出让、划拨、转让。②《国务院关于加强国有土地资产管理的通知》规定有条件的地方政府可划出部分土地收益用于收购储备建设用地，由金融机构提供信贷支持。地方政府低价征收集体农地③、高价出售国有建设用地，形成城乡土地价格“剪刀差”，并且行政级别越低对土地的依赖程度越高（刘守英和蒋省三，2005）。

“招、拍、挂”出让加快了土地市场化进程。为了节约土地资源，《招标拍卖挂牌出让国有土地使用权规定》明确了“招、拍、挂”出让方式细则；2005 年“招、拍、挂”出让方式在商服用地和住宅用地市场全面实施，国有土地使用权

① 1987 年深圳经济特区借鉴香港土地批租制度经验，率先进行土地使用权出让转让试点。

② 以划拨方式取得国有土地使用权，经国家批准可以无偿、无年限限制使用国有土地。划拨方式的主要适用范围包括国家机关用地和军事用地，城市基础设施用地和公益事业用地，国家重点扶持的能源、交通、水利等项目用地。转让方式包括出售、交换、赠予等，以转让方式取得国有土地使用权，其地上建筑物、其他附着物所有权随之转让。出让方式包括招标、拍卖、挂牌、协议，商服用地和住宅用地以“招、拍、挂”出让方式为主，工业用地以协议出让方式为主。

③ 1986 年《中华人民共和国土地管理法》第四十七条规定，土地补偿安置费包括土地补偿费、安置补助费以及地上附着物和青苗补偿费。

由价高者得,市场化的土地批租制度正式形成。另外,《协议出让国有土地使用权规定》明确了工业用地以协议方式出让的细则;由于工业用地是买方市场,协议出让方式实质上是亏本出让,地方政府的收益来自企业达产后稳定的税收,以及人口集聚带来的土地储备增值。

土地的金融功能被土地收储、抵押担保制度放大。政府财政收入包括一般预算收入(以税收为主,非税收入为辅)、政府性基金收入(以土地出让金为主)、社会保障基金收入、国有资本经营收入等。整体上,政府性基金用途是刚性的[①],加之市级、县级政府无法发行市政债券,因此2008年国际金融危机爆发前地方政府仍然存在较大融资约束。2008年起为了应对经济下行压力,《土地储备管理办法》规定土地储备按照市场价格评估,允许地方政府将土地储备用于抵押担保,大量注入土地储备的地方融资平台就是在这一阶段成立的。[②] 地方政府充分利用征地和卖地的垄断权力,将土地储备作为抵押物,形成"借债、征地、投资"循环(王小鲁,2018),地方融资平台债务迅速扩大。

二、建设用地审批与供应

根据《中华人民共和国土地管理法》,各级政府实行建设用地总量控制指标,充分利用现有建设用地,不占用或尽量少占用农用地;土地利用总体规划和土地年度计划实行国家、省、市、县四级分级管理,分级制定,分级审批。[③]

---

① 《国务院办公厅关于规范国有土地使用权出让收支管理的通知》明确了土地出让收入使用范围:(1)征地和拆迁补偿支出;(2)土地开发支出;(3)支农支出;(4)城市建设支出;(5)其他支出,包括土地出让业务费、缴纳新增建设用地土地有偿使用费、计提国有土地收益基金(主要用于土地收购储备)、城镇廉租住房保障支出、支付破产或改制国有企业职工安置费支出等。

② 融资平台贷款主要有土地抵押贷款和政府财政信用贷款两种方式。此外,融资平台可以发行城投债、城建债、中期票据等进行融资。

③ 《中华人民共和国土地管理法》第二十条规定,省、自治区、直辖市的土地利用总体规划报国务院批准,省会城市、人口在100万人以上的城市以及国务院指定城市的土地利用总体规划经省、自治区人民政府审查同意后报国务院批准,其他土地利用总体规划逐级上报省、自治区、直辖市人民政府批准,乡(镇)土地利用总体规划可以由省级人民政府授权的设区的市、自治州人民政府批准。

如表 9-1 所示，从供应总量来看，国有建设用地供应面积呈波动上升趋势，于2013 年达到峰值后开始下降，2017 年国有建设用地供应 62.02 万公顷，同比增长 16.8%；国有建设用地供应数量呈波动下降趋势。划拨和出让为国有建设用地主要供应方式，划拨面积占比呈先降后升趋势，而出让面积占比呈先升后降趋势，2017 年出让面积占比为 37.2%，比上一年下降 2.7 个百分点；平均每宗划拨建设用地面积呈上升趋势，而每宗出让建设用地面积呈下降趋势。从供应结构来看，土地供应向基建倾斜，而工矿仓储用地、商服用地以及住宅用地占比均呈下降趋势，特别是住宅用地供给相对不足。2017 年基础设施及其他用地占比高达 60.5%，较 2016 年提高 4.6 个百分点；工矿仓储用地占比为 20.4%，较 2016 年降低 2.9 个百分点；商服用地占比为 5.1%，较 2016 年降低 1.6 个百分点；住宅用地占比为 14.0%，较 2016 年降低 0.1 个百分点。从供应布局来看，自 2003 年起中央政府实行倾向于中西部的土地供应政策，相应压缩东部地区的国有建设用地计划指标(陆铭等，2015)。

表 9-1　1999—2017 年国有建设用地供应规模与结构

年份	数量	划拨数量占比	出让数量占比	租赁数量占比	面积	划拨面积占比	出让面积占比	租赁面积占比
单位	万宗	%	%	%	万公顷	%	%	%
1999	40.37	41.8	24.5	16.0	13.33	40.6	34.0	21.6
2000	42.10	38.1	28.2	20.5	24.18	33.3	20.1	43.6
2001	45.91	30.7	37.1	26.0	17.87	41.4	50.6	5.7
2002	43.35	24.1	56.0	15.6	23.54	37.4	52.8	7.5
2003	31.71	15.2	65.4	12.4	28.64	22.8	67.6	3.7
2004	25.00	14.7	74.0	9.8	25.79	24.1	70.4	3.4
2005	22.24	13.8	72.9	11.2	24.43	26.5	67.8	3.3
2006	23.33	13.2	80.0	5.8	30.68	20.8	75.9	2.5
2007	21.19	12.7	75.7	10.0	34.20	22.2	68.7	8.6
2008	16.39	16.1	75.3	7.3	23.42	26.6	70.8	1.5
2009	15.09	17.3	81.2	1.4	36.16	33.8	61.1	2.5

续表

年份	数量	划拨数量占比	出让数量占比	租赁数量占比	面积	划拨面积占比	出让面积占比	租赁面积占比
单位	万宗	%	%	%	万公顷	%	%	%
2010	17. 43	18. 0	81. 4	0. 6	43. 26	32. 0	67. 9	0. 1
2011	19. 36	21. 6	78. 1	0. 2	59. 33	43. 4	56. 5	0. 1
2012	19. 20	27. 7	72. 2	0. 2	71. 13	53. 0	46. 7	0. 2
2013	22. 71	25. 4	74. 3	0. 2	75. 08	49. 7	49. 9	0. 4
2014	18. 26	27. 4	72. 5	0. 1	64. 80	57. 1	42. 8	0. 1
2015	16. 37	33. 0	66. 8	0. 1	54. 03	58. 2	41. 6	0. 2
2016	15. 40	33. 6	66. 2	0. 2	53. 12	59. 0	39. 9	1. 1
2017	16. 64	32. 8	66. 9	0. 3	62. 02	62. 4	37. 2	0. 3

注:国有建设用地供应方式包括划拨、出让、租赁、其他四种,2010 年后其他供应数量、面积占比均接近 0%,故不在表中列示。

资料来源:《中国国土资源年鉴》(2000—2018 年)。

三、土地财政规模

如表 9-2 所示,从总量来看,1999 年起土地出让金年均增长 35. 7%,远高于 GDP 和全国公共财政收入增速,2017 年土地出让金高达 5. 20 万亿元。从结构来看,不管是出让数量、面积还是收入,"招、拍、挂"都是土地出让的主要方式。

表 9-2 1999—2017 年土地出让金规模与结构

年份	土地出让成交价款	同比增速	"招、拍、挂"数量占比	"招、拍、挂"面积占比	"招、拍、挂"成交价款占比
单位	亿元	%	%	%	%
1999	514. 33	—	15. 5	—	—
2000	595. 58	15. 8	16. 2	—	—
2001	1295. 89	117. 6	14. 7	—	—
2002	2416. 79	86. 5	16. 0	—	—
2003	5421. 31	124. 3	24. 1	28. 0	56. 7
2004	6412. 18	18. 3	25. 3	28. 9	55. 4

续表

年份	土地出让成交价款	同比增速	“招、拍、挂”数量占比	“招、拍、挂”面积占比	“招、拍、挂”成交价款占比
单位	亿元	%	%	%	%
2005	5883.82	-8.2	27.4	34.6	71.3
2006	8077.64	37.3	24.5	30.5	71.7
2007	12216.72	51.2	31.6	49.9	82.5
2008	10259.80	-16.0	44.8	83.9	92.9
2009	17179.53	67.4	51.5	84.8	94.9
2010	27464.48	59.9	56.6	88.4	96.0
2011	32126.08	17.0	60.6	91.0	95.9
2012	28042.28	-12.7	66.5	90.7	95.0
2013	43745.30	56.0	66.0	92.4	96.3
2014	34377.37	-21.4	68.2	92.5	95.3
2015	31220.65	-9.2	69.0	92.2	95.3
2016	36461.68	16.8	66.7	92.0	96.3
2017	51984.48	42.6	62.2	92.4	97.2

注:《中国国土资源年鉴》(2000—2003 年)没有将协议和“招、拍、挂”出让的面积、收入拆分,因此相关数据缺失。

资料来源:《中国国土资源年鉴》(2000—2018 年)。

关于土地财政的规模测算目前有三套指标。指标一,土地出让金。指标二,土地相关税收收入和土地出让金,其中土地相关税收收入包括土地增值税、城镇土地使用税、耕地占用税、契税、房产税、建筑企业所得税(杨圆圆,2010)。指标三,土地相关税收收入、非税收入/土地出让金、土地隐形收入/土地资产抵押收入(李尚蒲和罗必良,2010)。由于土地隐形收入数据可获得性不强,本章根据指标二估算土地财政规模(见表 9-3),结果显示土地财政收入年均增长 30.5%,2017 年该值高达 7.00 万亿元,长期以来土地出让金贡献了 2/3 以上的土地财政收入;在土地相关税收收入中,土地增值税对土地财政收入的贡献度呈上升趋势,房产税的贡献度呈下降趋势,其余税种的贡献度保持平稳。土地财政规模快速扩张,对于城市化原始资本积累起到重要作用(赵燕菁,2014)。

表 9-3　1999—2017 年土地财政规模测算

年份	土地出让金	契税	土地增值税	房产税	城镇土地使用税	耕地占用税	建筑企业所得税	土地财政收入	同比增速
单位	亿元	亿元	亿元	亿元	亿元	亿元	亿元	亿元	%
1999	514	96	7	202	59	33	53	964	—
2000	596	131	9	230	65	35	65	1131	17.3
2001	1296	157	11	249	66	38	91	1909	68.7
2002	2417	239	22	308	77	57	109	3229	69.2
2003	5421	358	41	353	92	90	146	6501	101.3
2004	6412	540	82	400	106	120	192	7852	20.8
2005	5884	735	147	474	137	142	231	7750	-1.3
2006	8078	868	247	561	177	171	290	10390	34.1
2007	12217	1206	403	575	385	185	396	15368	47.9
2008	10260	1308	537	680	817	314	441	14357	-6.6
2009	17180	1735	720	804	921	633	540	22532	56.9
2010	27464	2465	1278	894	1004	889	693	34687	53.9
2011	32126	2766	2063	1102	1222	1075	863	41218	18.8
2012	28042	2874	2719	1372	1542	1621	1058	39228	-4.8
2013	43745	3844	3294	1582	1719	1808	1312	57304	46.1
2014	34377	4001	3915	1852	1993	2059	1439	49635	-13.4
2015	31221	3899	3832	2051	2142	2097	1490	46732	-5.8
2016	36462	4300	4212	2221	2256	2029	1513	52992	13.4
2017	51984	4910	4911	2604	2361	1652	1616	70039	32.2

资料来源:1999—2017 年土地出让金数据来自《中国国土资源年鉴》(2000—2018 年);1999—2001 年契税数据来自《中国财政年鉴》(2000—2002 年);1999—2006 年房产税和土地增值税数据根据《中国财政年鉴》(2000—2007 年)31 个省级行政区和 5 个计划单列市决算数加总得到;2002—2017 年契税,2007—2017 年房产税和土地增值税,1999—2017 年城镇土地使用税、耕地占用税、建筑企业所得税数据均来自 Wind 资讯。

四、土地储备与抵押

可供抵押的土地包括住宅用地、商服用地、储备用地以及工矿仓储用地,储备用地抵押贷款的期限一般在3年以内,有政府信用和土地抵押双重保障,储备用地抵押贷款质量较高,银行更愿意放贷,在地价上涨较快时会增加授信,因此从2009年开始土地抵押面积和抵押贷款总额呈快速上升趋势(见表9-4)。当房地产调控政策收紧时,房地产开发商的土地需求降低,引起土地价格波动,土地抵押物的价值会随之波动,此时银行也会考虑土地抵押贷款风险。

表9-4 2009—2015年84个重点城市土地抵押变化情况

年份	抵押面积（万公顷）	同比增速（%）	净增面积（万公顷）	抵押贷款总额（万亿元）	同比增速（%）	净增贷款总额（万亿元）
2009	21.70	—	5.10	2.59	—	0.77
2010	25.82	19.0	3.74	3.53	36.5	0.92
2011	30.08	16.5	4.19	4.80	36.0	1.27
2012	34.87	15.9	4.72	5.95	24.0	1.12
2013	40.39	15.8	5.33	7.76	30.4	1.77
2014	45.10	11.7	4.56	9.51	22.6	1.73
2015	49.08	8.8	3.87	11.33	19.1	1.78

注:自2016年1月1日起,地方政府的土地融资行为被明令禁止,该数据不再披露,因此数据区间为2009—2015年。

资料来源:《中国国土资源年鉴》(2010—2016年)。

第二节 土地功能演变对经济持续性的影响

土地财政已实行了二十多年,在特定时间内为地方经济发展作出重要贡献,但其弊端也逐渐显露,主要表现为资产泡沫累积、土地寻租行为增加、地方债务扩大,对经济增长的负面影响骤然放大,导致潜在的系统性金融风险上升,可能由此引发短期经济异常波动以及中长期经济增长效率损失,影响经济增长的可持续性。

一、资产泡沫累积

地价与房价循环上涨,形成资产泡沫。为了依靠有限的建设用地指标创造更多财政收入，地方政府选择抬高住宅、商服用地价格，同时低价供应大量工业用地进行招商引资。土地成交统计数据显示（见表 9-5），2008—2018 年 100 大中城市住宅、商服、工业用地平均溢价率分别为 24.9%、12.6%、1.9%；[①]2016 年住宅用地溢价率高达 58.3%，受宏观调控影响，2017 年住宅用地溢价率开始回落。2008 年 100 大中城市住宅用地成交楼面价为 1173 元/平方米，是工业用地的 4 倍；2018 年这一数字已上升至 4635 元/平方米，是工业用地的 16 倍，住宅用地成交楼面价年均增速高达 16.2%。在地方政府、房地产开发商、银行的共同推动下，2008 年以后土地价格与房地产价格循环上涨，房地产市场进入繁荣期。根据世界银行标准，正常房价收入比为 1.8—5.5，2010 年以来我国二、三线城市房价收入比为 8—11，而一线城市房价收入比高达 18—21。[②] 一线及二线热点城市房价高、涨幅大，房地产价格泡沫严重。限购、限贷、限价等调控举措在短期内抑制了房地产价格过快上涨，但没有稳定社会预期，一旦宏观调控出现松动，会引发新一轮房价上涨。此外，资产泡沫化导致社会不公和贫富分化，由于现阶段住房保障体系不够健全，城市"夹心层"有所扩大。从宏观层面来看，土地是重要的抵押资产，地价波动通过影响融资放大投资波动（Chaney 等，2012），进而造成宏观经济波动（Liu 等，2013）。

表 9-5　2008—2018 年 100 大中城市土地成交统计

年份	成交土地面积（万平方米）			成交楼面价（元/平方米）			土地溢价率（%）		
	住宅	商服	工业	住宅	商服	工业	住宅	商服	工业
2008	13494	3031	15862	1173	1387	310	13.7	10.4	0.9
2009	25188	5056	23990	1667	1574	308	46.5	24.9	1.9
2010	35433	8004	34980	1777	1687	298	31.0	20.1	2.6
2011	31168	10168	45727	1527	1698	320	11.2	12.9	2.8

① 土地溢价率=（成交价格-土地成本价）/土地成本价×100%。

② 资料来源：Wind 资讯，《经济数据库（EDB）快讯》2016 年 4 月。

续表

年份	成交土地面积（万平方米）			成交楼面价（元/平方米）			土地溢价率（%）		
	住宅	商服	工业	住宅	商服	工业	住宅	商服	工业
2012	26043	11136	41494	1607	1342	275	10. 1	6. 1	1. 5
2013	33589	13546	38926	2020	1692	303	20. 8	13. 9	3. 4
2014	22411	10216	31256	2340	1810	293	12. 9	9. 2	1. 3
2015	18377	6764	27398	2884	2142	297	23. 3	6. 2	0. 9
2016	18599	6835	25304	4302	2595	302	58. 3	14. 4	2. 1
2017	23480	6602	27422	4879	2992	302	32. 2	12. 4	2. 1
2018	25074	6889	31532	4635	2994	297	14. 4	7. 9	1. 3

资料来源：Wind 资讯。

金融杠杆风险加大。从居民部门来看，由于存在房价上涨预期，房地产被认为是一种低风险的优质资产，加之股市低迷、债市违约频发、汇率贬值、贵金属价格剧烈波动，居民缺乏稳健的投资渠道，因此近年来居民对住房过度消费。① 住房按揭贷款快速上升，2018 年新增贷款中房地产贷款占比高达 39. 9%，人民币房地产贷款余额高达 38. 7 万亿元。② 居民部门存在高杠杆风险。从房地产行业本身来看，近年来“地王”频现，企业拿地成本居高不下，房地产市场开始出现“面粉比面包贵”的情况。此外，房地产行业挤占了其他行业的信贷资源，2018 年 6 月末沪深两市房地产上市公司整体资产负债率为 80. 02%，较年初上升 1. 09 个百分点，高于上市公司平均水平 20. 2 个百分点。③ 房地产企业杠杆率已处于历史高位，一旦房价出现异常波动，大量房地产企业将出现现金流枯竭、债务违约，甚至被破产清算，由此产生的银行大面积坏账可能引发系统性金融风险。

① 由经济日报社中国经济趋势研究院编制的《中国家庭财富调查报告（2017）》显示，房产净值占全国家庭人均财富的 66. 0%。

② 资料来源：中国人民银行《2018 年金融机构贷款投向统计报告》。

③ 资料来源：《3194 家上市公司总杠杆平稳　房地产业杠杆率升至 80. 02%》，《21 世纪经济报道》2018 年 8 月 31 日。

二、土地“寻租”行为增加

在土地有偿使用方式中，协议、挂牌出让的市场化程度较低，土地违法案件较多（陶坤玉等，2010）。房地产企业因“寻租”而提高了“拿地”的交易成本。此外，长期以来各地土地出让金处于“封闭运行”，收支明细并未公开，收支预算编制不够准确，未完全按基金预算核算管理，土地出让金挪用情况时有发生。随着土地出让收入中的成本性开支逐年增加，地方政府通过出让土地获取的净收入迅速下滑，近两年来甚至出现了土地出让“收不抵支”的情况。

三、地方债务扩大

在《国务院关于加强地方政府性债务管理的意见》出台前，融资平台公司的主营业务是交通、水利等基础设施及公益类项目，主要偿债方式是土地出让金。① 由于土地出让金波动较大，地方政府偿债能力极不稳定，叠加银行过度放贷、道德风险等问题，地方债务违约风险逐渐积累。为了避免地方政府债务恶化，财政部先后出台《地方政府性债务风险分类处置指南》《地方政府土地储备专项债券管理办法（试行）》，融资平台公司的融资职能逐渐被剥离，部分债务被认定为政府债务，并分批置换成地方政府债券（见图 9-2）②，城投债问题则通过资产证券化、债转股解决。通过实施地方政府存量债务置换，地方政府显性债务逐步公开化，截至 2018 年年末地方政府债务余额 18.39 万亿元，其中地方政府债券余额 18.07 万亿元，为债券市场存量规模最大的品种，占地方政府债务的比重为 98.3%，负债率为 20.4%，地方政府显性债务风险总体可控。但是，部分西部省份的政府负债率较高，特别是贵州 2017 年显性债务

① 2013 年审计署发布第 32 号公告《全国政府性债务审计结果》，结果显示，截至 2012 年年底，1 个省级、316 个市级、1396 个县级政府承诺以土地出让金偿还的债务余额为 3.5 万亿元，占省市县三级政府负有偿还责任债务余额的 37.2%。

② 地方政府债券于 2009 年试点发行，2015 年正式自发自还。

余额为 0.86 万亿元，负债率高达 63.6%，已超过 60%的国际警戒红线。

值得注意的是，地方政府债券余额只是反映了显性债务，由于地方政府仅在出资范围内承担有限责任，地方政府或有债务或者非政府性债务没有纳入财政部门的统计口径，无法进行债务置换，其偿还主体为融资平台公司，这一部分隐性债务存在相当大的违约风险；PPP、政府购买服务、政府投资基金等融资新模式也暗藏隐性债务风险。但是，有关部门的统计口径存在分歧，对隐性债务的认定标准尚未统一，导致地方政府隐性债务摸底存在困难。国内部分学者利用融资平台公司债务估算地方政府隐性债务，初步估计隐性债务为显性债务的2—3 倍。整体来看，2018 年政府显性债务规模（中央财政债务余额与地方政府债务余额之和）为 33.35 万亿元，负债率为 37.0%，但如果计入隐性债务，负债率就会超过国际标准风险警戒线。此外，存量债务置换只是通过“拆东补西”“借新还旧”推迟兑付时间、降低利息分担，而非从根本上解决地方政府债务问题。如果无法化解存量债务、无法保障新增债务的质量，那么地方政府债务风险将难以得到有效控制，可能引发系统性金融风险，将反过来制约中长期稳定、可持续的经济增长，因此需要遏制地方政府为了短期目标把隐患留给后人的举债行为。

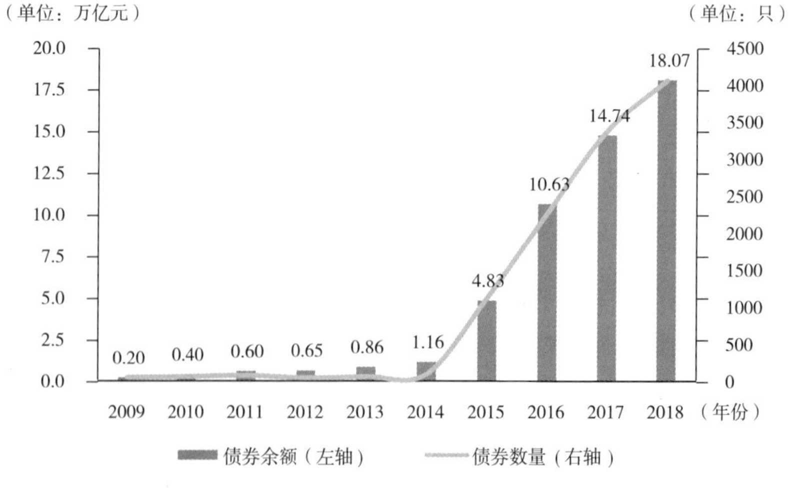

图 9-2　2009—2018 年地方政府债券存量

资料来源：Wind 资讯。

第三节　深化建设用地制度改革的路径选择

土地功能演变的根源在于地方政府行为，要以制度创新纠正地方政府行为偏差，抑制土地财政的负面影响。从体制层面来看，加快财政体制改革，重构官员激励机制；从风险层面来看，防范化解地方债务风险，加强对土地财政的监管；从供给层面来看，深化土地要素市场改革，推动城乡土地市场一体化；从需求层面来看，因城施策、分类调控，加快建立多主体供给、多渠道保障、租购并举的住房制度。

一、体制层面

深化财税体系改革，合理划分各级政府的财权事权和支出责任。① 其一，通过法律法规明确各级政府的职责。坚持中央在财权事权确认和划分上的决定权，覆盖全国的基本公共服务由中央负责，辖区内基本公共服务由地方负责，跨区域基本公共服务由上级和本级政府共同负责，捋顺省、市、县三级政府的职权范围。其二，完善转移支付制度。适度加强中央政府对跨省基本公共服务的支出责任，扩大一般性转移支付规模，完善转移支付管理制度、规范转移支付分配行为，严格甄别、控制专项转移支付项目。其三，提高主要分享税种的地方分成比例，健全以房地产税为代表的地方税体系，赋予地方政府更多财政自主权。

改革政绩考核机制，抑制地方政府投资冲动。第一，加快形成推动高质量发展的政绩考核评价体系。要适应新时代中国特色社会主义发展要求，弱化GDP 考核指标，不能简单以经济总量及增长率论英雄。强化地方政府债务考核指标，从严整治违法违规举债问题。统筹推进新时代“五位一体”总体布

---

①　根据《国务院关于推进中央与地方财政事权和支出责任划分改革的指导意见》，2020 年要形成中央与地方财权事权和支出责任划分的清晰框架。

局，强化民生改善、社会进步、环境保护等考核指标，实现地方政府职能从经济建设向提供基本公共服务转变。第二，精简各类考核指标，简化考核程序；严控“一票否决”事项，降低基层干部迎考迎评负担。第三，强化考评奖惩机制的激励约束作用。强调考评结果的权威性，考评奖惩要体现在干部选拔任用和末位淘汰过程中，既要激发干部工作热情，又要约束干部不正当行为。

二、风险层面

防范化解地方债务风险，遏制隐性债务增量。一方面，“开前门”“堵后门”，规范和加强地方政府债务管理。针对“开前门”，要加快建立规范的地方政府举债融资机制，科学制定省市县三级政府的债务限额，规范地方政府债券的偿债来源①，打破刚性兑付。针对“堵后门”，严格执行《中华人民共和国预算法》和《中华人民共和国担保法》，对政府购买服务列出负面清单，严禁地方政府利用PPP项目、各类政府投资基金等方式违法违规变相举债，对挪用债务资金或改变既定资金用途等行为“发现一起，查处一起，问责一起”；建立完善考核问责机制，加大督查问责力度，落实地方政府的属地管理责任，做到“终身问责、倒查责任”，硬化地方政府预算约束。另一方面，针对地方政府间接负债、或有负债、隐性负债，要建立隐性债务监测监督机制，科学制定隐性债务统计口径，搭建大数据监测平台，摸清存量底数；加大对融资平台公司的处置力度，逐步剥离其政府融资职能，推动融资平台公司市场化经营。

加强对土地财政的监管，缩小“寻租”空间。第一，逐步改变土地资源主要依靠行政配置的现象。压缩土地以行政划拨和协议出让比重，增加土地“招、拍、挂”出让面积，提高土地配置效率。第二，严查土地“寻租”行为。要改变“重审批轻监管”的政府行为，特别是加强建筑用地批后监管，如对土地合同履约情况进行合规性监管、依据相关法律法规定期清理闲置用地。相关

① 一般债券主要通过一般公共预算收入偿还，而专项债券由对应的政府性基金偿还。

部门联合制定建设用地复核验收标准,形成部门监管合力;建立批后监管部门协调机制,避免多头监管导致行政成本过高的局面。第三,规范土地出让金收支管理。为了整治土地出让金收支乱象,应核定土地出让金征收金额,依法进行催缴,确保土地出让金征收入库并进行核对,将土地出让金收支管理情况作为重大事项定期公开,增加土地出让收支信息透明度。

三、供给层面

加快集体经营性建设用地入市流通,打破土地一级市场卖方垄断。党的十九大报告指出,要完善产权制度和要素市场化配置,与其他生产要素相比,土地市场化进展缓慢,为此要扎实推动城乡土地市场一体化改革。第一,深化利用农村集体经营性建设用地建设租赁住房试点①,按照"同地、同权、同价"原则推动村集体土地入市,做好安全监管工作,这样做不仅能纾解基层政府财政困难②、提高农民财产性收入,还能打破土地垄断、改变建设用地供应主体单一的局面。第二,完善征地制度。确保征地程序公开透明,做好征地协商工作;参照市场价制定合理的征地补偿标准,提高农民的土地财产收入。与企业合作,为被征地农民提供职业技能培训,在"留用地"推广新品种、新技术,切实保障被征地农民的生存发展能力,化解征地矛盾和冲突。

完善耕地总量动态平衡制度,优化土地利用结构。第一,土地复耕、复垦是增加耕地面积的主要途径,要探索农村宅基地"三权分置",加快清理闲置农村住房,整理出成片土地并根据规划复耕或作为建设用地,提高农村土地使用效率。第二,城市无节制的扩张是耕地面积锐减的根本原因,保护耕地需要从提高城市建设用地配置效率着手,通过弹性年限出让土地、长期租赁等方

① 村集体可以自行开发运营租赁住房,也可以通过联营、土地入股方式运营。

② 农业税全面取消后,乡(镇)政府财政收入锐减,由于土地二元制度,乡(镇)政府缺乏可供出让、抵押的土地资源,主要依赖财政转移支付,而县级政府下拨的资金不足以覆盖乡(镇)政府的财政支出,致使乡(镇)有效公共品供给不足。

式，提高工业用地利用率。第三，要以实施跨区域指标计划和建立全国土地市场为抓手，推动土地市场化改革，纠正土地资源错配。具体而言，要根据房地产库存实现建设用地计划指标的动态调整，即房地产库存不足的城市要增加建设用地计划指标，库存过量的城市要减少计划指标；建立全国性的土地置换指标交易市场，允许城市化进程较快的地区购买其他地区腾退的耕地指标。

四、需求层面

从短期来看，坚持分类调控、因城因地施策，抑制资产泡沫。为了提升监管效率，需要建立和完善房地产统计和监测预警机制，科学研判房地产市场供求关系，严厉打击房地产企业和中介机构违法违规行为。进一步夯实地方政府的主体责任，继续坚持分类调控、因城因地施策，保持政策的连续性和稳定性，逐步建立和完善差异化的调控政策体系。考虑到宏观调控的滞后性，房地产市场存在“上有政策、下有对策”的理性预期，不可急于求成，需要进行窗口指导，处理好宏观调控的度，形成“活而有序”的房地产市场以及“控而不死”的监管体系，避免“跷跷板效应”。

从长期来看，加快建立租购并举的住房制度。城市群建设是新一轮城镇化的主要实现形式，劳动力向中心、次中心城市集聚的趋势在短期内不会改变，为此需要加快建立多主体供应、多渠道保障、租购并举的住房制度，完善促进房地产市场平稳健康发展的长效机制。一方面，加快发展住房租赁市场。鼓励民间资本进入住房租赁市场，规范住房租赁交易环节，强化住房租赁信用管理；为利用农村集体经营性建设用地建设租赁住房试点制定相应的管理办法，确保配套基本公共服务。另一方面，加大公租房保障力度。通过资产证券化、财政补贴、税收减免等方式解决公租房融资难题；完善公租房管理办法，对骗租行为要严惩不贷，并记入社会信用档案。

第十章　地方政府土地出让与宏观经济波动

本章致力于将土地财政与宏观调控对经济波动的影响纳入一个完整的框架内进行研究，建立一个简洁的计量模型，利用 2008—2016 年 98 个一、二、三线城市的面板数据进行实证分析。研究显示：(1) 当宏观调控存在时，土地财政确实会影响经济波动。(2) 总投资是土地财政与宏观调控作用于经济波动的主要传导渠道。(3) 一线/热点二线城市与非一线/热点二线城市的土地财政对经济波动的影响机理不同，截然相反的结果可以通过差异化预期来解释。本章为地方政府如何摆脱土地财政的束缚提供了一个视角：合理划分中央与地方的事权，用更加明晰的分权体制，规范地方政府的投资行为，逐渐降低地方政府对土地财政的依赖。

增加土地出让收入，是地方政府推高房价的重要激励。数据显示，2015 年中国一线城市的房价收入比高达 19。也就是说，在一线城市，平均一个居民需要工作 19 年才能买得起一套住房。目前，楼面价(单位建筑面积分摊的土地出让价格)已超过房地产价格的 40%，土地出让价格的主要推手为土地的垄断者——地方政府。1994 年分税制改革，中央与地方的财政收入得以明确，但财政支出的划分却不清晰。由于路径依赖的存在，地方政府承担了与财权不相匹配的事权，地方财政的资金缺口扩大。2015 年以前，地方政府不能发行公债，财政赤字只能通过各种预算外收入弥补。另一方面，1998 年住房制度改革后，房地产市场兴起，带动土地升值，以国有土地使用权出让收入（以下简称“土地出让收入”）为代表的土地财政，极大地提高了地方政府的财力。2016 年，全国财政收入为 15.96 万亿元，同比增长 4.5%；土地出让收入高达 3.74 万亿元，同比增长 15.1%，而在 1993 年，这一数字仅为 300 亿元。此外，地方政府依靠土地储备进行抵押融资。作为与中央政府博弈的主体，地方政府有意放大土地出让收入，在满足地方经济建设的同时，为自己的目标提供财力上的支持。因此，地方政府存在推高房价的激励。

在特定的时期，土地出让收入缓解了地方财政吃紧的问题，实现了地方政府推动当地基础设施建设、发展本地经济的职能，因此，土地财政的存在有其合理性。但是，高房价为经济增长的可持续性埋下隐患。目前，部分城市过快增长的房价已经对社会稳定造成了一定的影响。一方面，高房价加快了社会财富的再分配过程，加剧了两极分化，阻碍了全社会福利水平的提升；另一方面，高房价挤出了私人投资与消费，资产泡沫化严重，经济存在“脱实向虚”的风险。土地财政带来的另一个问题是地方政府债务高企，可能会引起金融的系统性风险。

与地方政府相比，中央政府的目标更加多元化，为了抑制房地产泡沫，中央政府将购房数量作为宏观调控的重点对象，主要采取紧缩的货币政策、限购、限贷等多种宏观调控手段。2008 年以来，限购、限贷政策在短期内达到了立竿见影的效果。针对房地产市场泡沫，以限购、限贷为代表的宏观调控造成了经济的异常波动。70 个大中城市住宅价格指数显示（如图 10-1 所示），从 2008 年起，商品房价格呈现出明显的波动性。而针对 100 个一、二、三线城市土地出让收入的监测显示（如图 10-2 所示），从 2008 年起，地方政府的土地出让收入以及溢价率也出现了明显的波动。此外，一线/热点二线城市房价水平远高于非一线/热点二线城市，这意味着一线/热点二线城市的土地出让价格昂贵，因此一线/热点二线城市政府存在过度激励问题。

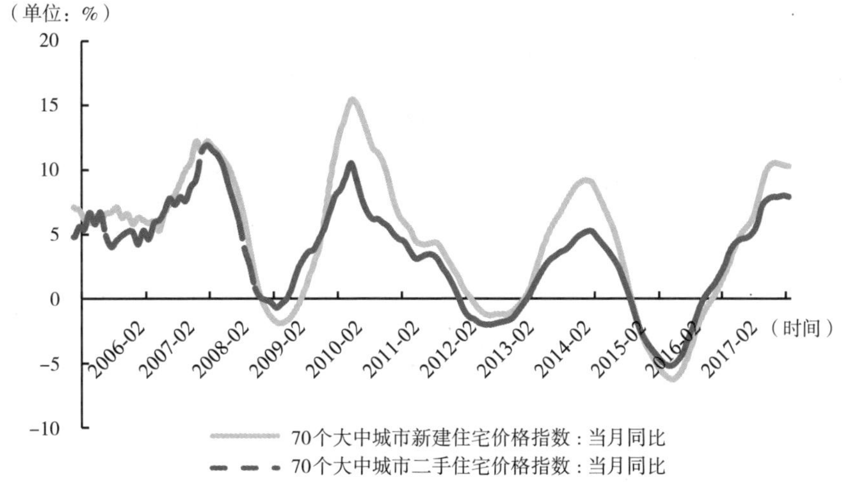

图 10-1　70 个大中城市新建住宅及二手住宅价格指数波动情况

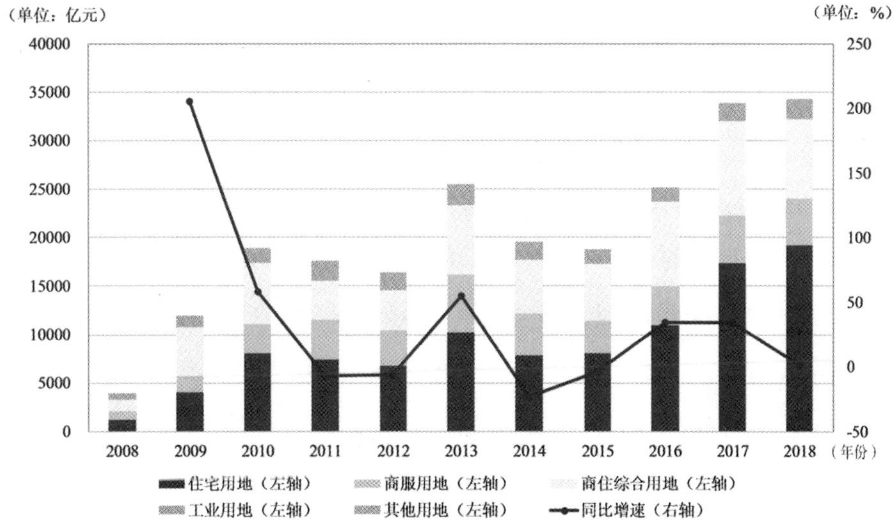

图 10-2　2008—2018 年 100 个一、二、三线城市的土地出让收入呈现波动性特征

资料来源：Wind 资讯。

针对房地产泡沫，中央的宏观调控面临稳增长与调结构的两难局面。2012 年起，中国经济步入新常态。为了实现经济的中高速增长，需要采用刺激性政策，推动实体经济的复苏。但宏观调控一不小心就会走向反面，资金从实体经济流向虚拟经济,流向房地产行业。土地出让市场异常活跃,一线/热点二线城市的房价不断创新高,引发资产价格泡沫。虚拟经济的巨大泡沫最终迫使中央再一次使用限购、限贷和行政问责等手段。因此,需要合理划分中央与地方的事权,用更加明晰的分权体制规范地方政府的投资行为,逐渐降低地方政府对土地的依赖。

第一节　土地财政的定义与特点

与西方国家相比,中国的土地市场的不同之处在于,土地为国家所有,一级土地市场的交易对象为土地使用权,且土地使用权有固定的使用年限。此外,土地使用权的出让收入,是土地产生的最主要收入,它具有一次性的特点。而在西方国家,基于存量土地征收的物业税、房产税,是土地产生的最主要收入,它们具有连续性、持久性的特点。

根据赵燕菁(2014)的定义,土地财政是指地方政府出让城市的国有土地使用权,获取土地出让收入,为地方基建进行融资。如表 10-1 所示,土地批租制度是土地财政的起点。分税制改革后,地方政府垄断了土地一级市场的供给。住房制度改革,使土地资源的价值被重估,土地出让收入快速增加。“招、拍、挂”的土地出让方式,具有市场化的特征,最大化地方政府的土地出让收入。土地储备抵押融资制度,大大提高了地方政府的信用。

表 10-1　土地财政的演变

年份	土地财政的重大事件	意义
1987	深圳经济特区率先效仿香港的土地批租制度,土地信用方便了地方政府的融资	土地财政的起点
1994	分税制改革使得地方政府扩大财政收入的税收工具减少,土地批租、政策优惠等非税收手段成为重要的替代工具	地方政府成为土地一级市场的垄断者
1998	住房制度改革后,房地产市场兴起,土地快速升值	土地资源的价值被重估

续表

年份	土地财政的重大事件	意义
2005	“招、拍、挂”的土地出让方式在商业和住宅用地市场全面实施	市场化的土地出让方式
2007	土地储备抵押融资制度形成，地方政府可以将储备的土地，依据市场评估价值进行抵押贷款	大大提高了地方政府的信用

资料来源：笔者整理得到。

1994 年分税制改革后，地方政府垄断了土地一级市场的供给。为了提高地方政府发展经济的积极性，1980 年国务院试行“划分收支、分级包干”的财政体制，开始“分灶吃饭”，1985 年将其推广至全国。1988 年实行“财政大包干”，实质上是“分灶吃饭”的延续与发展。“分灶吃饭”式的财政分权体制，使中央财政收入占全国财政收入的比重一度下降至 30%以下，而支出比重却维持 40%左右。为了提高中央的威权和宏观调控能力，1994 年 1 月 1 日起，全面实行分税制财政管理体制。中央将税种划分为中央税、共享税、地方税，统一制定税率，明确划分了中央和地方的财政收入。但是，事实上分税制改革只涉及收入划分，未涉及支出划分，对于中央与地方的事权更多体现了路径依赖（杨志勇，2016），地方政府在财权上收、财力下滑的情况下，事权并未相应地减少。如图 10-3、图 10-4 所示，分税制改革后，地方财政收入占全国财政收入的比重从接近 80%下降至 45%—50%，而支出比重却从接近 60%逐步上升至 70%左右，财权重归中央，地方政府的财政资金出现缺口。为了换取地方政府对分税制改革的支持，1994 年起，原本上缴中央的土地出让收入允许地方政府留存，地方政府实际上垄断了土地一级市场的供给。

土地批租制度是土地财政的起点。改革开放以前，城市建设用地实行无偿的行政划拨使用制度，导致了土地资源的错配和效益的损失。1979 年，《中华人民共和国中外合资企业经营法》颁布，规定国企可以提供场地使用权的方式投资入股合资企业，合资企业也可以直接向政府缴纳城市建设用地使用费。至此，城市建设用地开始从无偿划拨向有偿使用转变。1986 年《中华人

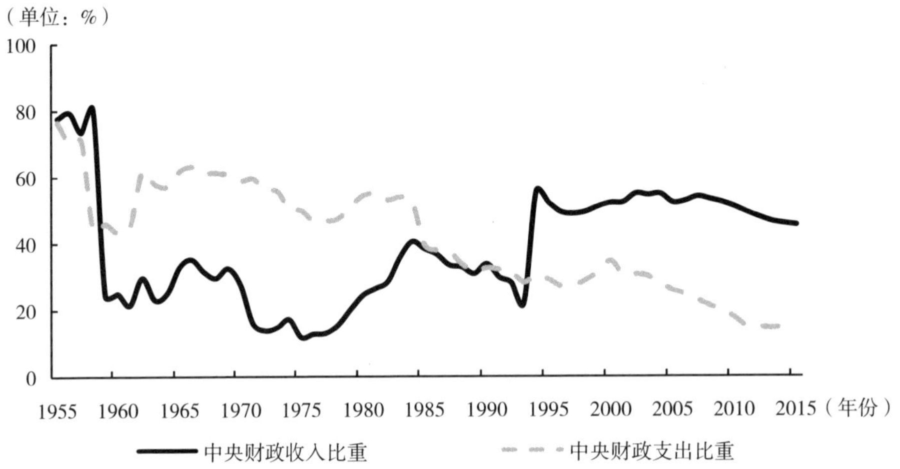

图 10-3　1955—2015 年中央财政收支变迁

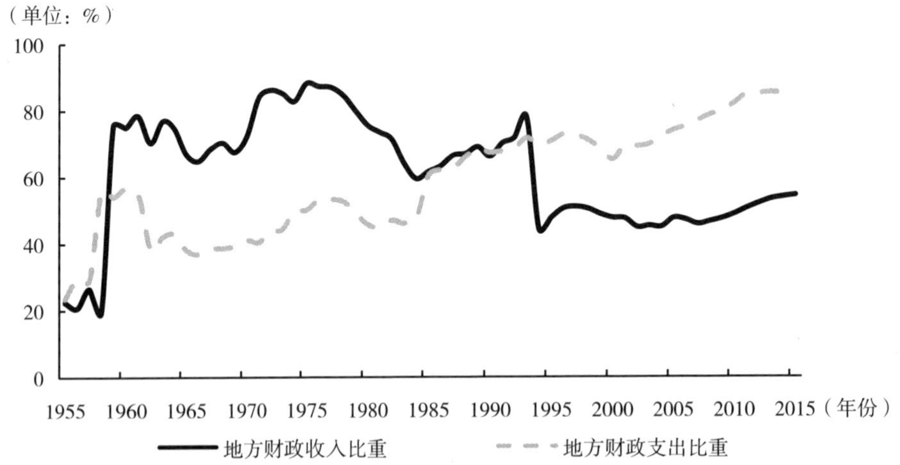

图 10-4　1955—2015 年地方财政收支变迁

民共和国土地管理法》颁布，规定国有土地可有偿使用、依法转让。1998 年新修订的《中华人民共和国土地管理法》进一步规定，集体土地虽然还不允许直接转让，但可以根据经济建设需要，被有偿征用。1987 年，深圳经济特区从香港的土地批租制度借鉴了相关经验，率先进行土地使用权出让转让试点。

1990 年,国务院进一步规定了土地使用权出让和转让的细则,土地使用权的出让和转让进入实际执行层面。

“招、拍、挂”是一种市场化的土地出让方式,逐渐成为土地批租制度的主要实现形式。1994 年,《中华人民共和国城市房地产管理法》颁布,规定土地使用权的出让方式包括招标、拍卖、挂牌(以下简称“招、拍、挂”)和协议出让。国土资源部在 2002 年、2003 年陆续出台了“招、拍、挂”和协议出让细则。“招、拍、挂”具有明显的市场竞争特点,土地使用权由价高者得,地方政府从中获得最多的溢价。协议出让方式主要针对工业用地,与住宅和商业用地市场不同的是,工业用地是典型的买方市场,协议出让方式实质上是亏本出让,地方政府的盈利来自企业达产后稳定的税收,以及人口集聚带来的商住用地的增值。

住房制度改革后,房地产市场兴起,土地快速升值。1998 年,国务院决定深化城镇住房制度改革,在全国范围内实施货币化的住房分配政策,取代之前的实物住房分配,鼓励加快住房建设。住房制度改革以及消费结构升级,推动住房从用于居住的消费品向保值增值的投资品转变。同时,很多城市为了让周边土地升值,为购房者提供落户、住房贷款利率折扣等一系列优惠政策,极大地刺激了当地房地产的发展,带动对于周边土地的需求,土地出让收入快速增加。土地的需求旺盛,而土地的供给受到天然的限制,因此土地自身的价值被市场重新定义。土地储备抵押融资制度使土地信用成为地方融资的主要手段。2001 年,针对建设用地,国务院出台相关政策,规定有条件的地方政府试行土地收购储备制度。2007 年,三部委联合印发《土地储备管理办法》,规定地方政府收购储备的土地,按照市场评估其价值,地方政府可以凭借土地储备申请抵押贷款。土地储备抵押融资制度为地方政府主导的基础设施建设提供了融资平台,增加了地方政府推高土地价格的激励。但是,土地财政具有一次性、波动幅度大的特点,很可能引发地方政府债务风险。

第二节　土地财政、宏观调控与经济波动的机理分析

一、土地财政对经济波动的影响

（一）土地财政的形成原因

多数国内的文献认为，分税制改革导致了土地财政的出现。1994 年全面实施分税制改革后，地方政府的财权与事权出现了明显的不匹配。土地出让收入作为一项预算外收入，成为地方政府填补财政缺口的主要收入来源（Lichtenberg 和 Ding，2009；吴群和李永乐，2010；陈志勇和陈莉莉，2011；贾康和刘微，2012）。宋勃和高波（2007）将通货膨胀纳入分析框架，研究发现，长期来看，房价和土地出让价格存在双向因果关系。卢洪友等（2011）利用 2005—2007 年的地级市数据，实证研究了财政分权体制与土地财政的内在联系。他们的研究发现，地方政府大力发展土地财政，并不是为了增加财政收入、发展当地经济、获得政治晋升的竞争冲动，而是为了缩小财政缺口、提供更多公共服务的"无奈之举"。黄少安等（2012）发现，地方政府热衷于发展房地产是为了获取更多房地产租金，包括土地出让收入和基于土地的相关税收。短期内，地方政府的财政收入呈现出明显的"租税替代"关系。也就是说，来自房地产的租金收入越多，来自其他行业的税收越少。孙秀林和周飞舟（2013）利用省级年度数据，验证了分税制改革对于土地财政极强的推动作用。李郇等（2013）利用时空动态面板计量模型，将分税制改革、地方竞争等理论纳入一个统一的框架内研究。他们的研究发现，横向的竞争模仿和路径依赖，导致了地方政府土地财政的出现。另外，房地产价格指数对于土地财政，也具有一定的促进作用。

（二）土地市场影响经济波动的传导渠道

吕炜和许宏伟(2012)发现,土地财政受到经济波动、政府住房政策的影响,土地财政自身的频繁波动也加剧了宏观经济波动。郭庆旺和赵旭杰(2012)发现,地方政府的投资行为受到晋升激励和财政激励的影响。地方政府在投资规模上的竞争导致投资冲击,进而造成全国的经济周期波动。范子英(2015)发现,中国地方政府是一种发展型政府,在本地经济发展过程中扮演了"援助之手"的角色。2008 年全球金融危机以后,为了缓解增长压力,中央政府放松了对地方政府融资平台的管制,刺激了地方政府的投资行为,最终加剧了宏观经济波动。吕炜和高帅雄(2016)在传统的 DSGE 模型中,引入政府在土地市场的作用,并对影响宏观经济波动的各种冲击进行了模拟。模拟的结果显示,居民消费的上涨速度跟不上投资与产出增速,而高房价会进一步压缩居民对实体经济产品的消费能力。在经历短暂的繁荣后,资产价格泡沫破灭,实体经济恶化,宏观经济波动加剧。值得一提的是,国内已有文献开始研究土地财政对经济波动可能造成的影响。项后军等(2017)研究了地方债务影响经济波动的传导渠道,以及该传导渠道的两大影响因素——土地财政和政治周期。他们利用 2003—2013 年的省级面板数据,对地方债务与经济波动的关系进行了实证分析。研究发现,地方债务通过投资波动影响经济波动,而土地财政的变动加强了地方债务对经济波动的作用。

二、宏观调控对经济波动的影响

（一）宏观调控与经济波动

国外关于宏观调控与经济波动的研究围绕政府的财政规则对经济周期的影响展开。泰勒(Taylor,2000)认为,美国政府的逆周期财政政策应该起到自动稳定器的作用,而不能相机抉择。货币政策对于产出和通货膨胀的反应更具有系统性,20 世纪 80 年代和 90 年代的超长期扩张政策显得非常有效。相机抉择的财政政策让货币政策难以达到既定的效果,财政政策应该专注于长期的目标,如税收制度改革和社会保障制度改革。私人投资、私人消费是财政政策影响宏观经济波动的主要途径。泰勒(2011)进一步分析,2000 年以后美国政府的“一揽子”刺激计划并没有明显影响居民消费或政府采购。联邦政府的采购仅仅带动了一小部分消费,而州政府和县政府用转移支付替代政府采购,州政府和县政府采购的减少远大于联邦政府采购的增加。国内关于宏观调控与经济波动的研究,围绕中央政府宏观调控的效果展开。耿强等(2011)认为,产能过剩引起了宏观经济波动,而政策性补贴和外生的随机冲击是产能过剩的重要原因,政策性补贴是引起增量投资波动的最主要因素。李成等(2011)首次在国内使用新凯恩斯 DSGE 模型,检验了宏观政策管理通胀预期的效果,模拟的结果显示,测度的通胀预期较好反映了 1992 年以来中国通胀水平的变化。张志栋和靳玉英(2011)使用 1980—2009 年的数据进行实证分析,验证了财政政策和货币政策对于物价的作用。他们的研究显示,1980—1997 年的货币政策主导了价格的形成,而 1998 年以后财政政策起主导作用。贾俊雪(2012)发现,1998 年起,中国的货币政策从直接调控向间接调控转变。也正是在 1998 年,财政政策作为逆周期的宏观调控工具,开始与货币政策配合使用。

(二)财政分权与经济波动

国内文献的研究重点在于,财政分权对经济波动的影响。郭庆旺和贾俊雪(2006)认为,地方政府的引资竞争会引发企业投资冲动,造成宏观经济波动。郭旭新(2007)发现,在向市场经济转型的过程中,由于信息不对称和软预算约束的存在,财政分权并没有达到应有的效果,地方政府的过度投资行为造成了宏观经济波动。周业安和章泉(2008)使用 1986—2004 年的省级面板数据,检验了财政分权与经济波动之间的关系。他们的研究表明,财政分权解释了相当一部分的宏观经济波动。不仅如此,财政分权还通过影响固定资产投资和外商直接投资,进一步加剧了宏观经济波动。方红生和张军(2009)通过实证研究发现,地方政府倾向于扩张型的财政行为,这是由财政分权带来的地方政府竞争,以及地方财政预算软约束造成的。在经济衰退期,地方政府倾向于执行积极的逆周期财政政策,刺激经济增长;在经济繁荣期,地方政府倾向于不执行中央的逆周期财政政策,而是继续实施积极的顺周期财政政策,导致经济波动加剧。蒋伏心和林江(2010)的研究表明,1994 年实行的分税制改革,财政集权度提高,改变了地方财政的顺周期属性,导致宏观经济波动趋于平稳。李猛和沈坤荣(2010)按照"条条块块"的方法,重新划分了中国宏观经济波动的冲击来源。他们的研究发现,地方政府冲击解释了 30%左右的中国经济波动,而地方政府冲击主要来自地方政府的短期化行为。陈志勇和陈思霞(2014)发现,当不透明的制度环境和分权激励存在时,地方政府存在投资冲动,地方财政预算软约束加剧,地方政府的投资效率低下。

已有文献关注中央与地方的博弈对经济波动的影响。沈坤荣和孙文杰(2004)研究发现,每当地方政府预期宏观调控将趋于紧缩时,都会在新的调控政策实施前进行最后的一波刺激,从而减弱了宏观调控的效果。为了达到宏观调控的目的,中央政府被迫出台更加严厉的政策,最终导致经济波动。宋春合和吴福象(2017)发现,中央政府的宏观调控具有相机抉择的特点,如果预测到中央对房地产的调控会打压房价,地方政府为了维持高房价,会采取相应对策,削弱宏观调控对本地房地产市场的影响。

(三)宏观调控、预期冲击与经济波动

刘伟和苏剑(2007)指出,在调控经济失衡的方法层面,中央与地方政府存在明显的周期性差异,而这种差异影响了宏观调控的实施效果。中国经济增长与宏观稳定课题组(2011)发现,中国的宏观调控融合了市场手段和行政手段。张勇和李政军(2015)探讨了宏观调控对于宏观经济波动,特别是通胀

预期的影响，在开放经济条件下，以金融抑制和汇率支持为代表的货币体制导致了严重的高杠杆和结构性问题。

近年来，预期冲击也成为影响经济波动的重要因素，但宏观调控与预期冲击共同作用于经济波动的研究还比较少。庄子罐等（2012）将预期冲击引入一个小型 DSGE 模型，发现预期冲击解释了超过 70%的产出波动和投资波动，预期是造成中国经济波动的主要力量。胡永刚和郭长林（2013）在传统的 DSGE 模型中引入财政支出规则，研究了财政政策对居民消费的影响。模拟的结果显示，财政支出规则改变了居民的财富效应和预期，从而影响了居民的消费行为。为了应对财政支出增加，政府会提高税收收入，居民预期到未来的收入将会因为税收的增加而减少，因此会减少当期的消费。而当财政政策的反应程度达到临界值后，居民预期未来经济会复苏，当期的居民消费增加。马文涛等（2016）根据中国现实构建了一个新的 DSGE 模型，并以此研究宏观调控与通胀预期管理的关系。他们的研究表明，市场手段在很短的时间有效遏制了通胀预期，但行政手段并没有退出宏观调控，而是通过微观预算软约束层面的逆向选择效应，使货币政策与信贷供给状态出现了不一致，对通胀预期管理造成不利影响。

现有文献的不足之处在于，第一，没有将土地财政与宏观调控对经济波动的影响纳入一个完整的框架内进行研究。第二，当存在对宏观调控的差异化预期时，一线/热点二线城市与非一线/热点二线城市的土地财政对于经济波动的影响可能是不同的，而这一问题没有得到充分的重视。本章试图完善这一方向的文献。

三、土地财政、宏观调控与经济波动的关系

（一）土地财政、宏观调控与经济波动

1994 年分税制改革，中央与地方的财政收入得以划分明晰，财权重新集

中于中央，但财政支出却没有得到明确的划分，地方政府仍然是基础设施建设的投资主体，财政支出不断增加，但财政收入却出现萎缩，因此地方财政缺口呈现扩大的趋势。为了填补资金缺口，地方政府使用各种优惠政策，鼓励土地开发与房地产建设，从中获取土地出让收入和基于土地的各种税收收入。另一方面，房地产业的高额利润吸引更多资本进入该行业，而房地产业的快速发展为商业银行的信贷资金提供了一个稳定而回报率较高的投资渠道。一线/热点二线城市因为持续的人口净流入，土地资源相对稀缺，地方政府通过控制土地供应抬高土地出让价格，带动区域的房价快速增长，因此一线/热点二线城市的房地产出现了价格泡沫。非一线/热点二线城市的土地资源相对丰富，地方政府通过扩大土地供应获得更多的土地出让收入，房地产出现了数量泡沫。

那么，土地财政是否对宏观经济波动产生直接的影响？由于城市发展水平的差异，一线/热点二线城市房价水平远高于非一线/热点二线城市，土地出让价格昂贵，一线/热点二线城市政府的存在过度激励问题。因此，一线/热点二线城市政府与非一线/热点二线城市政府的行为存在明显的差异，这种差异导致土地财政对经济波动的影响并不稳定。同时，中央与地方的博弈造成了经济的异常波动。地方政府存在放大土地出让收入的激励。为了抑制房地产泡沫，中央政府将购房数量作为宏观调控的重点对象，主要使用限购、限贷等行政手段，并使用行政问责机制，敦促地方政府贯彻中央遏制房地产泡沫的目标。但是，这种宏观调控不仅造成土地出让收入的剧烈波动，引起地方政府的投资冲击，而且还会引起房地产投资与居民消费的波动，进一步加剧宏观经济波动。

（二）土地财政、宏观调控主要传导渠道

总投资是土地财政与宏观调控作用于经济波动的主要传导渠道。土地财政与宏观调控通过总投资作用于经济波动，随着土地出让收入的提高、宏观调

控的实施，总投资的增加导致经济波动越来越剧烈。当房地产过热时，地方政府的土地出让收入提高，地方政府主导的基建投资获得了更多的资金支持，具有明显的顺周期特征，带动社会总投资增加。同时，由于存在宏观调控的预期，房地产企业会在宏观调控实施前，加快获取土地储备步伐，社会总投资进一步增加。因此，总体而言，房地产过热时，土地财政与宏观调控通过总投资作用于经济波动，社会总投资增加，经济波动加剧。与此同时，地方政府拥有大量的土地储备，可以通过土地储备抵押融资。当房地产过热时，国有土地使用权的价格提高，地方政府储备的土地快速升值，地方政府的信用增强。也就是说，在房地产过热时，地方政府抵押土地储备，可以获得更多的信贷用于基建投资，带动社会总投资增加。但是，这种由土地升值而触发的投资行为同样具有明显的顺周期特征，加剧了经济波动。

（三）差异化预期、土地财政与经济波动

一线/热点二线城市与非一线/热点二线城市因房价和涨幅的不同，受到中央政府的宏观调控程度也不同，存在明显的差异化预期。因此，一线/热点二线城市与非一线/热点二线城市的土地财政对经济波动的影响是不同的。

对于一线/热点二线城市，土地出让收入的提高会降低经济波动，但是这种影响存在一定的滞后效应。当房地产过热时，中央的宏观调控集中于一线/热点二线城市，这些城市的共同点在于房价较高、上涨幅度较大。当中央的宏观调控开始实施时，一线/热点二线城市政府的土地出让收入减少，带动社会总投资下降，一线/热点二线城市的房地产开始降温，经济波动有所缓和。对于非一线/热点二线城市，土地出让收入的提高会加剧经济波动。当房地产过热时，由于宏观调控集中于一线/热点二线城市，非一线/热点二线城市的政府存在不会被宏观调控的预期，这种预期使得在宏观调控实施前，地方政府的土地出让收入并没有明显的提高。而当宏观调控开始实施时，因为房地产市场的繁荣，非一线/热点二线城市政府的土地出让收入增加，带动社会总投资

增加，最终加剧了经济波动。需要指出的是，无论是一线/热点二线城市，还是非一线/热点二线城市，当宏观调控实施后，土地财政收入的提高都会加剧经济波动。这是因为以行政手段为主的宏观调控，会引起房地产投资与居民消费的波动，最终造成宏观经济的异常波动。

第三节　土地财政、宏观调控与经济波动的实证分析

一、变量的度量

（一）土地财政的度量

国有土地按照用途可分为四类，分别为住宅用地、商服用地、工业用地、其他用地（如表 10-2 所示）。政府有权根据土地用途，规定土地批租的最高使用年限。商服用地和住宅用地（合称商住用地）采取市场化的“招、拍、挂”出让方式。实质上，“招、拍、挂”是一种溢价出让，能够最大化地方政府的土地出让收入，它构成了土地财政收入的主要部分。2016 年，全国商住用地成交价款占土地成交总价的比重为 86.9%。一方面，地方政府先行开发的土地，已经形成一定的人口流量，有效带动周边土地升值；另一方面，地方政府通过控制土地出让的数量，进一步提高土地出让收入，从而最大化土地资源带来的收益。我国 70 个大中城市普通住宅用地价格的快速上涨基本上始于 2005 年，这一年“招、拍、挂”的土地出让方式在商业和住宅用地市场全面实施。

表 10-2　国有土地分类及土地批租具体形式

土地用途	说明	土地批租方式	土地批租最高年限
住宅用地	城镇单一、混合住宅用地	招、拍、挂	70 年

续表

土地用途	说明	土地批租方式	土地批租最高年限
商服用地	商业、金融业等经营性服务业的建筑及附属设施用地。部分公建配套、公共设施等用地明确公布用于商业、办公等商服用途的,也归为商服用地	招、拍、挂	40 年
工业用地	工业、仓储用地	协议出让	50 年
其他用地	公用、水利设施用地,公共建筑用地,交通运输用地	协议出让	50 年

资料来源:国土资源部。

工业用地出让一般是协议出让,这种出让方式是一种亏本出让。与商住用地不同的是,工业用地是典型的买方市场。地方政府之间为扩大税基而展开的竞争,从某种程度上变成了土地价格战,全国范围内大规模的开发区建设就是通过低地价,甚至是负地价协议出让工业用地使用权,实现了对重点行业、重点企业的招商引资。表面上看,协议出让是一种亏本出让,但地方政府可以通过其他方式盈利。工业用地的主要需求方为制造业企业,企业达产后既可以创造稳定、持久的税收,又可以形成人口集聚,而人口集聚会产生刚需,从而带动商住用地升值。土地出让收入是土地财政的核心。从 2000 年起,土地出让收入占地方财政总收入的比重超过 40%,再加上基于土地的各种税收,如房地产开发企业缴纳的营业税、企业所得税、土地增值税、城建税,以及房地产交易产生的印花税、契税,土地财政占地方财政总收入的比例已经远超过 50%。综上,本章将土地出让收入作为土地财政的度量指标,选取的数据为土地成交价款。该指标越大,表明地方政府对土地的依赖度越高,土地财政影响地方政府行为的程度越深。

(二)宏观调控的度量

随着《国务院关于坚决遏制部分城市房价过快上涨的通知》的发布,提高住房贷款基准利率(限贷)、限定居民家庭购房套数(限购),成为“限购令”的主要落实方式。因此,本章使用虚拟变量衡量宏观调控,地级市政府执行住宅“限购令”(限购或限贷)的年份取值为1,放松或正式取消限购令的年份取值为0。

(三)经济波动的度量

本章的被解释变量为经济波动的度量指标。本章利用HP滤波,将总产出Y_t分成趋势性部分Y_t^*和周期性部分Y_t^c,Y_t^*表示潜在产出,Y_t^c表示产出缺口。经济波动的大小用产出缺口衡量,总产出的分解过程可通过以下公式的最小化得出:

$$\sum_{t=1}^{T}(\ln Y_t - \ln Y_t^*) + \lambda\sum_{t=2}^{T-1}[(\ln Y_{t+1}^* - \ln Y_t^*) - (\ln Y_t^* - \ln Y_{t-1}^*)]^2 \quad (10.1)$$

为了方便解释主要变量之间的关系,我们将每年的GDP取对数值。$\ln Y_t$代表总产出,$\ln Y_t^*$代表潜在产出,$\ln Y_t - \ln Y_t^*$代表产出缺口。λ为趋势性部分波动的惩罚因子,考虑到本章使用年度数据,λ取100。

二、计量模型的设定和估计方法

本章旨在将土地财政与宏观调控对经济波动的影响,纳入一个完整的框架内进行研究。我们选取了2008—2016年98个一、二、三线城市的面板数据,使用面板数据进行实证分析的好处在于,数据比较容易获得,并且样本容量较大,能有效缓解多重共线性问题。关于本章的模型设定,我们使用固定效应模型而非随机效应模型,因为固定效应模型可以控制地区固定效应与时间固定效应,有效缓解遗漏变量偏差问题。

根据前文的分析,我们提出如下假设,并根据假设建立新的模型。

假设1:土地出让收入对经济波动的影响不显著,宏观调控的实施会加剧经济波动。

根据假设 1,本章设定的基础模型(1)如下:

$$y_{i,t} = \beta_1 land_{i,t} + \beta_2 restrict_{i,t} + \varphi X + c_i + \nu_t + u_{i,t} \tag{10.2}$$

式中,i 表示城市,t 表示年份。$y_{i,t}$表示某城市的经济波动指标,下文的实证分析用 $gdp_hp_{i,t}$表示经济波动。$land_{i,t}$代表土地财政的度量指标,宏观调控的度量指标为虚拟变量 $restrict_{i,t}$。X 为一系列控制变量,包括总投资 $invest_{i,t}$、总消费 $consume_{i,t}$、对外开放程度 $open_{i,t}$、实际税负水平 $tax_{i,t}$、通货膨胀率 $inflate_{i,t}$、总人口 $people_{i,t}$。c_i为城市的不可观测效应,v_t表示年份固定效应,$u_{i,t}$代表独立同分布的随机误差项。在研究土地财政对经济波动的影响时,如果 x_1是显著的,那么土地财政确实会影响经济波动。如果土地财政与经济波动之间是正相关关系,则 x_1的符号为正,这意味着土地出让收入的增加会加剧经济波动。如果土地财政与经济波动之间是负相关关系,则 x_1的符号为负,这意味着土地出让收入的增加会缓和经济波动。在研究宏观调控对经济波动的影响时,如果 x_2是显著的,那么宏观调控确实会影响经济波动。如果宏观调控与经济波动之间是正相关关系,则 x_2的符号为正,这意味着宏观调控的实施会加剧经济波动。如果宏观调控与经济波动之间是负相关关系,则 x_2的符号为负,这意味着宏观调控的实施会缓和经济波动。

土地财政、宏观调控可能仅仅是影响经济波动的因素之一,想要验证土地财政、宏观调控与经济波动的关系,需要控制影响经济波动的其他主要因素,以缓解遗漏变量带来的估计结果偏差问题。本章参考了周业安和章泉(2008)、贾俊雪等(2012)关于控制变量的选取,最终选择 6 个控制变量:总投资 $invest_{i,t}$、总消费 $consume_{i,t}$、对外开放程度 $open_{i,t}$、实际税负水平 $tax_{i,t}$、通货膨胀率 $inflate_{i,t}$、总人口 $people_{i,t}$。总投资 $invest_{i,t}$以各城市的固定资产投资完成额来衡量,反映了投资对经济波动的影响。总消费 $consume_{i,t}$以各城市的社会消费品零售总额来衡量,反映了消费对经济波动的影响。外开放程度 $open_{i,t}$通过采用当年美元兑人民币期末汇率计算得到的进出口金额来衡量,反映了对外开放程度对经济波动的影响。实际税负水平 $tax_{i,t}$用各城市财政公共财政收入衡量,反映了实际税负水平对经济波动的影响。通货膨胀率 $inflate_{i,t}$ 用 CPI 的累计同比来衡量,反映了通货膨胀率对经济波动的影响。总人口 $people_{i,t}$ 反映了人口对经济波动的影响。

$gdp\_hp_{i,t}$ 为实际 GDP(单位:亿元)取对数值后经过 HP 滤波得到的波动,$land_{i,t}$ 为土地出让收入(成交总价,单位:亿元)取对数值。$invest_{i,t}$ 为固定资产投资完成额(不含农户,单位:亿元)取对数值,$consume_{i,t}$ 为社会消费品零售总额(单位:亿元)取对数值,$open_{i,t}$ 为对外开放程度(单位:亿元人民币)取对数值,$tax_{i,t}$ 为公共财政收入(不含土地出让收入,单位:亿元)取对数值,$people_{i,t}$ 为总人口(单位:万人)取对数值,$inflate_{i,t}$ 为通货膨胀率(CPI,单位:%)。对变量取对数,是为了方便解释结果。

假设 2:当宏观调控实施时,土地出让收入的提高会加剧经济波动。

根据假设 2,我们设定的模型(2)如下:

$$y_{i,t} = \beta_1 land_{i,t} + \beta_3 land_{i,t} \times restrict_{i,t} + \varphi X + c_i + \nu_t + u_{i,t} \qquad (10.3)$$

模型(2)在模型(1)的基础上,用土地财政 $land_{i,t}$ 与虚拟变量 $restrict_{i,t}$ 的交互项 $land\_restrict_{i,t}$ 替代虚拟变量 $restrict_{i,t}$。我们发现,固定效应模型存在 N-1 个个体效应,如果解释变量中存在虚拟变量,必然会因为固定效应差分而存在多重共线性陷阱。因此,本章使用交互项 $land\_restrict_{i,t}$ 还可以回避这一问题。

通过模型(2),可研究当宏观调控实施时,土地财政对经济波动的影响。如果 β_3 是显著的,那么宏观调控的实施确实会影响土地财政对经济波动的作用。当宏观调控实施时,如果土地财政与经济波动之间是正相关关系,则 β_3 的符号为正,这意味着当宏观调控实施时,土地出让收入的增加会加剧经济波动。当宏观调控实施时,如果土地财政与经济波动之间是负相关关系,则 β_3 的符号为负,这意味着当宏观调控实施时,土地出让收入的增加会缓和经济波动。

假设 3:总投资是土地财政与宏观调控作用于经济波动的主要传导渠道。

土地财政与宏观调控通过总投资作用于经济波动，随着土地出让收入的提高、宏观调控的实施，总投资的增加导致经济波动越来越剧烈。

因此，我们根据假设 3 设定的模型(3)如下：

$$y_{i,t} = \beta_1 land_{i,t} + \beta_4 invest_{i,t} \times land_{i,t} \times restrict_{i,t} + \varphi X + c_i + \nu_t + u_{i,t} \tag{10.4}$$

模型(3)在模型(2)的基础上，将一系列控制变量 X 中的 $invest_{i,t}$ 替换为 $invest_{i,t}$ 与 $land\_restrict_{i,t}$ 的交互项 $invest\_land\_restrict_{i,t}$。通过模型(3)，我们还可以研究土地财政与宏观调控作用于经济波动的传导渠道。如果 β_4 是显著的，那么总投资确实是土地财政与宏观调控影响经济波动的传导渠道。当土地出让收入增加、宏观调控实施时，如果总投资与经济波动之间是正相关关系，则 β_4 的符号为正，也就是说，当土地出让收入增加、宏观调控实施时，总投资的增加会加剧经济波动。当土地出让收入增加、宏观调控实施时，如果总投资与经济波动之间是负相关关系，则 β_4 的符号为负。也就是说，当土地出让收入增加、宏观调控实施时，总投资的增加会缓和经济波动。

根据第三节的机理分析，我们认为一线/热点二线城市与非一线/热点二线城市因房价和涨幅的不同，受到中央政府的宏观调控程度也不同，因此存在明显的差异化预期，最终土地财政对经济波动的影响机理也不同。我们据此设定假设 4。

假设 4：由于差异化预期的存在，对于一线/热点二线城市政府，上一期土地出让收入的提高缓和了当期的经济波动。对于非一线/热点二线城市政府，当期土地出让收入的提高加剧了经济波动。

为了证实假设 4，我们用城市房地产热度 hot_i（虚拟变量）识别出一线/热点二线城市和非一线/热点二线城市，当样本为一线/热点二线城市时取 1，当样本为非一线/热点二线城市时取 0，该变量不随时间而改变。这样，98 个城市的原样本被划分为 16 个一线/热点二线城市的子样本和 82 个非一线/热点二线城市的子样本。

对于一线/热点二线城市的子样本，我们根据假设 4 设定的模型(4)如下：

$$y_{i,t} = \beta_5 land_{i,t-1} + \beta_6 land_{i,t-1} \times restrict_{i,t} + \varphi X + c_i + \nu_t + u_{i,t} \quad (10.5)$$

对于非一线/热点二线城市的子样本，我们使用模型(2)。

通过模型(2)、模型(4)，可以研究，对于一线/热点二线城市与非一线/热点二线城市，土地财政对于经济波动的影响是否有所不同。对于一线/热点二线城市，如果β_5是显著的，那么一线/热点二线城市滞后一期的土地出让收入确实会影响当期的经济波动。对于非一线/热点二线城市，如果β_1是显著的，那么非一线/热点二线城市的土地出让收入确实会影响经济波动。如果土地财政对于经济波动的影响机制不一致，则β_5与β_1的符号不同，这意味着城市房地产热度的不同产生了差异化预期，改变了土地出让收入与经济波动的相关关系。具体来看，对于一线/热点二线城市，如果滞后一期的土地出让收入与当期的经济波动之间是负相关关系，则β_5的符号为负，这意味着当房地产市场过热时，一线/热点二线城市政府存在中央严厉调控的预期，在中央的宏观调控出台以前，一线/热点二线城市的地方政府会想方设法获取更多的土地出让收入，而上一期的土地出让收入增加意味着当期的土地出让收入减少，当期的总投资下降，因此缓和了当期的经济波动。对于非一线/热点二线城市，如果土地财政与经济波动之间是正相关关系，则β_1的符号为正，这意味着当房地产市场过热时，非一线/热点二线城市的地方政府预期自身不会受到宏观调控的影响，当期的土地出让收入增加，总投资增加，因此加剧了经济波动。

三、数据说明

（一）被解释变量与主要解释变量的数据来源

总产出指标 $gdp_{i,t}$：以 2008—2016 年各城市的 GDP 现价作为当地经济总产出的衡量指标，GDP 现价来源于《中国统计年鉴》（2008—2016 年）以及《新中国六十年统计资料汇编》。经济波动指标 $gdp\_hp_{i,t}$：对各城市的 GDP 现价进行 HP 滤波处理，作为当地经济波动的衡量指标，λ 取 100。土地财政指标 $land_{i,t}$：2008—2016 年各城市的土地成交价款来源于国土资源部、各地国土局或土地交易中心。宏观调控指标 $restrict_{i,t}$：2008—2016 年各城市是否执行限购令来自公开资料。城市房地产热度指标 hot_i：虚拟变量，如果为一线/热点二线城市则为 1，否则为 0。其中，一线城市 4 个，分别为北京、上海、广州、深圳。热点二线城市 12 个，分别为天津、南京、苏州、杭州、合肥、福州、厦门、济南、郑州、武汉、重庆、成都。部分一、二、三线城市划分及土地出让收入统计口径如表 10-3 所示。

表 10-3　部分一、二、三线城市划分及土地出让收入统计口径

城市	统计范围	城市类别	城市	统计范围	城市类别
北京	全市	一线城市	郑州	市辖区	二线城市
上海	全市	一线城市	合肥	市辖区	二线城市
广州	市辖区	一线城市	哈尔滨	市辖区	二线城市
深圳	全市	一线城市	长春	市辖区	二线城市
天津	市辖区	二线城市	南昌	市辖区	二线城市
重庆	主城 9 区	二线城市	福州	市辖区	二线城市
杭州	主城区	二线城市	无锡	市辖区	三线城市
南京	市辖区	二线城市	贵阳	市辖区	三线城市
成都	市辖区	二线城市	南宁	市辖区	三线城市
武汉	全市	二线城市	海口	全市	三线城市
西安	市辖区	二线城市	昆明	市辖区	三线城市
青岛	市辖区	二线城市	银川	市辖区	三线城市
宁波	市辖区	二线城市	乌鲁木齐	市辖区	三线城市
大连	市辖区	二线城市	常州	市辖区	三线城市
沈阳	市辖区	二线城市	佛山	全市	三线城市
苏州	市辖区	二线城市	温州	市辖区	三线城市
太原	市辖区	二线城市	唐山	市辖区	三线城市
长沙	市辖区	二线城市	东莞	全市	三线城市

续表

城市	统计范围	城市类别	城市	统计范围	城市类别
厦门	全市	二线城市	烟台	市辖区	三线城市
济南	市辖区	二线城市	嘉兴	市辖区	三线城市

资料来源：国土资源部、各地国土局或土地交易中心。

（二）控制变量的数据来源

总投资指标 $invest_{i,t}$：各城市全社会固定资产投资完成额来源于《中国统计年鉴》（1997—2016 年）及《新中国六十年统计资料汇编》。总消费指标 $consume_{i,t}$：各城市全社会消费品零售总额来源于《中国统计年鉴》（1997—2016 年）及《新中国六十年统计资料汇编》。对外开放程度指标 $open_{i,t}$：各城市进出口金额（经营单位所在地）来源于国家统计局。实际税负水平指标 $tax_{i,t}$：各城市财政公共财政收入（不包含土地出让收入）来源于各地方财政局。通货膨胀率指标 $inflate_{i,t}$：CPI 的累计同比来源于国家统计局。人口增长率指标 $people_{i,t}$：各城市年末总人口数来源于《中国统计年鉴》（1997—2016 年）及《新中国六十年统计资料汇编》。表 10-4 为基本变量及统计描述。我们的样本涵盖 98 个一、二、三线城市，各城市的观察时间为 2008—2016 年。

表 10-4　基本变量及统计描述

变量	样本数	均值	标准差	最小值	最大值
经济波动/*gdp_hp*	794	0.000	0.049	−0.17	0.16
土地财政/*land*	873	4.259	1.507	−3.22	7.71
宏观调控/*restrict*	882	0.215	0.411	0	1
总投资/*invest*	775	7.302	0.828	5.02	9.56
总消费/*consume*	810	6.844	0.922	3.66	9.31
对外开放程度/*open*	787	6.227	1.745	0.92	10.40
实际税负水平/*tax*	788	5.299	1.047	2.66	8.77

续表

变量	样本数	均值	标准差	最小值	最大值
通货膨胀率/*inflate*	377	2.733	1.859	-2.66	8.19
总人口/*people*	749	6.265	0.633	4.03	8.02
城市房地产热度/*hot*	882	0.163	0.370	0	1

（三）多重共线性的处理方法

土地出让收入是地方政府总投资的重要资金来源之一，在进行回归时可能会出现多重共线性问题。我们利用方差膨胀因子（VIF）来判断多重共线性的严重程度，VIF 的值越大，多重共线性的严重程度越高。本章使用经验性的判断方法：当 0<VIF<10，不存在多重共线性。表 10-5 显示了 VIF 检验结果，我们从中看出，除了解释变量 *tax* 和 *consume* 外，本章解释变量的 VIF 值均小于 10，均值为 6.70，低于 10 的临界值。因此，我们可以作出以下判断：本章的主要解释变量不存在多重共线性。

表 10-5　方差膨胀因子（VIF）检验

	tax	*consume*	*invest*	*people*	*open*	*land*	*land_ restrict*	*inflate*	Mean
VIF	16.45	13.61	7.14	4.97	4.59	3.99	1.59	1.24	6.70
1/VIF	0.06	0.07	0.14	0.20	0.22	0.25	0.63	0.80	0.15

四、实证分析

（一）土地财政与宏观调控对经济波动的影响

表 10-6 给出了 2008—2016 年中国 98 个一、二、三线城市的土地财政、宏观调控与经济波动之间关系的估计结果。（Ⅰ）、（Ⅱ）、（Ⅲ）为基于面板数据的 OLS 模型，（Ⅳ）、（Ⅴ）分别为基于面板数据的固定效应与随机效应模型。

（Ⅰ）是在模型（1）的基础上进行 OLS 回归，但不包括控制变量。（Ⅰ）的结果显示，土地财政 $land_{i,t}$ 的系数为正，但是不显著。宏观调控 $restrict_{i,t}$（虚拟变量）的系数为正，并且该回归结果在 1%的水平下显著，表明宏观调控确实对经济波动产生影响，宏观调控的实施加剧了经济波动。因此，假设 1 得到验证。（Ⅱ）是在模型（2）的基础上进行 OLS 回归，但不包括控制变量。（Ⅱ）的结果显示，土地财政 $land_{i,t}$ 的系数为正，但是不显著。土地财政 $land_{i,t}$ 与宏观调控 $restrict_{i,t}$（虚拟变量）的交互项 $land\_restrict_{i,t}$ 的系数为正，并且该回归结果在 1%的水平下显著，表明当宏观调控实施时，土地财政确实对经济波动产生影响，土地出让收入的提高加剧了经济波动。（Ⅲ）同样是在模型（2）的基础上进行 OLS 回归，但包括 6 个控制变量。土地财政 $land_{i,t}$ 与交互项 $land\_restrict_{i,t}$ 的系数符号以及显著性与（Ⅱ）一致。

（Ⅳ）是对模型（2）进行回归，（Ⅴ）则是在模型（2）的基础上进行随机效应回归，（Ⅳ）、（Ⅴ）分别是固定效应和随机效应的回归结果。同时，我们进行了 hausman 检验，发现 χ^2 统计量为 58. 38，P 值为 0. 0000，结果在 1%的水平下显著，因此拒绝原假设，验证了前文选择固定效应模型而非随机效应模型进行估计的假设。（Ⅳ）的结果显示，土地财政 $land_{i,t}$ 与宏观调控 $restrict_{i,t}$（虚拟变量）的交互项 $land\_restrict_{i,t}$ 的系数为正，并且该回归结果在 1%的水平下显著，表明当宏观调控实施时，土地财政确实对经济波动产生影响，土地出让收入的提高加剧了经济波动。在其他影响因素保持不变时，宏观调控的实施使土地出让收入每提高 1%，经济波动将增加 0. 92%（$e^{0.0092}-1$）。因此，假设 2 得到验证。

表 10-6　土地财政与宏观调控对经济波动的影响

变量	（Ⅰ）	（Ⅱ）	（Ⅲ）	（Ⅳ）	（Ⅴ）
土地财政/*land*	0. 0010 （0. 0012）	0. 0005 （0. 0012）	−0. 0026 （0. 0030）	0. 0075** （0. 0037）	−0. 0026 （0. 0030）

续表

变量	（Ⅰ）	（Ⅱ）	（Ⅲ）	（Ⅳ）	（Ⅴ）
宏观调控/*restrict*	0.0423*** （0.0043）	—	—	—	—
交互项/*land_restrict*	—	0.0071*** （0.0008）	0.0098*** （0.0008）	0.0092*** （0.0009）	0.0098*** （0.0008）
总投资/*invest*	—	—	0.0158** （0.0064）	0.0070 （0.0188）	0.0158** （0.0064）
总消费/*consume*	—	—	−0.0168** （0.0082）	−0.1053*** （0.0262）	−0.0168** （0.0082）
对外开放程度/*open*	—	—	−0.0008 （0.0026）	0.0029 （0.0070）	−0.0008 （0.0026）
实际税负水平/*tax*	—	—	0.0019 （0.0074）	0.0744*** （0.0208）	0.0019 （0.0074）
通货膨胀率/*inflate*	—	—	0.0051*** （0.0011）	0.0055*** （0.0011）	0.0051*** （0.0011）
总人口/*people*	—	—	−0.0030 （0.0069）	0.0883* （0.0451）	−0.0030 （0.0069）
常数项/*_cons*	−0.0130*** （0.0050）	−0.0100* （0.0052）	−0.0073 （0.0291）	−0.3898 （0.2577）	−0.0073 （0.0291）
交互项	否	是	是	是	是
控制变量	否	否	是	是	是
Wald	123.57	102.66	319.68	—	264.77
F-test	—	—	—	44.00	—
Within R^2	0.2263	0.2023	0.5145	0.5687	0.5145
组别数	98	98	42	42	42
观测值数	785	785	317	317	317

注：***、**和*表示在1%、5%和10%的水平下显著。

（二）主要传导渠道总投资对经济波动的影响

表10-7给出了2008—2016年中国98个一、二、三线城市的总投资，作为土地财政与宏观调控的主要传导渠道，与经济波动之间关系的估计结果。（Ⅰ）、（Ⅱ）、（Ⅲ）、（Ⅳ）、（Ⅴ）都是基于面板数据的固定效应模型。

（Ⅰ）是对模型（3）进行回归，但不包括控制变量。交互项 $invest\_land\_restrict_{i,t}$ 由总投资 $invest_{i,t}$、土地财政 $land_{i,t}$ 与宏观调控 $restrict_{i,t}$（虚拟变量）相乘得到。（Ⅰ）的结果显示，交互项 $invest\_land\_restrict_{i,t}$ 的系数为正，并且该回归结果在1%的水平下显著，表明总投资确实是土地财政与宏观调控作用于经济波动的主要传导渠道，土地财政与宏观调控通过总投资作用于经济波动，当土地出让收入增加、宏观调控实施时，总投资的提高导致经济波动越来越剧烈。

（Ⅱ）同样对模型（3）进行回归，但包括5个控制变量（不含总投资 $invest_{i,t}$）。（Ⅱ）的结果显示，交互项 $invest\_land\_restrict_{i,t}$ 的系数符号以及显著性与（Ⅰ）一致，表明总投资确实是土地财政与宏观调控作用于经济波动的主要传导渠道，土地财政与宏观调控通过总投资作用于经济波动，随着土地出让收入的提高、宏观调控的实施，总投资的增加导致经济波动越来越剧烈。其他影响因素保持不变，当土地出让收入增加、宏观调控实施时，总投资每提高1%，经济波动将增加0.11%（$e^{0.0011}-1$）。因此，总投资作为土地财政与宏观调控的主要传导渠道，加剧了经济波动，假设3得到验证。

（Ⅲ）在模型（3）的基础上将交互项 $invest\_land\_restrict_{i,t}$ 更换为交互项 $invest1\_land\_restrict_{i,t}$，并进行回归。这一交互项由总投资滞后一期项 $invest_{i,t-1}$（回归时用 $invest1$ 表示）、土地财政 $land_{i,t}$ 与宏观调控 $restrict_{i,t}$（虚拟变量）相乘得到。用总投资滞后一期项 $invest_{i,t-1}$ 替代总投资 $invest_{i,t}$，主要是为了研究滞后一期的总投资是否也为土地出让收入与宏观调控的传导渠道，以进一步验证假设3是否成立。（Ⅲ）的结果显示，交互项 $invest1\_land\_restrict_{i,t}$ 的系数为正，并且该回归结果在1%的水平下显著。这一结果再次证明，土地财政与宏观调控通过总投资作用于经济波动，当土地出让收入增加、宏观调控实施时，总投资的提高导致经济波动越来越剧烈。假设3再次得到验证。（Ⅲ）的结果也表明，总投资对于经济波动的影响可能存在一定的滞后性。

（Ⅳ）在模型（3）的基础上将交互项 $invest\_land\_restrict_{i,t}$ 更换为交互项 $invest\_land1\_restrict_{i,t}$，并进行回归。这一交互项由总投资 $invest_{i,t}$、土地财政滞

后一期项 $land_{i,t-1}$(回归时用 land1 表示)与宏观调控 $restrict_{i,t}$(虚拟变量)相乘得到。用土地财政滞后一期项 $land_{i,t-1}$替代土地财政 $land_{i,t}$,主要是为了研究总投资是否也为滞后一期的土地出让收入与宏观调控的传导渠道,以进一步验证假设 3 是否成立。(Ⅳ)的结果显示,交互项 $invest_land1_restrict_{i,t}$的系数为正,并且该回归结果在 1%的水平下显著。这一结果证明,滞后一期的土地财政与宏观调控通过总投资作用于经济波动,当滞后一期的土地出让收入增加、宏观调控实施时,总投资的提高导致经济波动越来越剧烈。假设 3 再次得到验证。

表 10-7　总投资对于经济波动的影响

变量	(Ⅰ)	(Ⅱ)	(Ⅲ)	(Ⅳ)	(Ⅴ)
土地财政/*land*	0.0140*** (0.0019)	0.0083** (0.0037)	−0.0018 (0.0041)	—	—
土地财政滞后一期项/*land*1	—	—	—	0.0009 (0.0044)	0.0014 (0.0045)
交互项 1/*invest_land_restrict*	0.0013*** (0.0001)	0.0011*** (0.0001)	—	—	—
交互项 2/*invest*1_*land_restrict*	—	—	0.0009*** (0.0001)	—	—
交互项 3/*invest_land*1_*restrict*	—	—	—	0.0009*** (0.0001)	—
交互项 4/*invest*1_*land*1_*restrict*	—	—	—	—	0.0009*** (0.0001)
总消费/*consume*	—	−0.1022*** (0.0242)	−0.1386*** (0.0256)	−0.1267*** (0.0254)	−0.1350*** (0.0255)
对外开放程度/*open*	—	0.0030 (0.0070)	0.0081 (0.0072)	0.0064 (0.0071)	0.0076 (0.0072)
实际税负水平/*tax*	—	0.0770*** (0.0189)	0.0895*** (0.0204)	0.0821*** (0.0201)	0.0847*** (0.0203)
通货膨胀率/*inflate*	—	0.0056*** (0.0011)	0.0112*** (0.0014)	0.0101*** (0.0015)	0.0105*** (0.0015)
总人口/*people*	—	0.0919** (0.0446)	0.0343 (0.0534)	0.0480 (0.0523)	0.0383 (0.0530)

续表

变量	（Ⅰ）	（Ⅱ）	（Ⅲ）	（Ⅳ）	（Ⅴ）
常数项/_cons	-0.0691*** (0.0079)	-0.4017 (0.2519)	0.1826 (0.3124)	0.0477 (0.3027)	0.1466 (0.3078)
土地财政滞后一期项	否	否	否	是	是
总投资滞后一期项	否	否	是	否	是
控制变量	否	是	是	是	是
F-test	120.11	49.57	55.07	59.06	57.02
Within R^2	0.2657	0.5642	0.6233	0.6416	0.6314
组别数	98	42	42	42	42
观测值数	764	317	282	280	282

注：***、**和*表示在1%、5%和10%的水平下显著。

（Ⅴ）在模型（3）的基础上将交互项 $invest\_land\_restrict_{i,t}$ 更换为交互项 $invest1\_land1\_restrict_{i,t}$，并进行回归。这一交互项由总投资滞后一期项 $invest_{i,t-1}$（回归时用 *invest*1 表示）、土地财政滞后一期项 $land_{i,t-1}$（回归时用 *land*1 表示）与宏观调控 $restrict_{i,t}$（虚拟变量）相乘得到。用总投资滞后一期项 $invest_{i,t-1}$ 替代总投资 $invest_{i,t}$，用土地财政滞后一期项 $land_{i,t-1}$ 替代土地财政 $land_{i,t}$，主要是为了研究滞后一期的总投资是否也为滞后一期的土地出让收入与宏观调控的传导渠道，以进一步验证假设 3 是否成立。（Ⅴ）的结果显示，交互项 $invest1\_land1\_restrict_{i,t}$ 的系数为正，并且该回归结果在 1%的水平下显著。这一结果证明，滞后一期的土地财政与宏观调控通过总投资作用于经济波动，当滞后一期的土地出让收入增加、宏观调控实施时，总投资的提高导致经济波动越来越剧烈。假设 3 再次得到验证。（Ⅴ）的结果也表明，总投资对于经济波动的影响可能存在一定的滞后性。

（三）差异化预期下，土地财政对经济波动的影响

表 10-8 给出了 2008—2016 年中国 98 个一、二、三线城市中，一线/热点二

线城市与非一线/热点二线城市的土地财政与经济波动之间关系的估计结果。(Ⅰ)、(Ⅱ)、(Ⅲ)、(Ⅳ)、(Ⅴ)都是基于面板数据的固定效应模型。与(Ⅰ)不同的是,(Ⅱ)、(Ⅲ)、(Ⅳ)、(Ⅴ)使用了根据城市房地产热度 hot_i(虚拟变量)而划分的子样本。其中,(Ⅱ)和(Ⅲ)使用了一线/热点二线城市(hot=1)的子样本,而(Ⅳ)和(Ⅴ)使用了非一线/热点二线城市(hot=0)的子样本。

表 10-8　土地财政对经济波动的影响

变量	(Ⅰ)	(Ⅱ)	(Ⅲ)	(Ⅳ)	(Ⅴ)
土地财政/*land*	0.0075** (0.0037)	-0.0120 (0.0079)	—	0.0133*** (0.0044)	—
土地财政滞后一期项/*land*1	—	—	-0.0186** (0.0082)	—	0.0085 (0.0052)
交互项 1/*land_restrict*	0.0092*** (0.0009)	0.0096*** (0.0012)	—	0.0097*** (0.0013)	—
交互项 2/*land1_restrict*	—	—	0.0074*** (0.0014)	—	0.0083*** (0.0013)
总投资/*invest*	0.0070 (0.0188)	0.0549 (0.0351)	0.0170 (0.0449)	-0.0359 (0.0239)	-0.0211 (0.0224)
总消费/*consume*	-0.1053*** (0.0262)	-0.0769* (0.0402)	-0.0744 (0.0475)	-0.1018*** (0.0354)	-0.1512*** (0.0355)
对外开放程度/*open*	0.0029 (0.0070)	0.0216** (0.0096)	0.0253** (0.0104)	-0.0082 (0.0097)	-0.0073 (0.0095)
实际税负水平/*tax*	0.0744*** (0.0208)	0.0091 (0.0295)	0.0433 (0.0342)	0.1141*** (0.0276)	0.1180*** (0.0274)
通货膨胀率/*inflate*	0.0055*** (0.0011)	0.0041** (0.0018)	0.0110*** (0.0025)	0.0054*** (0.0015)	0.0092*** (0.0019)
总人口/*people*	0.0883* (0.0451)	0.0762 (0.0513)	0.0079 (0.0641)	0.1841** (0.0911)	0.1201 (0.1025)
常数项/*_cons*	-0.3898 (0.2577)	-0.5783* (0.3020)	-0.0398 (0.3912)	-0.8235 (0.5151)	-0.1947 (0.5808)
土地财政滞后一期项	否	否	是	否	是
城市房地产热度/*hot*	否	是,*hot*=1	是,*hot*=1	是,*hot*=0	是,*hot*=0
F-test	44.00	22.92	23.90	27.34	32.15
Within R^2	0.5687	0.6381	0.6848	0.5852	0.6574

续表

变量	（Ⅰ）	（Ⅱ）	（Ⅲ）	（Ⅳ）	（Ⅴ）
组别数	42	16	16	26	26
观测值数	317	128	112	189	168

注：***、** 和 * 表示在 1%、5%和 10%的水平下显著。

（Ⅰ）是对模型（2）进行回归，（Ⅰ）的结果显示，土地财政 $land_{i,t}$ 的系数为正，并且该回归结果在 5% 的水平下显著。土地财政 $land_{i,t}$ 与宏观调控 $restrict_{i,t}$（虚拟变量）的交互项 $land\_restrict_{i,t}$ 的系数为正，并且该回归结果在 1%的水平下显著，表明当宏观调控实施时，土地财政确实对经济波动产生影响，土地出让收入的提高加剧了经济波动。

（Ⅱ）使用了一线/热点二线城市（hot = 1）的子样本，对模型（2）进行回归。（Ⅱ）的结果显示，交互项 $land\_restrict_{i,t}$ 的系数为正，并且该回归结果在 1%的水平下显著。而土地财政 $land_{i,t}$ 的系数为正，但并不显著。

（Ⅲ）同样使用了一线/热点二线城市（hot = 1）的子样本，但与（Ⅱ）不同的是，（Ⅲ）对模型（4）进行回归。而模型（4）与模型（2）的不同之处在于，用土地财政滞后一期项 $land_{i,t-1}$（回归时用 $land1$ 表示）替换土地财政 $land_{i,t}$，同时用交互项 $land1\_restrict_{i,t}$ 替换交互项 $land\_restrict_{i,t}$。（Ⅲ）的结果显示，土地财政 $land_{i,t-1}$ 的系数为正，并且该回归结果在 5% 的水平下显著，表明对于一线/热点二线城市，土地财政确实对经济波动产生影响，滞后一期土地出让收入的提高，缓和了经济波动。在其他影响因素保持不变时，对于一线/热点二线城市，滞后一期的土地出让收入每提高 1%，经济波动将减少 1.88%（$e^{0.0186}-1$）。交互项 $land1\_restrict_{i,t}$ 的系数为正，并且该回归结果在 1%的水平下显著，表明对于一线/热点二线城市，当宏观调控实施时，土地财政确实对经济波动产生影响，滞后一期土地出让收入的提高，加剧了经济波动。在其他影响因素保持不变时，对于一线/热点二线城市，交互项 $land1\_restrict_{i,t}$ 每提高 1%，经济波动将增加 0.74%（$e^{0.0074}-1$）。

（Ⅳ）使用了非一线/热点二线城市（hot＝0）的子样本，对模型（2）进行回归。（Ⅳ）的结果显示，土地财政 $land_{i,t}$ 的系数为正，并且该回归结果在 1%的水平下显著，表明对于非一线/热点二线城市，土地财政确实对经济波动产生影响，土地出让收入的提高加剧了经济波动。在其他影响因素保持不变时，对于非一线/热点二线城市，土地出让收入每提高 1%，经济波动将增加 1.34%（$e^{0.0133}-1$）。交互项 $land\_restrict_{i,t}$ 的系数为正，并且该回归结果在 1%的水平下显著，表明对于非一线/热点二线城市，当宏观调控实施时，土地财政确实对经济波动产生影响，土地出让收入的提高加剧了经济波动。在其他影响因素保持不变时，对于非一线/热点二线城市，交互项 $land\_restrict_{i,t}$ 每提高 1%，经济波动将增加 0.97%（$e^{0.0097}-1$）。

（Ⅴ）同样使用了非一线/热点二线城市（hot＝0）的子样本，但与（Ⅳ）不同的是，（Ⅴ）对模型（4）进行回归。（Ⅴ）的结果显示，交互项 $land1\_restrict_{i,t}$ 的系数为正，并且该回归结果在 1%的水平下显著。滞后一期的土地财政 $land1_{i,t-1}$ 的系数为正，但并不显著。

从（Ⅱ）、（Ⅲ）、（Ⅳ）、（Ⅴ）的估计结果可以看出，一线/热点二线城市与非一线/热点二线城市的土地财政对经济波动的影响机理确实不同，截然相反的结果可以通过差异化预期来解释。对于一线/热点二线城市而言，是滞后一期的土地出让收入，而非当期的土地出让收入影响了经济波动：在其他影响因素保持不变时，滞后一期的土地出让收入每提高 1%，经济波动将减少 1.88%。当房地产市场过热时，一线/热点二线城市政府存在中央严厉调控的预期，在宏观调控实施前，一线/二线热点城市政府会想方设法增加土地出让收入。而上一期的土地出让收入增加，意味着宏观调控当期的土地出让收入减少，当期的总投资下降，因此缓和了当期的经济波动。对于非一线/热点二线城市而言，是当期的土地出让收入，而非滞后一期的土地出让收入影响了经济波动：在其他影响因素保持不变时，土地出让收入每提高 1%，经济波动将增加 1.34%。当房地产过热时，非一线/热点二线城市政府预期不会受到宏观调控的影响，这种预期使得宏观调控当期的土地出让收入增加，总投资增加，从而加剧了经济波动。因此，假设 4 得到验证。

此外，无论是一线/热点二线城市，还是非一线/热点二线城市，当宏观调控实施时，土地财政收入的提高都加剧了经济波动。在其他影响因素保持不变时，对于一线/热点二线城市，宏观调控的实施使土地出让收入每提高 1%，经济波动将增加 0.74%。在其他影响因素保持不变时，对于非一线/热点二线城市，宏观调控的实施使土地出让收入每提高 1%，经济波动将增加 0.97%。

五、稳健性检验

本章已经就地方政府行为对经济波动的影响进行较为深入的讨论，并得出基本结论。但是，由于异方差性的存在，我们还需要对前文得出的基本结论进行稳健性检验，以验证其准确性。

本节的稳健性讨论将集中于变量的度量指标，我们试图用其他指标度量被解释变量与主要解释变量。经过稳健性检验后，主要解释变量系数的符号与显著性并没有发生明显的变化，表明本章中的主要解释变量不存在明显的异方差性，前文得到的结论是准确的。土地出让收入与宏观调控确实影响了经济波动，其主要传导渠道为总投资。因为差异化预期的存在，一线/热点二线城市与非一线/热点二线城市的土地出让收入对于经济波动的影响确实是不同的。

（一）土地财政、宏观调控影响经济波动的稳健性检验

本节的稳健性讨论集中于变量的度量指标，用其他指标度量被解释变量与主要解释变量。我们使用通行的办法，将 HP 滤波中的 λ 取 25（前文的实证分析取 100），用分解出的周期性波动作为经济波动的度量指标。同时，用住宅用地出让收入代替土地出让（总）收入，作为土地财政的度量指标，选择的数据为住宅用地成交价款。选取住宅用地出让收入，是因为住宅用地是获取土地出让收入的主要对象，商服用地或工业用地仅占土地出让收入的一小

部分。2008—2016年各城市的住宅用地成交价款,来源于国土资源部、各城市的国土局或土地交易中心。

表10-9给出了2008—2016年中国98个一、二、三线城市的土地财政、宏观调控与经济波动之间关系的稳健性检验结果。(Ⅰ)、(Ⅱ)、(Ⅲ)为基于面板数据的OLS模型,(Ⅳ)、(Ⅴ)分别为基于面板数据的固定效应与随机效应模型。(Ⅰ)的结果显示,土地财政$land_{i,t}$的系数为负,但是不显著,表明土地财政对经济波动的影响并不显著。宏观调控$restrict_{i,t}$(虚拟变量)的系数为正,并且该回归结果在1%的水平下显著,表明宏观调控确实对经济波动产生影响,宏观调控的实施加剧了经济波动。因此,假设1所得结果的稳健性得以验证。(Ⅱ)的结果显示,土地财政$land_{i,t}$的系数为负,但是不显著。土地财政$land_{i,t}$与宏观调控$restrict_{i,t}$(虚拟变量)的交互项$land_restrict_{i,t}$的系数为正,并且该回归结果在1%的水平下显著,表明当宏观调控实施时,土地财政确实对经济波动产生影响,土地出让收入的提高加剧了经济波动。(Ⅲ)的结果显示,土地财政$land_{i,t}$与交互项$land_restrict_{i,t}$的系数符号以及显著性与(Ⅱ)一致。(Ⅳ)、(Ⅴ)分别是固定效应和随机效应的回归结果。我们进行了hausman检验,发现χ^2统计量为50.45,P值为0.0000,结果在1%的水平下显著,因此拒绝原假设,验证了前文使用固定效应模型进行估计的假设。(Ⅳ)的结果显示,土地财政$land_{i,t}$与宏观调控$restrict_{i,t}$(虚拟变量)的交互项$land_restrict_{i,t}$的系数为正,并且该回归结果在1%的水平下显著,表明当宏观调控实施时,土地财政确实对经济波动产生影响,土地出让收入的提高加剧了经济波动。因此,假设2所得结果的稳健性得以验证。

表10-9 土地财政、宏观调控影响经济波动的稳健性检验

变量	(Ⅰ)	(Ⅱ)	(Ⅲ)	(Ⅳ)	(Ⅴ)
土地财政/*land*	-0.0000 (0.0010)	-0.0007 (0.0010)	-0.0037* (0.0021)	0.0027 (0.0027)	-0.0037* (0.0021)

续表

变量	（Ⅰ）	（Ⅱ）	（Ⅲ）	（Ⅳ）	（Ⅴ）
宏观调控/*restrict*	0.0368*** (0.0037)	—	—	—	—
交互项/*land_restrict*	—	0.0067*** (0.0008)	0.0085*** (0.0007)	0.0082*** (0.0008)	0.0085*** (0.0007)
总投资/*invest*	—	—	0.0138** (0.0055)	0.0033 (0.0163)	0.0138** (0.0055)
总消费/*consume*	—	—	-0.0129* (0.0070)	-0.0868*** (0.0227)	-0.0129** (0.0070)
对外开放程度/*open*	—	—	-0.0004 (0.0022)	0.0035 (0.0061)	-0.0004 (0.0022)
实际税负水平/*tax*	—	—	0.0021 (0.0062)	0.0670*** (0.0181)	0.0021 (0.0062)
通货膨胀率/*inflate*	—	—	0.0054*** (0.0009)	0.0056*** (0.0010)	0.0054*** (0.0009)
总人口/*people*	—	—	-0.0029 (0.0059)	0.0651* (0.0391)	-0.0029 (0.0059)
常数项/*_cons*	-0.0075** (0.0037)	-0.0043 (0.0039)	-0.0175 (0.0253)	-0.2774 (0.2236)	-0.0175 (0.0253)
交互项	否	是	是	是	是
控制变量	否	否	是	是	是
瓦尔德检验	117.14	94.70	319.68	—	266.34
F-test	—	—	—	41.62	—
Within R^2	0.2084	0.1767	0.5061	0.555	0.5061
组别数	98	98	42	42	42
观测值数	778	778	317	317	317

注：***、**和*表示在1%、5%和10%的水平下显著。

（二）总投资影响经济波动的稳健性检验

表10-10给出了2008—2016年中国98个一、二、三线城市的总投资，作为土地财政与宏观调控的主要传导渠道，与经济波动之间关系的稳健性检验结果。（Ⅰ）、（Ⅱ）、（Ⅲ）、（Ⅳ）、（Ⅴ）都是基于面板数据的固定效应模型。

(Ⅰ)的结果显示,交互项 $invest_land_restrict_{i,t}$的系数为正,并且该回归结果在1%的水平下显著。(Ⅱ)的结果显示,交互项 $invest_land_restrict_{i,t}$的系数符号以及显著性与(Ⅰ)一致,表明总投资确实是土地财政与宏观调控作用于经济波动的主要传导渠道,土地财政与宏观调控通过总投资作用于经济波动,当土地出让收入增加、宏观调控实施时,总投资的提高导致经济波动越来越剧烈。因此,假设 3 所得结果的稳健性得以验证。(Ⅲ)的结果显示,交互项 $invest1_land_restrict_{i,t}$的系数为正,并且该回归结果在 1%的水平下显著。(Ⅳ)的结果显示,交互项 $invest_land1_restrict_{i,t}$的系数为正,并且该回归结果在 1%的水平下显著。(Ⅴ)的结果显示,交互项 $invest1_land1_restrict_{i,t}$的系数为正,并且该回归结果在 1%的水平下显著。(Ⅲ)、(Ⅳ)、(Ⅴ)的结果再次证明,土地财政与宏观调控通过总投资作用于经济波动,当土地出让收入增加、宏观调控实施时,总投资的增加导致经济波动越来越剧烈。因此,假设 3 所得结果的稳健性再次得到验证。(Ⅲ)和(Ⅴ)的结果也表明,总投资对于经济波动的影响可能存在一定的滞后性。

表 10-10 主要传导渠道总投资影响经济波动的稳健性检验

变量	(Ⅰ)	(Ⅱ)	(Ⅲ)	(Ⅳ)	(Ⅴ)
土地财政/*land*	0.0092*** (0.0016)	0.0030 (0.0027)	-0.00376 (0.00301)	—	—
土地财政滞后一期项/*land*1	—	—	—	0.0001 (0.0032)	-0.0002 (0.0032)
交互项 1/*invest_land_restrict*	0.0012*** (0.0001)	0.0010*** (0.0001)	—	—	—
交互项 2/*invest*1_*land_restrict*	—	—	0.0007*** (0.0001)		—
交互项 3/*invest_land*1_*restrict*	—	—	—	0.0008*** (0.0001)	—
交互项 4/*invest*1_*land*1_*restrict*	—	—	—	—	0.0008*** (0.0001)

续表

变量	（Ⅰ）	（Ⅱ）	（Ⅲ）	（Ⅳ）	（Ⅴ）
总消费/*consume*	—	-0.0855*** (0.0210)	-0.1165*** (0.0222)	-0.1071*** (0.0222)	-0.1122*** (0.0221)
对外开放程度/*open*	—	0.0037 (0.0061)	0.0079 (0.0062)	0.0064 (0.0062)	0.0077 (0.0062)
实际税负水平/*tax*	—	0.0680*** (0.0164)	0.0772*** (0.0176)	0.0721*** (0.0174)	0.0737*** (0.0175)
通货膨胀率/*inflate*	—	0.0057*** (0.0010)	0.0102*** (0.0012)	0.0091*** (0.0013)	0.0096*** (0.0013)
总人口/*people*	—	0.0689* (0.0386)	0.0240 (0.0463)	0.0374 (0.0458)	0.0282 (0.0460)
常数项/*_cons*	-0.0434*** (0.0062)	-0.2941 (0.2180)	0.1727 (0.2703)	0.0394 (0.2648)	0.1201 (0.2669)
土地财政滞后一期项	否	否	否	是	是
总投资滞后一期项	否	否	是	否	是
控制变量	否	是	是	是	是
F-test	97.84	47.05	54.32	57.80	56.60
Within R^2	0.2295	0.5513	0.6200	0.6366	0.6297
组别数	98	42	42	42	42
观测值数	757	317	282	280	282

注：***、** 和 * 表示在1%、5%和10%的水平下显著。

（三）土地财政影响经济波动的稳健性检验

表10-11给出了2008—2016年，一线/热点二线城市与非一线/热点二线城市的土地财政与经济波动之间关系的稳健性检验结果。（Ⅰ）、（Ⅱ）、（Ⅲ）、（Ⅳ）、（Ⅴ）都是基于面板数据的固定效应模型。（Ⅱ）、（Ⅲ）、（Ⅳ）、（Ⅴ）使用根据城市房地产热度 hot_i（虚拟变量）而划分的子样本。（Ⅱ）和（Ⅲ）使用了一线/热点二线城市（hot = 1）的子样本。（Ⅱ）的结果显示，土地财政 $land_{i,t}$ 的系数为负，并且该回归结果在10%的水平下显著，而前文的结果显示该项系数为负，但不显著。（Ⅲ）的结果显示，土地财政 $land_{i,t-1}$ 的系数为

负，并且该回归结果在5%的水平下显著，表明对于一线/热点二线城市，土地财政确实对经济波动产生影响，滞后一期土地出让收入的提高，缓和了经济波动。交互项 $land1\_restrict_{i,t}$ 的系数为正，并且该回归结果在1%的水平下显著，表明对于一线/热点二线城市，当宏观调控实施时，土地财政确实对经济波动产生影响，滞后一期土地出让收入的提高，加剧了经济波动。

表 10-11　土地财政影响经济波动的稳健性检验

变量	（Ⅰ）	（Ⅱ）	（Ⅲ）	（Ⅳ）	（Ⅴ）
土地财政/*land*	0.0027 （0.0027）	-0.0109* （0.0057）	—	0.0059* （0.0032）	—
土地财政滞后一期项/*land*1	—	—	-0.0124** （0.0059）	—	0.0044 （0.0038）
交互项1/*land_restrict*	0.0082*** （0.0008）	0.0081*** （0.0010）	—	0.0089*** （0.0012）	—
交互项2/*land*1*_restrict*	—	—	0.0062*** （0.0013）	—	0.0077*** （0.0012）
总投资/*invest*	0.0033 （0.0163）	0.0420 （0.0299）	0.0127 （0.0389）	-0.0269 （0.0209）	-0.0205 （0.0197）
总消费/*consume*	-0.0868*** （0.0227）	-0.0550 （0.0343）	-0.0571 （0.0415）	-0.0914*** （0.0312）	-0.1262*** （0.0314）
对外开放程度/*open*	0.0035 （0.0061）	0.0194** （0.0081）	0.0230** （0.0091）	-0.0064 （0.0085）	-0.0042 （0.0083）
实际税负水平/*tax*	0.0670*** （0.0181）	0.0050 （0.0253）	0.0301 （0.0293）	0.1020*** （0.0244）	0.1049*** （0.0241）
通货膨胀率/*inflate*	0.0056*** （0.0010）	0.0046*** （0.0016）	0.0103*** （0.0022）	0.0055*** （0.0013）	0.0082*** （0.0017）
总人口/*people*	0.0651* （0.0391）	0.0558 （0.0436）	0.0010 （0.0554）	0.1370* （0.0804）	0.1007 （0.0909）
常数项/*_cons*	-0.2774 （0.2236）	-0.4641* （0.2573）	-0.0230 （0.3394）	-0.5783 （0.4544）	-0.1800 （0.5148）
土地财政滞后一期项	否	否	是	否	是
城市房地产热度/hot	否	是，hot=1	是，hot=1	是，hot=0	是，hot=0
F-test	41.62	23.20	23.96	24.27	30.45
Within R^2	0.5550	0.6409	0.6854	0.5560	0.6451

续表

变量	（Ⅰ）	（Ⅱ）	（Ⅲ）	（Ⅳ）	（Ⅴ）
组别数	42	16	16	26	26
观测值数	317	128	112	189	168

注：***、** 和 * 表示在 1%、5%和 10%的水平下显著。

（Ⅳ）和（Ⅴ）使用了非一线/热点二线城市（hot = 0）的子样本。（Ⅳ）的结果显示，土地财政 $land_{i,t}$ 的系数为正，并且该回归结果在 10%的水平下显著，表明对于非一线/热点二线城市，土地财政确实对经济波动产生影响，土地出让收入的提高加剧了经济波动。交互项 $land\_restrict_{i,t}$ 的系数为正，并且该回归结果在 1%的水平下显著，表明对于非一线/热点二线城市，当宏观调控实施时，土地财政确实对经济波动产生影响，土地出让收入的提高加剧了经济波动。（Ⅴ）的结果显示，滞后一期的土地财政 $land1_{i,t-1}$ 的系数为正，但并不显著。

从（Ⅱ）、（Ⅲ）、（Ⅳ）、（Ⅴ）的估计结果可以看出，对于一线/热点二线城市而言，是滞后一期的土地出让收入，而非当期的土地出让收入影响了经济波动：上一期的土地出让收入增加，意味着宏观调控当期的土地出让收入减少，当期的总投资下降，因此缓和了当期的经济波动。对于非一线/热点二线城市而言，是当期的土地出让收入，而非滞后一期的土地出让收入影响了经济波动：宏观调控当期的土地出让收入增加，总投资增加，从而加剧了经济波动。因此，假设 4 所得结果的稳健性得以验证。此外，无论是一线/热点二线城市，还是非一线/热点二线城市，当宏观调控实施时，土地财政收入的提高都加剧了经济波动。

第四节　优化地方政府土地财政的路径选择

与地方政府相比，中央政府的目标更加多元化，2008 年以来，行政性干预成为中央政府稳定房价的常用手段，限购、限贷政策在短期内达到了立竿见影的效果，但是，以行政手段为主的宏观调控造成了经济的异常波动。

另外，一线/热点二线城市的房价水平远高于非一线/热点二线城市，土地出让价格昂贵，因此一线/热点二线城市政府存在过度激励问题。当预期到中央将采取严厉的房地产调控手段时，一线/热点二线城市政府倾向于在宏观调控落实前，增加土地出让收入，从而加剧了宏观经济波动。可以说，针对房地产泡沫，宏观调控面临稳增长与调结构的两难局面。为了实现经济的中高速增长，中央采用刺激性宏观调控政策，推动实体经济复苏。

本章致力于将土地财政与宏观调控对经济波动的影响，纳入一个完整的框架内进行研究。本章首先定义了土地财政和宏观调控，在此基础上进行土地财政和宏观调控影响经济波动的机理分析，并着手研究了主要传导渠道——总投资，以及差异化预期下土地财政对经济波动的影响。本章用土地出让收入度量土地财政，用城市是否限购/限贷的虚拟变量度量宏观调控，通过 HP 滤波将周期性波动从总产出中分离，并以此度量经济波动。同时，建立一个简洁的计量模型，利用 2008—2016 年 98 个一、二、三线城市的面板数据进行实证分析，探讨了土地财政、宏观调控对经济波动的影响。最后，改变被解释变量与主要解释变量的度量指标，对研究结果进行稳健性检验，提高了本章结论的精确度。本章主要有以下四点研究结论。

第一，土地出让收入对经济波动的影响并不显著。但是，当宏观调控实施时，土地财政对经济波动产生影响，土地出让收入的提高加剧了经济波动。在其他影响因素保持不变时，宏观调控的实施使土地出让收入每提高 1%，经济波动将增加 0. 92%。宏观调控的实施会加剧经济波动。

第二，总投资确实是土地财政与宏观调控作用于经济波动的主要传导渠道，土地财政与宏观调控通过总投资作用于经济波动，当土地出让收入增加、宏观调控实施时，总投资的提高导致经济波动越来越剧烈。其他影响因素保持不变，当土地出让收入增加、宏观调控实施时，总投资每提高 1%，经济波动将增加 0. 11%。

第三,一线/热点二线城市与非一线/热点二线城市的土地财政对经济波动的影响机理确实不同,截然相反的结果可以通过差异化预期来解释。对于一线/热点二线城市而言,是滞后一期的土地出让收入,而非当期的土地出让收入影响了经济波动:在其他影响因素保持不变时,滞后一期的土地出让收入每提高 1%,经济波动将减少 1.88%。当房地产市场过热时,一线/热点二线城市政府存在中央严厉调控的预期,在宏观调控实施前,一线/热点二线城市的政府倾向于获取更多的土地出让收入。而上一期的土地出让收入增加,意味着宏观调控当期的土地出让收入减少,当期的总投资下降,因此缓和了当期的经济波动。对于非一线/热点二线城市而言,是当期的土地出让收入,而非滞后一期的土地出让收入影响了经济波动:在其他影响因素保持不变时,土地出让收入每提高 1%,经济波动将增加 1.34%。当房地产过热时,非一线/热点二线城市的地方政府,预期不会受到宏观调控的影响,宏观调控当期的土地出让收入增加,总投资增加,因此加剧了经济波动。

第四,无论是一线/热点二线城市,还是非一线/热点二线城市,当宏观调控实施时,土地财政收入的提高都加剧了经济波动。在其他影响因素保持不变时,对于一线/热点二线城市,宏观调控的实施使土地出让收入每提高 1%,经济波动将增加 0.74%。在其他影响因素保持不变时,对于非一线/热点二线城市,宏观调控的实施使土地出让收入每提高 1%,经济波动将增加 0.97%。

本章得到的结论是初步的,但是,为地方政府如何摆脱土地财政的束缚,提供一个新的研究视角,因此,其结论具有一定的影响力和现实意义。结合本章的研究结果,我们提出以下四点政策建议。

一是合理划分中央与地方的事权。大国的国情决定了分级财政管理体制的实施,为了更好地发挥分级财政的作用,需要用更加明晰的分权体制,规范地方政府的投资行为,逐渐降低地方政府对土地的依赖。具体来说,需要合理界定各级政府的事权,确保事权与财权、财力相匹配,调动各级地方政府的积极性。而事权划分的关键在于政府职能的界定。明确中央政府的事权，国防、外交等全国性事务归属于中央，其他具有正的外部性的事务亦归属于中央，如知识产权保护。明确各级地方政府的事权，地方性事务归属于地方。同时，事权划分可以借鉴财权划分，以强有力的法律作为保证，不能随意更改，以稳定各级政府的预期。

二是完善地方税收体系。在营改增以前，营业税占地方税收收入的比重维持在30%左右，是最重要的地方性税种。2016年，在全国范围内推行营改增，营业税正式退出历史舞台，地方税收体系面临挑战。为此，需要增设新的地方性税种，如遗产税、房产税等。其中，房产税是基于存量土地征收的税种，让房产税逐步替代土地出让收入成为地方税收体系的主要税种，让房屋所有者成为主要纳税人，既有利于增加地方政府的财政收入，也有利于调节收入分配，缩小贫富差距。同时，健全公共财政体制，引导地方财政支出向医疗服务、社会保障、基础教育等民生领域倾斜。

三是合理规范地方政府使用土地的行为。短期内地方政府无法摆脱对土地财政的依赖，因此，某种程度上，土地财政还有其存在的合理性。但是，对于地方政府异常的土地使用行为，需要保持高度警惕，并进行妥善监管。首先，规范地方政府出让土地使用权的行为，特别是土地出让的速度与规模，以使用土地的空间换取深化财政体制改革的时间。同时，要完善地方政府融资机制，需要加强对土地政府土地资产负债表的管理，遏制隐性债务增量，创新基础设施投融资机制。

四是更好发挥宏观调控的作用。以限贷、限购为主的宏观调控是一种微观层面的直接调控，没有达到既定的效果，反而引起市场主体预期的波动，进而造成经济的异常波动。为此，需要坚持宏观调控的市场化导向，更好发挥市场化手段对房地产市场的调节作用，减少市场主体对于经济的负面预期，营造稳定的宏观经济环境。深化行政体制改革，加快政府职能转变，扎实推进简政放权，建设服务型政府。

第十一章　建设用地指标配置与住房市场发展

本章致力于构建一个快速城市化和工业化进程中的城市建设用地供给理论,并基于这一理论框架讨论我国“人口、土地和住房”的空间错配机制及其后果。制度背景分析表明:我国城市建设用地供给受制于从中央到地方的指标分配,依次包括了“总量指标的地区配给”和“区县指标的用途配置”两个阶段,住房市场因此受到多级政府指标配置行为的叠加影响。理论模型揭示了财政激励下区县政府对指标的用途配置逻辑,以及城市化激励下省级政府对指标的地区配置逻辑。基于实证研究结果,中国的房地产市场可概述为:逆人口集聚方向的城市建设用地指标地区配给模式,叠加偏向工业的用途配置模式,对居住用地供给和住房市场产生了显著的挤压效应,导致“人口、土地和住房”的空间错配。

早在《后汉书·仲长统传》中,就有“安居乐业……,天下晏然”的社会认知。在我国城市化的起步阶段,如何保障城市新增人口的就业机会被优先考虑。随着经济发展和社会进步,中央政府和社会各界均认识到:“乐业”必先“安居”。然而在房价高企的当下,“安居梦”变得越发艰难,由此在全社会引发“安得广厦千万间”的讨论。

相关研究首先从需求角度切入。陈斌开等(2012)、徐建炜等(2012)指出:人口结构的变化与我国房价持续上升之间有内在关联。李超等(2015)扩展了人口结构的概念,从自然结构、社会经济结构以及空间结构三个角度解释我国的住房需求。与人口结构视角的研究思路不同,沙兹(Saiz,2007)研究了人口迁移对城市住房价值的影响,这对理解我国城市化进程中的房价上涨有启示意义。在政策层面,主要通过限购压制投机性需求,谨防房地产泡沫,取得了积极效果(米晋宏和刘冲,2017;Du 和 Zhang,2015;张德荣和郑晓婷,2013)。但需求管理的步调在空间和时间上并不一致。在一些城市实施限购的同时,另一些地区的"去库存""棚改货币化"政策又起到了释放需求的作用。

从供给视角切入的研究并不多见。一项基于 14 个发达经济体的研究显示,20 世纪后半叶房价的快速增长主要由地价而非建造成本的上涨导致(Knoll 等,2017)。我国平均的地价成本占房价的 37%,2010 年北京的地价成本占房价的 60%以上(Wu 等,2012),故而土地供给充裕与否对房价有重要影响。陈斌开和杨汝岱(2013)与范剑勇等(2015)的研究都证实:土地供给的扩张对抑制房价有显著作用。陆铭等(2015)研究揭示:我国的土地供给在 2003 年后偏向了中西部地区,从而对东部地区的土地供给产生挤压效应,并推高了房价。在政策层面,为了促进房地产市场健康发展,国土资源部等五部委于 2016 年印发《关于建立城镇建设用地增加规模同吸纳农业转移人口落户数量挂钩机制的实施意见》(以下简称"人地挂钩"政策),这份具有应急性质的文件要求改进用地计划安排,依据土地利用总体规划和上一年度进城落户人口数量,合理安排各类城镇新增建设用地年度计划,保障进城落户人口用地需求。

然而,双管齐下的需求和供给管理政策似乎都没有从根本上解决问题。由于住房具有不可跨地区交易的性质,因此追求总量上的供求平衡没有意义。我们据此认为,我国房地产市场问题的症结在于:居住用地供给没有很好地匹配具有空间异质性的住房需求，导致“人口、土地和住房”的空间错配。[①] 尽管在土地供给的制度特征（蒋省三等，2007；陶然和汪晖，2010；周飞舟和谭明智，2014）、土地供给对区域发展的影响（陆铭，2010；陆铭，2011）、土地供给对房价的影响（陆铭等，2015；范剑勇等，2015）等问题上，已经取得了一些重要进展，但到目前为止，我们还缺少一个城市建设用地供给理论，因此也就无法准确理解我国“人口、土地和住房”的空间错配机制。本章的贡献在于：构建了一个快速城市化和工业化进程中的建设用地供给理论，提出并确认了我国城市居住用地供给的基本模式，并就其对住房市场的影响展开了研究，揭示了我国“人口、土地和住房”空间错配的成因。

我们的研究发现：我国城市建设用地供给受制于一个“从中央到地方”“先地区后用途”的指标分配制度，因此住房市场会受到多级政府指标配置行为的叠加影响。理论模型揭示了财政激励下区县政府对指标的用途配置逻辑，城市化激励下省级政府对指标的地区配置逻辑。基于实证研究发现，我国的城市建设用地供给可用“逆人口集聚方向的地区配给模式叠加偏向工业的用途配置模式”概括，对居住用地供给和住房市场产生了显著的挤压效应，导致了“人口、土地和住房”的空间错配。

第一节　土地指标的制度背景

一、城市土地开发的激励机制

改革开放以来我国经济的高速增长离不开地方政府的努力。在分税制改革前，地方政府发展经济的手段主要是亲自兴办乡镇企业（Oi，1992）。但随着 1994 年以“财政集权”为特征的分税制改革，地方政府亲自兴办企业的激

---

① 我国的住房需求具有显著的空间异质性，“北上广深”等人口集聚地是需求最为旺盛的地区（甘犁等，2013）。

励下降，中国的工业化由此从乡村转向了城市（陶然等，2009），城市土地开发遂成为地方政府发展经济的重要依赖（Han 和 Kung，2015）。

二、城市土地开发的制度约束

尽管地方政府有城市土地开发的激励，且中央政府也认可土地开发的必要性，但这并不意味着地方政府的土地开发不受节制。过度的土地开发易于引发社会不稳定，同时有损国家粮食安全战略，因此在大量的官方文件中，均能看到“为了守住耕地保护红线和粮食安全底线，我国实施最严格的耕地保护和节约用地制度”的条款。这一指导思想在整体上对城市土地开发形成制约，具体的制度设计则体现在《中华人民共和国土地管理法》第三章“土地利用总体规划”里，包括三个方面的内容：一是使用土地利用总体规划对规划期内城市建设用地总量进行控制；二是使用土地利用年度计划控制每年的新增建设用地规模；三是实施占用耕地补偿制度。

首先，土地利用总体规划对规划期内土地开发的总量进行限制。围绕“建设用地总量”这一核心指标，中央要求“地方各级人民政府编制的土地利用总体规划中的建设用地总量不得超过上一级土地利用总体规划确定的控制指标”。这意味着，一旦中央确定了全国建设用地总量的上限，各级地方政府在规划期内的土地开发规模随即被确定。其次，在土地利用总体规划之下是土地利用年度计划，其核心是每年的“新增建设用地计划”安排，且该指标实行从中央到地方的指令性管理，各级地方政府每年的土地开发规模受此直接制约。最后，占用耕地补偿制度要求即便非农建设经批准可以占用耕地，也要按照“占多少，垦多少”的原则，由占用耕地的单位负责开垦与所占数量和质量相当的耕地。

到目前为止，我国共实施了两轮土地利用总体规划。以正在实施的第二轮土地利用总体规划为例，首要的目标是守住 18 亿亩耕地保护红线。其次是划定建设用地增量。2006—2020 年，全国新增建设用地 8775 万亩。具体到每一年的则是土地利用年度计划,核心是每年全国的新增建设用地指标及其分解,具体流程是:国土资源部先行制定某年的全国土地利用年度计划,将年度建设用地指标等分解到各省,再经各省国土资源厅分解下达到各市、县。以2017年为例,当年全国建设用地计划指标为780万亩,其中分给江苏省46.98万亩,江苏省则进一步将其中的2800亩分配给了江阴市。

《中华人民共和国土地管理法》第二十条规定,“县级土地利用总体规划应当划分土地利用区,明确土地用途”。地方政府在制定土地利用年度计划时,也被要求“在计划期内对国有建设用地供应的总量、结构等作出科学的安排”①。这样一来,一个“从中央到地方”“先地区后用途”的配置过程便呈现出来:在第一阶段,中央政府经由其省级政府代理人,将全国建设用地指标总量分解到各个区县,这是一个总量指标的地区配置过程。在第二阶段,区县政府进一步将其获得的总量指标在不同的用途(主要是工业和居住)之间进行配置,这是一个区县指标的用途配置过程。一些官方文件,如《江苏省国土资源厅关于下达〈2017年全省土地利用计划〉的通知》,则为这一独特的“从中央到地方”“先地区后用途”的指标配置过程提供了直接证据。

随着我国市场化进程的推进,指标控制的计划管理模式已不多见,城市建设用地供给是其中之一。另一个能够与此比照的是全国高校招生计划管理模式。与土地供给的指标管理类似,高校招生计划管理实际上也遵循了一个“从中央到地方”“先地区后用途”的配置过程。在第一阶段,教育部经各省教育厅将招生计划指标下达到各高校,这类比于土地指标的地区配置;在第二阶段,各高校将指标在各专业之间配置,这类比于土地指标的用途配置。本章将这种独特的指标配置过程概括为“总量指标的地区配置”和“区县指标的用途配置”。

---

① 参见《国有建设用地供应计划编制规范》总则第一条,具体的用地结构指的是商服用地、工矿仓储用地、住宅用地、公共管理与公共服务用地、特殊用地、水域及水利设施用地、交通运输用地等各类型用地的比例关系。

三、指标配置机制探讨

建设用地指标对各级地方政府来说，既是约束，也是激励（谭明智，2014）。然而关于激励机制的具体指向，还没有文献展开讨论。本章认为，区县政府受到的主要激励是：有限的建设用地指标如何在工业用途和居住用途之间合理分配，以平衡工业用地指标的税收贡献和居住用地指标的出让金收益，实现财政总收益的最大化。在此之上，省级政府在区县间配置指标首先考虑的也是财政激励，因为其财政收入主要来自区县政府的贡献。不同的是：省级政府因承担了中央政府代理人的角色而具有多元价值取向，其指标配置行为不仅受财政激励，还会受城市化激励。①

第二节　建设用地指标配置的理论模型

一、区县政府收入函数设定

（一）税收函数设定

将城市工业生产函数设定为：$Y_I = K_{-I}^{\alpha 1} K_I^{\alpha 2} N_I^{\beta} L_I^{\gamma}$，$Y_I$ 为工业产出，L_I 为工业用地投入，N_I 为工业劳动力投入，K_I 为城市工业资本存量，K_{-I} 为城市非工业部门资本存量，主要是城市的基础设施。假设城市全部资本存量 K 的加总方程是：$K^{\alpha} = K_{-I}^{\alpha 1} K_I^{\alpha 2}$，则可将生产函数简化为：$Y_I = K^{\alpha} N_I^{\beta} L_I^{\gamma}$，$\alpha$、$\beta$、$\gamma$ 分别为资本、劳动和工业用地的产出弹性。为了促进 Y_I 增长，地方政府努力提高城市建成区上的资本存量，实践中有两种保障机制。一是国土资源部发布《工业项目建设用地控制指标》，对工业用地上的投资强度、容积率等作出

---

① 一个证据是：中央政府提出要借助"人地挂钩"政策推进城市化后，各省政府立即予以贯彻。参见《江苏省国土资源厅关于下达〈2017 年全省土地利用计划〉的通知》。

明确规定,以提高土地利用效率。二是地方竞争机制激发公共部门投资,提高基础设施投资水平(张军等,2007)。如果说第一种机制保障了建成区内的工业部门投资强度,促进了 K_I 增长的话,那么第二种机制则保障了建成区内的公共部门投资强度,促进了 K_{-I} 的增长。

进一步将生产函数中的资本存量设定为“资本密度”(k)的函数,即 $K = k \times L$。相应地,劳动投入设定为“就业密度”(m)的函数,即 $N_I = m \times L$。L 为城市空间面积。在我国的建制中,城市既是个经济区,也是个行政区,这里的 L 定义为城市的非农经济区(建成区)面积,而不是行政区面积。将二者代入生产函数得到:$Y_I = k^{\alpha} m^{\beta} L^{\alpha+\beta} L_I^{\gamma}$。设工业用地占城市建成区的比例为 θ,则有 $L = L_I / \theta$。由此城市的工业生产函数写作:$Y_I = \theta^{-(\alpha+\beta)} k^{\alpha} m^{\beta} L_I^{\alpha+\beta+\gamma}$。这意味着,城市建成区上的资本密度和制造业就业密度是决定工业产出规模的重要因素。进一步将 Y_I 定义为税基,τ 为税率,则地方政府从工业产出中汲取的税收可定义为:$T = \tau \times Y_I = \tau \theta^{-(\alpha+\beta)} k^{\alpha} m^{\beta} L_I^{\alpha+\beta+\gamma}$。基于税收函数 T,工业用地供给的边际税收贡献 MT 可表达为:

$$MT = (\alpha + \beta + \gamma) \tau \theta^{-(\alpha+\beta)} k^{\alpha} m^{\beta} L_I^{\alpha+\beta+\gamma-1} \tag{11.1}$$

一般来说,给定资本密度 k 和就业密度 m,MT 关于 L_I 边际递减,故假设 $\alpha + \beta + \gamma < 1$。因此,简单增加工业用地供给并不能有效促进税收增长,而是要同时提高城市的资本密度,抑制工业用地税收贡献能力的递减倾向,而这要求增加城市建成区上的固定资产投资。

(二)土地出让金函数设定

根据房产开发商的住房生产行为和消费者的住房需求行为,均衡房价和居住用地供给之间的关系是(Wang 和 Zhang,2014):$\log P_H = \varphi_0 - \varphi_1 \log L_H + \varphi_2 \log W + \varphi_3 \log N + \varphi_4 \log P_M$。其中,$P_H$ 为房价,L_H 为居住用地存量,W 为城镇居民人均收入,N 为城镇人口规模,P_M 为房屋建造成本。系数 $\varphi_1 = (1-\alpha)/[1-(1+\delta_2)(1-\alpha)]$,其中,参数 δ_2 为住房需求价格弹性,$1-\alpha$

为住房生产函数中居住用地产出弹性。根据郑思齐(2007)、邹至庄和牛霖琳(2010)的研究结果,我国住房需求的价格弹性约为-0.5,同时有 $0 < 1 - \alpha < 1$,因此,$\varphi_1 > 0$。模型揭示了居住用地存量对均衡房价的负向影响。

居住用地供给的边际收益(即出让金)可基于住房市场均衡价格方程确定。首先,确定居住用地供给的平均收益和总收益。在我国房地产市场上,房价中土地成本的平均份额为37%(Wu 等,2012)。当然,不同城市这一份额并不相同。因为建造成本和税费在地区间差异相对更小,房价的地区差异将主要体现为地价的地区差异。因此,记 $\sigma(N)$ 为房价中的土地成本份额,且有 $\sigma'(N) > 0$ 成立。这样一来,若不考虑容积率,居住用地供给的平均收益为 $\sigma(N) P_H$,L_H 单位居住用地能够获得的总收益为 $\sigma(N) P_H L_H$,其中,P_H 是 L_H 的减函数。

其次,确定居住用地供给的边际收益。常规的思路是对 $\sigma(N) P_H L_H$ 求关于 L_H 的一阶导数。但考虑到地方政府对居住用地供给的垄断及其特殊的出让方式,这一思路并不正确。我国的地方政府借助离散的拍卖机制,成功识别了每一个房地产开发商对每一个地块的保留价格,从而将所有的消费者剩余转化为地方政府的土地出让收入。在这种完全歧视定价的住房用地市场上,居住用地出让的边际收益 MR 直接等于平均收益。因此有:

$$MR = \sigma(N) P_H = \sigma(N) e^{\varphi_0} L_H^{-\varphi_1} W^{\varphi_2} N^{\varphi_3} P_M^{\varphi_4} \tag{11.2}$$

二、城市建设用地指标配置

(一)区县政府对指标的用途配置

假设城市建设用地只有工业和居住两种用途,区县政府最大化工业税收和土地出让金之和。① 那么在建成区面积既定的条件下,均衡工业用地存量

① 该假设意味着进入区县政府效用函数的"工业税收和土地出让金"完全替代,放弃这一假设并不会对结论产生影响。

$L_I{}^*$ 和居住用地存量 $L_H{}^*$ 应使式(11.3)成立：

$$(\alpha+\beta+\gamma)\,\tau\theta^{-(\alpha+\beta)}\;k^{\alpha}m^{\beta}L_I{}^{*\,\alpha+\beta+\gamma-1}=\sigma(N)\,e^{\varphi_0}\,L_H{}^{*\,-\varphi_1}\,W^{\varphi_2}N^{\varphi_3}P_M{}^{\varphi_4} \tag{11.3}$$

对区县政府来说,要促进财政收入增长,吸引制造业投资非常重要。实现这一目标有两个手段:一是增加公共投资改善城市基础设施,二是增加工业用地供给。记 $\Delta L_I{}^*$ 和 $\Delta L_H{}^*$ 为新增工业用地和居住用地的配置, k' 为区县政府增加投资后的城市建成区的资本密度,则在新的均衡状态下,应有式(11.4)成立。

$$A\,k'^{\alpha}\,(L_I{}^*+\Delta L_I{}^*)^{\alpha+\beta+\gamma-1}=B(L_H{}^*+\Delta L_H{}^*)^{-\varphi_1}N^{\varphi_3} \tag{11.4}$$

式中, $A=(\alpha+\beta+\gamma)\,\tau\theta^{-(\alpha+\beta)}\,m^{\beta}$, $B=\sigma(N)\,e^{\varphi_0}W^{\varphi_2}P_M{}^{\varphi_4}$, $\Delta L_I{}^*+L_H{}^*=\Delta L$, ΔL 为省级政府投放给区县政府的建设用地指标总量。记 κ 为城市建成区上的固定资产投资密度,则有 $k'=k+\kappa$ 。对式(11.4)取对数并对 κ 求一阶偏导可得:

$$\left(\frac{1-\alpha-\beta-\gamma}{L_I{}^*+\Delta L_I}+\frac{\varphi_1}{L_H{}^*+\Delta L_H}\right)\frac{\partial\,\Delta L_I{}^*}{\partial\kappa}=\frac{\alpha}{k'}\frac{Dk'}{D\kappa}=\frac{\alpha}{k'} \tag{11.5}$$

因为 $1-\alpha-\beta-\gamma>0,\varphi_1>0$,所以有 $\frac{\partial\,\Delta L_I{}^*}{\partial\kappa}>0$,进而有 $\frac{\partial\,\Delta L_H{}^*}{\partial\kappa}<0$, $\frac{\partial(\Delta L_H{}^*/\partial\,\Delta L_I{}^*)}{\partial\kappa}<0$。这意味着固定资产投资密度增加会激励地方政府降低居住用地的配置比例。其中的逻辑是:固定资产投资密度增加提高了工业用地的税收贡献能力。

假说1:固定资产投资密度越高,居住用地相对于工业用地的配置比率越低。

如果考虑到固定资产投资可能带来后续反应:就业密度从 m 提高到 m' ,城市规模从 N 提高到 N' ,情况会有所变化。因为固定资产投资在促进地方工业发展的同时,也会促进城市规模增长,有助于将房价和地价涵养到一个更高的水平,这一反向作用力会提高居住用地的配置比例。这样一来,投资密度对居住用地配置比率的影响将变得不确定。

具体地,就式(11.4)两边取自然对数后再对 κ 求导得到:

$$\left(\frac{1-\alpha-\beta-\gamma}{L_I^{\ *}+\Delta L_I}+\frac{\varphi_1}{L_H^{\ *}+\Delta L_H}\right)\frac{\partial \Delta L_I^{\ *}}{\partial \kappa}=\frac{\alpha}{k'}+\frac{\beta'}{m'}\frac{\mathrm{d}m'}{\mathrm{d}\kappa}-\frac{\varphi_3}{N'}\frac{\mathrm{d}N'}{\mathrm{d}\kappa} \tag{11.6}$$

当且仅当 $\frac{\alpha}{k'}+\frac{\beta}{m'}\frac{dm'}{d\kappa}>\frac{\varphi_3}{N'}\frac{dN'}{d\kappa}$ 时,才会有 $\frac{\partial \Delta L_I^{\ *}}{\partial \kappa}>0$。这显示了固定资产投资带来的城市规模扩张对工业用地供给的反制力,因此假说一还需要经验证据支持。

(二)省级政府对指标的地区配置

假设省级政府从区县政府的用途配置中获取效用:一是借助区县政府对工业用地的配置,从税收增长中获取效用;二是借助区县政府对居住用地的配置,从城市人口增长中获取效用。记省级政府向第 i 个区县投放的建设用地指标为 ΔL_i ,由此带来 ΔT_i 的税收增长, ΔN_i 的城市人口增长,省级政府从中得到 $U_i = \Delta T_i^{\lambda}\Delta N_i^{1-\lambda}$ 的效用, λ 和 $1-\lambda$ 为省级政府对税收和城市化的相对偏好, $0<\lambda<1$。如果有 n 个区县,可将省级政府的总效用设定为:

$$U=\{\sum U_i^{\rho}\}^{1/\rho}=\{\sum[\Delta T_i^{\lambda}\Delta\Delta N_i^{1-\lambda}]^{\rho}\}^{1/\rho}$$

其中, $i=1,2,\cdots,n$; $\frac{1}{1-\rho}$ 为不同区县 U_i 之间的替代弹性 $(0<\rho\leqslant 1)$ 。当 $\rho=1$ 时,不同的 U_i 完全替代。ΔT_i 取决于两个因素:一是工业用地的边际税收贡献能力 MT ,二是工业用地的供给规模 ΔL_I ,故设定 $\Delta T_i=f(MT_i,\Delta L_{Ii})$ 。ΔN_i 同样取决于两个因素:一是城市规模,二是居住成本。前者代表着城市经济集聚的收益,大城市提供更多的就业机会和更高的

工资报酬(陆铭等,2012;Combes 等,2015),吸引人口迁入。后者代表着城市经济集聚的成本,集中体现为大城市的高房价,抑制人口迁入。而居住用地供给又是决定房价的关键因素,故设定 $\Delta N_i = g(N_i, \Delta l_{Hi})$,N_i 为城市常住人口规模,Δl_{Hi} 为人均居住用地供给规模。

仅从单一城市人口增长的角度建模还不足以刻画我国政府城市化效用函数的全貌。因为等量的人口增长既可以以大城市为载体,也可以以中小城市和小城镇为载体,但我们的政策取向并不将它们同等对待。改革开放后,我国首先实施了“严格控制大城市规模,合理发展中小城市,积极发展小城镇”的政策。2001 年出台的“大中小城市和小城镇协调发展”的新政策,仍然与现实中大城市具有更强的人口集聚能力这一事实相悖,从而导致了对大城市户口和土地指标更加严格的控制。这意味着政府更希望在中小城市和小城镇实现既定的城市化目标,而不是大城市。究其原因是城市规模增长会引致治理困难。为应对大国治理,属地化管理是重要依赖(周雪光,2014),其运作机制是借助“行政发包制”将区域治理任务(税收、就业、社会稳定等)逐级下发(周黎安,2017)。但是,跨行政区的人口流动对此提出了挑战,因此历史上我国就实施有严格的户籍制度。在人口频繁流动的现代社会,这种挑战变得更大。如果既定的城市化目标主要借助大城市的人口增长实现,势必引致更多跨行政区的人口迁移。一旦属地化管理水平不能随之提升,安定团结的局面将受到损害。

据此,省级政府从城市化中获取的效用,不仅取决于城市人口增长的绝对规模,还取决于城市人口增长的起点。为减轻人口流动带来的治理困难,低起点(即小城市)上的人口增长更为政府所偏好,为此应将省级政府从城市人口增长中获得的效用 $\Delta N_i^{1-\lambda}$ 乘上一个折扣系数 σ 才更为合理。定义 $\sigma = N_i^{-\xi}$,N_i 为城市的初始规模,$\xi \geqslant 0$,为城市规模系数。当 $\xi = 0$ 时,无论 N_i 大小,σ 都等于 1,省级政府从城市人口增长中获得的效用就是 $\Delta N_i^{1-\lambda}$,与城市初始规模无关。而当 $\xi > 0$ 时,$\sigma < 1$,省级政府从城市人口增长中获得的效用

$\Delta N_i^{1-\lambda}$ 就必须乘上一个小于1的折扣系数。且 N_i 越大,折扣系数 σ 越小,省级政府从等量的城市人口增长中获得的效用就越少。因此,省级政府效用函数应为:

$$U = \{\sum U_i^{\rho}\}^{1/\rho} = \{\sum [\Delta T_i^{\lambda} \cdot \Delta N_i^{1-\lambda} \Delta N_i^{-\xi}]^{\rho}\}^{1/\rho}$$

为了获得显性的均衡解,我们将城市人口增长函数具体化为: $\Delta N_i = N_i^E \cdot \Delta l_{Hi}^{\epsilon} = H_i^E(\Phi_i \Delta l_i)^{\epsilon}$ 。其中,人均居住用地供给 Δl_{Hi} 等于居住用地占比 Φ_i 乘以人均建设用地供给 Δl_i , E 代表着城市规模的人口集聚弹性,ϵ 表示土地供给的人口集聚弹性。由于人均建设用地供给 Δl_i 又等于总量建设用地供给 Δl_i 除以人口 N_i ,即 $\Delta l_i = \Delta l_i / N_i$,所以有 $\Delta N_i = N_i^{E-\epsilon}(\Phi_i \Delta L_i)^{\epsilon}$ 。模型中, Δl_i 通过降低房价促进城市人口增长,故有 $\epsilon > 0$。该函数表明:城市人口增长取决于城市规模、省级政府配给的建设用地指标总量、区县政府配置的居住用地比例三个因素。

同时将税收增长函数具体化为: $\Delta T_i = MT_i \Delta l_{Ii} = MT_i(1 - \Phi_i)\Delta L_i$, $1 - \Phi_i$ 是区县工业用地配置比例。将上述城市人口增长函数和税收增长函数代入省级政府的效用函数,在 $\sum \Delta l_i = \Delta L$ 的约束下最大化效用函数 U(ΔL 为中央下达给省的建设用地指标总量),得到人均建设用地指标地区配给的均衡条件:

$$\log\left(\frac{\Delta L_i}{\Delta L_j}\right) = \frac{\lambda\rho}{1-[\lambda\rho+(1-\lambda)\in\rho]}\log\left(\frac{MT_i}{MT_j}\right) + \frac{\lambda\rho}{1-[\lambda\rho+(1-\lambda)\in\rho]}\log\left(\frac{1-\Phi_i}{1-\Phi_j}\right)$$
$$+ \frac{(1-\lambda)\in\rho}{1-[\lambda\rho+(1-\lambda)\in\rho]}\log\left(\frac{\Phi_i}{\Phi_j}\right) + \frac{[(1-\lambda)\in+(\lambda-\xi)]\rho-1}{1-[\lambda\rho+(1-\lambda)\in\rho]}\log\left(\frac{N_i}{N_j}\right) \quad (11.7)$$

在式(11.7)中, $i,j = 1,2,\cdots,n$,且 $i \neq j$ 。Δl_i 是地区 i 获得的人均建设用地指标。MT 可理解为区县潜在的税收贡献能力,省级政府通过向区县投放建设用地指标来开发这一潜在的能力,不过具体的开发效果依赖于各个区县政府对指标的用途配置。这样一来, $MT(1 - \Phi)$ 可理解为省级政府每单位建设用地指标投放所获得的税收贡献。由于对工业税收的追求是省级政府的重要目标,因此税收贡献能力越强的区县将被配给更多的人均建设用地指标。这样在理论上会有系数 $\frac{\lambda\rho}{1-[\lambda\rho+(1-\lambda)\in\rho]}>0$,进而作出 $1-[\lambda\rho+(1-\lambda)\in\rho]>0$ 的假设。

人均建设用地供给和城市规模之间的关系取决于 $\frac{[(1-\lambda)\in+(\lambda-\xi)]\rho-1}{1-[\lambda\rho+(1-\lambda)\in\rho]}$ 的符号。由于分母 $1-[\lambda\rho+(1-\lambda)\in\rho]>0$,故二者之间的关系取决于分子"$[(1-\lambda)\in+(\lambda-\xi)]\rho-1$"的符号。简单起见,假设省级政府对不同区县贡献的效用持无差异偏好,即一单位的 U_i 和一单位的 U_j 可以完全替代,故有 $\rho=1$,此时分子简化为 $[(1-\lambda)\in+(\lambda-\xi)]-1$。在这种情况下,当且仅当 $[(1-\lambda)\in+(\lambda-\xi)]>1$ 时,即 $\xi<(1-\lambda)(\in-1)$ 时,大城市才会获得更多的建设用地指标,省级政府的指标投放才会和人口集聚的方向一致。

给定 $1-\lambda$,要使得 $\xi<(1-\lambda)(E-1)$ 成立,E 不能太小,ξ 不能过大。其含义是:受城市化激励的省级政府,只有当城市规模的人口集聚弹性 E 足够大,且(或)其持有的城市规模厌恶水平 ξ 足够小,使 $\xi<(1-\lambda)(E-1)$ 成立时,大城市才会获得更多的指标。对处于快速城市化进程中的中国来说,大城市具有更强的人口集聚能力。如果省级政府不存在对城市规模的厌恶($\xi=0$),城市建设用地指标的地区配置很容易与人口集聚的方向保持一致。但如果 ξ 很大,建设用地指标的地区配置便存在和人口集聚方向相反的可能性。这反映出在实际的指标配置过程中,省级政府会陷入两难境地:更有效的城市化推进方式是向大城市投放更多的指标,但由此带动的流动人口增长又提高了地方治理难度,两者相权才能决定指标配置的最终结果。

假说 2:建设用地指标的地区配置既取决于城市人口集聚能力,也取决于城市规模厌恶程度。

（三）指标配给对住房市场的影响

基于上述阐释，可以得到均衡时人均住房销售面积和居住用地供给之间的关系：$\log h^{E} = \pi_0 + \pi_1 \log \overline{L} - \pi_1 \log N + \pi_2 \log W + \pi_3 \log P_M$。其中，$h^E$ 是均衡的人均住房销售面积。$\pi_1 > 0$，显示了居住用地 $(\log \overline{L})$ 对人均住房销售面积的正向影响。在给定居住用地供给的条件下，城市人口规模 $(\log N)$ 对均衡时人均住房销售面积产生了负面影响。$\pi_2 \log W$ 和 $\pi_3 \log P_M$ 分别代表着居民收入和住房建造成本的影响。

中国的居住用地供给经历了一个“从中央到地方”“先地区再用途”的指标配置过程，因此住房市场会受到多层级政府行为的叠加影响。为此，进一步将上式中的居住用地供给 $\overline{L}$ 分解为建设用地供给总量 (ΔL) 和居住用地的配置比例 (Φ)。前者是省级政府地区配置的结果，后者是区县政府用途配置的结果，进而得到式(11.8)：

$$\log h^{E} = \pi_0 + \pi_1 \log \Delta L + \pi_1 \log \Phi - \pi_1 \log N + \pi_2 \log W + \pi_3 \log P_M \tag{11.8}$$

这样一来，均衡的人均住房销售面积受省级政府配置的建设用地指标供给总量、区县政府配置的居住用地比例的双重影响。进一步地，由于财政激励下的区县政府有扩张工业用地、缩减居住用地的倾向，因此，ΔL 对 h^E 的正向影响会随着区县政府所受财政激励强度的增加而减弱。

假说 3：若省级政府为区县配置更多的城市建设用地指标，住房市场均衡时的人均销售面积便会增加，但这一积极影响会随着区县所受财政激励的增强而减弱。

第三节　建设用地指标配置的实证检验

一、样本、变量与统计描述

（一）样本选取

这里我们以区县为样本单元考察土地指标配给。然而有关城市建设用地指标配置的信息还比较缺乏，全国区县层面系统的土地指标数据更是无法获得。① 通过对全国31个省（自治区、直辖市）自然资源厅（原国土资源厅）网站的调查，我们发现江苏省系统公布了其自2011年以来分区县分用途的土地利用年度计划指标，我们借此进行实证分析。② 样本含60多个区县、2011—2016年共计378个原始观测值，但其中包含县（市）改区后原来的县或县级市的数据。③ 例如，南京市所辖溧水县和高淳县在2013年改为市辖区，但一直到2018年，仍单独报告了溧水区和高淳区的建设用地指标数据。但在《江苏统计年鉴》中，改区后的县市数据不再单独报告，故在实证分析时实际用到的样本下降到347个。

（二）变量构建

1. 被解释变量

（1）商品住房用地供给比率。在江苏省各年"国有建设用地供应计划汇总表"中，住房用地包括了保障性安居工程用地和商品住房用地。考虑到模

---

① 有些省份尽管公布了指标的地区分配，但仅具体到地级市层面，如安徽省、浙江省等。而指标的用途配置是区县政府完成的，因此无法使用这些数据。具体信息可搜索各省国土资源厅网站"规划计划"栏目。

② 参见江苏省国土资源厅网站。

③ 因县市改区的行政区划调整，不同年份区县数量有所变动。

型设定主要指向基于市场规律的指标配置行为，故而我们只考察区县政府对商品住房用地的配置行为，该变量定义为：商品住房用地/工矿仓储用地。(2)区县人均建设用地指标的相对比例。该变量定义为：区县 i 的人均建设用地指标比上区县 j 的人均建设用地指标。因为 $i \neq j$，所以如果有 n 个区县的话，便能够得到 $n \times (n-1)$ 个配比关系。不过由于 i 和 j 的配比与 j 和 i 的配比实际上是同一个关系，因此，有效的配比应该是 $n \times (n-1)/2$ 个。(3)人均商品住房销售面积。该变量定义为区县的"商品住宅销售面积/常住人口"，数据采集于《江苏统计年鉴》。

2. 核心解释变量

(1)投资密度，定义为：(固定资产投资-房地产开发投资)/建成区面积。会有部分投资发生在建成区之外，特别是第一产业固定资产投资。不过数据显示，第一产业固定资产投资在全部固定资产投资中的占比不足1%，这样的测量误差应该不会对结果产生太大影响。① (2)城市规模。按照已有研究的惯常做法，我们首先使用常住人口度量。但在县和县级市样本中，这种处理存在较大误差。因为在县和县级市，有大量的人口生活在农村，常住人口会有严重的高估。为此，我们进一步使用"城镇家庭户数量"度量，它等于区县的"总家庭户数量-乡村家庭户数量"。(3)资本密度。区县层面的资本存量数据估算存在很大困难，我们的解决办法是：假设区县的资本产出比为一常数，使用工业 GDP 密度(工业 GDP/建成区面积)作为资本密度的代理变量。(4)就业密度。使用区县的第二产业从业人员与建成区面积的比值度量。(5)城镇居民人均可支配收入。度量上述变量的数据均可从《江苏统计年鉴》中获取。

3. 其他控制变量

其他控制变量包括区县人均 GDP、第二产业 GDP 占比、第三产业 GDP 占比、外资工业产值占比、城镇家户数量占比(度量城市化水平)。数据来源于

① 参见2017年《江苏统计年鉴》表6-1"固定资产投资主要指标"。

各年《江苏统计年鉴》。

（三）统计描述

变量统计描述如表 11-1 所示。

表 11-1　变量统计描述

变量	样本量	均值	标准差	最小值	最大值
商品住房用地供给比率	339	0.54	0.46	0.04	3.39
区县 i、j 人均指标比率	9986	1.67	2.84	0.01	87.10
人均商品住房销售面积(平方米/人)	347	1.03	0.63	0.06	7.20
固定资产投资密度(亿元/平方千米)	347	8.17	3.75	2.52	21.37
常住人口规模(万人)	347	137.71	125.30	32.83	827.00
城镇家庭户数量(万户)	347	17.23	23.06	2.73	166.70
工业 GDP 密度(亿元/平方千米)	347	6.95	4.54	1.23	26.50
第二产业就业密度(万人/平方千米)	347	0.75	0.32	0.19	2.14
城镇居民人均可支配收入(万元)	347	2.86	0.91	1.07	5.47

二、计量模型设定

（一）用途配置模型

基于假说 1，用途配置模型重点考察财政激励下区县政府的居住用地配置行为。使用固定资产投资密度度量财政激励强度，同时控制城市规模的影响，设定如下的计量模型：

$$\log(y_{i,t}) = \alpha_0\log(y_{i,t-1}) + \alpha\log(\kappa_{i,t}) + \beta\log(Z_{i,t}) + \varepsilon_i + \vartheta_t + \mu_{i,t} \quad (11.9)$$

式中，$y_{i,t}$ 为区县 i 在 t 年的商品住房用地与工矿仓储用地的比率。核心解释变量是投资密度 κ，根据理论模型结果，α_1 的符号并不确定。$Z_{i,t}$ 包括其他核心变量：城市规模、资本密度、就业密度和城镇居民人均可支配收入，以及其他控制变量。ε_i 是区县固定效应，ϑ_t 是年份固定效应，$\mu_{i,t}$ 是随机误差项。

模型包含因变量的一阶滞后项,用以捕捉区县政府用途配置所表现出的惯性,因为大多数政府规划计划的制定多以历史数据为基本依据。所有变量均取对数。

(二)地区配置模型

基于假说2,地区配置模型重点考察省级政府的指标投放是否与人口集聚方向一致。模型的核心解释变量是区县人口的相对规模 $N_{ij,t}$,它定义为 $N_{i,t}/N_{j,t}$ 。同时控制区县的相对税收贡献能力 $MT_{ij,t}$,定义方式如前。在理论模型式(11.7)中,区县 i 和区县 j 工业用地比例($1-\Phi$)的比,以及居住用地比例(Φ)的比也是影响指标地区配置的因素。不过这两个变量的相关系数高达0.87,同时置入它们会产生较为严重的共线性问题。用途配置模型揭示:区县工业用地和居住用地的配比关系主要受投资密度影响,因此如果在回归模型中置入这一变量,一方面可以克服多重共线性问题,另一方面还能借此考察省级政府的指标投放是否受到区县政府行为的影响。故而在回归模型中加入区县 i 和区县 j 投资密度的比: $\kappa_{ij,t-1}$ 。该变量同时做了一阶滞后处理,因为省级政府更有可能是根据上一年度区县用途配置比例决定指标的地区投放。模型设定如下:

$$\log(\Delta L_{ij,t}) = \alpha_0\log(\Delta L_{ij,t-1}) + \alpha_1\log(N_{ij,t}) + \beta\log(Z_{ij,t}) + \varepsilon_{ij} + \vartheta_t + \mu_{ij,t} \tag{11.10}$$

式中,因变量 $\Delta L_{ij,t}$ 为 t 年区县 i 和区县 j 所分配到的人均建设用地指标的比率,即 $\Delta L_{ij,t}=\Delta L_{i,t}/\Delta L_{j,t}$, $Z_{ij,t}$ 包括了 $MT_{ij,t}$ 、$\kappa_{ij,t-1}$,以及其他控制变量,同前定义。ε_{ij} 是不随年份变化的区县 i 和区县 j 配比的固定效应,ϑ_t 是年份固定效应,$\mu_{ij,t}$ 是随机误差项。模型同样包含了因变量的一阶滞后项。所有变量均取对数形式。由于无法构建工业用地的边际税收贡献能力 $MT_{ij,t}$,回归分析时使用建成区上的工业GDP密度代理。

（三）住房市场模型

基于假说3,住房市场模型主要考察建设用地供给总量和居住用地占比对均衡人均住房销售量的影响。完整的计量模型设定为式(11.11):

$$\log(h_{i,t}) = \alpha_0\log(h_{i,t-1}) + \alpha_1\log(\Delta l_{i,t-1}) + \alpha_2\log(r_{i,t-1}) + \beta_1\log(N_{i,t}) + \beta_2\log(W_{i,t}) + \gamma\log(Z_{i,t}) + \varepsilon_i + \vartheta_t + \mu_{i,t} \tag{11.11}$$

其中,$h_{i,t}$ 是区县 i 在 t 年的人均商品住房销售面积。模型包括两个核心解释变量:(1)省级政府在 t 年下达给区县 i 的建设用地指标总量 $\Delta l_{i,t}$;(2)区县政府配置的居住用地指标比例 $r_{i,t}$ 。考虑到房地产开发的时滞效应,变量 $\Delta l_{i,t-1}$ 和 $r_{i,t-1}$ 做了一阶滞后处理。$N_{i,t}$ 是区县人口规模,$W_{i,t}$ 是城镇居民人均可支配收入,$Z_{i,t}$ 是其他控制变量向量。ε_i 是区县固定效应,ϑ_t 是年份固定效应,$\mu_{i,t}$ 是随机误差项。加入因变量的一阶滞后项捕捉住房市场的动态特征。所有变量均取对数形式。若回归分析获得了 α_1 和 α_2 显著为正的结果,则表明住房市场受到省级和区县政府行为的共同影响。在这种情况下,将进一步聚焦于两级政府对住房市场影响的叠加效应。我们的逻辑是:随着区县政府所受财政激励的增加,居住用地的供给比例减小,从而弱化省级政府的指标投放对住房市场的积极影响。为检验这一逻辑,我们将式(11.11)中的变量 $\log(r_{i,t-1})$ 用交叉项 $\log(\Delta l_{i,t-1}) \times \log(\kappa_{i,t-1})$ 替代。我们期望,随着投资密度的提高,总量建设用地指标对人均住房销售面积的影响变小,故而交叉项的回归系数显著为负。

三、回归结果分析

由于3个模型均包含有因变量的滞后项,故采用适于动态面板数据模型的系统GMM方法估计,但在具体实施过程中遇到了困难。主要原因在于本章研究的样本量只有347个,使用GMM方法估计因包含滞后项,最终的样本量下降到280个左右。如果直接控制60多个区县固定效应,解释变量的个数相对于样本量来说无疑过多,但直接忽视则又会降低结果的可靠性。我们采用控制 13 个地区固定效应的方法作为折中,该方案从两个方面来看是可接受的。首先,区县固定效应主要是与一地自然地理、历史文化相关联的因素,而这些因素对同处一个地级行政辖区的区县来说无疑是高度一致的。因此,地区固定效应是区县固定效应的良好替代。其次,在样本量有限的情况下,该方案大幅降低了解释变量的个数。回归结果依次报告于表 11-2 至表 11-4。其中,表 11-2 是用途配置模型的估计结果,表 11-3 是地区配置模型的估计结果,表 11-4 是住房市场模型的估计结果。表中回归系数下方报告的均是稳健标准误差,所有模型均通过了 Arellano-Bond 检验。另外,除地区配置模型外,其他模型均通过了 Hansen 检验。考虑到 Hansen 检验在系统 GMM 方法中的局限性(白重恩等,2008),对于地区配置模型,我们更倾向于接受 Arellano-Bond 检验结果。

(一)用途配置模型回归结果

表 11-2 城市建设用地指标的用途配置逻辑回归结果(1)基于区县常住人口 $\log(N_{i,t})$ 估计,回归结果(2)基于区县城镇家庭户数量 $\log(F_{i,t})$ 估计。总体上看,两个结果没有差异。投资密度显著降低了商品住房用地对工矿仓储用地的比率:投资密度每提高 1 个百分点,商品住房用地比率下降 1.1—1.2 个百分点。根据理论模型,投资密度对商品住房用地比率的影响取决于方向相反的两股力量。一方面,投资密度能够直接提升城市资本密度,提高工业用地的税收贡献能力,从而激励区县政府增加工业用地供给;另一方面,如果投资密度能够进一步促进城市增长,带动住房需求和土地出让收入上涨,那么区县政府也有提高居住用地配置比例的激励。回归结果表明:前一效应大于后一效应,财政激励下的区县政府扩张了工业用地供给,缩减了居住用地供给,假说一成立。与理论模型预期一致,城市规模显示出对商品住房用地比率的促进作用。

表 11-2　城市建设用地指标的用途配置逻辑

变量	因变量：$\log(y_{i,t})$	
	结果（1）	结果（2）
$\log(y_{i,t-1})$	0.307 (0.227)	0.199 (0.192)
$\log(\kappa_{i,t})$	-1.187^{***} (0.336)	-1.128^{***} (0.316)
$\log(N_{i,t})$	0.476^{*} (0.288)	—
$\log(F_{i,t})$	—	0.440 (0.310)
其他核心变量	控制	控制
其他控制变量	控制	控制
年份固定效应	控制	控制
地区固定效应	控制	控制
观测值	274	274
Arellano-Bond test AR(1) p 值	0.049	0.047
Arellano-Bond test AR(2) p 值	0.888	0.920
Hansen test p 值	0.989	0.994

注：系数下方括号内报告的是稳健标准误差，***、**、* 分别表示在 1%、5%、10%的水平下显著。为节省篇幅，其他核心变量、其他控制变量的回归结果没有报告，下同。

（二）地区配置模型回归结果

同样使用“常住人口”和“城镇家庭户数量”度量城市规模，回归结果报告见表 11-3。从中可见，城市规模越大，人均建设用地指标反而越少。无论使用常住人口还是使用城镇家庭户数量度量城市规模，结果高度一致，且非常显著。根据理论模型，当省级政府的城市化偏好越强，城市人口集聚能力越高，城市规模系数越小，大城市会分配到更多的指标。根据理论模型，实证研究结果显著为负，可能原因有三个方面，下面逐一探讨。

首先，如何使农业转移人口快速市民化是中央政府关注的重大民生问题。

省级政府有推动城市化的内在激励。

其次,城市新增人口在不同规模的城市中的分布是显著不同的。已有研究都认为(Au 和 Henderson,2006;王小鲁,2010):大城市具有更强的人口集聚能力。尽管缺乏我国城市人口集聚能力的具体估计,但从“北上广深”所吸引的大规模迁移人口的现实来看,我国的大城市同样具有强大的人口集聚能力。因此,认为我国省级政府没有受到城市化激励,大城市人口集聚能力不足,并以此来解释上述实证发现,难以令人信服。

表 11-3　城市建设用地指标的地区配置逻辑

变量	因变量:$\log(\Delta L_{ij,t})$	
	结果(1)	结果(2)
$\log(\Delta L_{ij,t-1})$	0.456*** (0.030)	0.470*** (0.030)
$\log(\Delta L_{ij,t-2})$	0.181*** (0.023)	0.186*** (0.023)
$\log(N_{ij,t})$	-0.250*** (0.027)	—
$\log(F_{ij,t})$	—	-0.233*** (0.026)
$\log(MT_{ij,t})$	0.141 (0.092)	0.079 (0.092)
$\log(\kappa_{ij,t-1})$	-0.144** (0.058)	-0.125** (0.059)
其他控制变量	控制	控制
年份固定效应	控制	控制
地区(配对)固定效应	控制	控制
观测值	6165	6165
Arellano-Bond test AR(1) p 值	0.000	0.000
Arellano-Bond test AR(2) p 值	0.725	0.755
Hansen test p 值	0.000	0.000

最后,我们认为,“城市规模因素”是导致“建设用地指标逆人口集聚方向

投放”的主要原因。考虑到规模扩张带来的治理困难，我国倡导不同规模城市均衡发展的城市化路径，所以政府一直试图借助户籍制度控制大城市更快的人口增长。户籍制度在控制城市的户籍人口规模上当然有效，但对城市常住人口规模的持续膨胀却束手无策。在这一背景下，对城市发展空间的限制可能成为补充手段。也就是说，以户籍制度为手段对城市人口规模的控制，让位于以土地指标为手段对城市发展空间的控制。在现实中，国家政策不鼓励增加大城市的建设用地供给。如 2016 年《全国土地利用总体规划纲要（2006—2020 年）调整方案》提倡“严格控制超大城市、特大城市用地规模”，而《国家新型城镇化规划（2014—2020 年）》则提倡“增加中小城市和县城的建设用地供给”。

（三）住房市场模型回归结果

表 11-4 回归结果（1）和结果（2）揭示：无论是省级政府投放给区县的建设用地指标总量，还是区县政府配置的居住用地比例，均对人均住房销售面积产生了积极的正向影响。但从弹性系数的大小以及显著性来看，居住用地比例的影响更大。回归结果意味着：建设用地指标配置的确可以作为缓解住房市场紧张的手段来使用。

为了揭示两级政府指标配置行为对住房市场的叠加影响，我们引入了交叉项 $\log(\Delta l_{i,t-1}) \times \log(\kappa_{i,t-1})$ 。我们的逻辑是：居住用地供给是省级政府和区县政府共同作用的结果，因此，省级政府投放给区县的建设用地指标总量对住房市场的影响力，最终要取决于区县政府的用途配置情况。随着财政激励增强，居住用地更多地被工业用地挤占，从而降低总量指标投放对住房市场的积极影响。回归结果（3）和结果（4）显示，交叉项的系数在 1%的水平下显著为负，表明总量指标配置对住房市场的积极影响的确会随着区县政府所受财政激励的增强而减弱，假说三成立。

表 11-4 两级政府指标配置行为对住房市场的影响

变量	因变量：$\log(h_{i,t})$			
	结果(1)	结果(2)	结果(3)	结果(4)
$\log(h_{i,t-1})$	0.315*** (0.120)	0.330** (0.140)	0.275** (0.131)	0.295** (0.145)
$\log(\Delta l_{i,t-1})$	0.099 (0.069)	0.093 (0.073)	0.183** (0.091)	0.209* (0.109)
$\log(r_{i,t-1})$	0.133* (0.071)	0.146* (0.075)	—	—
$\log(\Delta l_{i,t-1}) \times \log(\kappa_{i,t-1})$	—	—	-0.076*** (0.029)	-0.081*** (0.031)
$\log(N_{i,t})$	0.101 (0.173)	—	0.143 (0.200)	—
$\log(F_{i,t})$	—	0.236 (0.205)	—	0.192 (0.190)
$\log(W_{i,t})$	-0.572 (1.079)	-1.932* (1.129)	0.077 (0.800)	-1.086 (0.943)
其他控制变量	控制	控制	控制	控制
年份固定效应	控制	控制	控制	控制
地区固定效应	控制	控制	控制	控制
观测值	285	285	285	285
Arellano-Bond test AR(1) p 值	0.086	0.088	0.103	0.097
Arellano-Bond test AR(2) p 值	0.401	0.413	0.414	0.363
Hansen test p 值	0.998	1.000	1.000	1.000

总结前文结果，我国房地产市场表现为：逆人口集聚方向的城市建设用地指标地区配给模式，叠加偏向工业的用途配置模式，对居住用地供给和住房市场产生了显著的挤压效应，导致"人口、土地和住房"的空间错配。

四、稳健性检验

以固定资产投资密度作为区县政府所受财政激励强度的代理变量，研究其对指标用途配置的影响，可能会遭受质疑。因为固定资产投资和土地用途配置都是财政竞争的手段，二者是同时决定的。我们可以说区县政府为了追求税收增长，需要增加固定资产投资，进而影响了工业和居住用地的配置比例；也可以说为了促进税收增长，需要增加工业用地供给，进而引发配套的基础设施投资。由此引发的一个后果是：那样一些能够同时驱动固定资产投资和土地用途配置的因素就会被认为是财政激励的作用，尽管这些因素与财政激励没有任何关系。比如说地形，既影响固定资产投资密度，也可能影响工业和居住用地的配比关系。由于地级行政区所辖区县的数量（qc）能够很好地反映财政竞争的强度，且二者呈显著的倒"U"型关系（Lü 和 Landry，2014）。我们借用这一外生性较强的变量进行稳健性检验。回归结果（见表 11-5）显示，区县数量与居住用地的配置比率呈显著的"U"型关系：随着区县数量增长，居住用地配置比率一开始会显著下降。这表明，财政激励的确是挤压居住用地配置比率的原因。但这跟前文使用的固定资产投资密度又有什么关系？进一步的回归分析显示，地级行政区所辖区县数量与区县的固定资产投资密度有显著的倒"U"型关系：随着数量增长，投资密度一开始会显著增长。这意味着：前文发现的投资密度对居住用地配置比率显著的挤压效应，至少部分来自区县政府所受到的财政激励。

表 11-5　稳健性检验结果

变量	因变量：$\log(y_{i,t})$	因变量：$\log(\kappa_{i,t})$
qc_i	-0.932^{**}	0.125
	(0.376)	(0.085)
qc_i^2	0.111^{***}	-0.017^{**}
	(0.035)	(0.008)

注：分别使用系统 GMM 和双向固定效应方法估计。核心解释变量，其他控制变量，年份、地区固定效应均被控制。GMM 估计还包含变量 $\log(y_{i,t-1})$，且 AB 检验、Hansen 检验均通过。

第四节　优化建设用地指标配置的路径选择

本章构建了一个城市建设用地供给的理论框架，揭示了我国快速城市化和工业化进程中“人口、土地和住房”的空间错配机制。研究发现：我国城市建设用地供给受制于一个“从中央到地方”“先地区后用途”的指标分配制度，住房市场因此受到多级政府指标配置行为的叠加影响。理论模型揭示了财政激励下区县政府的指标用途配置逻辑，以及城市化激励下省级政府的指标地区配置逻辑。基于实证研究结果，我国房地产市场表现为：逆人口集聚方向的城市建设用地指标地区配给模式，叠加偏向工业的用途配置模式，对居住用地供给和住房市场产生了显著的挤压效应，导致“人口、土地和住房”的空间错配。因此，需要改革当前的城市建设用地供给制度，以促进房地产市场的健康发展。我们主张：城市建设用地指标的地区配置，应在事前顾及人口流动方向，将指标的投放与城市常住人口及其增长潜力挂钩，改变现行的“人地挂钩”政策将“指标投放与事后的人口落户情况”相关联的做法。也就是说，应根据人口流动方向主动增加土地供给以促进人口落户，而不应被动地根据落户情况安排土地供应。这同时要求在土地利用总体规划、土地利用年度计划的制定时，应提高人口流动因素的权重，科学测算各级行政区应分得的指标数量。

第十二章　新增建设用地减量化对地方城投债的影响

一方面,新增建设用地减量化可能会带来土地出让收入的减少,导致地方政府偿还债务的压力增大。另一方面,新增建设用地减量化会抑制地方政府的新城建设,造成地方政府基础设施投资需求的下降,进而减少地方城投债发行,降低地方债务规模。本章利用2009—2016年全国地级市数据试图厘清新增建设用地减量化对地方城投债的影响效应。研究发现主要有两点:第一,新增建设用地减量化会减少地方政府城投债发行概率和平均发债金额。在传导渠道上,新增建设用地减量化通过减少基础设施投资降低城投债发行。第二,新增建设用地减量化降低了地方政府的负债率。在传导渠道上,新增建设用地减量化通过减少城投债的发行显著降低地方政府负债率。本章发现新增建设用地减量化对债务下降的作用来自新增建设用地对地方政府基础设施投资需求的抑制。因此,改革地方政府激励和限制地方政府过度的基础设施投资冲动是抑制地方政府债务增加的切实路径。

第一节 新增建设用地的减量化趋势与研究进展

一、新增建设用地的减量化趋势

20世纪90年代分税制改革后,地方政府的财税收入占比下降但支出责任没有相应的调整,财政压力的增大促使地方政府积极拓展预算外收入。在GDP考核体制下,地方政府为了招商引资,有很强的基础设施投资需求,基础设施投资的资金需求也使得地方政府有很强的动力去拓展预算外收入。但是,地方政府不能直接从市场通过发债获取资金。2015年以前的《预算法》规定,地方政府不得发行地方债券。中国人民银行发布的《贷款通则》也规定,地方政府不能直接向商业银行借款。尽管以上法规条例对地方政府的借债行为做了限制,但对地方政府的借债行为在法律界定上仍有模糊之处和不完善的地方。现实中,地方政府的借债行为一直存在。通过设立地方投融资平台,地方政府主要通过三种形式融资:银行贷款、城投债和信托私募等资本市场融资。其中银行贷款通常以土地为抵押,城投债则大多以土地为担保。这些地方债务的偿还高度依赖地方政府的土地出让收入。2012年年底,地方政府(36个地方本级政府中,4个省本级、17个省会城市本级)承诺通过土地出让金来偿还的债务余额达7747亿元,该项债务规模占这些地区债务规模总额的54.64%。全国范围内的地方政府承诺通过土地出让金来偿还的债务规模达3.5万亿元,占债务总规模的37.23%。2009年以来中国地方政府的债务急剧扩张。根据全国政府性债务审计结果,2008年及以前的地方政府性债务不到3.2万亿元,到2010年已增至10.7万亿元,2013年扩大至17.9万亿元。根据已有的研究和统计(常晨和陆铭,2017;张莉等,2018),新城建设是城投债等地方政府债务资金的主要去向,积累的地方政府性债务中有68%用于基础设施等市政建设。新增建设用地是新城在基础设施投资建设中的主要载体。

我国过去三十多年的快速城镇化使得城市空间迅速扩张，城市对新增建设用地的大量需求一方面导致了耕地的大量减少，产生了负面的生态环境影响；另一方面引起了建设用地的无序蔓延，土地利用效率极低。从2014年开始，政府出台了一系列政策抑制新增建设用地无序增加。2014年中央政府要求“东部三大城市群发展要以盘活土地存量为主，今后将逐步调减东部地区新增建设用地供应，除生活用地外，原则上不再安排人口500万以上特大城市新增建设用地”。国土资源部从2015年开始推动全国600余个城市划定“城市开发边界”，限制城市规模的扩张。北京市和上海市在2016年新一轮总体规划中提出建设用地总规模“负增长”或“零增长”的目标。国土资源部2017年表示未来要推动建设用地减量化发展或零增长。国务院和国土资源部2018年要求各地继续严控城市新增建设用地规模，原则上控制在土地利用总体规划确定的规划期剩余年均量以内。国家这一系列政策的出台标志着我国城市发展模式的转型。新增建设用地的减量化将会持续对地方政府的基础设施投资和土地出让收入产生影响，进而影响地方政府的债务规模和偿债能力。

在新增建设用地减量化的背景下，地方政府可以供应出让的土地规模受到越来越多的限制。土地出让规模的减少会影响地方政府的土地出让收入。由于地方政府的城投债都是以土地出让收入作为担保和偿债来源，新增建设用地的减量化可能会带来地方政府偿还债务的困难，对地方政府债务产生负面影响。与此同时，新增建设用地减量化会抑制地方政府的新城建设，降低地方政府基础设施建设投资的需求。基础设施建设投资需求的下降会减少地方政府发行城投债的可能。新增建设用地的减量化因此也可能带来地方政府举债规模的减少，对地方政府债务产生积极作用。基于此，在新增建设用地减量化的背景下，本章试图研究这一政策变动对地方债务的净影响效应。

二、新增建设用地与城投债的研究进展

（一）基本概念

根据国土资源部的定义，新增建设用地是指农地和未利用地经依法批准转用和土地征用后供应给单位或个人使用的建设用地面积。每年地方政府会根据土地利用总体规划的供地指标和年度土地供应计划依法将国有建设用地使用权提供给单位或个人使用。

每年的建设用地供应通过出让、划拨或租赁等方式将国有建设用地使用权提供给单位或个人使用。划拨方式的土地供应一般是将国有建设用地使用权无偿交付给土地使用者使用的行为。出让土地的方式又分为协议土地出让方式和“招、拍、挂”（招标、拍卖和挂牌）土地出让方式。协议出让方式是地方政府与土地使用者采用协议方式完成土地出让的行为，土地使用者向地方政府支付土地出让金，地方政府将国有建设用地一定年限内的使用权出让给土地使用者。“招、拍、挂”出让方式是地方政府通过招标、拍卖和挂牌的市场化方式进行土地出让的行为。2008 年以后由于国家规定经营性用地必须以“招、拍、挂”方式出让，协议出让的比重越来越低。租赁是指土地使用者依法通过租用的方式获得国有建设用地使用权的行为，土地使用者支付租金，并与县级以上人民政府国土资源管理部门签订一定年限的土地租赁合同。建设用地的供应方式除划拨、出让、租赁这些常规形式外，还有作价出资入股、授权经营等其他方式。

城投债，又称“准市政债”，根据中央国债登记结算有限责任公司的定义，是指为地方经济和社会发展筹集资金，由地方政府投融资平台公司发行的债券，包括企业债、公司债、中期票据、短期融资券、非公开定向融资工具等。由于 2015 年以前地方政府不能直接发行债券，地方政府通过财政拨款或注入土地、股权等资产设立地方政府投融资平台，通过投融资平台发行债券。因此，城投债是以地方政府投融资平台为发行主体，实际以地方政府为隐性担保人，

为地方基础设施建设项目筹集资金,缓解地方政府财政压力而发行的债券。

（二）研究脉络

新增建设用地减量化的已有研究主要由两部分构成:一部分研究关注新增建设用地减量化的实施策略;另一部分研究关注新增建设用地减量化的影响效应。

1.新增建设用地减量化的实施策略研究

国内最早关于新增建设用地减量化的研究来自城市规划领域。因为深圳市在快速城市化的过程中最先遇到了建设用地规模的瓶颈,从2006年开始的近期建设规划中,深圳市提出了"减量增长"的规划建设模式,寻求在建设用地规模降低的同时经济可以持续发展(王卫城等,2011)。施卫良(2014)根据国内一些特大城市的发展阶段,提出下一轮特大城市的总体规划编制需要实现从增量到存量与减量规划的转型。陈宏胜等(2015)比较了增量规划、存量规划和减量规划,认为是城市增长要素的变化导致了增量规划向存量规划的转型。郭旭和田莉(2016)研究上海市新滨镇土地减量规划的实施,发现强制性的土地使用权交易对农民和企业主的利益造成了较大的损害。

此外,国内很多文献根据各地的实践经验总结或提出了新增建设用地减量化的其他各种实施策略。董祚继(2015)以上海市松江地区的"超级增减挂钩"为案例,总结了上海市新增建设用地减量化的五大策略:广域统筹、控增逼存、生态优先、城乡统筹和节约集约。顾守柏等(2015)总结了上海市"198"区域的建设用地减量化的实施策略:以城乡建设用地"增减挂钩"政策和土地综合整治策略为工具,减少低效工业用地,充分利用城市存量土地,减少新增建设用地。李爽和楼江(2016)根据上海市建设用地减量化中土地权属调整出现的问题,提出了土地权属调整的优化模式。冯长春等(2016)等通过河南省新乡市的调研经验,分析了"人地钱"挂钩政策的问题,提出了"人业地钱"相联系的模式作为集体建设用地减量化的模式。刘伟等(2016)提出安徽省应通过缩减新增建设用地指标、挖掘存量建设用地潜力、增加建设用地流量指标等方法实现新增建设用地减量化。张晓洁和刘子潇(2018)根据天津市的发展阶段,提出天津市不宜实施总量建设用地减量化,应该通过“三区三线”的划定、建设用地减量优先级的设置和“增减挂钩”的减量策略来优化建设用地资源配置,将新增建设用地配置在效率最高的项目上。朱巍巍(2018)以郑州市为例,通过分析土地资源承载力发现不能盲目减少建设用地总量,应该划定城市增长的弹性边界线。李强等(2018)研究了北京市建设用地减量化的实施路径,提出了“人地钱”挂钩、镇级统筹、村企合作、土地收储和土地综合整治五种建设用地减量化实施模式。

2. 新增建设用地减量化的影响效应研究

新增建设用地减量化的直接效应研究目前还比较少,主要原因有两点:一是国外城市化阶段早已进入到成熟阶段,新增建设用地的研究在国外文献中比较少见,新增建设用地减量化的研究也因此很少见;二是国内由于新增建设用地步入减量化阶段较晚,目前的研究还主要集中于新增建设用地减量化的实施策略研究,对新增建设用地减量化的直接效应研究还比较少。已有的研究中,刘静等(2015)研究了“198”区域工业用地减量化的影响,发现工业用地减量化会极大改善生态环境,但会降低地方政府税收。史婧然和袁承程(2016)发现上海市青西地区的建设用地减量化有助于提高植被覆盖率和改善生态系统服务功能。郭文华等(2016)通过实地调研上海市和深圳市的情况发现,新增建设用地的收紧会带来土地出让收入的下降。徐丹(2018)研究发现上海市奉贤区奉城镇集中建设区外的建设用地减量化对生态环境效益有正向影响,但对村集体收入有负面影响。

此外,新增建设用地减量化一般会带来存量建设用地的更多利用。存量土地更新利用产生的效应也可以视为新增建设用地减量化的间接效应。国外城市经济学对存量用地更新利用研究的历史比较悠久,讨论的主题比较广泛。例如,维格多(Vigdor,2010)运用美国住房调查数据研究了人们的支付意愿和城市更新带来的房价上涨之间的关系，结果发现存量用地更新带来的房价上涨超过了人们改善环境质量的支付意愿。埃伦和里根(Ellen 和 Regan，2011)研究了西方传统的城市更新模式对低收入群体的影响，发现城市更新并不一定对原来的居民产生负面影响。柯林斯(Collins 等，2013)用工具变量法分析了存量用地更新对城市经济的影响，发现存量用地更新可以促进当地经济增长。阿尔费尔特(Ahlfeldt 等，2014)运用准实验的方法研究了冷战后柏林城市更新项目实施的效果，发现城市更新有助于改善当地的居住环境，但未发现有显著的福利效应。邹(Chau 等，2014)使用香港的数据分析了城市更新项目对周围房价的外部性影响，发现对周围旧房的房价有负面影响。国内研究中，姜冬冬(2015)采用格兰杰因果检验的方法发现上海市的城市更新总体上对上海市现代服务业的发展有积极的推动作用，但对服务业分支下各行业的影响不一。

综上，就已有研究而言，大量的文献关注新增建设用地减量化的实施策略。其中一些文献从减量规划和存量规划的角度出发讨论了新增建设用地减量化的实施策略，还有很多文献从各地的实践中总结出了各地新增建设用地减量化的实施特点，并根据现有实施策略的缺陷提出了改进策略。但是，较少有研究关注到新增建设用地减量化将会产生的影响效应。目前的影响效应研究发现新增建设用地减量化在生态层面会带来生态环境的改善，但在经济层面会降低地方政府的税收收入、财政收入和土地出让收入。总结来看，现有的新增建设用地减量化的影响效应研究还相当有限且不系统。绝大多数研究都是基于个别城市的案例研究，缺少大样本下的普遍性规律分析。本章基于全国地级市数据，研究新增建设用地减量化对地方政府基础设施投资需求、土地出让收入和债务的影响效应。

3. 土地财政形成原因的研究

对于地方政府土地财政的形成原因，学术界主流的观点有两种：第一种观点认为地方政府的土地出让主要受到地方官员晋升激励的影响；第二种观点认为地方政府的土地出让主要受到地方政府财政压力的影响。

地方官员晋升激励研究起始于周黎安(2004、2007),他提出了中国地方政府官员之间存在着基于辖区经济增长绩效的晋升锦标赛。周黎安(2004、2007)提出晋升考核使得中国地方官员处于一种竞争博弈的状态,而地方官员辖区的经济绩效表现是考核成绩最重要的依据之一,这促使地方官员有很强的动力去促进地区的经济增长。之后有大量的经验文献对此进行了验证(Maskin 等,2000;Chen 等,2005;Li 和 Zhou,2005)。王贤彬等(2011)采用官员经济增长率间的相对绩效来衡量经济绩效表现,发现省级官员的晋升和省区经济绩效表现之间存在正向相关的关系。杜兴强等(2012)使用经济增长率的加速度来衡量经济增长,也发现经济增长因素显著影响了省级官员的晋升。杨其静和郑楠(2013)使用地级市市委书记的数据进行了实证,发现实证结果并不支持晋升锦标赛的假说。他们认为地方官员的晋升机制更类似于资格赛,经济增长绩效只是官员参与晋升竞争的一个门槛要求。

总结而言,这些研究都认为地方官员的晋升激励是地方政府招商引资、推动经济增长的主要动力来源。土地作为地方政府掌控的重要资源,土地的出让成为地方政府获得投资和发展经济的主要手段。范子英(2015)用部长更换的自然实验进行实证分析,发现土地财政的根源是地方政府的投资冲动,投资冲动源自地方官员的晋升激励。余靖雯等(2015)研究了政治周期对土地出让的影响,发现在党代会召开之前土地出让规模会显著下降,在党代会召开之后土地出让规模会显著增加。他们的研究还发现官员在刚上任时有大量出让土地的冲动,土地出让产生的经济效应可以增加地方官员的晋升机会。杨继东和杨其静(2016)使用双重差分法研究了"四万亿"刺激计划对工业用地出让的影响,研究发现保增长压力会促使城市政府更加积极地利用刺激计划出让更多的工业用地,这表明地方政府的土地出让主要是为了招商引资和保持经济增长,地方政府招商引资和保持经济增长的动力来源又是地方官员基于经济增长业绩的晋升竞争压力。

1994 年分税制改革以后中央政府与地方政府的事权和财权不相匹配。

中央政府分走了大部分的财税收入,地方政府的财税收入急剧减少,但地方政府的财政支出责任却没有相应调整,导致地方政府财政缺口越来越大。所以很多学者(陶然等,2007、2009;黄国龙和蔡佳红,2013;孙秀林和周飞舟,2013)认为,地方政府的财政压力是土地财政形成的原因。地方政府通过出让国有土地使用权来获得资金弥补财政缺口,并获得地方发展所需的资金,产生了所谓的"土地财政"。陶然(2007)用地级市数据验证了地方政府在发达地区的土地出让不只是为了获得土地出让收入,更是为了引入企业,获得制造业企业和房地产企业在当地的税收收入。陶然(2009)进一步分析发现,地方政府愿意通过低价出让工业用地引入制造业企业的目的是为了获得制造业发展在当地带来的溢出效应。制造业的发展可以为地方带来人口,增加当地服务业的需求和房地产的需求,推动地方服务业的发展和房地产业的发展。服务业的发展可以为地方带来增值税和营业税,新增人口带来的房地产需求可以使地方政府出让更多的商住用地,获得高额土地出让收入。李学文和卢新海(2012)用某省的县级单位数据进行了实证,发现地方政府热衷于土地出让的原因在于地方政府对土地财政的追求。王克强等(2012)用省级数据进行实证,发现地方政府的财政压力越大,土地财政规模也越大。赵文哲和杨继东(2015)发现地方政府采用"招、拍、挂"方式出让土地的比重受到地方政府财政缺口的显著影响。地方政府的财政缺口越大,越倾向于采用"招、拍、挂"的方式出让土地,因为"招、拍、挂"方式可以带来更多的土地出让收入。

4. 土地财政对地方债务影响的研究

近年来,中国地方政府债务规模的快速增加引起了学术界越来越多的关注,已有文献从宏观经济政策、地方政府的投融资机制、地方政府的债务监管体系和土地财政等各个角度研究了地方债务规模膨胀的原因。其中从土地财政角度研究地方债务的文献,主要关注投资冲动、土地出让收入、土地价格和新城建设对地方债务的影响。范剑勇等(2014)发现,地方政府举债冲动的背后原因是投资冲动。具体来说,地方政府通过债务融资和土地出让收入获得资金用于基础设施投资和土地收储,接着地方政府通过基础设施建设和压低工业用地价格来吸引工业投资、推动地区的工业增长。他们的研究发现这样的发展模式会使禀赋差的城市因为土地出让收入不足而难以偿还债务。孙建飞和袁奕(2014)认为,地方政府的土地出让收入越多,土地抵押贷款的规模越大。郑思齐等(2014)发现,土地价格会影响地方政府的土地出让和土地融资策略。土地价格上涨速率快和土地抵押融资率大的城市会通过减少当期土地出让、增加当期土地抵押数量的策略来最大化土地融资总额。李尚蒲等(2017)发现土地市场化水平会影响土地价格,土地价格会通过土地出让收入和土地抵押贷款影响城投债的发行规模。常晨和陆铭(2017)的研究发现新城建设是地方政府发行城投债的原因之一,2009 年以后大规模的新城建设增加了地方政府的负债率。张曾莲和严秋斯(2018)发现土地财政收入不仅对地方债务有直接的正向效应,还会通过预算软约束的间接效应扩大债务规模。张莉等(2018)的研究发现土地出让收入能促进城投债的发行,当土地出让收入增多时,地方政府会增加举债进行基础设施建设,当土地出让收入下降时,地方政府会减少举债,将更多的资金用于偿还债务。余靖雯等(2019)研究了土地价格对土地出让和城投债发行的影响。他们发现土地价格上涨越快,地方政府越倾向于通过发行城投债来获取资金;土地价格上涨越慢,地方政府越倾向于直接出让土地来获得资金。

此外,已有的研究关注到土地价格和土地出让收入会对地方债务产生影响,如发现土地价格会影响地方政府的土地抵押贷款规模与城投债发行规模,土地出让收入会影响地方政府城投债的发行。已有的研究也关注到土地价格会影响地方政府土地出让收入和举债规模之间的取舍。但已有的研究忽视了土地供应规模对土地出让收入和地方债务的影响。在目前新增建设用地减量化的背景下,土地供应规模的限制将会对地方政府的土地出让收入产生显著影响;土地供应规模的限制也会影响地方政府的新城建设,进而对地方政府的债务产生深远影响。目前的文献中还没有关注到土地供应规模的限制对土地出让收入和地方债务的影响,本章的研究尝试完善这一方向的研究。

第二节　新增建设用地减量化对地方城投债的影响机制分析

本节分析新增建设用地减量化对地方城投债的影响机制。第一部分分析与新增建设用地相关的一些特征事实:新增建设用地与建设用地的区别、新增建设用地与土地出让收入的关系、新增建设用地与基础设施投资需求的关系。第二部分分析与地方城投债相关的一些特征事实:地方城投债发行与债务余额的关系、地方城投债与土地出让收入的关系、地方城投债发行与基础设施投资需求的关系。第三部分梳理新增建设用地减量化对地方城投债的影响机制,并据此提出研究假设和阐述其机理。

一、新增建设用地的特征事实分析

(一)新增建设用地与建设用地的区别

由新增建设用地定义可知新增建设用地是每年建设用地供应总量中的一部分,专指从农地和未利用地转化而来的建设用地。图 12-1 显示国有建设用地供应总量从 2009 年至 2013 年一直保持增长趋势,从 2013 年开始建设用地供应总量趋于下降。建设用地中新增建设用地的供应总量从 2010 年至 2014 年都在逐渐增加,2015 年开始明显下降,2016 年略有所回升但仍不及 2012 年新增建设用地供应总量的水平。2016 年新增建设用地供应量的上升主要是由于新增建设用地中的划拨土地部分在 2016 年又有所上升(见图 12-2)。划拨用地主要用于军事用地、国家机关用地、公益事业用地和国家重点扶持的能源、交通、水利等基础设施用地,用途上特殊性较大,地方政府的自由支配权相对较小。地方政府具有较大支配权的土地出让面积从 2013 年开始呈现下降趋势,其中的新增建设用地部分也表现出相同的下降趋势(见图

12-3)，到 2016 年新增建设用地的出让面积已经下降到与 2009 年和 2010 年相当的水平。土地出让方式可分为“招、拍、挂”出让和协议出让，图 12-4 和图 12-5 显示了“招、拍、挂”出让土地和协议出让土地的情况，“招、拍、挂”出让土地中的新增土地面积和协议出让土地中的新增土地面积分别在 2013 年和 2012 年后呈现出明显的下降趋势。由此，我们可以判断在 2013 年后我国的建设用地和新增建设用地基本都处于减量化的趋势中。

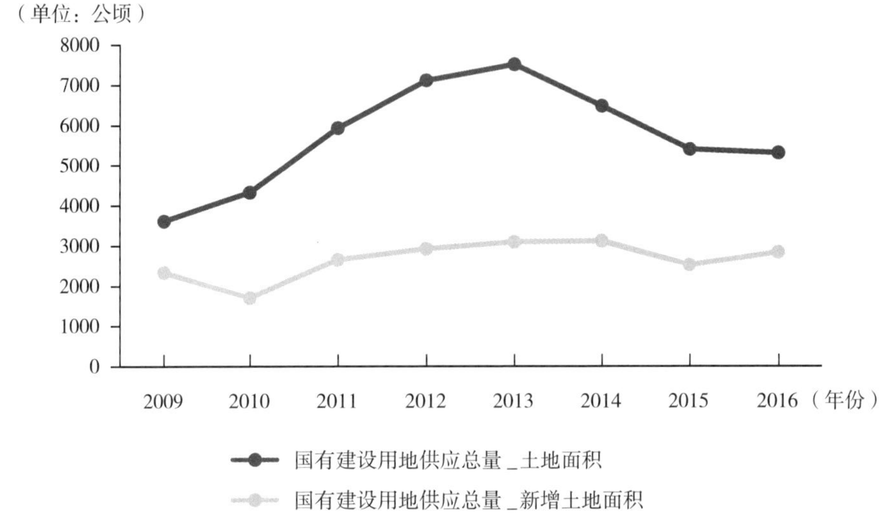

图 12-1　2009—2016 年国有建设用地与新增建设用地供应总量

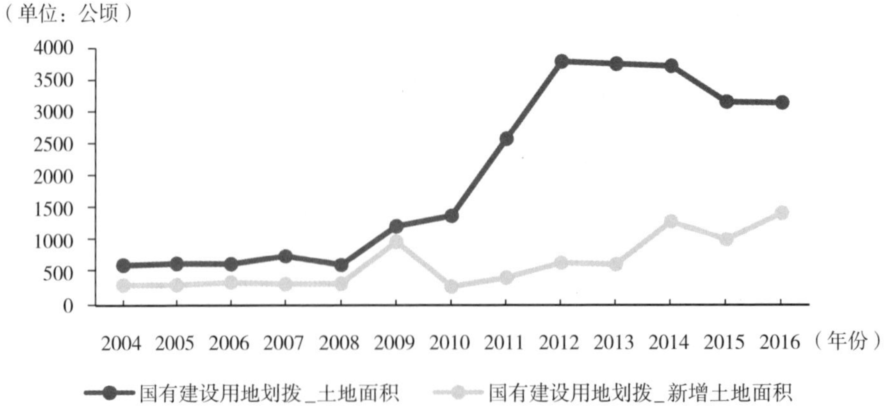

图 12-2　2004—2016 年国有建设用地与新增建设用地中划拨土地面积

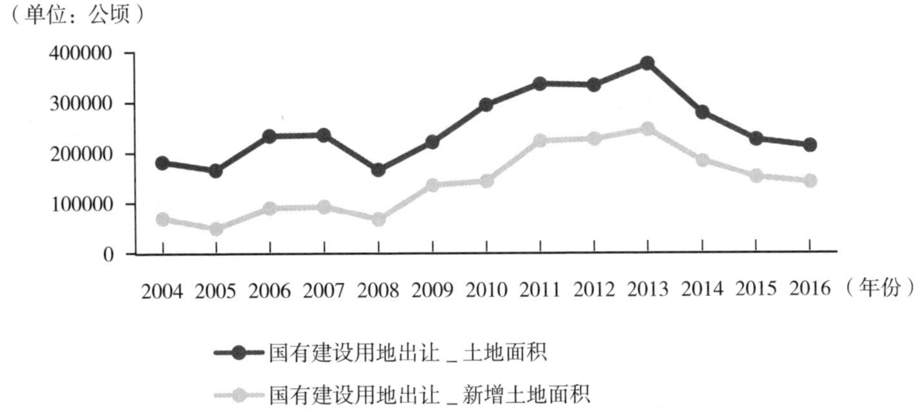

图 12-3　2004—2016 年国有建设用地与新增建设用地中出让土地面积

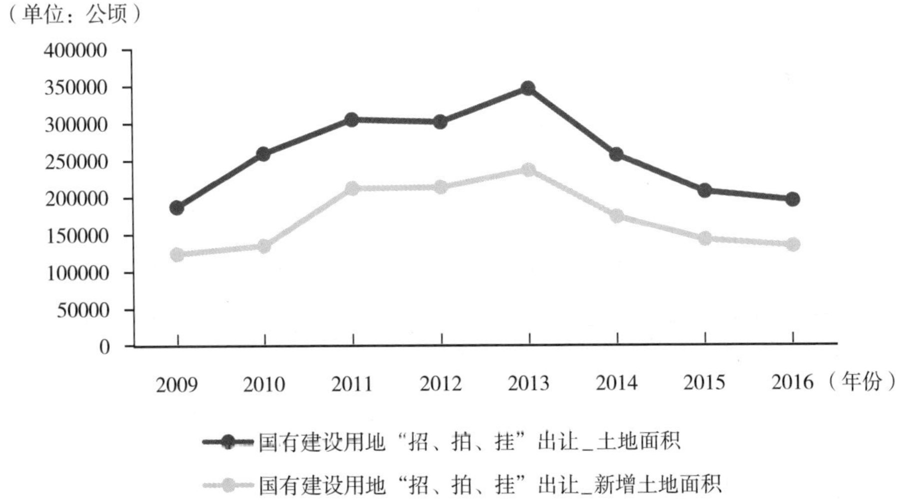

图 12-4　2009—2016 年国有建设用地与新增建设用地中"招、拍、挂"出让土地面积

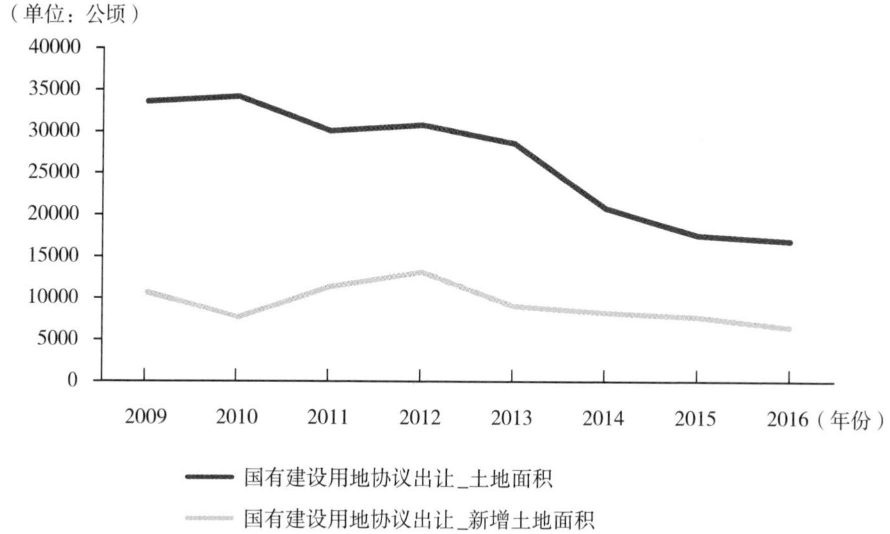

图 12-5　2009—2016 年国有建设用地与新增建设用地中协议出让土地面积

（二）新增建设用地与土地出让收入的关系

根据基本的供求规律，在需求不变或是增加的情况下，新增建设用地的减量化必然会带来土地价格的上涨。图 12-6 显示了 2004—2016 年土地价格的变化情况。建设用地的土地出让均价和其中“招、拍、挂”出让的土地均价自 2012 年以后都保持快速上涨。

土地出让收入由土地价格和土地出让的数量共同决定。由于新增建设用地的减少和土地出让均价的上涨，无法简单确定土地出让收入和新增建设用地之间的关系，图 12-7 显示自 2013 年新增建设用地出现减量化的趋势以来，2014 年和 2015 年的土地出让收入都明显下降，但 2016 年的土地出让收入又明显增加。

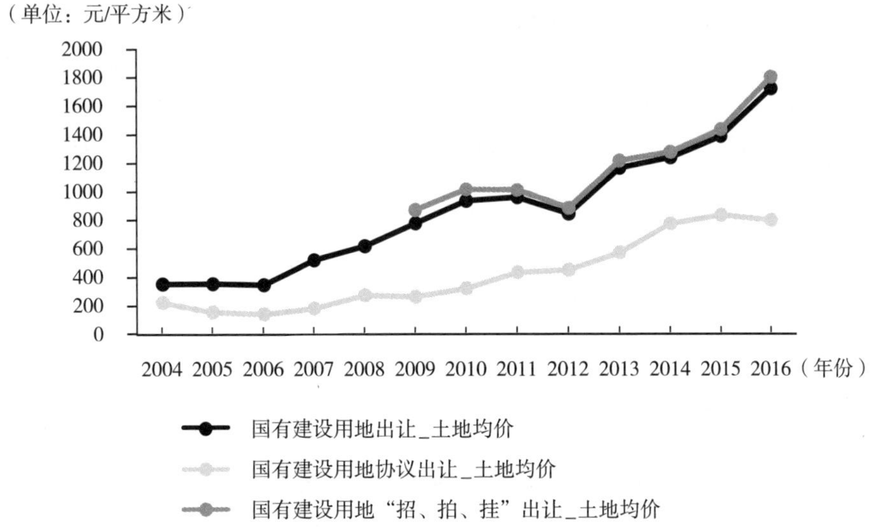

图 12-6　2004—2016 年国有建设用地土地出让均价

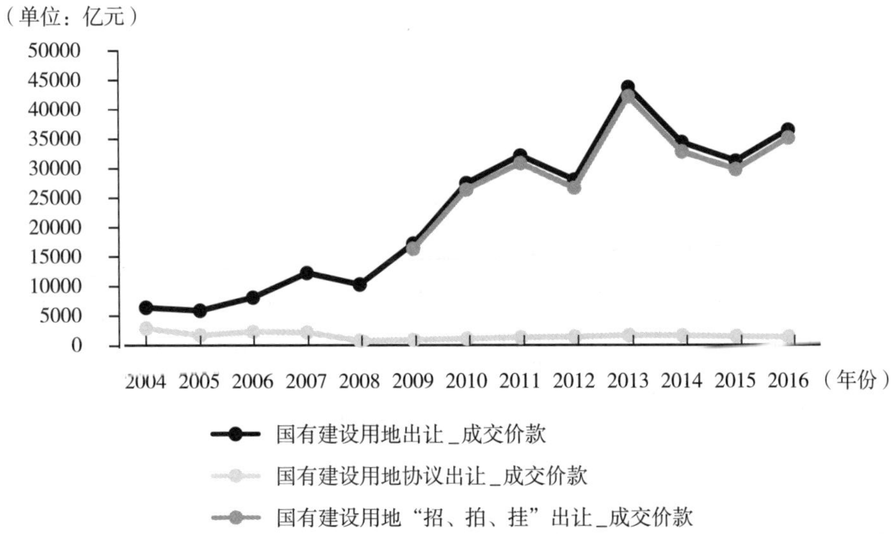

图 12-7　2004—2016 年国有建设用地土地出让收入

（三）新增建设用地与基础设施投资需求的关系

地方政府在GDP的考核体制下，需要通过基础设施投资来拉动GDP增长。基础设施投资一方面可以直接增加地区的GDP，另一方面还可以吸引更多的产业投资（范剑勇等，2014）。新城建设则是地方政府实现该目标最直接的方式。一方面新城建设为地方政府提供了低成本的城市扩张空间进行基础设施建设和吸引产业投资，另一方面新城建设可以吸引人口，在未来产生更多的经济效益。所以地方政府的投资冲动在很多情况下表现为新城建设和基础设施投资，而新增建设用地是地方政府进行新城建设和基础设施投资的重要空间载体。地方政府的新城建设和基础设施投资必将产生更多新增建设用地的需求。同样地，中央政府对新增建设用地供应规模的限制会抑制地方政府通过新城建设拉动经济增长的空间，因此也会抑制地方政府基础设施投资的需求。所以新增建设用地的减量化从理论上来说会抑制地方政府的基础设施投资需求。

二、地方城投债的特征事实分析

（一）地方城投债发行与债务余额的关系

据中华人民共和国审计署2013年的统计，地方政府负有偿还责任的债务，56.56%是银行贷款，10.32%是发行的债券，其中为数不低的就是以土地为担保发行的城投债。城投债自2005年开始有发行记录，从2008年中央政府出台“四万亿”的投资计划之后开始快速增长。即使2014年后监管政策收紧，开始严格约束城投债的发行，城投债的发行总金额仍然在不断增长，城投债的发行数量也从2009年的171只增加到2018年的2750只（见图12-8和图12-9）。

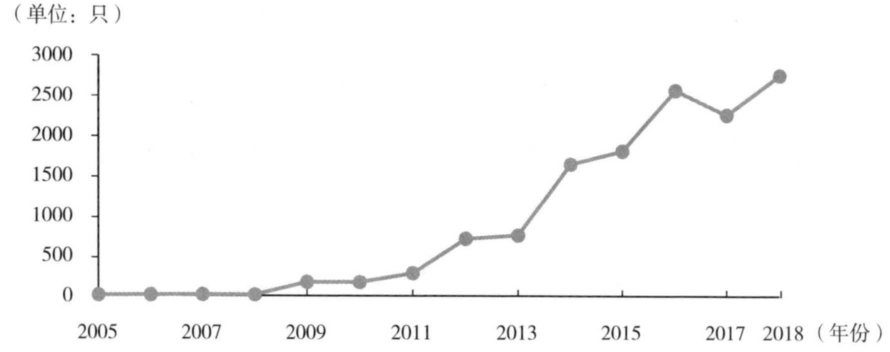

图 12-8 2005—2018 年城投债的发行数量

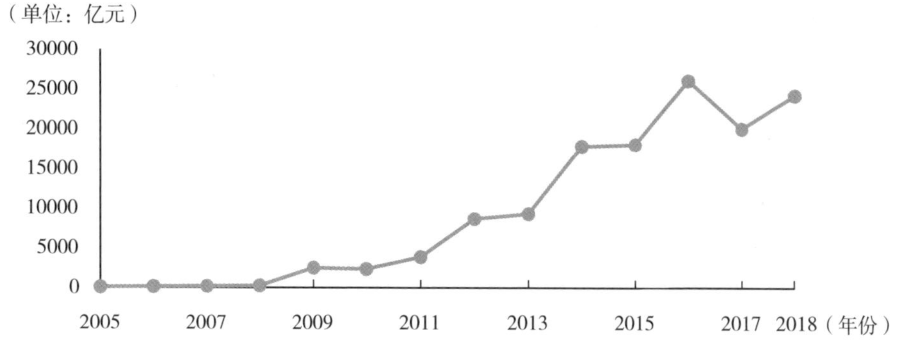

图 12-9 2005—2018 年城投债的发行总金额

根据中华人民共和国审计署的公告，在全国范围内，截至 2012 年年底各级政府承诺以土地出让收入偿还的债务余额达到约 3.5 万亿元，占债务规模总额的 37.23%。城投债的发行规模与地方政府的城投债债务余额有着显著的正向联系。如果每年地方政府偿还债务的规模保持不变，城投债发行规模增长得越快，地方政府的城投债债务余额将会累积得越快。笔者统计了 2005—2016 年城投债的发行总金额、城投债的债务余额总量、公共财政收入与土地出让收入的数据，发现城投债发行总金额增长迅速，已经越来越接近土地出让收入的总额。城投债的债务余额总量也因此膨胀，到 2016 年已经与公共财政收入的总量接近。由此可见，城投债快速增长的背后隐藏着一定的债务风险。

(二)地方城投债与土地出让收入的关系

地方城投债的发行与土地出让收入可能存在一定的关系。根据已有研究(张莉等,2018),土地出让收入可以作为担保和偿债的来源发行地方城投债,土地出让收入的融资放大效应意味着土地出让收入与地方的城投债发行之间存在正向关系。地方政府会根据土地出让收入的规模决定城投债发行规模(以收定支)。土地出让收入增加会使得地方政府预期未来土地出让收入增多,预期未来偿还债务能力增强,增多城投债的发行;土地出让收入减少会使得地方政府预期未来土地出让收入减少,预期未来偿还债务能力减弱,减少城投债的发行。笔者分析了2009—2016年全国地级市的土地出让收入与地方城投债发行规模之间的关系,发现土地出让收入与地方城投债的发行规模是同向变动的关系,土地出让收入的减少会伴随着地方城投债发行规模的减少。此外,土地出让收入的减少会降低地方政府偿还债务的能力,地方政府偿还债务能力的降低可能会增加地方政府的债务余额和负债率。

总的来看,土地出让收入可能对地方城投债的发行规模有正向影响,对地方政府的负债率有负向影响,即土地出让收入的降低可能会减少地方城投债的发行规模,可能会增大地方政府的债务余额和负债率。

(三)地方城投债发行与基础设施投资需求的关系

基础设施的投资需求是促使地方政府发行城投债的主要原因之一。根据已有研究(常晨和陆铭,2017),新城建设是促使地方政府发行城投债的原因之一。因为新城建设初期通常是大规模的基础设施建设,基础设施建设产生的投资需求无法通过地方政府的公共财政收入和土地出让收入等满足,所以地方政府通过发行城投债和土地抵押贷款等方式来筹集资金进行基础设施建设。根据已有研究的统计(张莉等,2018),城投债的主要资金用途是基础设施建设投资，基础设施建设投资的占比约占城投债总量的 75.2%。所以基础设施投资需求是地方政府发行城投债的主要原因之一。

三、机制分析

根据前文对新增建设用地与地方城投债的特征事实分析，我们可以发现新增建设用地在 2014 年国家政策的转向后存在减量化的趋势，新增建设用地的减量化会对地方政府的基础设施投资需求、土地出让收入和地方政府的城投债债务规模产生一系列的影响。本节将前文分析的新增建设用地减量化的影响进行梳理，并整理出新增建设用地减量化对地方城投债规模的影响机制。

第一，新增建设用地的减量化会抑制地方政府基础设施的投资需求，地方政府基础设施投资需求的降低会减少地方城投债的发行。具体来说，地方政府在 GDP 考核体制下有投资冲动，需要通过新城建设进行基础设施投资来拉动 GDP 增长。

第二，新增建设用地的减量化会减少地方政府的土地出让收入，地方政府土地出让收入的降低会减少地方城投债的发行。新增建设用地的减量化一般情况下会带来建设用地出让总量的减少。在土地价格不变的情况下，新增建设用地的减量化会带来地方政府土地出让收入的减少。但由于新增建设用地的减少一般会造成土地价格的上涨，所以新增建设用地的减量化对地方政府土地出让收入的影响无法简单地定性。根据已有数据，笔者发现，新增建设用地与土地出让收入总体上是同向变动的。所以笔者认为平均来看新增建设用地的减量化会减少地方政府的土地出让收入。

第三，土地出让收入的减少会增大地方政府的偿债压力，增加地方政府的城投债债务余额与负债率。根据前文的论述，笔者认为平均来看新增建设用地的减量化会减少地方政府的土地出让收入。土地财政依赖度最高的浙江省有 66.27%的债务需要通过土地出让收入偿还，土地财政依赖度较低的省份如甘肃省、河北省和山西省也有至少 20%的债务依赖土地出让收入偿还。地方政府土地收入的减少会降低地方政府的偿债能力。笔者比较了城投债发行量、城投债债务余额和土地出让收入的规模，发现 2014 年、2015 年土地出让收入出现下降的同时，地方政府的城投债债务余额总量大幅增加，尽管 2014 年和 2015 年的城投债发行量只有小幅增加甚至略有下降。所以地方政府偿债能力的降低会增加地方政府的负债率。总结而言，我们认为地方政府土地出让收入的减少会降低地方政府的偿债能力，增加地方政府的负债率。

第四，城投债发行规模的降低会减少未来地方政府的城投债债务余额，降低地方政府未来的负债率。根据前文的论述，笔者认为新增建设用地的减量化会降低地方政府城投债的发行。地方政府城投债发行的减少会降低地方政府的负债率。根据笔者整理的城投债数据和公共财政收入数据，公共财政收入 2009—2016 年一直保持增长，同时期城投债的发行也基本保持着增长，城投债发行的持续增长使地方政府的城投债债务余额也一直保持着增长，到 2016 年，城投债的债务余额总量已经和地方政府的公共财政收入非常接近。但值得注意的是，2015 年开始，地方政府城投债的发行量第一次出现了减少。地方政府城投债的发行减少将会使得地方政府的城投债债务余额增加速度减缓，由于地方政府的公共财政收入一直保持增长，这将使地方政府的负债率减少。所以笔者认为，地方政府城投债发行的减少会降低地方政府的负债率。

第三节　新增建设用地减量化对地方城投债影响的实证分析

一、计量模型设定

（一）新增建设用地对城投债发行的影响

首先，构造新增建设用地作用于城投债发行的回归方程：

$$Debt_{i,t} = \alpha_1 + \beta_1 Landnewarea_{i,t-1} + \varphi_1 X'_{i,t-1} + \mu_{1,i} + \lambda_{1,t} + \varepsilon_{1,it} \tag{12.1}$$

式中,i 代表城市,t 代表年度。$Debt_{i,t}$ 为被解释变量,代表城投债发行情况,参考张莉等(2018)的研究,可以采用三种指标来衡量:一是发债概率,如果城市 i 在第 t 年发行了城投债则设置为 1,否则为 0。这样处理的优点在于可以避免某些城市某些年份的极端值影响。二是发债总金额,通过城市 i 在第 t 年发行的城投债总金额衡量,如果当年没有发债,则总金额为 0。三是单次平均发债金额,用城市 i 在第 t 年的单次平均发债金额衡量。计算方法是用当年发行的城投债总金额除以发债的次数,如果没有发债则金额设为 0。使用单次平均发债金额的原因是考虑到发改委对部分城市每年发债次数有所限制,发债次数的不同可能会对发债的总金额产生影响,采用平均发债金额可以避免这一问题。

其中,$Landnewarea_{i,t-1}$ 为核心解释变量,表示新增建设用地,采用滞后一年的新增建设用地量来衡量,主要是因为城投债从开始决定发行到最终成功发行中间要通过联系承销商、发改委审核等过程,一般需要接近一年的时间(张莉等,2018)。此外,解释变量滞后一年也有助于缓解内生性问题。$X_{i,t-1}$ 为一组控制变量,包括财政压力、地区生产总值、第二产业和第三产业比重、人口规模、人口增长率、外商直接投资。$\mu_{1,i}$ 和 $\lambda_{1,t}$ 分别是城市和年份的固定效应。

β_1 是笔者关心的系数,如果 β_1 显著为正,则说明城投债的发行与新增建设用地的规模同向变化,新增建设用地减量化会导致城投债的发行减量。进一步分析新增建设用地对地方政府城投债发行的影响机制,笔者认为新增建设用地会通过两种渠道影响城投债的发行。一方面通过基础设施投资的需求影响城投债的发行,另一方面通过土地出让收入的变化影响城投债的发行。据此构建如下回归方程来检验。

$$Infrainvest_{i,t} = \alpha_2 + \beta_2 Landnewarea_{i,t} + X'_{i,t}\varphi_2 + \mu_{2,i} + \lambda_{2,t} + \varepsilon_{2,it} \tag{12.2}$$

$$Debt_{i,t} = \alpha_3 + \beta_3 Infrainvest_{i,t-1} + X'_{i,t-1}\varphi_3 + \mu_{3,i} + \lambda_{3,t} + \varepsilon_{3,it} \tag{12.3}$$

其中，$Infrainvest_{i,t}$ 代表城市基础设施投资。其他变量的设定和含义与回归方程(12.1)中变量的设定和含义相同。回归方程(12.2)检验新增建设用地对城市基础设施投资的影响。回归方程(12.3)检验基础设施投资对地方政府城投债发行的影响。β_2 和 β_3 是笔者关心的系数。如果 β_2 显著为正，说明新增建设用地与城市基础设施投资同向变化，新增建设用地的减量化会导致城市基础设施投资的减少。如果 β_3 显著为正，说明城市基础设施投资与地方政府城投债的发行同向变化，城市基础设施投资的减少会导致地方政府城投债发行的减少。

$$Landsale_{i,t} = \alpha_4 + \beta_4 Landnewarea_{i,t} + X'_{i,t}\varphi_4 + \mu_{4,i} + \lambda_{4,t} + \varepsilon_{4,it} \tag{12.4}$$

$$Debt_{i,t} = \alpha_5 + \beta_5 Landsale_{i,t-1} + X'_{i,t-1}\varphi_5 + \mu_{5,i} + \lambda_{5,t} + \varepsilon_{5,it} \tag{12.5}$$

其中，$Landsale_{i,t}$ 代表地方政府土地出让收入。其他变量的设定和含义与回归方程(12.1)中变量的设定与含义相同。回归方程(12.4)检验新增建设用地对地方政府土地出让收入的影响。回归方程(12.5)检验地方政府土地出让收入对地方政府城投债发行的影响。β_4 和 β_5 是笔者关心的系数。如果 β_4 显著为正，说明新增建设用地与地方政府土地出让收入同向变化，新增建设用地的减量化会导致地方政府的土地出让收入的减少。如果 β_5 显著为正，说明地方政府土地出让收入与地方政府城投债的发行同向变化，地方政府土地出让收入的降低会导致地方政府城投债发行的减少。

（二）新增建设用地对地方政府负债率的影响

根据前文的机制分析，新增建设用地对地方政府负债率的影响无法通过定性分析得到结论，必须通过实证分析才能确定。构建回归方程(12.6)来分析新增建设用地对地方政府负债率的影响：

$$Liability_{i,t} = \alpha_6 + \beta_6 Landnewarea_{i,t-1} + X'_{i,t-1}\varphi_6 + \mu_{6,i} + \lambda_{6,t} + \varepsilon_{6,it} \quad (12.6)$$

其中，$Liability_{i,t}$ 表示地方政府的负债率，用截至当年的城投债余额与当年地方政府公共财政收入的比值来衡量。由于新增建设用地对地方政府负债率产生的影响存在时间滞后，采用滞后一期的新增建设用地量代入回归方程。其他变量的设定和含义与回归方程（12.1）中变量的设定和含义相同。

β_6 是笔者关心的系数，如果 β_6 显著为正，说明新增建设用地与地方政府的负债率同向变化，新增建设用地减量化会导致地方政府负债率的降低。如果 β_6 显著为负，说明新增建设用地量会反向影响地方政府的负债率，新增建设用地减量化会导致地方政府的负债率上升。

进一步分析新增建设用地对地方政府负债率的影响机制，笔者认为新增建设用地会通过两种渠道影响地方政府的负债率。一方面，新增建设用地规模的变动会影响地方政府的土地出让收入，地方政府的土地出让收入会影响地方政府的偿债能力，从而影响地方政府的负债率，见回归方程（12.4）。另一方面，新增建设用地会影响地方政府的城投债发行，地方政府的城投债发行会影响地方政府的债务余额，地方政府的债务余额会影响地方政府的负债率。据此构建如下回归方程来对影响机制进行检验。

$$Liability_{i,t} = \alpha_7 + \beta_7 Landsale_{i,t-1} + X'_{i,t-1}\varphi_7 + \mu_{7,i} + \lambda_{7,t} + \varepsilon_{7,it} \quad (12.7)$$

$$Liability_{i,t} = \alpha_8 + \beta_8 Debt_{i,t-1} + X'_{i,t-1}\varphi_8 + \mu_{8,i} + \lambda_{8,t} + \varepsilon_{8,it} \quad (12.8)$$

回归方程（12.7）检验地方政府土地出让收入对地方政府负债率的影响。β_7 是我们关心的系数。如果 β_7 显著为负，说明地方政府土地出让收入与地方政府的负债率反向变化，地方政府土地出让收入的降低会导致地方政府的负债率升高。

回归方程（12.8）检验地方政府城投债的发行对地方政府负债率的影响。

其他控制变量的设定和含义和前文一致。β_8 是我们关心的系数。如果 β_8 显著为正,说明地方政府城投债的发行与地方政府的负债率同向变化,地方政府城投债发行的减少会导致地方政府负债率的降低。

二、数据来源说明、样本和变量选择

(一) 城投债数据

本章使用的城投债数据来自 Wind 数据库,包括企业债、公司债、中期票据、短期融资券、定向融资工具、政府支持机构债和资产支持证券等。城投债数据统计了所有已到期和在存续期(未到期)的债券,截至 2018 年共有 2750 只债券。由于 2008 年以后城投债的发行数量和发行金额才初具规模,因此在实证分析中使用的城投债数据也从 2009 年开始,到 2018 年为止。293 个地级市中有 32 个城市在 Wind 数据库中没有城投债发行记录,因此在实证分析中将这 32 个城市排除。进入实证分析的样本共有 265 个城市(261 个地级市和 4 个直辖市),时间从 2009 年至 2018 年。

(二) 新增建设用地数据

新增建设用地数据来自《中国国土资源统计年鉴》。主要使用两个指标来衡量新增建设用地的数量:新增建设用地供应面积和新增建设用地出让面积。新增建设用地供应面积是每年农地和未利用地经依法批准转用和土地征用后供应给单位或个人使用的建设用地总量。新增建设用地出让面积是新增建设用地供应面积的一部分,是指每年通过出让方式提供给单位或个人使用的新增建设用地。由于通过出让方式供应的建设用地可以给地方政府带来大量的土地出让收入,并且新增建设用地由农地和未利用地转化而来,土地征用成本低,所以新增建设用地出让量是地方政府最为看重的部分。新增建设用地中的出让面积从 2005 年至 2013 年持续上涨,在 2013 年达到最大。中央政府 2014 年开始要求新增建设用地减量化后，新增建设用地中的出让面积持续下降。

由于《中国国土资源年鉴》中关于建设用地指标的统计口径在 2009 年前后发生了调整，且 2009 年以后已有部分城市出现新增建设用地减量化趋势，所以本章在实证分析中使用的新增建设用地数据都从 2009 年开始。值得指出的是，尽管新增建设用地减量化的全国性政策主要从 2014 年开始，但一些城市在 2009 年以后就已出现了这一趋势。比如深圳市由于新增建设用地的日趋短缺，在 2009 年就颁布了《城市更新办法》通过存量用地的更新增加土地供给，2009 年以后深圳市的新增建设用地供应占比大都维持在 30%以下。城市数量包括 287 个城市（283 个地级市和 4 个直辖市）。将新增建设用地数据和城投债数据根据城市进行了匹配，由于城市样本的数量不同，回归中采用这两部分数据的交集城市进行分析。

（三）城市特征数据

为了控制城市特征对城投债发行、地方政府负债率、城市基础设施投资和土地出让收入的影响，我们控制了以下变量：（1）财政压力，用地方政府公共财政收入与公共财政支出的比值来衡量，代表地方政府的财政压力的影响，该比值越大说明财政压力越小；（2）地区生产总值 GDP，代表城市经济规模的影响；（3）第二产业和第三产业比重，代表城市产业结构的影响；（4）人口规模，代表当前城市人口因素的影响；（5）人口增长率，代表人口因素的长期影响；（6）外商直接投资 FDI，代表外部投资的影响。以上数据均来自城市统计年鉴。主要变量的描述性统计如表 12-1 所示。在实证分析中，除了发债概率、负债率、财政压力、二产比重、三产比重和人口增长率，其他变量在回归方程中都取对数形式。这样可以使回归系数具有更好的解释含义。

表 12-1 主要变量描述性统计

变量类型	变量名称	变量解释	来源	观测值	均值	标准差	最小值	最大值
城投债	发债概率	当年城市是否发债,发债为1,不发债为0	Wind	2650	0.526	0.499	0	1
	发债总金额	当年城市城投债发行总量(亿元)	Wind	2650	50.15	136.9	0	1839
	单次平均发债金额	当年发行的城投债总金额与当年发债次数的比值	Wind	2650	5.265	6.008	0	53
	债务余额	截至当年城市城投债余额(亿元)	Wind	2650	146.6	398.5	0	4699
	负债率	截至当年城市城投债余额与公共财政收入比值	Wind、城市统计年鉴	2071	0.435	0.549	0	4.799
新增建设用地	新增建设用地供应面积	国有建设用地供应_新增土地面积(公顷)	国土资源统计年鉴	2300	833	829.2	0	7138
	新增建设用地出让面积	国有建设用地出让_新增土地面积(公顷)		2298	578.5	562.5	1.27	5789
土地出让收入	建设用地土地出让收入	国有建设用地出让_土地出让收入(亿元)	国土资源统计年鉴	2304	106.4	199.2	0.191	2060
基础设施投资	基础设施投资额	城市市政公用设施建设固定资产投资(亿元)	城市统计年鉴	2277	47.94	112.1	0.078	1323
城市特征	财政压力	公共财政收入与公共财政支出比值	城市统计年鉴	2247	0.484	0.228	0.046	1.541
	GDP	地区生产总值(亿元)		2247	2059	2782	87.93	28179
	二产比重	第二产业增加值占GDP比重(%)		2247	49.56	10.32	14.95	89.75
	三产比重	第三产业增加值占GDP比重(%)		2247	37.78	9.341	9.76	80.23
	人口规模	年末总人口数(万人)		2247	443.1	315.5	19.5	3392
	人口增长率	人口自然增长率(‰)		2232	6.362	5.587	-8.9	40.78
	FDI	外商直接投资(亿美元)		2135	8.932	20.73	0.002	308.3

注:本表中所有变量均为原始值,没有采用对数形式。在回归分析中,除了发债概率、负债率、财政压力、二产比重、三产比重和人口增长率,其他变量在回归方程中都取对数形式。

三、实证结果及分析

（一）新增建设用地减量化对城投债发行的估计结果

1. 基准结果

表 12-2 报告了新增建设用地对城投债发行影响的回归结果。列(1)、列(3)、列(5)没有控制城市固定效应和年度固定效应,直接采用 OLS 进行混合回归。列(2)、列(4)、列(6)控制了城市固定效应和年份固定效应,使用固定效应模型进行回归。城投债的发行通过发债概率、发债总金额和单次平均发债金额三个指标进行衡量。列(1)—列(2)是发债概率的回归结果,列(3)—列(4)是发债总金额的回归结果,列(5)—列(6)是单次平均发债金额的回归结果。从回归结果看,新增建设用地与发债概率、发债总金额和单次平均发债金额同向变动。控制城市固定效应和年度固定效应后,新增建设用地对发债概率和单次平均发债金额的影响仍然显著为正。如果新增建设用地减少 10%,单次平均发债金额会减少 0.98%。实证结果验证了新增建设用地的减量化会减少城投债的发行。此外,FDI、二产比重、三产比重和人口增长率对城投债的发行也有显著正向影响。

表 12-2　新增建设用地对城投债发行的影响

变量	被解释变量					
	发债概率		发债总金额		单次平均发债金额	
	(1)	(2)	(3)	(4)	(5)	(6)
新增建设用地滞后 1 期	0.062*** (0.013)	0.035** (0.018)	0.207*** (0.050)	0.083 (0.059)	0.134*** (0.032)	0.098** (0.044)
财政压力	−0.290*** (0.090)	0.171 (0.173)	−0.471 (0.331)	1.371** (0.572)	−0.569*** (0.216)	0.687 (0.422)
GDP	0.187*** (0.028)	−0.177 (0.170)	0.935*** (0.104)	1.286** (0.562)	0.369*** (0.068)	−0.553 (0.415)
FDI	0.042*** (0.010)	0.046*** (0.016)	0.189*** (0.035)	0.141*** (0.053)	0.120*** (0.023)	0.108*** (0.039)

续表

变量	被解释变量					
	发债概率		发债总金额		单次平均发债金额	
	(1)	(2)	(3)	(4)	(5)	(6)
二产比重	0.002 (0.002)	0.025*** (0.008)	0.0003 (0.008)	0.040 (0.028)	0.009* (0.005)	0.062*** (0.021)
三产比重	0.008*** (0.002)	0.030*** (0.010)	0.043*** (0.009)	0.097*** (0.033)	0.024*** (0.006)	0.069*** (0.024)
人口规模	-0.099*** (0.027)	0.390 (0.253)	-0.257*** (0.099)	2.225*** (0.835)	-0.145** (0.065)	1.077* (0.617)
人口增长率	0.006*** (0.002)	0.006** (0.003)	0.016** (0.007)	0.020** (0.009)	0.009** (0.004)	0.013* (0.007)
城市固定效应	—	是	—	是	—	是
年度固定效应	—	是	—	是	—	是
观测值	1985	1985	1985	1985	1985	1985
R^2	0.208	0.020	0.381	0.039	0.219	0.021

注:(1)本表未报告回归的常数项;(2)括号里的值是标准误差;(3)***、**、*分别表示在1%、5%、10%的水平下显著。

表12-3给出了新增建设用地对城投债发行影响的一些稳健性检验结果。列(1)用新增建设用地中出让的土地量作为核心解释变量,对城投债发行进行回归。根据前文的统计性描述,笔者发现新增建设用地供应量的减量化趋势在2016年不明显,但新增建设用地中出让土地量的减量化趋势非常明显,并且新增建设用地中的出让土地量直接影响地方政府的土地出让收入,对城投债发行的影响更为直观,所以笔者采用新增建设用地中出让的土地量进行稳健性检验。列(1)的回归结果显示新增建设用地的出让量对发债总金额和单次平均发债金额有着显著的正向影响,与前文的回归相似,并且回归的系数大于新增建设用地总量对城投债发行的影响,与预期结果相同。列(2)和列(3)分别用建设用地供应总量和建设用地出让量作为核心解释变量对城投债发行进行回归。在控制了城市固定效应和年度固定效应后,结果显示建设用地供应总量和建设用地出让总量对城投债发行没有显著影响。说明新增建

设用地对城投债的影响不是源自建设用地供应或出让对城投债的影响。验证了新增建设用地的减量化会对城投债发行产生影响，而不是建设用地的减量化会对城投债发行产生影响。

表 12-3　新增建设用地对城投债发行影响的稳健性检验

变量	被解释变量					
	发债概率		发债总金额		平均发债金额	
	(1)	(2)	(3)	(4)	(5)	(6)
新增建设用地出让量滞后 1 期	0.059*** (0.014)	0.039* (0.020)	0.207*** (0.051)	0.087 (0.067)	0.160*** (0.033)	0.115** (0.050)
建设用地供应总量滞后 1 期	0.074*** (0.016)	0.0003 (0.021)	0.289*** (0.057)	-0.085 (0.068)	0.191*** (0.038)	0.011 (0.050)
建设用地出让量滞后 1 期	0.049*** (0.017)	0.021 (0.027)	0.149** (0.062)	0.031 (0.089)	0.152*** (0.041)	0.086 (0.066)
城市固定效应	—	是	—	是	—	是
年度固定效应	—	是	—	是	—	是
观测值	1984	1984	1984	1984	1984	1984
R^2	0.206	0.020	0.381	0.039	0.221	0.021

注：(1)括号里的值是标准误差；(2)***、**、*分别表示在1%、5%、10%的水平下显著。

2. 机制检验

表 12-4 给出了新增建设用地对基础设施投资需求影响的实证结果。因为无法获得基础设施投资需求的数据，使用基础设施投资的数据作为代理变量。列(1)和列(3)没有控制城市固定效应和年份固定效应，直接采用 OLS 进行混合回归。列(2)和列(4)控制了城市固定效应和年度固定效应，采用固定效应模型进行回归。列(1)和列(2)是基础设施投资对当期的新增建设用地的回归结果。考虑到新增建设用地对基础设施投资需求的影响可能有滞后效应，列(3)和列(4)采用基础设施投资对滞后 1 期的新增建设用地进行回归。从混合回归结果看，当期的新增建设用地、滞后 1 期的新增建设用地与基础设施投资需求同向变动。控制城市固定效应和年度固定效应后，新增建设用地、

滞后 1 期的新增建设用地对基础设施投资需求的影响仍然显著为正。实证结果表明新增建设用地的减量化会降低基础设施投资需求。此外,GDP 和 FDI 对基础设施投资需求也有显著的正向影响。

表 12-4　新增建设用地对基础设施投资的影响

变量	基础设施投资需求			
	(1)	(2)	(3)	(4)
新增建设用地当期	0. 105*** (0. 030)	0. 103*** (0. 027)	—	—
新增建设用地滞后 1 期	—	—	0. 101*** (0. 033)	0. 079*** (0. 030)
财政压力	0. 290 (0. 203)	-0. 870*** (0. 272)	0. 252 (0. 228)	-0. 853*** (0. 295)
GDP	0. 528*** (0. 065)	2. 048*** (0. 268)	0. 463*** (0. 072)	2. 342*** (0. 339)
FDI	0. 122*** (0. 022)	0. 053** (0. 024)	0. 109*** (0. 025)	0. 057* (0. 030)
二产比重	0. 031*** (0. 005)	-0. 012 (0. 013)	0. 034*** (0. 005)	-0. 023 (0. 015)
三产比重	0. 056*** (0. 005)	0. 005 (0. 016)	0. 063*** (0. 006)	0. 004 (0. 018)
人口规模	0. 134** (0. 061)	-0. 991** (0. 402)	0. 210*** (0. 068)	-1. 377*** (0. 530)
人口增长率	-0. 005 (0. 004)	0. 008* (0. 004)	-0. 003 (0. 004)	0. 007 (0. 005)
城市固定效应	—	是	—	是
年度固定效应	—	是	—	是
观测值	2108	2108	1850	1850
R^2	0. 519	0. 062	0. 494	0. 044

注:(1)本表未报告回归的常数项;(2)括号里的值是标准误差;(3)***、**、* 分别表示在 1%、5%、10%的水平下显著。

表 12-5 给出了基础设施投资需求对城投债发行影响的回归结果。列

(1)、列(3)、列(5)没有控制城市固定效应和年度固定效应,直接采用OLS进行混合回归。列(2)、列(4)、列(6)控制了城市固定效应和年份固定效应,使用固定效应模型进行回归。城投债的发行通过发债概率、发债总金额和单次平均发债金额三个指标进行衡量。列(1)—列(2)是发债概率的回归结果,列(3)—列(4)是发债总金额的回归结果,列(5)—列(6)是单次平均发债金额的回归结果。从混合回归结果看,基础设施投资需求与发债概率、发债总金额和单次平均发债金额同向变动。控制城市固定效应和年度固定效应后,基础设施投资需求对发债总金额和单次平均发债金额的影响仍然显著为正。如果基础设施投资需求减少10%,发债总金额会减少1.04%,单次平均发债金额会减少0.68%。实证结果表明城市基础设施投资的需求的降低会减少地方政府城投债的发行。此外,FDI、二产比重和三产比重对城投债的发行也有显著正向影响。

表12-5　基础设施投资需求对城投债发行的影响

变量	被解释变量					
	发债概率		发债总金额		单次平均发债金额	
	(1)	(2)	(3)	(4)	(5)	(6)
基础设施投资滞后2期	0.065*** (0.009)	0.022 (0.015)	0.406*** (0.034)	0.104** (0.049)	0.187*** (0.022)	0.068* (0.035)
财政压力	-0.207** (0.088)	0.177 (0.168)	0.123 (0.320)	0.634 (0.554)	-0.327 (0.206)	0.228 (0.403)
GDP	0.096*** (0.028)	-0.084 (0.170)	0.477*** (0.101)	1.593*** (0.560)	0.098 (0.065)	-0.144 (0.407)
FDI	0.041*** (0.010)	0.053*** (0.016)	0.180*** (0.035)	0.153*** (0.051)	0.110*** (0.022)	0.103*** (0.037)
二产比重	0.004* (0.002)	0.034*** (0.008)	0.001 (0.008)	0.062** (0.027)	0.013*** (0.005)	0.074*** (0.020)
三产比重	0.007*** (0.002)	0.044*** (0.010)	0.029*** (0.009)	0.134*** (0.032)	0.020*** (0.006)	0.095*** (0.023)
人口规模	-0.009 (0.026)	0.150 (0.246)	0.091 (0.095)	1.350* (0.811)	0.085 (0.061)	0.720 (0.589)

续表

变量	被解释变量					
	发债概率		发债总金额		单次平均发债金额	
	(1)	(2)	(3)	(4)	(5)	(6)
人口增长率	0.005*** (0.002)	0.002 (0.003)	0.013** (0.006)	0.016* (0.009)	0.006 (0.004)	0.004 (0.007)
城市固定效应	—	是	—	是	—	是
年度固定效应	—	是	—	是	—	是
观测值	1980	1980	1980	1980	1980	1980
R^2	0.205	0.027	0.433	0.044	0.234	0.022

注:(1)本表未报告回归的常数项;(2)括号里的值是标准误差;(3)***、**、*分别表示在1%、5%、10%的水平下显著。

表12-6给出了新增建设用地对土地出让收入影响的实证结果。列(1)和列(3)没有控制城市固定效应和年度固定效应,直接采用OLS进行混合回归。列(2)和列(4)控制了城市固定效应和年度固定效应,采用固定效应模型进行回归。列(1)和列(2)是土地出让收入对当期的新增建设用地的回归结果。考虑到新增建设用地对土地出让收入的影响可能有滞后效应,列(3)和列(4)采用土地出让收入对滞后1期的新增建设用地进行回归。从混合回归结果看,当期的新增建设用地、滞后1期的新增建设用地与土地出让收入同向变动。控制城市固定效应和年度固定效应后,新增建设用地、滞后1期的新增建设用地对土地出让收入的影响仍然显著为正。如果新增建设用地减少10%,土地出让收入会减少3.5%。实证结果表明新增建设用地的减量化会减少地方政府的土地出让收入。此外,GDP、FDI、二产比重和三产比重对土地出让收入也有显著的正向影响。

表12-6 新增建设用地对土地出让收入的影响

变量	土地出让收入			
	(1)	(2)	(3)	(4)
新增建设用地当期	0.400*** (0.018)	0.347*** (0.017)	—	—

续表

变量	土地出让收入			
	(1)	(2)	(3)	(4)
新增建设用地滞后 1 期	—	—	0. 269*** (0. 020)	0. 153*** (0. 021)
财政压力	1. 289*** (0. 120)	0. 341* (0. 175)	1. 510*** (0. 136)	-0. 148 (0. 203)
GDP	0. 267*** (0. 038)	1. 065*** (0. 171)	0. 029 (0. 043)	0. 982*** (0. 234)
FDI	0. 109*** (0. 013)	0. 063*** (0. 016)	0. 108*** (0. 015)	0. 037* (0. 021)
二产比重	0. 008*** (0. 003)	0. 017** (0. 009)	0. 018*** (0. 003)	0. 048*** (0. 010)
三产比重	0. 018*** (0. 003)	0. 028*** (0. 010)	0. 030*** (0. 004)	0. 062*** (0. 012)
人口规模	0. 424*** (0. 036)	-0. 340 (0. 260)	0. 753*** (0. 040)	0. 981*** (0. 366)
人口增长率	-0. 002 (0. 002)	0. 002 (0. 003)	-0. 011*** (0. 003)	0. 001 (0. 003)
城市固定效应	—	是	—	是
年度固定效应	—	是	—	是
观测值	2118	2118	1857	1857
R^2	0. 776	0. 255	0. 739	0. 101

注:(1)本表未报告回归的常数项;(2)括号里的值是标准误差;(3)***、**、*分别表示在 1%、5%、10%的水平下显著。

表 12-7 给出了土地出让收入对城投债发行影响的回归结果。列(1)、列(3)、列(5)没有控制城市固定效应和年度固定效应,直接采用 OLS 进行混合回归。列(2)、列(4)、列(6)控制了城市固定效应和年份固定效应,使用固定效应模型进行回归。城投债的发行通过发债概率、发债总金额和单次平均发债金额三个指标进行衡量。列(1)—列(2)是发债概率的回归结果,列(3)—列(4)是发债总金额的回归结果,列(5)—列(6)是单次平均发债金额的回归结果。从混合回归结果看,土地出让收入与发债概率、发债总金额和单次平均

发债金额同向变动。控制城市固定效应和年度固定效应后，土地出让收入对发债概率、发债总金额和单次平均发债金额保持为正，但不显著。说明土地出让收入对城投债的发行没有显著的同向影响，土地出让收入的降低不一定会减少城投债的发行。实证结果不支持"地方政府土地出让收入的降低会减少地方政府城投债的发行"。

表 12-7　土地出让收入对城投债发行的影响

变量	被解释变量					
	发债概率		发债总金额		单次平均发债金额	
	(1)	(2)	(3)	(4)	(5)	(6)
土地出让收入滞后 1 期	0.121*** (0.015)	0.010 (0.021)	0.506*** (0.053)	0.033 (0.070)	0.287*** (0.035)	0.046 (0.052)
财政压力	−0.418*** (0.090)	0.133 (0.173)	−1.034*** (0.331)	1.263** (0.571)	−0.881*** (0.218)	0.583 (0.421)
GDP	0.163*** (0.028)	−0.182 (0.172)	0.805*** (0.103)	1.256** (0.569)	0.304*** (0.068)	−0.590 (0.420)
FDI	0.028*** (0.010)	0.047*** (0.016)	0.128*** (0.035)	0.142*** (0.053)	0.085*** (0.023)	0.108*** (0.039)
二产比重	0.00002 (0.002)	0.026*** (0.008)	−0.007 (0.008)	0.041 (0.028)	0.005 (0.005)	0.064*** (0.021)
三产比重	0.005** (0.002)	0.030*** (0.010)	0.033*** (0.009)	0.095*** (0.033)	0.018*** (0.006)	0.067*** (0.025)
人口规模	−0.147*** (0.027)	0.405 (0.253)	−0.474*** (0.100)	2.276*** (0.836)	−0.263*** (0.066)	1.121* (0.618)
人口增长率	0.006*** (0.002)	0.006** (0.003)	0.018*** (0.007)	0.020** (0.009)	0.011** (0.004)	0.013* (0.007)
城市固定效应	—	是	—	是	—	是
年度固定效应	—	是	—	是	—	是
观测值	1988	1988	1988	1988	1988	1988
R^2	0.226	0.018	0.402	0.038	0.237	0.019

注：(1)本表未报告回归的常数项；(2)括号里的值是标准误差；(3)***、**、*分别表示在 1%、5%、10%的水平下显著。

（二）新增建设用地减量化对地方政府负债情况的估计结果

1. 基准结果

表 12-8 给出了新增建设用地对地方政府负债率的回归结果。地方政府的负债情况通过负债率和债务余额两个指标进行衡量。考虑到新增建设用地对负债率和债务余额的影响有滞后效应，采用滞后 1 期的新增建设用地和滞后 2 期的新增建设用地作为核心解释变量。从回归结果看，在控制城市固定效应和年度固定效应后，滞后 1 期的新增建设用地对负债率和债务余额的影响仍然显著为正，滞后 2 期的新增建设用地对负债率的影响为正向但不显著，对债务余额的影响仍然正向显著。如果滞后 1 期的新增建设用地减少 10%，负债率会降低 0.3%，债务余额会降低 1%。回归结果从实证上验证了新增建设用地对地方政府负债率的影响，即新增建设用地的减量化会降低地方政府的负债率和债务余额。此外，GDP 对地方政府的负债率和债务余额也有显著正向影响，FDI、二产比重和三产比重对债务余额有显著正向影响。

表 12-8　新增建设用地对地方政府负债情况的影响

变量	负债率		债务余额	
	（1）	（2）	（3）	（4）
新增建设用地滞后 1 期	0.031** （0.015）	—	0.100*** （0.037）	—
新增建设用地滞后 2 期	—	0.013 （0.016）	—	0.151*** （0.036）
财政压力	0.027 （0.144）	−0.029 （0.163）	−0.074 （0.360）	0.257 （0.352）
GDP	1.094*** （0.168）	1.209*** （0.207）	0.375 （0.354）	0.855** （0.346）
FDI	−0.015 （0.015）	0.002 （0.019）	0.075** （0.033）	0.125*** （0.032）
二产比重	−0.010 （0.007）	0.003 （0.009）	0.047*** （0.018）	0.086*** （0.017）

续表

变量	负债率		债务余额	
	(1)	(2)	(3)	(4)
三产比重	0.006 (0.009)	0.025** (0.010)	0.062*** (0.021)	0.130*** (0.020)
人口规模	0.064 (0.256)	0.056 (0.279)	0.140 (0.525)	0.489 (0.514)
人口增长率	-0.003 (0.002)	-0.001 (0.002)	0.006 (0.006)	0.009 (0.006)
城市固定效应	是	是	是	是
年度固定效应	是	是	是	是
观测值	1739	1489	1985	1685
R^2	0.039	0.040	0.021	0.020

注:(1)本表未报告回归的常数项;(2)括号里的值是标准误差;(3)***、**、*分别表示在1%、5%、10%的水平下显著。

表12-9给出了新增建设用地对负债率和债务余额的一些稳健性检验结果。第(1)列和第(2)列分别用滞后1期的建设用地供应总量和滞后1期的建设用地出让量作为核心解释变量对负债率和债务余额进行回归。在控制了城市固定效应和年份固定效应后,结果显示建设用地供应总量和建设用地出让总量对负债率没有显著影响,建设用地供应总量对债务余额只有边际的显著正向影响,建设用地出让量对债务余额没有显著影响。说明新增建设用地对负债率和债务余额的影响不是源自建设用地供应或出让对负债率和债务余额的影响。验证了是新增建设用地的减量化对负债率和债务余额产生影响,而不是建设用地的减量化对负债率和债务余额产生影响。

表12-9　新增建设用地对地方政府负债情况影响的稳健性检验

变量	负债率		债务余额	
	(1)	(2)	(3)	(4)
建设用地供应总量滞后1期	0.104*** (0.020)	0.020 (0.017)	0.535*** (0.053)	0.079* (0.043)

续表

变量	负债率		债务余额	
	(1)	(2)	(3)	(4)
建设用地出让量滞后1期	0.009 (0.022)	-0.002 (0.023)	0.209*** (0.058)	0.005 (0.056)
城市固定效应	—	是	—	是
年度固定效应	—	是	—	是
观测值	1741	1741	1987	1987
R^2	0.100	0.037	0.460	0.019

注:(1)括号里的值是标准误差;(2)***、**、*分别表示在1%、5%、10%的水平下显著。

2. 机制检验

表12-10报告了地方政府的土地出让收入对地方政府负债率和债务余额的回归结果。列(1)—列(2)是负债率的回归结果,列(3)—列(4)是债务余额的回归结果。考虑到土地出让收入可能对负债率和债务余额的影响有滞后效应,除了采用当期的土地出让收入作为核心解释变量外,还采用滞后1期的土地出让收入作为核心解释变量。从回归结果看,控制城市固定效应和年度固定效应后,当期的土地出让收入与负债率和债务余额反向变动,但系数均不显著。滞后1期的土地出让收入与负债率反向变动,与债务余额正向变动,但系数均不显著。实证结果不支持"地方政府土地出让收入的减少会增加地方政府负债率"的判断。

表12-10　土地出让收入对地方政府负债情况的影响

变量	负债率		债务余额	
	(1)	(2)	(3)	(4)
土地出让收入当期	-0.022 (0.017)	—	-0.057 (0.046)	—
土地出让收入滞后1期	—	-0.010 (0.018)	—	0.020 (0.044)
财政压力	-0.626*** (0.134)	0.016 (0.144)	-0.179 (0.370)	-0.180 (0.360)

续表

变量	负债率		债务余额	
	(1)	(2)	(3)	(4)
GDP	1.212*** (0.134)	1.097*** (0.169)	0.279 (0.369)	0.364 (0.359)
FDI	-0.012 (0.012)	-0.011 (0.015)	-0.013 (0.034)	0.079** (0.033)
二产比重	-0.010 (0.007)	-0.009 (0.007)	0.015 (0.018)	0.050*** (0.018)
三产比重	0.005 (0.008)	0.007 (0.009)	0.006 (0.022)	0.061*** (0.021)
人口规模	-0.504** (0.197)	0.070 (0.256)	0.017 (0.542)	0.187 (0.528)
人口增长率	-0.007*** (0.002)	-0.003 (0.002)	0.002 (0.006)	0.006 (0.006)
城市固定效应	是	是	是	是
年度固定效应	是	是	是	是
观测值	1988	1742	1988	1988
R^2	0.056	0.037	0.003	0.017

注:(1)本表未报告回归的常数项;(2)括号里的值是标准误差;(3)***、**、*分别表示在1%、5%、10%的水平下显著。

综合上述结果,我们发现新增建设用地的减量化会降低地方政府的土地出让收入,但地方政府土地出让收入的降低不一定会增加地方政府的负债率。

表12-11给出了地方政府城投债的发行对地方政府负债率和债务余额的回归结果。地方政府的负债情况通过负债率和债务余额两个指标进行衡量。列(1)—列(2)是负债率的回归结果,列(3)—列(4)是债务余额的回归结果。考虑到城投债的发行对负债率和债务余额的影响有滞后效应,采用滞后1期的城投债发行概率和滞后1期的城投债发债总金额作为核心解释变量。从回归结果看,控制城市固定效应和年度固定效应后,滞后1期的发债概率和滞后1期的发债总金额对负债率和债务余额的影响仍然正向显著。如果

滞后 1 期的发债总金额减少 10%，负债率会降低 0.67%，债务余额会降低 2.08%。实证结果验证了“地方政府城投债发行的减少会降低地方政府的负债率”。由此可见，新增建设用地的减量化会降低地方政府城投债的发行，且地方政府城投债发行的减少会降低地方政府的负债率。

表 12-11　城投债发行对地方政府负债情况的影响

变量	负债率		债务余额	
	(1)	(2)	(3)	(4)
发债与否滞后 1 期	0.141*** (0.019)	—	0.693*** (0.047)	—
发债总金额滞后 1 期	—	0.067*** (0.006)	—	0.208*** (0.014)
财政压力	0.016 (0.142)	0.007 (0.138)	−0.184 (0.340)	−0.241 (0.340)
GDP	1.155*** (0.165)	1.049*** (0.160)	0.558* (0.335)	0.120 (0.336)
FDI	−0.013 (0.015)	−0.012 (0.014)	0.055* (0.031)	0.054* (0.031)
二产比重	−0.011 (0.007)	−0.009 (0.007)	0.036** (0.017)	0.049*** (0.017)
三产比重	0.005 (0.009)	0.004 (0.008)	0.050** (0.020)	0.054*** (0.020)
人口规模	0.061 (0.252)	−0.028 (0.245)	0.105 (0.498)	0.034 (0.498)
人口增长率	−0.003 (0.002)	−0.003 (0.002)	0.003 (0.006)	0.003 (0.006)
城市固定效应	是	是	是	是
年度固定效应	是	是	是	是
观测值	1742	1742	1988	1988
R^2	0.070	0.118	0.126	0.125

注：(1)本表未报告回归的常数项；(2)括号里的值是标准误差；(3) ***、**、* 分别表示在 1%、5%、10%的水平下显著。

第四节　以新增建设用地减量化政策抑制地方城投债

本章的研究发现,新增建设用地的减量化会减少地方政府城投债的发行。具体来说,新增建设用地减量化会降低地方政府的城投债发行概率和单次平均发债金额。进一步地,新增建设用地的减量化可以促进地方政府负债率和债务余额的降低;新增建设用地的减量化会减少地方政府城投债的发行。对传导渠道的分析结果表明,一方面,新增建设用地的减量化会抑制地方政府的基础设施投资需求,基础设施投资需求的下降会使得地方政府的城投债发行概率和发行总金额下降;另一方面,新增建设用地的减量化会减少地方政府的土地出让收入,但与某些已有文献的研究结论不同的是,本章的实证结果没有发现地方政府的土地出让收入对城投债的发行产生显著影响。说明基础设施投资需求是地方政府发行城投债的主要动因,土地出让收入对地方政府发行城投债的影响并不显著;新增建设用地的减量化可以促进地方政府负债率和债务余额的降低。对传导渠道的分析结果表明,一方面,新增建设用地的减量化会减少地方政府城投债的发行,城投债发行的减少会降低地方政府未来的负债率和债务余额;另一方面,新增建设用地的减量化会减少地方政府的土地出让收入,但本章没有发现土地出让收入对地方政府的负债率和债务余额有显著影响。说明从全国地级市的样本来看,地方政府的土地出让收入的减少不一定会增加地方政府的负债率和债务余额,表明地方政府平均来说具有稳定的债务偿还能力。地方政府负债率和债务余额的增加主要来源于过度的基础设施投资需求。过度的基础设施投资需求使得地方政府发行了过多的城投债,导致地方政府负债率和债务余额的快速上升。新增建设用地的减量化可以抑制过度的基础设施投资需求,促进地方政府负债率和债务余额的降低。

本章发现新增建设用地的减量化有助于降低地方政府城投债的发行和降

低地方政府的负债率,这为当前严控新增建设用地的政策提供了更多的实证依据。但是这不意味着新增建设用地的供应需要被限制得越少越好,因为地方政府目前的负债在很大程度上需要依赖土地出让收入来偿还。虽然回归分析表明平均来说新增建设用地的减量化可以促进地方政府负债率的下降,但是对一些负债率过高或者高度依赖土地出让收入偿债的地方政府,新增建设用地出让的大量减少会极大地减少这些地方政府的土地出让收入,可能会使这些地方政府产生债务危机。因此,目前新增建设用地减量化的政策更需要因地制宜,减量化的程度需要综合平衡城市的经济效益、生态效益和地方政府的债务情况。

通过新增建设用地对地方政府负债规模影响的传导渠道分析,本章发现新增建设用地减量化促进地方政府债务规模下降的作用主要来自新增建设用地的减量化可以抑制地方政府的基础设施投资需求。新增建设用地供应规模的减少会抑制地方政府新城建设的行为,新城建设的减少会抑制地方政府的基础设施投资需求,基础设施投资需求的下降会减少地方政府的投资冲动,进而减少地方政府的举债规模。所以抑制地方政府债务快速增长的主要措施应是抑制地方政府的基础设施投资冲动。改革地方政府激励和限制地方政府过度的基础设施投资是抑制地方政府债务的切实路径。

第十三章　地方政府债务的经济增长效应

本章采用投入导向的 DDF-SML 指数计算的 TFP 增长率衡量经济增长质量,并选取中国 30 个省份 2010—2016 年的面板数据,运用联立方程组模型,从经济增长数量和质量双重视角出发,全面考察地方政府债务的经济增长效应。结论表明,地方政府债务规模增加提升了经济增长数量和速度,但同时产生了效率损失,不利于经济增长质量的提升。进一步,地方政府债务的经济增长数量促进效应既存在于东部地区,也存在于西部地区。但地方政府债务对经济增长质量的抑制作用仅存在于东部地区,在西部地区未得到验证。因此,在制定债务管理制度时,既要考虑地方政府债务对经济增长数量的影响,还要考虑地方政府债务对经济增长质量的影响,以便更有效地判断地方政府债务的宏观风险。

第一节　地方政府债务的研究进展

中国改革开放以来的高速增长被誉为"增长奇迹",其实现主要依靠投资驱动和要素投入。国际金融危机后,发达国家实施的再工业化政策以及发展中国家的出口导向战略，使国际竞争日益激烈，贸易保护趋势越发明显，特别是最近的中美贸易摩擦，再加上国内劳动力、土地等要素成本上升，给中国的净出口带来极大的负面影响。在新常态下，经济增长速度放缓，稳增长的压力使得投资和消费的作用日益重要，但扩大消费需要居民收入、社会保障体制以及户籍制度改革共同发力，难以一蹴而就。相比消费，投资规模更容易控制，已然成为地方政府保增长的重要手段。近年来，地方政府通过举债融资弥补财政不足，进行基础设施建设等公共投资，对中国经济增长的稳定显然有正面作用。但是，地方政府主导的投资项目资本报酬率不高，而且占用了大量的资源，对民间投资形成了挤出效应。在此背景下，研究地方政府债务的经济增长效应，有助于合理制定地方政府债务管理制度，防范债务宏观风险，促进中国经济高质量发展。

政府债务与经济增长关系的研究一直都是经济学领域受到关注较多的话题，主要有四种观点："有害论""有益论""中性论"和"非线性影响"。支持新古典经济学的学者认为，政府债务规模增加对私人投资产生挤出效应，不利于社会的资本积累，从而损害经济的长期增长（Kumar 和 Woo，2015）。但支持凯恩斯主义的学者强调，短期内政府债务是进行需求管理的重要手段，当有效需求不足时，政府债务有利于增加居民收入，进而增加社会总需求，有利于促进经济增长（Spilioti 和 Vamvoukas，2015）。莱因哈特和罗戈夫的开拓性研究表明政府债务与经济增长之间存在非线性关系，债务阈值为政府债务规模占 GDP 的 90%（Reinhart 和 Rogoff，2010）。此后，学者开始采用面板门槛、动态面板等各种前沿计量技术研究债务阈值的存在性（Baum 等，2013；Checheerita-Westphal 和 Rother，2012）。

由于各国经济发展水平和债务结构等差异较大，加上跨国研究容易受到样本异质性、变量测度和逆向因果等因素的影响，从而产生估计偏误（Eberhardt 和 Presbitero，2015）。因此，用一个国家的地方政府债务数据进行实证分析，可以较好地解决国别数据异质性导致的估计偏误。中国的政治、经济制度和社会背景等状况与其他国家差异较大,基于跨国数据或发达经济体的经济背景所得出的研究结论可能在中国并不成立。与西方发达国家的政府债务多为消费型或福利型不同,中国地方政府债务的投向主要用于基础设施等生产性建设项目,因此国内部分学者结合中国实际,研究了地方政府债务与地区经济增长的关系。例如,徐长生等(2016)分析了中国地方政府通过融资用于基础设施建设从而促进地区经济增长的理论机制,并肯定了地方政府债务对地区经济增长的促进作用。吕健(2015)发现在流动性视角下,地方政府举债通过地方政府事权、基础设施投资以及官员政绩竞赛三条路径提高投资规模和投资机会,进而拉动地方经济增长,但举债规模和举债时间长短会影响债务的增长效应。

总体上看,现有文献多从经济增长数量或速度的角度来考虑地方政府债务的增长效应,缺少质量维度的讨论。事实上,冼国明和冷艳丽(2016)认为,地方政府债务膨胀对外商直接投资产生挤出效应,影响国际收支结构;项后军等(2017)认为,地方政府债务通过投资波动的渠道作用于经济波动,影响经济的稳定性;刘俏(2017)认为,地方政府投融资行为还会扭曲资金价格,降低金融资源配置效率;毛锐等(2018)认为,地方政府债务规模迅速扩张的债务风险会引致潜在系统性金融风险。由于国际收支结构、经济稳定性和资源配置效率都是经济增长可持续的重要内容,因此地方债务举债融资与经济增长的关系就不应仅仅局限于从数量的角度来讨论,还应拓展到质量的角度。

本章以中国省级面板数据为样本,研究地方政府债务的经济增长效应,并试图回答以下几个问题:地方政府债务对经济增长数量和质量分别有什么样的影响?这种影响是否存在地区差异?相比已有文献,本章从两个方面进行拓展:第一,从数量和质量的双重角度分析地方政府债务的增长效应。中国经济进入高质量发展阶段,经济增长质量相对增长数量处于更为重要的地位,而现有研究往往重视地方政府债务对经济增长数量的研究,忽视了对经济增长质量的影响。第二,建立地方政府债务、经济增长数量和经济增长质量三者的联立方程组,不仅能够检验地方政府债务的增长效应,还能有效缓解内生性问题。

第二节　地方政府举债的增长效应

经典的联邦财政理论认为,在某些情况下,较之从当前的地方财政收入中获得投资项目资金,借款的方式更加可取(龚强等,2011)。从这个角度来说,地方政府举债有其合理性。具体体现在以下三个方面:(1)地方政府举债融资有利于公平。地方政府举债融资用于公共品投资,有助于实现受益者与付费者在时间与空间上的相互匹配,优化资源配置。一方面可以将公共品所需资金分摊在公共品生产以后的不同时间段,以实现代际的纵向公平;另一方面可以对其他地区的受益居民使用该公共品时收费,以实现横向公平。因此,适度举债可以实现跨期公平和跨域公平。(2)平滑地方政府财政支出波动。由于财政收入也会受到宏观经济环境等因素的影响,地方政府年度资本性支出可能存在波动,因而在某一特定的年度,地方财政收入与支出很难匹配,地方政府可以通过举债融资来平衡年度财政收支的缺口。(3)地方政府适度举债符合效率原则。第一,地方政府适度举债用于公共物品的供给可以利用地方政府的信息优势。对于外溢性较小的公共物品,地方政府更了解当地居民的消费偏好,相对中央政府更具有信息优势。因此,地方政府可以有效提供这些公共物品的数量,而由中央政府提供这些公共物品反而可能带来公共物品的配置不足或过多。第二,使用当期财政收入用于地方政府大型项目建设会拉长项目建设周期,导致固定成本和资源消耗总量增加,而地方政府举债融资有利于缩短项目建设时间进而节省成本。第三,地方政府适度举债有助于提高地方财政支出效率。地方政府债务不仅需要支付利息,而且存在到期支付本金的硬约束,因此相对于中央转移支付资金,地方政府更有动力提高债务使用效率。

事实上，地方政府适度举债确实提升了地区经济增长数量和速度。第一，地方政府债务可以用于交通基础设施等地方公共投资，直接拉动经济增长，表现为经济增长数量的增加。第二，地方政府债务可以从基础设施投资和招商引资两个渠道间接影响经济增长速度。地方政府举债融资用于基础设施建设改善了城市基础设施，降低交通运输成本，有利于区域间劳动力和资本等要素的流动，同时为地区招商引资提供良好的基础，吸引更多的私人投资；地方政府举债融资用于土地收储，使地方政府更有空间通过降低工业用地价格来进行招商引资，从而促进地区经济增长。大量的地方政府债务投向了交通基础设施建设和土地收储，加速了地区工业化和城市化进程，成为推动经济增长的主要动力。第三，地方政府举借债务弥补了因财政分权导致的地方财政缺口。在地方财力增强后，地方政府可以用于教育和医疗等支出，加快人力资本积累；还可以通过财政补贴和税收优惠等方式引导企业加大研发支出，鼓励企事业单位开展创新活动，提升地区技术水平，促进地区经济增长。此外，中国地方政府债务在应对危机、抗击自然灾害、推动民生改善、生态环境保护等方面也作出了积极的贡献。

但是，地方政府举债带来的不仅仅是好处，长期以来，以 GDP 为主要指标的地方政府目标考核制度与以经济发展为依据的官员晋升制度，使地方政府债务迅速膨胀。地方政府债务迅速膨胀引发了一系列不利的经济后果，影响了经济增长质量。

本章以全要素生产率衡量经济增长质量，理论上，地方政府债务影响全要素生产率的内在机制主要表现为：

第一，地方政府债务过度膨胀产生过度投资，降低资源配置效率，加剧经济波动，不利于经济增长可持续性，甚至产生系统性风险。地方政府债务规模增长迅速，为地方政府投资筹集了大量的资金，必然会导致部分地区盲目投资以及低水平重复建设现象的出现，从而降低债务资金的投资效率。地方政府债务影响投资的波动从而加剧地区经济波动，损害经济的动态效率，破坏了经济长期稳定增长的内在机制,造成社会资源的巨大浪费,从而影响经济增长的持续性(项后军等,2017)。地方政府债务可能通过债务风险引致潜在系统性金融风险,系统性金融风险将进一步导致金融机构倒闭,金融市场崩溃,货币贬值与资本外逃,对宏观经济和社会财富造成巨额损失。

第二,地方政府债务资金占用了大量的社会融资,提高了企业融资成本,挤出了私人投资,降低了宏观投资效率。地方政府债务提升企业融资成本的原因在于:其一,地方政府债务占用银行信贷,进而挤出了企业信贷。中国是银行主导型国家,银行主要是国有银行,地方政府融资相对企业而言有着天然的优势,当地方政府大规模举债时,信贷配给资源总量一定的情况下,留给企业的信贷资源下降,企业获得信贷资源的便利性会降低,从而影响企业融资规模。其二,为了防止地方政府通过银行贷款过度借债,中央政府加强了银行信贷的监管,但地方政府举债激励没有发生改变,仍然有强烈的举债冲动,于是地方政府通过信托等影子银行来进行融资。尽管社会总体信贷宽松,但中国企业面临的融资成本却依然居高不下,这主要是由于地方政府不计成本的融资需求使得社会融资成本上升,提高了企业融资成本。其三,地方政府债券发行挤出公司债券。对于投资者而言,地方债券与公司债券作为两种金融资产会在资产收益率上形成一定的竞争。相对于公司债券,地方政府债券的安全性与流动性都有优势。当地方政府债券发行增加时,对于投资者而言,相当于提高了公司债券相对地方政府债券的价格,提高了企业的融资成本(Graham等,2014)。一般来说,私人投资相比公共投资有着更高的效率,当地方政府债务挤出了私人投资时,社会整体的投资效率降低。

第三,地方政府债务提升了房价,不利于全要素生产率提升。大量地方政府债务资金投向基础设施项目,不能产生足够的现金流量,但债务期限以中短期为主,债务偿付资金需要依赖地方政府收入,而"吃饭财政"的刚性支出结构决定了地方政府依靠一般预算收入偿还债务的能力有限,需要依靠土地融资或土地出让收入等预算外收入,形成土地财政依赖。随着地方政府债务的日益膨胀以及即将到来的偿还压力，地方政府对土地出让收入的依赖程度越来越高，这就使得地方政府有动力抬高地价。地方政府可以通过控制土地供给量、限制土地“招、拍、挂”底价等方式推高土地出让价格，使房地产商的拿地成本增加，导致房价上涨。一方面，房价的快速上涨提高了个人在城市的居住成本，阻碍了人口向城市的集聚，不利于全要素生产率提升。因房价的上涨，中低收入人群或较低技能人群选择离开或到次一级城市就业，进一步推高了城市的生活成本，加重了城市人口的生存压力，降低了城市人口特别是年轻人口规模。另一方面，房价持续上涨导致资源配置扭曲，吸引各类生产要素流入效率相对较低的房地产业，进而降低资源配置效率。王文春和荣昭（2014）通过实证发现房价上涨吸引了大量资本进入房地产业及相关产业，挤出了工业企业开展新产品开发和研发的投入。

第四，地方政府债务抑制了外商直接投资，不利于全要素生产率的提升。当东道国负债过重以致无力偿还债务时，该国为了缓解债务压力，可能会采用扭曲的货币政策或财政政策间接征用境内企业的利润，甚至直接国有化外商直接投资资产。如果债务危机发生引发该国金融危机，导致流动性紧缩、利率上升，则会损害外资企业的生存环境和赢利空间。因此，政府过度负债增加外资企业的投资风险，降低了外资企业的赢利预期，对外商直接投资产生挤出效应。冼国明和冷艳丽（2016）选取 2012 年中国 30 个省份为研究对象，采用空间面板数据进行实证分析，结果表明我国地方政府债务对 FDI 确实有明显的负向作用。FDI 不仅可以提高东道国投资质量，缓解就业压力，还可以通过技术溢出效应提高东道国技术水平和组织效率，从而提升全要素生产率（沈坤荣和耿强，2001）。因此，地方政府债务挤出 FDI 将不利于全要素生产率的提升。

第五，地方政府债务可能加剧腐败，从而降低经济效率。地方政府举债使得地方官员具有大量的投资决策权和经济资源支配权，进而可以通过行政权力获取寻租机会。腐败降低了公共支出效率，一方面，政府不得不利用资源建立监管机构进行反腐，减少了其他公共服务的投入；另一方面，官员腐败直接侵占公共资金，减少公共投资。不仅如此，腐败官员还可能将资源投向寻租机会多的领域，导致寻租机会少的领域支出减少，造成部分领域投资或过度或不足，降低公共支出效率。事实上，腐败与税收类似都带来了投资扭曲，如果考虑腐败的非公开性，其扭曲程度更大（Shleifer 和 Vishny，1993）。

综上所述，不可否认中国地方政府债务带来的益处是明显的，但同时也会产生一些负面影响。因此研究地方政府债务的经济增长效应，不仅要考虑数量和速度，还要考虑其对经济增长质量的影响。

第三节 经济增长质量评价

一、测度方法

全要素生产率是经济长期增长的主要来源，可以作为衡量经济增长质量的重要指标（王兵和刘光天，2015）。此外，全要素生产率指标也是世界银行等国际研究机构考察中国经济可持续发展的重要依据（郑玉歆，2007）。因此，我们将全要素生产率作为衡量经济增长质量的指标。用于测度全要素生产率的方法较多，如含参数的生产函数法和随机前沿生产函数法、非参数的数据包络分析法（DEA）以及基于因素分解的增长核算法。DEA 在计算全要素生产率时不需要考虑生产函数的具体形式，可以避免因主观设定函数形式产生的测算偏误。但是，传统的 DEA－Malmquist 指数没有考虑资源环境的约束，而资源和环境已经成为当前影响中国经济发展的重要因素，如果不考虑生产过程中的资源环境因素，将会导致全要素生产率估算产生明显偏误。一些研究将资本、劳动、能源和环境污染一同作为投入要素，但与实际的生产过程不符（Hailu 和 Veeman，2000）。而部分研究将环境污染作为具有负外部性的非期望产出，采用基于方向性距离的 Malmquist－Luenberger 指数（DDF－ML）

测算全要素生产率,符合实际生产过程(Chung 等,1997)。但是,后者往往采用基于当期参考集构建的生产可能性集,可能存在不可行解。为了避免这些方法存在的缺陷,本章基于序列 Malmquist-Luenberger(SML)生产率指数(Oh 和 Heshmati,2010),采用 DDF-SML 指数计算中国省级全要素生产率。

(一)环境技术

传统的 DEA-Malmquist 指数测算全要素生产率没有将能源和环境因素纳入考虑范围,而生态环境又是影响经济发展的重要因素,因此在测算全要素生产率时不仅需要考虑能源投入,也需要考虑作为非期望产出的环境污染。首先,我们构造一个既包括期望产出,又包括非期望产出的环境生产技术。假设每一个地区使用 M 种投入 $x=(x_1,x_2,\cdots,x_M)$ R_M^+,生产 N 种期望产出 $y=(y_1,y_2,\cdots,y_N)$ R_N^+,同时产生 I 种非期望产出 $b=(b_1,b_2,\cdots,b_I)$ R_I^+。环境生产可能性集合为:

$$P(x)=\{(y,b):x\text{ 能生产}(y,b)\},x\in R_M^+ \quad (13.1)$$

进一步地,需要对环境生产技术作出以下三个假设:零结合公理、投入和期望产出满足强可处置性、期望产出和非期望产出具有联合弱可处置性。

(二)方向性距离函数

绿色发展要求在减少能源和要素投入、环境污染等非期望产出的前提下,获得更多的期望产出,方向性距离函数可以用于模型化该生产过程。方向性距离函数可以用下式表示:

$$\overrightarrow{D}_0(x,y,b;g)=sup\{\beta:(x-\beta g_x,y+\beta g_y,b-\beta g_b)\in P(x)\} \quad (13.2)$$

其中,$g=(-g_x,g_y,-g_b)$为投入产出改进的方向向量,β代表向量(x,y,b)达到生产可能性边界$p(x)$的比例,即无效率的测度。若$g_x=0$时,改进仅包括产出方向,式(13.2)属于基于产出导向的方向性距离函数;若$g_x\neq0$时,改进包括投入和产出两个方向,式(13.2)是基于非导向的方向性距离函数。本章选用基于产出导向的方向性距离函数。

（三）序列 Malmquist-Luenberger 生产率指数

当期 DDF-ML 指数参考集为 $p^t(x^t)$，仅考虑当期的生产可能性集，可能存在不可行解问题，而 SML 指数不仅含有当前的信息，还含有过去的信息，包括了从第 1 期到第 t 期所有的生产可能性集。第 t 期的参考集定义为：

$$\overline{P}^t(x^t) = P^1(x^1) \cup P^2(x^2) \cup \cdots \cup P^t(x^t) \tag{13.3}$$

其中，$1 \leqslant t \leqslant T$。于是，基于产出导向的序列方向性函数为：

$$\overrightarrow{D}_s(x, y, b; g) = sup\{\beta: (y + \beta g_y, b - \beta g_b) \in \overline{P}(x)\} \tag{13.4}$$

基于产出的 DDF-SML 指数为：

$$SML_t^{t+1} = \left\{\frac{[1 + \overrightarrow{D}_s^t(x^t, y^t, b^t; g^t)]}{[1 + \overrightarrow{D}_s^t(x^{t+1}, y^{t+1}, b^{t+1}; g^{t+1})]} \times \frac{[1 + \overrightarrow{D}_s^{t+1}(x^t, y^t, b^t; g^t)]}{[1 + \overrightarrow{D}_s^{t+1}(x^{t+1}, y^{t+1}, b^{t+1}; g^{t+1})]}\right\}^{\frac{1}{2}} \tag{13.5}$$

式（13.5）表明，计算 DDF-SML 指数需要求解四个序列方向性函数。可以用线性规划方法进行序列方向性函数求解，假设第 $k=1,2,\cdots,K$ 个地区在第 $r=1,2,\cdots,T$ 时期的投入产出为 $(x^{k,r}, y^{k,r}, b^{k,r})$，则对于地区 k' 在 t 期的序列方向性函数通过如下线性规划求解：

$$\begin{aligned}
&\overrightarrow{D}_s^t(x^{t,k'}, y^{t,k'}, b^{t,k'}; y^{t,k'}, -b^{t,k'}) = \max\beta \\
&\text{使得} \sum_{r=1}^{t}\sum_{k=1}^{K} z_k^r y_{kn}^r \geqslant (1+\beta)\, y_{k'n}^t, n = 1, \cdots, N \\
&\sum_{r=1}^{t}\sum_{k=1}^{K} z_k^r b_{ki}^r \leqslant (1-\beta)\, b_{k'i}^t, i = 1, \cdots, I \\
&\sum_{r=1}^{t}\sum_{k=1}^{K} z_k^r x_{km}^r \leqslant x_{k'i}^t, m = 1, \cdots, M \\
&\sum_{k=1}^{K} z_k^r = 1, z_k^r \geqslant 0 k = 1, \cdots, K
\end{aligned} \tag{13.6}$$

式（13.6）中，z_k^r 表示 k 省用于构建 z 最佳前沿面的权重，权重的等式约束表明该模型是规模收益可变的。式（13.5）中的其他三个序列方向性函数可在式(13.6)基础上进行相应的拓展。

二、投入和产出数据

按照上述理论方法计算全要素生产率,首先要确定中国各省份的投入产出数据。考虑数据的可得性,我们剔除了香港、澳门、台湾和西藏自治区,选取其余 30 个省份为研究对象,并基于 2009—2016 年的面板数据计算 2010—2016 年全要素生产率(TFP)增长率。以下数据均来源于历年的《中国统计年鉴》。

投入指标选取劳动、资本和能源投入。估算全要素生产率,除了需要确定估计方法外,关于要素投入的度量也比较关键。在衡量劳动投入时,仅仅考虑劳动力的数量不考虑人力资本因素,而将人力资本因素作为影响因素置于下文回归分析的控制变量中,因此我们采用各省份年末就业人数指标衡量劳动投入的数量。资本投入指标采用资本存量,但需要进行估算。学术界普遍认同的估算方法是永续盘存法,公式为:$K_{it}=I_{it}+(1-\alpha)K_{it-1}$,其中 i 代表省份,t 代表时间,K 代表资本存量,I 代表投资,α 代表折旧率。我们选取国内生产总值支出法中的固定资本形成总额作为当年的投资,参考张军等(2004),将折旧率设置为 9.6%。基期资本存量对估算资本存量极为重要,但随着时间的推移,即便基期资本存量假设不同,只要选择较长的时间跨度,估算的误差不会太大。因此,我们选取张军等(2004)估算的 2000 年资本存量,将其转化为 2000 年价格作为本章的基期资本存量,采用永续盘存法估算各省 2009—2016 年的资本存量。关于能源投入变量,参考王兵和刘光天(2015)的办法,选取各省份能源消费总量为能源投入指标。产出指标包括期望产出和非期望产出。期望产出指标选取以 2000 年为基期的实际地区生产总值来表示。我们参考王兵和刘光天(2015)的研究选取地区二氧化硫和化学需氧量排放总量为非期望产出。

三、测算结果分析

根据上文介绍的计算方法和数据，笔者计算了中国2010—2016年各省份TFP增长率。从全国范围来看，TFP在整个样本期间年均增长率为3.44%。白重恩和张琼(2015)估算的2008—2014年年均增长率为1.97%，蔡跃洲和付一夫(2017)估算的2010—2014年年均增长率为2.20%。本章的结论高于这两篇文献的结论，其原因主要有两点：一是估算方法的差异，白重恩和张琼(2015)以及蔡跃洲和付一夫(2017)使用基于统计分解的增长核算法，而笔者采用基于产出的DDF-SML指数；二是后者仅仅考虑了实际生产总值的期望产出，而笔者还考虑了能源与环境因素，并将环境污染作为非期望产出。这也表明，近年来在全球金融危机冲击，国内资源环境约束趋紧的情况下，中国的"绿色发展"取得了一定的成效。

就省级TFP增长率而言，地区间TFP增长率存在较大的差距。从样本期间年均增长率来看，排名前五位的分别是北京市、天津市、江苏省、上海市和山东省，均为东部发达地区，而排名后五位的分别是湖南省、贵州省、甘肃省、黑龙江省与云南省，全部是中西部地区。进一步地，笔者发现全国有24个省份的TFP增长率大于1，呈现正增长的趋势，但还有6个省份的TFP增长率小于1，呈现负增长的趋势，均为中西部地区。

第四节　模型构建与数据说明

一、模型设定

为了从经济增长的数量和质量两个角度来研究地方政府债务的经济增长效应，我们构建了以下实证模型：

$$\ln pgdp_{it} = \alpha_0 + \alpha_1 \ln debtpop_{it} + \alpha_X \ln X_{it} + \delta_i + \varepsilon_{it} \qquad (13.7)$$

$$\ln growthq_{it} = \beta_0 + \beta_1 \ln debtpop_{it} + \beta_Y \ln Y_{it} + \rho_i + \pi_{it} \tag{13.8}$$

式(13.7)参考吕健(2015)和徐长生等(2016)建立的实证分析框架,用于考察地方政府债务对经济增长数量的影响。式(13.8)用于检验地方政府债务对经济增长质量的影响,该模型参考了郭家堂和骆品亮(2016)用于考察互联网与全要素生产率关系的分析框架,同时也参考了余泳泽和刘大勇(2018)用于考察财政分权对全要素生产率影响的实证分析模型。其中,i 表示省份,t 表示时间。$pgdp$ 代表经济增长数量,$growthq$ 代表经济增长质量,$debtpop$ 代表地方政府债务。X 表示除地方政府债务之外其他可能影响经济增长数量的控制变量,包括地区投资水平、人力资本水平、国有化程度、产业结构水平、政府消费水平和对外开放水平等指标。Y 表示除地方政府债务之外其他可能影响经济增长质量的控制变量,包括国有化程度、人力资本水平、城镇化水平、政府干预程度和金融发展水平等指标。δ_i 和 ρ_i 表示不可观测的省份固定效应,ε_{it} 和 π_{it} 为误差项。

从研究的问题来看,中国各省份地方政府债务和经济增长数量及质量之间的关系,存在双向因果问题。一方面,地方政府债务的来源会影响地区企业的融资,债务使用会影响地区的公共投资,而债务偿还会造成地方政府的土地财政依赖,进而影响各省份经济增长数量和质量;另一方面,各省份经济增长数量反映了地方经济发展水平,在某种程度上可以作为地区偿债能力的代理变量,从而影响地方政府的债务规模(罗党论和佘国满,2015)。此外,经济增长数量是地方政府目标考核的重要指标,也会影响地方政府举债的激励;而各省地区增长质量,特别是全要素生产率增长遇到其他负面因素冲击时,地方政府有动力采取举债等扩张型财政政策。因此,地方政府债务内生于经济增长数量和质量,为此构建以下辅助方程:

$$\ln debtpop_{it} = \gamma_0 + \gamma_1 \ln pgdp_{it} + \gamma_2 \ln growthq_{it} + Z \ln Z_{it} + \tau_i + \eta_{it} \tag{13.9}$$

式中,τ_i 表示不可观测的省份固定效应,η_{it} 为误差项。Z_{it} 表示除经济增长数量和质量之外其他可能影响地方政府举债行为的控制变量，包括地区财政缺口、金融发展水平、城镇化水平和政府消费水平等指标。于是，本章采用式(13.7)、式(13.8)和式(13.9)构成的联立方程组来考察地方政府债务的经济增长效应。

二、变量说明和数据来源

本章选取中国大陆(西藏自治区除外)30个省份2010—2016年的面板数据来进行实证分析，所有数据均来源于历年的《中国统计年鉴》和各省份统计年鉴。

(一)内生变量

地方政府债务(*debtpop*)：本章采用地方政府负有偿还责任的债务口径来进行手工收集整理。中华人民共和国审计署分别于2011年和2013年对全国地方政府性债务情况进行两次全面审计，并公布了审计报告结果。此后，各省审计厅陆续发布了2014年1月的审计结果，可以查询2010年、2012年和2013年6月底的数据，假设地方政府债务是匀速增长的，可以推算2011年和2013年年底的债务数据。自2015年起，地方政府开始公开发行地方政府债券，通过查询一般债务或专项债券的信息披露文件，可以收集整理2014—2016年的地方政府债务数据。在本章中，采用人均地方政府债务来衡量地方政府债务指标，即地方政府债务余额与地区人口总数的比值。经济增长数量(*pgdp*)：采用按2000年不变价进行平减处理的人均实际地区生产总值表示。经济增长质量(*growthq*)：采用基于产出导向的DDF-SML指数所计算的全要素生产率来衡量。

(二)控制变量

人力资本水平(*hucap*)：采用人均受教育年限来衡量。计算公式为：

$hucap = H_1 \times 6 + H_2 \times 9 + H_3 \times 12 + H_4 \times 16$，其中，$H_1$、$H_2$、$H_3$、$H_4$分别表示6岁及以上人口中受教育程度为小学、初中、高中或大专及以上的人数占各省总人口的比重。国有化程度（*soe_fix*）：用地区固定资产投资总额中国有经济固定投资额所占比重来表示。产业结构水平（*ts_indus*）：用第三产业增加值与第二产业增加值之比来表示。政府消费水平（*govcon_gdp*）：用政府消费支出占地区生产总值的比重来表示。对外开放水平（*open_gdp*）：采用进出口总额与当年地区生产总值的比值来衡量。由于进出口总额一般用美元计价，需要利用当年的平均汇率转化为人民币计价。地区投资水平（*i_gdp*）：用固定资产投资额占当年地区生产总值的比重来表示。城镇化水平（*urban*）：用城镇人口占总人口的比重来衡量。金融发展水平（*loan_gdp*）：用各省金融机构贷款余额与地区生产总值的比值来表示。政府支出规模（*fisexp_gdp*）：用各省公共财政支出与地区生产总值的比值来表示。地方财政缺口（*fisgap_gdp*）：用地方公共财政收入减去公共财政支出后除以地区生产总值来表示。

三、实证结果分析

（一）基准回归结果

本章试图研究地方政府债务对地区经济增长数量和质量的影响。从所构建联立方程组的阶条件和秩条件来看，该模型的三个方程均为过度识别。三阶段最小二乘法（3SLS）在2SLS的基础上使用广义最小二乘法对整个联立方程组进行估计，是最常用的系统估计法，因此本章主要采用3SLS对模型进行估计。为了保证观测结果的稳健性，本章也报告了OLS的计量结果。此外，为了减轻共线性和异方差的影响，本章对所有变量均取自然对数。而且考虑到中国省份之间经济发展状况的差异，为了减轻遗漏变量的偏误，本章控制了省份的固定效应。

表13-1报告了地方政府债务对经济增长数量和质量影响的回归结果。

从列(1)和列(3)可以看到,无论是OLS估计,还是3SLS估计,地方政府债务的回归系数均在1%的显著性水平下为正,这表明地方政府债务与经济增长数量之间存在正相关关系。也就是说,近年来地方政府举债行为对维持地区经济增长起到了积极的推动作用。这一结论与徐长生等(2016)的结论一致,他们对此的解释是地方政府举债越多,会有更多的预算外收入用于地区交通基础设施建设,进而为地区经济发展创造更好的环境,最终促进地区的经济增长。

此外,GDP目标考核使得地方政府展开横向竞争,地方政府官员只有取得比其他地区更快的经济增长才能获得政治上的晋升,而分税制改革带来了地方政府财权与事权的不匹配,产生较大的财政资金缺口。内在的动力与外在的压力使得地方政府迫切需要通过举债来缓解发展所需的资金,从而提升地区经济增长速度。事实上,地方政府举债用于地区公共投资,一方面直接推动了地区经济增长数量的提升,另一方面还可以通过应对危机、抗击自然灾害、推动民生改善、生态环境保护以及基础设施建设等方面产生溢出效应,间接推动经济增长。值得一提的是,在1998年的金融危机、2008年的国际金融危机中,中央采用国债转贷地方政府、代地方发行地方政府债券;地方政府借助融资平台公司、地方政府部门和机构、公用事业单位等方式筹集资金,有效弥补了地方政府财政资金的不足,为保持地区经济持续增长作出了巨大的贡献。

从表13-1的列(2)和列(4)可以看到,地方政府债务的估计系数至少在10%的水平下统计显著为负,这表明与地方政府债务对经济增长数量的影响不同,地方政府的举债行为降低了TFP增长率,不利于地区经济增长质量的提升。笔者对此的解释是:第一,地方政府债务大量用于基础设施建设,尽管基础设施建设通过提升其他生产效率、交易效率、外部溢出效应等提升经济增长质量,但是过度的基础设施建设可能会带来效率损失。第二,地方政府债务规模增长迅速,为地方政府投资筹集了大量的资金,必然会导致部分地区盲目投资以及低水平重复建设，从而降低债务资金的投资效率。而且，地方政府债务资金占用了大量的社会融资，可能挤出私人企业的信贷资金，不利于企业新增投资，因此地方政府债务影响投资的波动从而加剧地区经济波动。此外，地方政府债务可能通过债务风险引致潜在系统性金融风险，进而不利于经济稳定。第三，地方政府债务存在较为严重的资金来源和资金投向的期限错配现象，使地方政府高度依赖土地出让收入来进行债务融资与偿还，其结果是推高了地区的土地价格，从而导致房地产价格的上涨。由于普遍存在房地产价格上涨的预期，中国实体经济部门的资金加速流向房地产部门，对实体部门的创新研发活动造成负面影响。第四，地方政府债务快速增长，导致地方政府债务负担过重，可能会引发债务危机甚至经济危机，从而增加外资企业的投资风险，对外国投资者的盈利预期产生负面影响，进而挤出了外资，而外资企业的技术转移与扩散对经济增长质量具有正面作用。

表 13-1　地方政府债务的经济增长效应回归结果

变量	OLS		3SLS			
	(1)	(2)	(3)	(4)	(5)	(6)
	数量方程	质量方程	债务方程	数量方程	质量方程	债务方程
地方政府债务	0.2635*** (13.2719)	−0.0588* (−1.8691)	—	0.3982*** (15.8962)	−0.2845*** (−3.2115)	—
经济增长数量	—	—	0.8940*** (4.4509)	—	—	0.6952** (2.3217)
经济增长质量	—	—	−0.4111** (−2.3440)	—	—	−2.3685*** (−4.2122)
人均资本水平	0.8308*** (3.0092)	0.6116* (1.9255)	—	0.5608** (2.0586)	0.3974 (1.2596)	—
国有化程度	−0.2145*** (−6.7085)	−0.0404 (−1.1594)	—	−0.1732*** (−5.9531)	−0.0485* (−1.6940)	—
产业结构水平	0.2120*** (5.7008)	—	—	0.1045*** (3.1993)	—	—
政府消费水平	−0.1826*** (−3.3788)	—	0.0548 (0.3743)	−0.1592*** (−2.9166)	—	0.0999 (0.9056)

续表

变量	OLS		3SLS			
	(1)	(2)	(3)	(4)	(5)	(6)
	数量方程	质量方程	债务方程	数量方程	质量方程	债务方程
对外开放水平	-0.0012 (-0.0501)	—	—	-0.0287 (-1.5941)	—	—
地区投资水平	0.1378*** (3.7599)	—	—	0.0078 (0.2619)	—	—
城镇化水平	—	0.3567* (1.7398)	2.6870*** (4.5009)	—	1.4958*** (3.6328)	4.0547*** (4.7846)
金融发展水平	—	0.3435*** (5.6240)	0.4443*** (2.8942)	—	0.4170*** (6.5070)	0.8254*** (3.7468)
政府支出规模	—	-0.0987* (-1.9561)	—	—	0.0005 (0.0091)	—
地方财政缺口	—	—	0.0224 (0.3883)	—	—	0.0231 (0.5894)
常量	5.2420*** (8.3234)	0.5991 (0.7191)	3.7739 (1.5057)	4.3744*** (7.6410)	4.3042*** (4.1782)	8.6026** (2.1974)
观测值	210	210	210	210	210	210
R^2	0.990	0.481	0.938	0.987	0.307	0.891

注：括号中的数值是回归系数的 t 值，***、**、* 分别表示在 1%、5%、10%的水平下显著。

下面分析控制变量的回归结果。首先考虑数量方程，人力资本水平的回归系数显著为正，表明了在样本期内，人力资本有力地推动了增长数量的提升，这与既有的人力资本理论结论相符。国有化程度的回归系数显著为负，表明国有化程度的降低可以推动经济增长数量的增加。产业结构水平的回归系数显著为正，表明产业结构升级促进了经济增长，验证了“结构红利假说”。政府消费水平对经济增长数量的影响显著为负，表明政府消费支出对各省份经济产生了显著的挤出效应。对外开放水平和地区投资水平对经济增长数量没有显著的影响。其次考虑质量方程，国有化程度对经济增长质量的影响为负，即降低国有化程度可以带来 TFP 增长率的提升，国有化程度的降低既有助于增长数量增加也提高了经济增长质量，也从侧面反映了中国不断进行国有企业改革的必要性。城市化水平对省份经济增长质量也带来了正向的促进作用,城市化将农村劳动力从农业中解放出来,向工业或服务业转移,从而体现为经济效率提升,提高了全要素生产率;金融发展水平对地区经济增长质量影响显著为正,可能原因在于金融发展改善了资金供求中的信息不对称,从而提升资源优化配置,推动 TFP 增长。尽管人力资本水平对经济增长数量的影响显著为正,对增长质量影响符号为正,但不再显著,可能是因为当前人力资本水平的提升更多注重数量,忽视了人力资本的质量。政府支出规模对经济增长质量的影响不显著。最后,从债务方程的回归结果可以看出,人均 GDP 的回归系数在 1%水平下统计显著为正,TFP 增长率的回归系数显著为负,结合上文的结论,这一结果表明了地方政府债务与经济增长数量和质量之间存在显著的双向因果关系。城镇化水平的提升推高了地方政府借债的规模,可能是因为城镇化带来了城市基础设施、市政建设等需求的压力,地方政府为城镇化融资而举债就成为合理的诉求。金融发展对地方政府债务表现出正向促进作用,意味着银行主导型金融系统的发展为地方政府借债提供了资金来源。中国国有银行占据统治地位,缺乏硬预算约束,给地方政府举债提供了方便。政府消费水平和地方财政缺口的回归系数为正,但不显著。

(二)考虑区域差异性的进一步分析

考虑到中国各省份在经济发展水平、资源环境禀赋、技术进步条件等方面存在较大的差异,可以进一步按照东中西区域的划分来考察地方政府债务的增长效应。由于样本量有限,传统的三大区域划分标准会使得样本数量不足,影响回归分析结果,因此参考郭家堂和骆品亮(2016)的划分方法,将中国各省份划分为东部和西部两个区域进行回归,估计结果分别见表 13-2 和表 13-3。

表 13-2　东部区域地方政府债务的经济增长效应回归结果

变量	OLS		3SLS			
	(1)	(2)	(3)	(4)	(5)	(6)
	数量方程	质量方程	债务方程	数量方程	质量方程	债务方程
地方政府债务	0.2570*** (9.7901)	-0.1662*** (-3.4069)	—	0.3737*** (11.8444)	-0.3699*** (-4.6956)	—
经济增长数量	—	—	0.8525*** (4.2723)	—	—	1.1244*** (5.5051)
经济增长质量	—	—	-0.6850*** (-3.5359)	—	—	-2.4942*** (-7.8406)
人均资本水平	0.9869*** (2.9233)	0.8259* (1.7896)	—	0.8125*** (2.9487)	0.5621* (1.9005)	—
国有化程度	-0.2366*** (-6.0022)	-0.1244** (-2.5469)	—	-0.2227*** (-7.8809)	-0.1153*** (-3.5726)	—
产业结构水平	0.0902 (1.2039)	—	—	-0.1078 (-1.5824)	—	—
政府消费水平	-0.0999 (-1.3513)	—	0.1040 (0.5791)	-0.0674 (-0.9912)	—	0.1776* (1.8759)
对外开放水平	-0.1163* (-1.9150)	—	—	-0.2207*** (-4.1333)	—	—
地区投资水平	0.1191*** (2.9289)	—	—	-0.0094 (-0.3601)	—	—
城镇化水平	—	1.1223*** (2.8687)	4.2574*** (5.7540)	—	2.3896*** (4.6635)	4.0909*** (5.5443)
金融发展水平	—	0.1805* (1.9229)	0.0509 (0.2651)	—	0.1748** (2.0659)	0.3420** (2.3014)
政府支出规模	—	-0.0622 (-0.9961)	—	—	0.0674 (1.5270)	—
地方财政缺口	—	—	0.0201 (0.3943)	—	—	-0.0022 (-0.0873)
常量	4.1731*** (4.7641)	0.4397 (0.3704)	3.6754 (1.4268)	2.5008*** (3.8156)	3.9571*** (3.8845)	2.3986 (0.9623)
观测值	105	105	105	105	105	105
R^2	0.992	0.471	0.956	0.990	0.342	0.910

表 13-3　西部区域地方政府债务的经济增长效应回归结果

变量	OLS		3SLS			
	(1)	(2)	(3)	(4)	(5)	(6)
	数量方程	质量方程	债务方程	数量方程	质量方程	债务方程
地方政府债务	0.2839*** (7.0294)	-0.0011 (-0.0261)	—	0.5165*** (11.2851)	-0.0287 (-0.4759)	—
经济增长数量	—	—	1.1857*** (2.7642)	—	—	2.0102** (2.2331)
经济增长质量	—	—	-0.0869 (-0.2880)	—	—	-0.5406 (-0.4703)
人均资本水平	0.5645 (1.2796)	0.3631 (0.8786)	—	-0.0946 (-0.2431)	0.3908 (1.0209)	—
国有化程度	-0.1778*** (-3.3218)	0.0225 (0.4080)	—	-0.0716* (-1.7646)	0.0227 (0.4346)	—
产业结构水平	0.2272*** (3.6795)	—	—	0.0939* (1.9148)	—	—
政府消费水平	-0.2090** (-2.4442)	—	0.1211 (0.5341)	-0.1340 (-1.4593)	—	0.2519 (1.1152)
对外开放水平	0.0183 (0.5378)	—	—	-0.0113 (-0.3555)	—	—
地区投资水平	0.1172 (1.0540)	—	—	-0.1634 (-1.5048)	—	—
城镇化水平	—	0.1568 (0.6091)	1.2116 (1.0206)	—	0.2748 (0.8839)	-0.0184 (-0.0075)
金融发展水平	—	0.4052*** (5.0449)	0.5088* (1.9625)	—	0.4182*** (5.5970)	0.2862 (0.4692)
政府支出规模	—	-0.2006** (-2.3757)	—	—	-0.1878** (-2.3372)	—
地方财政缺口	—	—	0.2342 (1.0062)	—	—	-0.0577 (-0.2683)
常量	5.7888*** (6.2260)	0.9513 (0.8579)	-0.3107 (-0.0570)	5.2449*** (7.0307)	1.3047 (1.1273)	-9.0705 (-0.6833)
观测值	105	105	105	105	105	105
R^2	0.968	0.510	0.926	0.946	0.507	0.917

注：括号中的数值是回归系数的 t 值，***、**、* 分别表示在 1%、5%、10%的水平下显著。

从数量方程来看，无论东部区域还是西部区域，地方政府债务对经济增长数量都有正向的促进作用，且西部区域回归系数的数值略大于东部区域，这说明地方政府债务的增长数量效应与经济发展水平有着紧密的关系。地方政府债务举债规模用于公共投资会产生促进经济增长数量增加的直接效应，但地方政府债务也会存在私人投资的挤出效应。当正效应大于负效应时，就表现为地方政府债务促进了经济增长，东部区域的民营经济相比西部区域更为发达，地方政府债务对东部区域的挤出效应高于西部区域，因而出现西部区域地方政府债务的增长数量效应略高于东部区域。

从质量方程来看，在东部区域，地方政府债务对经济增长质量的弹性系数为-0.3699，而且在1%的水平下统计显著。东部区域的经济发展程度、市场化水平较高，当地方政府举债用于公共投资时，一方面，过高的公共投资会挤出私人投资，不利于这些区域民营经济的发展，降低了经济发展的效率；另一方面，地方政府举债也从侧面反映了当地政府干预和参与经济发展的程度，从而产生了效率损失。而在西部区域，地方政府债务的经济增长质量效应不显著。这表明相比东部区域，西部区域的发展程度相对较低，私人投资相对不足，公共资本补充了私人资本的投资，尽管公共投资也会存在部分挤出效应，但正负效应相互抵消时就体现为地方政府债务对经济增长质量影响的不显著。

（三）稳健性检验

为了检验结论的可靠性，进行了稳健性检验。首先变换被解释变量。关于TFP估算，不同学者基于不同数据、不同方法得到的TFP增长率变化存在较大差异。本章采用以下三种方法重新估算TFP增长率：(1)基于非导向的DDF-SML计算TFP增长率（*growthq_n*）。前文考虑方向性导数时，假定了$g_x=0$，即效率改进仅考虑产出方向。此处放松了该假定，即假定$g_x\neq0$时，效率改进同时包括投入和产出两个方向，重新计算TFP增长率。(2)基于非导向的DDF-SML计算TFP增长率（*growthq_w*），并考虑投入产出改进方向的权重。假设投入x、y、b改进的比例分别为α、β、γ，且投入产出权重设定1，好产出、坏产出权重分别为1。具体的线性规划方程见成刚(2014)的介绍。(3)将资源和环境污染都作为投入要素,采用DEA-M指数计算TFP增长率(*growthq_i*)。然后将上述三种计算结果分别用于联立方程组的回归,回归结果显示地方政债务系数符号和显著性未发生太大变化。此外,上述研究均采用了人均债务度量地方政府的债务规模,文献中较为常用的指标还有债务率,即地方政府债务余额与地区生产总值的比值,用债务率(*debtgdp*)替换人均债务后进行回归,地方政府债务的回归系数在符号和显著性上仍然没有太大的变化,表明前文的实证结果是稳健的。限于篇幅,稳健性检验的结果这里不再具体列出。

第五节　优化地方政府债务规模

本章从数量和质量的双重视角研究了地方政府债务的经济增长效应。采用投入导向的DDF-SML指数计算了TFP增长率,并以此衡量经济增长质量,然后构建中国30个省份2010—2016年的面板数据集,采用联立方程组模型,分析地方政府债务对经济增长数量和质量的影响。结果表明,在样本期间,地方政府债务对经济增长存在两种相反的影响效应:一方面,地方政府债务用于公共投资增加了经济增长数量和速度;另一方面,地方政府举债融资也产生了效率损失,不利于经济增长质量的提升。进一步,分区域的估计结果表明,地方政府债务对经济增长数量的促进作用既存在于东部区域,也存在于西部区域,但地方政府债务对经济增长质量的抑制作用仅存在于东部区域,在西部区域未得到验证。地方政府合理举债对经济增长数量通常具有积极的影响,而地方政府举债放松了地方政府的预算约束,加剧了地方政府对公共投资的依赖,从而强化了地方政府对投资推动型经济增长方式的依赖,并对地方政府举债冲动起到了正反馈作用。这种循环一方面导致了地方政府过度的公共支出,有可能形成产能过剩,或挤出了私人投资,不利于经济的长期增长;另一方面地方政府举债冲动是政府干预经济的具体表现，也降低了地区经济效率。

基于上述结论，本章的政策含义是：(1)控制地方政府债务规模。在新常态下，地方政府面临保增长的压力，难免通过举债的手段促进当地公共投资，在短期内固然可以增加经济增长数量，但同时也会带来效率的损失，不利于经济增长质量的提升。(2)根据地区差异采取不同的政策控制规模。对地方政府举债规模的控制，不能采取“一刀切”的债务管理措施，要根据地区发展水平采取差别性的政策。对于东部区域，基础设施相对完善，地方政府债务对经济增长的数量效应为正，但质量效应已经为负，因此需要严格控制债务规模。也就是说，东部区域应将推动经济增长的重点放在技术升级和创新驱动上，而不是仅仅依靠投资驱动；对于西部区域，基础设施相对缺乏，地方政府债务对经济增长质量负效应还未显现，可以在债务风险可控的前提下，适度允许地方政府扩大债务规模。(3)加强地方政府债务管理，特别是提高地方政府显性和隐性债务的透明度，方便公众和社会对债务借、用、还等过程的监督，从外部加强对地方政府债务约束，提高地方政府债务的使用效率，充分发挥地方政府债务在促进地区高质量发展中的积极作用。

参考文献

1. 白重恩、钱震杰、武康平:《中国工业部门要素分配份额决定因素研究》,《经济研究》2008 年第 8 期。

2. 白重恩、张琼:《中国生产率估计及其波动分解》,《世界经济》2015 年第 12 期。

3. 包群、彭水军:《经济增长与环境污染——基于面板数据的联立方程估计》,《世界经济》2006 年第 11 期。

4. 包群、邵敏、杨大利:《环境管制抑制了污染排放吗?》,《经济研究》2013 年第 12 期。

5. 鲍宗豪:《文明城市:一种中国特色的可持续城市化新模式》,《马克思主义研究》2011 年第 3 期。

6. 蔡昉:《如何认识和提高经济增长质量》,《科学发展》2017 年第 3 期。

7. 蔡跃洲、付一夫:《全要素生产率增长中的技术效应与结构效应——基于中国宏观和产业数据的测算及分解》,《经济研究》2017 年第 1 期。

8. 常晨、陆铭:《新城之殇——密度、距离与债务》,《经济学(季刊)》2017 年第 16 期。

9. 陈斌开、徐帆、谭力:《人口结构转变与中国住房需求:1999—2025》,《金融研究》2012 年第 1 期。

10. 陈斌开、杨汝岱:《土地供给、住房价格与中国城镇居民储蓄》,《经济研究》2013 年第 1 期。

11. 陈德敏、张瑞:《环境规制对中国全要素能源效率的影响——基于省际面板数据的实证检验》,《经济科学》2012 年第 4 期。

12. 陈宏胜、王兴平、国子健:《规划的流变——对增量规划、存量规划、减量规划的思考》,《现代城市研究》2015 年第 9 期。

13. 陈抗、Hillman、顾清扬:《财政集权与地方政府行为变化——从援助之手到攫取之手》,《经济学(季刊)》2002 年第 4 期。

14. 陈昆亭、周炎、龚六堂:《短期经济波动如何影响长期增长趋势?》,《经济研究》2012 年第 1 期。

15. 陈诗一、陈登科:《中国资源配置效率动态演化——纳入能源要素的新视角》,《中国社会科学》2017 年第 4 期。

16. 陈淑云、曾龙:《地方政府土地出让行为对产业结构升级影响分析——基于中国 281 个地级及以上城市的空间计量分析》,《产业经济研究》2017 年第 6 期。

17. 陈硕、高琳:《央地关系:财政分权度量及作用机制再评估》,《管理世界》2012 年第 6 期。

18. 陈文权、李星:《我国地方政府"人才争夺大战"现象理论探讨——基于人力资源管理视角》,《天津行政学院学报》2018 年第 5 期。

19. 陈钊、陈乔伊:《中国企业能源利用效率:异质性、影响因素及政策含义》,《中国工业经济》2019 年第 12 期。

20. 陈志勇、陈莉莉:《"土地财政":缘由与出路》,《财政研究》2010 年第 1 期。

21. 陈志勇、陈莉莉:《财税体制变迁、"土地财政"与经济增长》,《财贸经济》2011 年第 12 期。

22. 陈志勇、陈思霞:《制度环境、地方政府投资冲动与财政预算软约束》,《经济研究》2014 年第 3 期。

23. 成刚:《数据包络分析方法与 MaxDEA 软件》,知识产权出版社 2014 年版。

24. 程玉鸿、程灵云:《基于竞合视角的城市综合竞争力源泉及其变动——以大珠江三角洲地区为实证案例》,《经济学家》2014 年第 9 期。

25. 戴彦德、周伏秋、朱跃中、熊华文:《实现单位 GDP 能耗降低 20%目标的途径和措施建议》,《中国工业经济》2007 年第 4 期。

26. 邓慧慧、杨露鑫:《雾霾治理、地方竞争与工业绿色转型》,《中国工业经济》2019 年第 10 期。

27. 邓慧慧、赵家羚:《地方政府经济决策中的"同群效应"》,《中国工业经济》2018 年第 4 期。

28. 丁胡送、吴福象、王新新:《泛长三角城市群产业转移中的异地产业园区合作机制及模式研究》,《科技与经济》2012 年第 6 期。

29. 董敏杰、梁泳梅、李钢:《环境规制对中国出口竞争力的影响——基于投入产出表的分析》,《中国工业经济》2011 年第 3 期。

30. 董祚继:《“超级增减挂钩”:探索建设用地减量化实施之路——上海松江实践探微》,《中国土地》2015 年第 11 期。

31. 杜兴强、曾泉、吴洁雯:《官员历练、经济增长与政治擢升——基于 1978—2008 年中国省级官员的经验证据》,《金融研究》2012 年第 2 期。

32. 杜雪君、黄忠华:《以地谋发展:土地出让与经济增长的实证研究》,《中国土地科学》2015 年第 7 期。

33. 杜宇:《关于江苏南北共建开发区体制机制创新的调查与思考》,《经济研究导刊》2011 年第 21 期。

34. 樊纲、张曙光、王利民:《双轨过渡与“双轨调控”(下)——当前的宏观经济问题与对策》,《经济研究》1993 年第 11 期。

35. 范剑勇、冯猛:《中国制造业出口企业生产率悖论之谜:基于出口密度差别上的检验》,《管理世界》2013 年第 8 期。

36. 范剑勇、冯猛、李方文:《产业集聚与企业全要素生产率》,《世界经济》2014 年第 5 期。

37. 范剑勇、莫家伟、张吉鹏:《居住模式与中国城镇化——基于土地供给视角的经验研究》,《中国社会科学》2015 年第 4 期。

38. 樊士德、沈坤荣、朱克朋:《中国制造业劳动力转移刚性与产业区际转移——基于核心—边缘模型拓展的数值模拟和经验研究》,《中国工业经济》2015 年第 11 期。

39. 范子英:《土地财政的根源:财政压力还是投资冲动》,《中国工业经济》2015 年第 6 期。

40. 范子英、张军:《财政分权、转移支付与国内市场整合》,《经济研究》2010 年第 3 期。

41. 方红生、张军:《中国地方政府竞争、预算软约束与扩张偏向的财政行为》,《经济研究》2009 年第 12 期。

42. 冯长春、沈昊婧、王锋:《新型城镇化进程中“人地钱”挂钩政策探析》,《中国土地》2016 年第 4 期。

43. 付文林、耿强:《税收竞争、经济集聚与地区投资行为》,《经济学(季刊)》2011 年第 4 期。

44. 傅勇、张晏:《中国式分权与财政支出结构偏向:为增长而竞争的代价》,《管理世界》2007 年第 3 期。

45. 甘犁、尹志超、贾男、徐舒、马双:《中国家庭资产状况及住房需求分析》,《金融研究》2013 年第 4 期。

46. 葛扬、岑树田:《中国基础设施超常规发展的土地支持研究》,《经济研究》2017 年第 2 期。

47. 耿强、江飞涛、傅坦:《政策性补贴、产能过剩与中国的经济波动——引入产能利用率 RBC 模型的实证检验》,《中国工业经济》2011 年第 5 期。

48. 龚刚、陈琳:《供给推动——论经济增长方式转型中的财政政策》,《南开经济研究》2007 年第 2 期。

49. 龚强、王俊、贾珅:《财政分权视角下的地方政府债务研究:一个综述》,《经济研究》2011 年第 7 期。

50. 龚志冬、黄健元:《托达罗模型拓展与修正:以南京市迁移流动人口为例》,《统计与决策》2019 年第 4 期。

51. 顾守柏、丁芸、孙彦伟:《上海"198"区域建设用地减量化的政策设计与探索》,《中国土地》2015 年第 11 期。

52. 郭家堂、骆品亮:《互联网对中国全要素生产率有促进作用吗?》,《管理世界》2016 年第 10 期。

53. 郭杰、李涛:《中国地方政府间税收竞争研究——基于中国省级面板数据的经验证据》,《管理世界》2009 年第 11 期。

54. 郭庆旺、贾俊雪:《财政分权、政府组织结构与地方政府支出规模》,《经济研究》2010 年第 11 期。

55. 郭庆旺、贾俊雪:《地方政府行为、投资冲动与宏观经济稳定》,《管理世界》2006 年第 5 期。

56. 郭庆旺、赵旭杰:《地方政府投资竞争与经济周期波动》,《世界经济》2012 年第 5 期。

57. 郭文华、张迪、郭瑞雪:《建设用地减量化,地方财政对土地的依赖度受影响吗——以上海和深圳为例》,《中国土地》2016 年第 8 期。

58. 郭旭、田莉:《产权重构视角下的土地减量规划与实施——以上海新浜镇为例》,《城市规划》2016 年第 9 期。

59. 郭旭新:《经济转型中的财政分权化与经济稳定》,《经济社会体制比较》2007 年第 2 期。

60. 郭于玮、马弘:《混合所有制中的股权结构与企业全要素生产率》,《经济学报》2016 年第 2 期。

61. 韩超、刘鑫颖、王海:《规制官员激励与行为偏好——独立性缺失下环境规制失效新解》,《管理世界》2016 年第 2 期。

62. 韩超、陈震、王震:《节能目标约束下企业污染减排效应的机制研究》,《中国工业经济》2020 年第 10 期。

63. 郝寿义、倪鹏飞:《中国城市综合竞争力研究——以若干城市为案例》,《经济科学》1998 年第 3 期。

64. 何理丽、符慧颖、李远辉:《区域人才政策比较研究》,《合作经济与科技》2019 年第 12 期。

65. 洪银兴:《论经济增长方式转变的基本内涵》,《管理世界》1999 年第 4 期。

66. 胡秋阳:《回弹效应与能源效率政策的重点产业选择》,《经济研究》2014 年第 2 期。

67. 胡永刚、郭长林:《财政政策规则、预期与居民消费——基于经济波动的视角》,《经济研究》2013 年第 3 期。

68. 黄国龙、蔡佳红:《"土地财政"的分税制根源及其对策》,《宏观经济研究》2013 年第 6 期。

69. 黄茂兴、林寿富:《污染损害、环境管理与经济可持续增长——基于五部门内生经济增长模型的分析》,《经济研究》2013 年第 12 期。

70. 黄群慧、贺俊、杨超:《人才争夺劣势状态下二线城市人才政策调整研究》,《产业经济评论》2019 年第 1 期。

71. 黄少安、陈斌开、刘姿彤:《"租税替代"、财政收入与政府的房地产政策》,《经济研究》2012 年第 8 期。

72. 黄速建、肖红军、王欣:《竞争中性视域下的国有企业改革》,《中国工业经济》2019 年第 6 期。

73. 黄新飞、杨丹:《产业转移促进区域经济协调发展了吗——基于广东省县域数据的断点回归分析》,《国际经贸探索》2017 年第 2 期。

74. 贾俊雪、郭庆旺、赵旭杰:《地方政府支出行为的周期性特征及其制度根源》,《管理世界》2012 年第 2 期。

75. 贾俊雪、张超、秦聪等:《纵向财政失衡、政治晋升与土地财政》,《中国软科学》2016 年第 9 期。

76. 贾俊雪:《中国税收收入规模变化的规则性、政策态势及其稳定效应》,《经济研究》2012 年第 11 期。

77. 贾康、刘微:《"土地财政"论析——在深化财税改革中构建合理、规范、可持续的地方"土地生财"机制》,《经济学动态》2012 年第 1 期。

78. 姜冬冬:《基于计量经济模型的城市更新与现代服务业发展关系研究》,《上海工程技术大学学报》2015 年第 2 期。

79. 蒋费雯、罗小龙:《产业园区合作共建模式分析——以江苏省为例》,《城市问题》2016 年第 7 期。

80. 蒋伏心、林江:《晋升锦标赛、财政周期性与经济波动——中国改革开放以来的经验》,《财贸经济》2010 年第 7 期。

81. 蒋冠宏、蒋殿春:《中国对发展中国家的投资——东道国制度重要吗?》,《管理世界》2012 年第 11 期。

82. 蒋金荷:《提高能源效率与经济结构调整的策略分析》,《数量经济技术经济研究》2004 年第 1 期。

83. 蒋省三、刘守英、李青:《土地制度改革与国民经济成长》,《管理世界》2007 年第 9 期。

84. 焦长权、周飞舟:《"资本下乡"与村庄的再造》,《中国社会科学》2016 年第 1 期。

85. 金刚、沈坤荣:《以邻为壑还是以邻为伴?——环境规制执行互动与城市生产率增长》,《管理世界》2018 年第 12 期。

86. 金培振、张亚斌、李激扬:《能源效率与节能潜力的国际比较——以中国与 OECD 国家为例》,《世界经济研究》2011 年第 1 期。

87. 金三林:《能源约束对我国潜在产出增长的影响及对策》,《改革》2006 年第 10 期。

88. 景维民、张璐:《环境管制、对外开放与中国工业的绿色技术进步》,《经济研究》2014 年第 9 期。

89. 李长安、高春雷:《城市人才竞争与用人环境改善研究》,《中国劳动关系学院学报》2018 年第 4 期。

90. 李成、马文涛、王彬:《学习效应、通胀目标变动与通胀预期形成》,《经济研究》2011 年第 10 期。

91. 李超、倪鹏飞、万海远:《中国住房需求持续高涨之谜:基于人口结构视角》,《经济研究》2015 年第 5 期。

92. 李兰冰:《中国能源绩效的动态演化、地区差距与成因识别——基于一种新型全要素能源生产率变动指标》,《管理世界》2015 年第 11 期。

93. 李兰冰:《中国全要素能源效率评价与解构——基于"管理—环境"双重视角》,《中国工业经济》2012 年第 6 期。

94. 李力行、黄佩媛、马光荣:《土地资源错配与中国工业企业生产率差异》,《管理世界》2016 年第 8 期。

95. 李廉水、周勇:《技术进步能提高能源效率吗? ——基于中国工业部门的实证检验》,《管理世界》2006 年第 10 期。

96. 李玲、陶锋:《中国制造业最优环境规制强度的选择——基于绿色全要素生产率的视角》,《中国工业经济》2012 年第 5 期。

97. 李猛、沈坤荣:《地方政府行为对中国经济波动的影响》,《经济研究》2010 年第 12 期。

98. 李强、王子鑫、王弘月等:《北京市建设用地减量发展的实施路径与模式研究》,《地理与地理信息科学》2018 年第 5 期。

99. 李尚蒲、罗必良:《我国土地财政规模估算》,《中央财经大学学报》2010 年第 5 期。

100. 李尚蒲、罗必良、何勤英:《土地市场化是否推动城投债发行?》,《经济评论》2017 年第 4 期。

101. 李胜兰、初善冰、申晨:《地方政府竞争、环境规制与区域生态效率》,《世界经济》2014 年第 4 期。

102. 李树、陈刚:《环境管制与生产率增长——以 APPCL2000 的修订为例》,《经济研究》2013 年第 1 期。

103. 李爽、楼江:《国有建设用地减量化的土地权属调整路径——以上海市为例》,《中国土地》2016 年第 10 期。

104. 李学文、卢新海:《经济增长背景下的土地财政与土地出让行为分析》,《中国土地科学》2012 年第 8 期。

105. 李郇、洪国志、黄亮雄:《中国土地财政增长之谜——分税制改革、土地财政增长的策略性》,《经济学(季刊)》2013 年第 3 期。

106. 李永友、沈坤荣:《我国污染控制政策的减排效果——基于省际工业污染数据的实证分析》,《管理世界》2008 年第 7 期。

107. 李玉红、王皓、郑玉歆:《企业演化:中国工业生产率增长的重要途径》,《经济研究》2008 年第 6 期。

108. 梁平汉、高楠:《人事变更,法制环境和地方环境污染》,《管理世界》2014 年第 6 期。

109. 林伯强、杜克锐:《要素市场扭曲对能源效率的影响》,《经济研究》2013 年第 9 期。

110. 林伯强、邹楚沅:《发展阶段变迁与中国环境政策选择》,《中国社会科学》2014年第5期。

111. 林毅夫、刘志强:《中国的财政分权与经济增长》,《北京大学学报(哲学社会科学版)》2000年第4期。

112. 林毅夫、苏剑:《论我国经济增长方式的转换》,《管理世界》2007年第11期。

113. 刘红光、王云平、季璐:《中国区域间产业转移特征、机理与模式研究》,《经济地理》2014年第1期。

114. 刘静、陆靖慧、叶子等:《上海市"198"区域工业用地减量化对镇村利益的影响分析及对策研究》,《上海国土资源》2015年第4期。

115. 刘俏:《地方政府投融资行为的生态系统》,《中国金融》2017年第12期。

116. 刘瑞明、赵仁杰:《国家高新区推动了地区经济发展吗?——基于双重差分方法的验证》,《管理世界》2015年第8期。

117. 刘瑞翔、安同良:《中国经济增长的动力来源与转换展望——基于最终需求角度的分析》,《经济研究》2011年第7期。

118. 刘生龙、胡鞍钢:《基础设施的外部性在中国的检验:1988—2007》,《经济研究》2010年第3期。

119. 刘守英:《以地谋发展模式的风险与改革》,《国际经济评论》2012年第2期。

120. 刘守英、蒋省三:《土地融资与财政和金融风险——来自东部一个发达地区的个案》,《中国土地科学》2005年第5期。

121. 刘素、郭小华、杨宇、李斌:《"人才抢夺战"下人才政策体系建设的实践与启示——以长沙市为例》,《科技经济导刊》2019年第28期。

122. 刘伟、鹿平、徐金河:《安徽省城镇建设用地减量增长研究》,《安徽农业科学》2016年第19期。

123. 刘伟、苏剑:《供给管理与我国现阶段的宏观调控》,《经济研究》2007年第2期。

124. 刘晓英:《人力资本与城市综合竞争力关系研究》,《企业经济》2011年第5期。

125. 刘晔、张训常、蓝晓燕:《国有企业混合所有制改革对全要素生产率的影响——基于PSM-DID方法的实证研究》,《财政研究》2016年第10期。

126. 刘玉雅、李红艳:《京沪粤苏浙地区人才政策比较》,《中国管理科学》2016年第1期。

127. 龙小宁、朱艳丽、蔡伟贤、李少民:《基于空间计量模型的中国县级政府间税收竞争的实证分析》,《经济研究》2014 年第 8 期。

128. 卢洪友、袁光平、陈思霞、卢盛峰:《土地财政根源:“竞争冲动”还是“无奈之举”?——来自中国地市的经验证据》,《经济社会体制比较》2011 年第 1 期。

129. 逯进、赵亚楠、苏妍:《“文明城市”评选与环境污染治理:一项准自然实验》,《财经研究》2020 年第 4 期。

130. 陆铭:《建设用地指标可交易:城乡和区域统筹发展的突破口》,《国际经济评论》2010 年第 2 期。

131. 陆铭:《建设用地使用权跨区域再配置:中国经济增长的新动力》,《世界经济》2011 年第 1 期。

132. 陆铭等:《中国的大国经济发展道路》,中国大百科全书出版社 2008 年版。

133. 陆铭、冯皓:《集聚与减排:城市规模差距影响工业污染强度的经验研究》,《世界经济》2014 年第 7 期。

134. 陆铭、高虹、佐滕宏:《城市规模与包容性就业》,《中国社会科学》2012 年第 10 期。

135. 陆铭、张航、梁文泉:《偏向中西部的土地供应如何推升了东部的工资》,《中国社会科学》2015 年第 5 期。

136. 鲁晓东:《金融资源错配阻碍了中国的经济增长吗》,《金融研究》2008 年第 4 期。

137. 鲁晓东、连玉君:《中国工业企业全要素生产率估计:1999—2007》,《经济学(季刊)》2012 年第 2 期。

138. 陆旸:《环境规制影响了污染密集型商品的贸易比较优势吗?》,《经济研究》2009 年第 4 期。

139. 罗党论、佘国满:《地方官员变更与地方债发行》,《经济研究》2015 年第 6 期。

140. 吕大国、沈坤荣、简泽:《“出口学习效应”的再检验:基于贸易类型的实证分析》,《经济评论》2016 年第 2 期。

141. 吕健:《地方债务对经济增长的影响分析——基于流动性的视角》,《中国工业经济》2015 年第 11 期。

142. 吕炜、高帅雄:《房价波动、土地财政与我国宏观经济》,《经济社会体制比较》2016 年第 4 期。

143. 吕炜、许宏伟:《土地财政的经济影响及其后续风险应对》,《经济社会体制比较》2012 年第 6 期。

144. 马文涛、冯根福、李成、魏福成:《宏观政策转型、行政性干预调整与通胀预期管理》,《经济研究》2016 年第 4 期。

145. 毛其淋、许家云:《中国企业对外直接投资是否促进了企业创新》,《世界经济》2014 年第 8 期。

146. 毛锐、刘楠楠、刘蓉:《地方政府债务扩张与系统性金融风险的触发机制》,《中国工业经济》2018 年第 4 期。

147. 毛振华、张英杰、袁海霞:《近年来中国宏观调控和经济政策的特征分析》,《中国人民大学学报》2016 年第 5 期。

148. 孟美侠、曹希广、张学良:《开发区政策影响中国产业空间集聚吗——基于跨越行政边界的集聚视角》,《中国工业经济》2019 年第 11 期。

149. 米晋宏、刘冲:《住房限购政策与城市房价波动分析》,《上海经济研究》2017 年第 1 期。

150. 倪鹏飞:《中国城市综合竞争力的理论和实证》,中国经济出版社 2001 年版。

151. 倪鹏飞、徐海东、沈立、曹清峰:《城市经济竞争力:关键因素与作用机制——基于亚洲 566 个城市的结构方程分析》,《北京工业大学学报(社会科学版)》2019 年第 1 期。

152. 聂辉华:《政企合谋与经济增长:反思"中国模式"》,中国人民大学出版社 2013 年版。

153. 聂辉华、江艇、杨汝岱:《中国工业企业数据库的使用现状和潜在问题》,《世界经济》2012 年第 5 期。

154. 潘雅茹、罗良文:《政府干预、资源禀赋与中国能源效率测度》,《江汉论坛》2017 年第 11 期。

155. 庞智强:《各地区省域经济综合开放程度的测定》,《统计研究》2008 年第 1 期。

156. 彭水军、刘安平:《中国对外贸易的环境影响效应:基于环境投入—产出模型的经验研究》,《世界经济》2010 年第 5 期。

157. 蒲龙:《税收竞争与公共支出结构——来自县级政府的视角》,《中南财经政法大学学报》2017 年第 2 期。

158. 齐志新、陈文颖、吴宗鑫:《中国的能源强度究竟有多高》,《数量经济技术经济研究》2007 年第 8 期。

159. 乔宝云、范剑勇、冯兴元:《中国的财政分权与小学义务教育》,《中国社会科学》2005 年第 6 期。

160. 邱斌、杨帅、辛培江:《FDI 技术溢出渠道与中国制造业生产率增长研究:基于面板数据的分析》,《世界经济》2008 年第 8 期。

161. 桑瑞聪、刘志彪、王亮亮:《我国产业转移的动力机制:以长三角和珠三角地区上市公司为例》,《财经研究》2013 年第 5 期。

162. 单豪杰:《中国资本存量 K 的再估算:1952—2006 年》,《数量经济技术经济研究》2008 年第 10 期。

163. 邵军、徐康宁:《转型时期经济波动对我国生产率增长的影响研究》,《经济研究》2011 年第 12 期。

164. 邵帅、李欣、曹建华、杨莉莉:《中国雾霾污染治理的经济政策选择——基于空间溢出效应的视角》,《经济研究》2016 年第 9 期。

165. 沈国兵、张鑫:《开放程度和经济增长对中国省级工业污染排放的影响》,《世界经济》2015 年第 4 期。

166. 沈坤荣、付文林:《税收竞争、地区博弈及其增长绩效》,《经济研究》2006 年第 6 期。

167. 沈坤荣、耿强:《外国直接投资、技术外溢与内生经济增长——中国数据的计量检验与实证分析》,《中国社会科学》2001 年第 5 期。

168. 沈坤荣、金刚:《以提升全要素生产率为重点推进供给侧结构性改革》,《南京财经大学学报》2016 年第 3 期。

169. 沈坤荣、金刚:《中国经济增长 40 年的动力——地方政府行为的视角》,《经济与管理研究》2018 年第 12 期。

170. 沈坤荣、金刚、方娴:《环境规制引起了污染就近转移吗?》,《经济研究》2017 年第 5 期。

171. 沈坤荣、孙文杰:《投资效率、资本形成与宏观经济波动——基于金融发展视角的实证研究》,《中国社会科学》2004 年第 6 期。

172. 师博、沈坤荣:《市场分割下的中国全要素能源效率:基于超效率 DEA 方法的经验分析》,《世界经济》2008 年第 9 期。

173. 师博、沈坤荣:《政府干预、经济集聚与能源效率》,《管理世界》2013 年第 10 期。

174. 石大千、胡可、陈佳:《城市文明是否推动了企业高质量发展?——基于环境规制与交易成本视角》,《产业经济研究》2019 年第 6 期。

175. 史丹:《我国经济增长过程中能源利用效率的改进》,《经济研究》2002 年第 9 期。

176. 史丹、李少林:《排污权交易制度与能源利用效率——对地级及以上城市的测度与实证》,《中国工业经济》2020 年第 9 期。

177. 史婧然、袁承程:《建设用地减量化对都市郊区景观格局和功能影响研究——以上海青西地区为例》,《上海国土资源》2016 年第 3 期。

178. 施卫良:《规划编制要实现从增量到存量与减量规划的转型》,《城市规划》2014 年第 11 期。

179. 宋勃、高波:《房价与地价关系的因果检验:1998—2006》,《当代经济科学》2007 年第 1 期。

180. 宋春合、吴福象:《相机抉择、房价预期与地方政府房地产市场干预》,《经济问题探索》2017 年第 1 期。

181. 宋马林、金培振:《地方保护、资源错配与环境福利绩效》,《经济研究》2016 年第 12 期。

182. 苏立宁、廖求宁:《"长三角"经济区地方政府人才政策:差异与共性——基于 2006—2017 年的政策文本》,《华东经济管理》2019 年第 7 期。

183. 苏文松、方创琳:《京津冀城市群高科技园区协同发展动力机制与合作共建模式——以中关村科技园为例》,《地理科学进展》2017 年第 6 期。

184. 孙建飞、袁奕:《财政分权、土地融资与中国的城市扩张——基于联立方程组计量模型的实证分析》,《上海经济研究》2014 年第 12 期。

185. 孙秀林、周飞舟:《土地财政与分税制:一个实证解释》,《中国社会科学》2013 年第 4 期。

186. 孙自愿、许若琪、张昊昊:《政府干预、资源禀赋与企业多元化战略选择:以煤企为例》,《现代财经(天津财经大学学报)》2015 年第 10 期。

187. 谭明智:《严控与激励并存:土地增减挂钩的政策脉络及地方实施》,《中国社会科学》2014 年第 7 期。

188. 谭之博、周黎安、赵岳:《省管县改革、财政分权与民生——基于"倍差法"的估计》,《经济学(季刊)》2015 年第 2 期。

189. 汤玉刚、苑程浩:《不完全税权、政府竞争与税收增长》,《经济学(季刊)》2011 年第 1 期。

190. 陶坤玉、张敏、李力行:《市场化改革与违法:来自中国土地违法案件的证据》,《南开经济研究》2010 年第 2 期。

191. 陶然、陆曦、苏福兵、汪晖:《地区竞争格局演变下的中国转轨:财政激励和发展模式反思》,《经济研究》2009 年第 7 期。

192. 陶然、汪晖:《中国尚未完成之转型中的土地制度改革:挑战与出路》,《国际经济评论》2010 年第 2 期。

193. 陶然、袁飞、曹广忠:《区域竞争、土地出让与地方财政效应:基于 1999—2003 年中国地级城市面板数据的分析》,《世界经济》2007 年第 10 期。

194. 涂正革、谌仁俊:《排污权交易机制在中国能否实现波特效应?》,《经济研究》2015 年第 7 期。

195. 王兵、刘光天:《节能减排与中国绿色经济增长——基于全要素生产率的视角》,《中国工业经济》2015 年第 5 期。

196. 王兵、聂欣:《产业集聚与环境治理:助力还是阻力——来自开发区设立准自然实验的证据》,《中国工业经济》2016 年第 12 期。

197. 王传利:《新中国成立初期的节约运动述略》,《中国浦东干部学院学报》2018 年第 5 期。

198. 王凤荣、苗妙:《税收竞争、区域环境与资本跨区流动——基于企业异地并购视角的实证研究》,《经济研究》2015 年第 2 期。

199. 王杰、刘斌:《环境规制与企业全要素生产率——基于中国工业企业数据的经验分析》,《中国工业经济》2014 年第 3 期。

200. 王金营:《人力资本与经济增长:理论与实证》,中国财政经济出版社 2001 年版。

201. 王克强、胡海生、刘红梅:《中国地方土地财政收入增长影响因素实证研究——基于 1995—2008 年中国省际面板数据的分析》,《财经研究》2012 年第 4 期。

202. 王敏、黄滢:《中国的环境污染与经济增长》,《经济学(季刊)》2015 年第 1 期。

203. 王庆一:《中国能源效率评估》,《节能与环保》2011 年第 1 期。

204. 王卫城、戴小平、王勇:《减量增长:深圳规划建设的转变与超越》,《城市发展研究》2011 年第 11 期。

205. 王文春、荣昭:《房价上涨对工业企业创新的抑制影响研究》,《经济学(季刊)》2014 年第 2 期。

206. 王文剑、仉建涛、覃成林:《财政分权、地方政府竞争与 FDI 的增长效应》,《管理世界》2007 年第 3 期。

207. 王文普:《环境规制竞争对经济增长效率的影响:基于省级面板数据分析》,《当代财经》2011 年第 9 期。

208. 王贤彬、张莉、徐现祥:《辖区经济增长绩效与省长省委书记晋升》,《经济社会体制比较》2011 年第 1 期。

209. 王小鲁:《中国城市化路径和城市规模的经济学分析》,《经济研究》2010 年第

10期。

210. 王小鲁:《改革40年的回顾与思考》,《比较》2018年第5期。

211. 王小鲁、樊纲、刘鹏:《中国经济增长方式转换和增长可持续性》,《经济研究》2009年第1期。

212. 王阳:《我国人口结构变化对经济社会发展的影响研究综述》,《西北人口》2012年第5期。

213. 王永钦、张晏、章元、陈钊、陆铭:《中国的大国发展道路——论分权式改革的得失》,《经济研究》2007年第1期。

214. 魏楚、沈满洪:《能源效率及其影响因素:基于DEA的实证分析》,《管理世界》2007年第8期。

215. 魏楚、郑新业:《能源效率提升的新视角——基于市场分割的检验》,《中国社会科学》2017年第10期。

216. 卫兴华、侯为民:《中国经济增长方式的选择与转换途径》,《经济研究》2007年第7期。

217. 吴海民、吴淑娟、陈辉:《城市文明、交易成本与企业"第四利润源"——基于全国文明城市与民营上市公司核匹配倍差法的证据》,《中国工业经济》2015年第7期。

218. 吴敬琏:《中国增长模式抉择》(第4版),上海远东出版社2014年版。

219. 吴敬琏:《怎样才能实现增长方式的转变——为〈经济研究〉创刊40周年而作》,《经济研究》1995年第11期。

220. 吴利学、叶素云、傅晓霞:《中国制造业生产率提升的来源:企业成长还是市场更替?》,《管理世界》2016年第6期。

221. 吴巧生、成金华:《中国工业化中的能源消耗强度变动及因素分析——基于分解模型的实证分析》,《财经研究》2006年第6期。

222. 吴群、李永乐:《财政分权、地方政府竞争与土地财政》,《财贸经济》2010年第7期。

223. 吴延兵:《中国式分权下的偏向性投资》,《经济研究》2017年第6期。

224. 吴振球、王建军:《地方政府竞争与经济增长方式转变:1998—2010——基于中国省级面板数据的经验研究》,《经济学家》2013年第1期。

225. 冼国明、冷艳丽:《地方政府债务、金融发展与FDI——基于空间计量经济模型的实证分析》,《南开经济研究》2016年第3期。

226. 项后军、巫姣、谢杰:《地方债务影响经济波动吗》,《中国工业经济》2017年第1期。

227. 肖宏:《环境规制约束下污染密集型企业越界迁移及其治理》,复旦大学 2008 年博士学位论文。

228. 肖滢、马静:《科技创新、人力资本与城市发展质量的实证分析》,《统计与决策》2018 年第 16 期。

229. 谢千里、罗斯基、张轶凡:《中国工业生产率的增长与收敛》,《经济学(季刊)》2008 年第 4 期。

230. 谢贞发、范子英:《中国式分税制、中央税收征管权集中与税收竞争》,《经济研究》2015 年第 4 期。

231. 徐长生、程琳、庄佳强:《地方债务对地区经济增长的影响与机制——基于面板分位数模型的分析》,《经济学家》2016 年第 5 期。

232. 徐丹:《集建区外建设用地减量化对土地整治的影响研究》,华东政法大学 2018 年硕士学位论文。

233. 徐建炜、徐奇渊、何帆:《房价上涨背后的人口结构因素:国际经验与中国证据》,《世界经济》2012 年第 1 期。

234. 徐永胜、乔宝云:《财政分权度的衡量:理论及中国 1985—2007 年的经验分析》,《经济研究》2012 年第 10 期。

235. 徐忠:《新时代背景下中国金融体系与国家治理体系现代化》,《经济研究》2018 年第 7 期。

236. 颜燕、刘涛、满燕云:《基于土地出让行为的地方政府竞争与经济增长》,《城市发展研究》2013 年第 3 期。

237. 杨海生、陈少凌、周永章:《地方政府竞争与环境政策——来自中国省份数据的证据》,《南方经济》2008 年第 6 期。

238. 杨红亮、史丹、肖洁:《自然环境因素对能源效率的影响——中国各地区的理论节能潜力和实际节能潜力分析》,《中国工业经济》2009 年第 4 期。

239. 杨红亮、史丹:《能效研究方法和中国各地区能源效率的比较》,《经济理论与经济管理》2008 年第 3 期。

240. 杨继东、杨其静:《保增长压力、刺激计划与工业用地出让》,《经济研究》2016 年第 1 期。

241. 杨继生:《国内外能源相对价格与中国的能源效率》,《经济学家》2009 年第 4 期。

242. 杨玲丽、万陆:《园区共建:社会资本约束下的长三角产业转移研究》,《经济体制改革》2012 年第 6 期。

243. 杨其静、郑楠:《地方领导晋升竞争是标尺赛、锦标赛还是资格赛》,《世界经济》2013 年第 12 期。

244. 杨圆圆:《"土地财政"规模估算及影响因素研究》,《财贸经济》2010 年第 10 期。

245. 杨志勇:《中央和地方事权划分思路的转变:历史与比较的视角》,《财政研究》2016 年第 9 期。

246. 叶文平、李新春、陈强远:《流动人口对城市创业活跃度的影响:机制与证据》,《经济研究》2018 年第 6 期。

247. 于斌斌:《产业结构调整与生产率提升的经济增长效应——基于中国城市动态空间面板模型的分析》,《中国工业经济》2015 年第 12 期。

248. 余静文、谭静:《房价、流动性效应与企业融资约束》,《产业经济研究》2015 年第 4 期。

249. 余靖雯、肖洁、龚六堂:《政治周期与地方政府土地出让行为》,《经济研究》2015 年第 2 期。

250. 余靖雯、王敏、郭凯明:《土地财政还是土地金融?——地方政府基础设施建设融资模式研究》,《经济科学》2019 年第 1 期。

251. 余淼杰:《中国的贸易自由化与制造业企业生产率》,《经济研究》2010 年第 12 期。

252. 于涛方、李娜:《论城市竞争的空间效应》,《规划师》2003 年第 9 期。

253. 余薇:《长三角地区人才政策比较研究》,《绍兴文理学院学报(自然科学)》2013 年第 4 期。

254. 余泳泽、刘大勇:《"中国式财政分权"与全要素生产率:"竞次"还是"竞优"》,《财贸经济》2018 年第 1 期。

255. 余泳泽、张先轸:《要素禀赋、适宜性创新模式选择与全要素生产率提升》,《管理世界》2015 年第 9 期。

256. 袁晓玲、张宝山、杨万平:《基于环境污染的中国全要素能源效率研究》,《中国工业经济》2009 年第 2 期。

257. 袁志刚、解栋栋:《中国劳动力错配对 TFP 的影响分析》,《经济研究》2011 年第 7 期。

258. 曾文慧:《流域越界污染规制:对中国跨省水污染的实证研究》,《经济学(季刊)》2008 年第 2 期。

259. 张保仓、任浩、佟星:《产业园区合作的动因及模式研究》,《现代管理科学》

2017年第2期。

260. 张彩云、郭艳青:《污染产业转移能够实现经济和环境双赢吗?——基于环境规制视角的研究》,《财经研究》2015年第10期。

261. 张德荣、郑晓婷:《"限购令"是抑制房价上涨的有效政策工具吗?》,《数量经济技术经济研究》2013年第11期。

262. 张华:《地区间环境规制的策略互动研究——对环境规制非完全执行普遍性的解释》,《中国工业经济》2016年第7期。

263. 张杰、李勇、刘志彪:《出口促进中国企业生产率提高吗?——来自中国本土制造业企业的经验证据:1999—2003》,《管理世界》2009年第12期。

264. 张璟、沈坤荣:《地方政府干预、区域金融发展与中国经济增长方式转型——基于财政分权背景的实证研究》,《南开经济研究》2008年第6期。

265. 张军:《中国经济再廿年》,北京大学出版社2014年版。

266. 张军、高远、傅勇、张弘:《中国为什么拥有了良好的基础设施》,《经济研究》2007年第3期。

267. 张军、吴桂英、张吉鹏:《中国省际物质资本存量估算:1952—2000》,《经济研究》2004年第10期。

268. 张克中、王娟、崔小勇:《财政分权与环境污染:碳排放的视角》,《中国工业经济》2011年第10期。

269. 张莉、高元骅、徐现祥:《政企合谋下的土地出让》,《管理世界》2013年第12期。

270. 张莉、年永威、刘京军:《土地市场波动与地方债——以城投债为例》,《经济学(季刊)》2018年第3期。

271. 张莉、王贤彬、徐现祥:《财政激励、晋升激励与地方官员的土地出让行为》,《中国工业经济》2011年第4期。

272. 张润梅:《城市之间"抢人大战"背后的思考》,《新西部》2018年第27期。

273. 张天雪、盛静茹:《新增劳动力受教育年限与城市综合竞争力实证分析——基于珠三角五城市的样本》,《浙江师范大学学报(社会科学版)》2017年第4期。

274. 张维迎、栗树和:《地区间竞争与中国国有企业的民营化》,《经济研究》1998年第12期。

275. 张文彬、张理芃、张可云:《中国环境规制强度省际竞争形态及其演变——基于两区制空间Durbin固定效应模型的分析》,《管理世界》2010年第12期。

276. 张晓洁、刘子潇:《天津建设用地减量化政策实施问题》,《中国土地》2018年第12期。

277. 张晏、龚六堂:《分税制改革、财政分权与中国经济增长》,《经济学(季刊)》2005年第4期。

278. 张勇、李政军:《中国货币体制的效率及其改革》,《经济学家》2015年第1期。

279. 张宇、蒋殿春:《FDI、政府监管与中国水污染——基于产业结构与技术进步分解指标的实证检验》,《经济学(季刊)》2014年第4期。

280. 张一力:《温州与苏州制度变迁的比较研究——基于人力资本结构的实证分析》,《温州大学学报》2005年第4期。

281. 张云伟、江海苗:《新形势下深化长三角园区一体化合作机制》,《科学发展》2019年第8期。

282. 张曾莲、严秋斯:《土地财政、预算软约束与地方政府债务规模》,《中国土地科学》2018年第5期。

283. 张征宇、朱平芳:《地方环境支出的实证研究》,《经济研究》2010年第5期。

284. 张志栋、靳玉英:《我国财政政策和货币政策相互作用的实证研究——基于政策在价格决定中的作用》,《金融研究》2011年第6期。

285. 张中元、赵国庆:《FDI、环境规制与技术进步——基于中国省级数据的实证分析》,《数量经济技术经济研究》2012年第4期。

286. 张卓元:《深化改革,推进粗放型经济增长方式转变》,《经济研究》2005年第11期。

287. 张卓元:《中国六十年城市经济体制和政府职能变化》,《中国城市经济》2009年第10期。

288. 赵文哲、杨继东:《地方政府财政缺口与土地出让方式——基于地方政府与国有企业互利行为的解释》,《管理世界》2015年第4期。

289. 赵细康:《环境保护与产业国际竞争力》,中国社会科学出版社2003年版。

290. 赵祥:《地方政府竞争与FDI区位分布——基于我国省级面板数据的实证研究》,《经济学家》2009年第8期。

291. 赵霄伟:《地方政府间环境规制竞争策略及其地区增长效应——来自地级市以上城市面板的经验数据》,《财贸经济》2014年第10期。

292. 赵燕菁:《土地财政:历史、逻辑与抉择》,《城市发展研究》2014年第1期。

293. 赵勇、雷达:《金融发展与经济增长:生产率促进抑或资本形成》,《世界经济》2010年第2期。

294. 郑尚植:《财政竞争与地方政府的公共支出结构——基于国内外文献的一个

思考》,《云南财经大学学报》2011 年第 6 期。

295. 郑思齐:《住房需求的微观经济分析》,中国建筑工业出版社 2007 年版。

296. 郑思齐、孙伟增、吴璟等:《“以地生财,以财养地”——中国特色城市建设投融资模式研究》,《经济研究》2014 年第 8 期。

297. 郑思齐、万广华、孙伟增、罗党论:《公众诉求与城市环境治理》,《管理世界》2013 年第 6 期。

298. 郑文平、张冬洋:《全国文明城市与企业绩效——基于倾向性匹配倍差法的微观证据》,《产业经济研究》2016 年第 5 期。

299. 郑玉歆:《全要素生产率的测度及经济增长方式的“阶段性”规律:由东亚经济增长方式的争论谈起》,《经济研究》1999 年第 5 期。

300. 郑玉歆:《全要素生产率的再认识——用 TFP 分析经济增长质量存在的若干局限》,《数量经济技术经济研究》2007 年第 9 期。

301. 中国经济增长与宏观稳定课题组:《干中学、低成本竞争和增长路径转变》,《经济研究》2006 年第 4 期。

302. 中国经济增长与宏观稳定课题组:《后危机时代的中国宏观调控》,《理论参考》2011 年第 4 期。

303. 钟水映、李魁:《人口红利、空间外溢与省域经济增长》,《管理世界》2010 年第 4 期。

304. 周飞舟:《“三年自然灾害”时期我国省级政府对灾荒的反应和救助研究》,《社会学研究》2003 年第 2 期。

305. 周飞舟、谭明智:《当代中国的中央地方关系》,中国社会科学出版社 2014 年版。

306. 周黎安:《晋升博弈中政府官员的激励与合作——兼论我国地方保护主义和重复建设问题长期存在的原因》,《经济研究》2004 年第 6 期。

307. 周黎安:《中国地方官员的晋升锦标赛模式研究》,《经济研究》2007 年第 7 期。

308. 周黎安:《转型中的地方政府:官员激励与治理》,格致出版社 2017 年版。

309. 周黎安:《“官场+市场”与中国增长故事》,《社会》2018 年第 2 期。

310. 周茂、陆毅、杜艳、姚星:《开发区设立与地区制造业升级》,《中国工业经济》2018 年第 3 期。

311. 周其仁:《农地产权与征地制度——中国城市化面临的重大选择》,《经济学(季刊)》2004 年第 4 期。

312. 周雪光:《从"黄宗曦定律"到帝国的逻辑》,《开放时代》2014 年第 4 期。

313. 周业安:《地方政府竞争与经济增长》,《中国人民大学学报》2003 年第 1 期。

314. 周业安、冯兴元、赵坚毅:《地方政府竞争与市场秩序的重构》,《中国社会科学》2004 年第 1 期。

315. 周业安、章泉:《财政分权、经济增长和波动》,《管理世界》2008 年第 3 期。

316. 朱平芳、张征宇、姜国麟:《FDI 与环境规制:基于地方分权视角的实证研究》,《经济研究》2011 年第 6 期。

317. 朱巍巍:《城市建设用地减量化研究》,郑州大学 2018 年硕士学位论文。

318. 庄子罐、崔小勇、龚六堂、邹恒甫:《预期与经济波动——预期冲击是驱动中国经济波动的主要力量吗?》,《经济研究》2012 年第 6 期。

319. 邹至庄、牛霖琳:《中国城镇居民住房的需求与供给》,《金融研究》2010 年第 1 期。

320. Ahlfeldt, G.M., Maennig, W., Richter, F.J., "Urban Renewal after the Berlin Wall: A Place-based Policy Evaluation", *Journal of Economic Geography*, Vol.17, 2014.

321. Aitken, B., Harrison, A. E., "Does Domestic Firms Benefit from Direct Foreign Investment? Evidence from Venezula", *American Economic Review*, Vol.89, 1999.

322. Akai, N., Sakata, M., "Fiscal Decentralization Contributes to Economic Growth: Evidence from State-level Cross-section Data for the United States", *Journal of Urban Economics*, Vol.52, 2002.

323. Albrizio, S., Kozluk, T., Zipperer, V., "Environmental Policies and Productivity Growth: Evidence across Industries and Firms", *Journal of Environmental Economics and Management*, Vol.81, 2017.

324. Antweiler, W., Copeland, B.R., Taylor, M.S."Is Free Trade Good for the Environment", *American Economic Review*, Vol.91, 2001.

325. Arbia, G., Fingleton, B., "New Spatial Econometric Techniques and Applications in Regional Science", *Papers in Regional Science*, Vol.87, 2008.

326. Au, C., Henderson, J. V., "Are Chinese Cities too Small", *Review of Economic Studies*, Vol.73, 2006.

327. Bai, Y., Kung, J.K., "The Shaping of an Institutional Choice: Weather Shocks, the Great Leap Famine, and Agricultural Decollectivization in China", *Explorations in Economic History*, Vol.54, 2014.

328. Banerjee, A. V., Duflo, E., Glennerster, R., "Putting a Band Aid on a Corpse:

Incentives for Nurses in the Indian Public Health Care System", *Journal of the European Economic Association*, Vol.6, 2008.

329. Barbera, A. J., Mcconnell, V. D. "The Impact of Environmental Regulations on Industry Productivity: Direct and Indirect Effects", *Journal of Environmental Economics and Management*, Vol.18, 1990.

330. Baum, A., Checheerita-Westphal, C., Rother, P., "Debt and Growth: New Evidence for the Euro Area", *Journal of International Money & Finance*, Vol.32, 2013.

331. Becker, R., Henderson, V., "Effects of Air Quality Regulations on Polluting Industries", *Journal of Political Economy*, Vol.108, 2000.

332. Besley, T. Case, A., "Incumbent Behavior: Vote - Seeking, Tax - Setting, and Yardstick Competition", *American Economic Review*, Vol.85, 1995.

333. Bosworth, B., Collins, S.M., "Accounting for Growth: Comparing China and India", *Journal of Economic Perspectives*, Vol.22, 2008.

334. Brandt, L., Biesebroeck, J. V., Zhang, Y., "Creative Accounting or Creative Destruction? Firm-level Productivity Growth in Chinese Manufacturing", *Journal of Development Economics*, Vol.97, 2012.

335. Breton, A., *Competitive Governments: An Economic Theory of Politics and Public Finance*, Cambridge University Press, 1996.

336. Brueckner, J.K., "Strategic Interaction among Local Governments: An Overview of Empirical Studies", *International Regional Science Review*, Vol.6, 2003.

337. Brunnermeier, S. B., Cohen, M. A., "Determinants of Environmental Innovation in US Manufacturing Industries", *Journal of Environmental Economics & Management*, Vol. 45, 2003.

338. Boyne, G.A., "Competition and Local Government: A Public Choice Perspective", *Urban Studies*, Vol.33, 1996.

339. Cai, H., Chen, Y., Gong, Q., "Polluting Thy Neighbor: Unintended Consequences of China's Pollution Reduction Mandates", *Journal of Environmental Economics and Management*, Vol.76, 2016.

340. Cai, H., Zhang, Q., "China's Land Market Auctions: Evidence of Corruption", *Rand Journal of Economics*, Vol.44, 2013.

341. Case, A. C., Rosen, H. S., Hines, J. R., "Budget Spillovers and Fiscal Policy Interdependence: Evidence from the States", *Journal of Public Economics*, Vol.52, 1993.

342. Castiglione, C., Infante, D., Smirnova, J., "Rule of Law and the Environmental Kuznets Curve: Evidence for Carbon Emissions", *International Journal of Sustainable Economy*, Vol.4, 2012.

343. Caves, E., "Multinational Firms, Competition and Productivity in Host-Country Markets", *Economica*, Vol.41, 1974.

344. Chaney, T., Sraer, D., Thesmar, D., "The Collateral Channel: How Real Estate Shocks Affect Corporate Investment", *American Economic Review*, Vol.102, 2012.

345. Charnes, A., Cooper, W. W., Rhodes, E., "Measuring the Efficiency of Decision Making Units", *European Journal of Operational Research*, Vol.2, 1978.

346. Chau, K. W., Wong, S. K., "Externalities of Urban Renewal: A Real Option Perspective", *Journal of Real Estate Finance & Economics*, Vol.48, 2014.

347. Checheerita-Westphal, C., Rother, P., "The Impact of High Government Debt on Economic Growth and Its Channels: An Empirical Investigation for the Euro Area", *European Economic Review*, Vol.56, 2012.

348. Chen, S., Lan, X. H., "There Will be Killing: Collectivization and Death of Draft Animals", *American Economic Journal: Applied Economics*, Vol.9, 2017.

349. Chen, Y., Li, H., Zhou, L. A., "Relative Performance Evaluation and the Turnover Provincial Leaders in China", *Economics Letters*, Vol.88, 2005.

350. Chen, Z., Kahn, M. E., Liu, Y., Wang, Z., "The Consequences of Spatially Differentiated Water Pollution Regulation in China", *National Bureau of Economic Research*, 2016.

351. Chung, Y. H., Fare, R., Grosskopf, S., "Productivity and Undesirable Outputs: A Directional Distance Function Approach", *Microeconomics*, Vol.51, 1997.

352. Cole, M.A., Elliott, R.J.R., Zhang, J., "Growth, FDI and the Environment: Evidence from Chinese Cities", *Journal of Regional Science*, Vol.51, 2011.

353. Cole, M.A., Neumayer, E., "Examining the Impact of Demographic Factors on Air Pollution", *Population and Environment*, Vol.26, 2004.

354. Collins, W.J., Shester, K.L., "Slum Clearance and Urban Renewal in the United States", *American Economic Journal: Applied Economics*, Vol.5, 2013.

355. Combes, P., Démurge, S., Li, S., "Migration Externalities in Chinese Cities", *European Economic Review*, Vol.76, 2015.

356. Copeland, B. R., Taylor, M. S., "Trade, Growth and the Environment", *Journal of*

Economic Literature, Vol.42, 2004.

357. Corrado, L., Fingleton, B., "Where is the Economics in Spatial Econometrics", *Journal of Regional Science*, Vol.52, 2012.

358. Dahlby, B., "Fiscal Externalities and the Design of Intergovernmental Grants", *International Tax and Public Finance*, Vol.3, 1996.

359. Dahlby, B., Wilson, L.S., "Vertical Fiscal Externalities in a Federation", *Journal of Public Economics*, Vol.87, 2003.

360. Dasgupta, S., Wheeler, D., "Citizen Complaints as Environmental Indicators: Evidence from China", *World Bank Policy Research Working Paper*, 1997.

361. Dasgupta, S., Huq, M., Wheeler, D., Zhang, C., "Water Pollution Abatement by Chinese Industry Cost Estimates and Policy Implications", *Applied Economics*, Vol.33, 2001.

362. Dean, J. M., Lovely, M. E., Wang, H., "Are Foreign Investors Attracted to Weak Environmental Regulations? Evaluating the Evidence from China", *Journal of Development Economics*, Vol.90, 2009.

363. DeMello, L., "Fiscal Decentralization and Intergovernmental Fiscal Relations: A Cross-country Analysis", *World Development*, Vol.28, 2000.

364. Du, Z., Zhang, L., "Home-Purchase Restriction, Property Tax and Housing Price in China: A Counterfactual Analysis", *Journal of Econometrics*, Vol.188, 2015.

365. Duflo, E., Greenstone M., Pande R., Ryan N., "Truth-telling by Third-party Auditors and the Response of Polluting Firms: Experimental Evidence from India", *Quarterly Journal of Economics*, Vol.128, 2013.

366. Ebenstein, A., "The Consequences of Industrialization: Evidence from Water Pollution and Digestive Cancers in China", *Review of Economics and Statistics*, Vol.94, 2012.

367. Eberhardt, M., Presbitero, A. F., "Public debt and growth: Heterogeneity and non-linearity", *Journal of International Economics*, Vol.97, 2015.

368. Ederington, J., Levinson, A., Minier, J., "Footloose and Pollution-free", *Review of Economics and Statistics*, Vol.87, 2005.

369. Ellen, I. G., Regan, K. M., "How Low Income Neighborhoods Change: Entry, Exit, and Enhancement", *Regional Science and Urban Economics*, Vol.41, 2011.

370. Ertur, C., Koch, W., "Growth, Technological Interdependence and Spatial Externalities: Theory and Evidence", *Journal of Applied Econometrics*, Vol.22, 2007.

371. Fan, J., Zou, B., "Industrialization from Scratch: The Persistent Effects of China's

Third Front Movement", *SSRN Working Paper*, 2015.

372. Filippini, M., Geissmann, T., Karplus, V., Zhang, D., "A Green Bargain? The Impact of an Energy Saving Program on Productivity Growth in China's Iron and Steel Industry", *Social Science Electronic Publishing*, 2017.

373. Franco, C., Marin, G., "The Effect of Within-Sector, Upstream and Downstream Environmental Taxes on Innovation and Productivity", *Environmental & Resource Economics*, 2015.

374. Fredriksson, P.G., Millimet, D.L., "Strategic Interaction and the Determination of Environmental Policy across U.S.States", *Journal of Urban Economics*, Vol.51, 2002.

375. Fredriksson, P. G., List, J. A., Millimet, D. L., "Bureaucratic Corruption, Environmental Policy and Inbound US FDI: Theory and Evidence", *Journal of Public Economics*, Vol.87, 2003.

376. Ghanem, D., Zhang, J., "'Effortless Perfection:' Do Chinese Cities Manipulate Air Pollution Data", *Journal of Environmental Economics & Management*, Vol.68, 2014.

377. Gibbons, S., Overman, H. G., "Mostly Pointless Spatial Econometrics", *Journal of Regional Science*, Vol.52, 2012.

378. Glaeser, E.L., Scheinkman, J., Shleifer, A., "Economic Growth in a Cross-section of Cities", *Journal of Monetary Economics*, Vol.36, 1993.

379. Graham, J., Leary, M., Roberts, M., "How Does Government Borrowing Affect Corporate Financing and Investment", *SSRN Working Papers*, 2014.

380. Greenstone, M., Hanna, R., "Environmental Regulations, Air and Water Pollution, and Infant Mortality in India", *American Economic Review*, Vol.104, 2014.

381. Haddad, M., Harrison, A., "Are There Positive Spillovers from Direct Foreign Investment: Evidence from Panel Data for Morocco", *Journal of Development Economics*, Vol. 42, 1993.

382. Hailu, A., Veeman, T.S., "Environmentally Sensitive Productivity Analysis of the Canadian Pulp and Paper Industry, 1959-1994: An Input Distance Function Approach", *Journal of Environmental Economics & Management*, Vol.40, 2000.

383. Halleck, V.S., Elhorst, J.P., "The SLX Model", *Journal of Regional Science*, Vol. 55, 2015.

384. Han, L., Kung, J.K., "Fiscal Incentives and Policy Choices of Local Governments: Evidence from China", *Journal of Development Economics*, Vol.116, 2015.

385. Hayek, F. A., "The Use of Knowledge in Society", *American Economic Review*, Vol. 35, 1945.

386. He, G., Perloff, J. M., "Surface Water Quality and Infant Mortality in China", *Economic Development and Cultural Change*, Vol.65, 2016.

387. He, G., Wang, S., Zhang, B., "Environmental Regulation and Firm Productivity in China: Estimates from a Regression Discontinuity Design", *NBER Working Paper*, 2018.

388. He, J., Wang, H., "Economic Structure, Development Policy and Environmental Quality: An Empirical Analysis of Environmental Kuznets Curves with Chinese Municipal Data", *Ecological Economics*, Vol.76, 2012.

389. Hering, L., Poncet, S., "Environmental Policy and Exports: Evidence from Chinese Cities", *Journal of Environmental Economics and Management*, Vol.68, 2014.

390. Hsieh, C., Klenow, P. J., "Misallocation and Manufacturing TFP in China and India", *Quarterly Journal of Economics*, Vol.124, 2009.

391. Hu, J. L., Wang, S. C., "Total-factor Energy Efficiency of Regions in China", *Energy Policy*, Vol.34, 2006.

392. Jacobson, L. S., Lalonde, R. J., Sullivan, D. G., "Earnings Losses of Displaced Workers", *American Economic Review*, Vol.83, 1992.

393. Jaffe, A. B., Palmer, K., "Environmental Regulation and Innovation: A Panel Data Study", *Review of Economics and Statistics*, Vol.79, 1997.

394. Jalil, A., Mahmud, S., "Environment Kuznets Curve for CO_2 Emissions: A Cointegration Analysis for China", *Energy Policy*, Vol.37, 2009.

395. Jia, R., Kudamatsu, M., Seim, D., "Political Selection in China: Complementary Roles of Connections and Performance in Political Selection in China", *Journal of the European Economic Association*, Vol.13, 2015.

396. Johnstone, N., Hascic, I., Popp, D., "Renewable Energy Policies and Technological Innovation: Evidence Based on Patent Counts", *Environmental and Resource Economics*, Vol. 45, 2010.

397. Kahn, M. E, Li, P., Zhao, D., "Water Pollution Progress at Borders: The Role of Changes in China's Political Promotion Incentives", *American Economic Journal: Economic Policy*, Vol.7, 2015.

398. Kelejian, H. H., Prucha, I. R., "Specification and Estimation of Spatial Autoregressive Models with Autoregressive and Heteroskedastic Disturbances", *Journal of*

Econometrics, Vol.157, 2010.

399. Kelejian, H. H., Robinson, D. P., "A Suggested Method of Estimation for Spatial Interdependent Models with Autocorrelated Errors, and an Application to a County Expenditure Model", *Papers in Regional Science*, Vol.72, 1993.

400. Keller, W., Levinson, A., "Pollution Abatement Costs and Foreign Direct Investment Inflows to US States", *Review of Economics and Statistics*, Vol.84, 2002.

401. Knoll, K., Schularick, M., Steger, T., "No Price Like Home: Global House Prices, 1870-2012", *American Economic Review*, Vol.107, 2017.

402. Konisky, D.M., "Regulatory Competition and Environmental Enforcement: Is There a Race to the Bottom", *American Journal of Political Science*, Vol.51, 2007.

403. Krugman, P., "Myth of Asia's Miracle", *Foreign Affairs*, Vol.73, 1994.

404. Kumar, M.S., Woo, J., "Public Debt and Growth", *Economica*, Vol.82, 2015.

405. Lanjouw, J. O., Mody, A., "Innovation and the International Diffusion of Environmentally Responsive Technology", *Research Policy*, Vol.25, 1996.

406. Lanoie, P., et al., "Environmental Policy, Innovation and Performance: New Insights on the Porter Hypothesis", *Journal of Economics & Management Strategy*, Vol. 20, 2011.

407. Lee, J., Veloso, F. M., Hounshell, D. A., "Linking Induced Technological Change, and Environmental Regulation: Evidence from Patenting in the U.S. Auto Industry", *Research Policy*, Vol.40, 2011.

408. Levinson, A., "Environmental Regulatory Competition: A Status Report and Some New Evident", *National Tax Journal*, Vol.56, 2003.

409. Levinsohn, J., Petrin, A., "Estimating Production Functions using Inputs to Control for Unobservables", *Review of Economic Studies*, Vol.70, 2003.

410. Li, H., Zhou, L. A., "Political Turnover and Economic Performance: the Incentive Role of Personnel Control in China", *Journal of Public Economics*, Vol.89, 2005.

411. Lichtenberg, E., Ding, C., "Local Officials as Land Developers: Urban Spatial Expansion in China", *Journal of Urban Economics*, Vol.66, 2009.

412. Lipscomb, M., Mobarak, A.M., "Decentralization and Pollution Spillovers: Evidence from the Re-drawing of County Borders in Brazil", *Review of Economic Studies*, Vol.84, 2016.

413. List, J.A., Gerking, S., "Regulatory Federalism and Environmental Protection in the United States", *Journal of Regional Science*, Vol.40, 2000.

414. List,J.A.,McHone,W.W.,Millimet,D.L.,"Effects of Air Quality Regulation on the Destination Choice of Relocating Plants",*Oxford Economic Papers*,Vol.55,2003.

415. List,J.A.,Mchone,W.W.,Millimet D.L.,"Effects of Environmental Regulation on Foreign and Domestic Plant Births: Is There a Home Field Advantage",*Journal of Urban Economics*,Vol.56,2004.

416. Liu, Z., Wang, P., Zha, T., "Land – Price Dynamics and Macroeconomic Fluctuations",*Econometrica*,Vol.81,2013.

417. Lombard,P.,"The Impacts of Environmental Regulations on Industrial Activity: Evidence from the 1970 & 1977 Clean Air Act Amendments and the Census of Manufactures",*Journal of Political Economy*,Vol.110,2002.

418. Low,P.,Yeats,A.,"Do 'Dirty' Industries Migrate",*International Trade and the Environment*,Vol.159,1992.

419. Lü,X.,Landry,P.,"Show Me the Money: Interjurisdiction Political Competition and Fiscal Extraction in China",*American Political Science Review*,Vol.108,2014.

420. Mani,M.,Wheeler,D.,"In Search of Pollution Havens? Dirty Industry in the World Economy,1960–1995",*Journal of Environment and Development*,Vol.7,1998.

421. Maskin,E.,Qian,Y.,Xu,C.,"Incentives,Information,and Organizational Form",*Review of Economic Studies*,Vol.67,2000.

422. Milani,S.,"The Impact of Environmental Policy Stringency on Industrial R&D Conditional on Pollution Intensity and Relocation Costs",*Environmental & Resource Economics*,2016.

423. Montero, J. P., "Permits, Standards and Technology Innovation", *Journal of Environmental Economics & Management*,Vol.44,2002.

424. Montinola, G., Qian, Y., "Federalism, Chinese Style: The Political Basis for Economic Success in China",*World Politics*,Vol.48,1995.

425. Murdoch,J.C.,Rahmatian,M.,Thayer,M.A.,"A Spatially Autoregressive Median Voter Model of Recreation Expenditures",*Public Finance Review*,Vol.21,1993.

426. Murdoch,J. C. Sargent,K.,"A Tale of Two Collectives: Sulphur versus Nitrogen Oxide Emission Reduction in Europe",*Economica*,Vol.64,1997.

427. Neumayer,E.,Plümper,T.,"Conditional Spatial Policy Dependence: Theory and Model Specification",*Comparative Political Studies*,Vol.45,2012.

428. Nickell, S., "Biases in Dynamic Models with Fixed Effects", *Econometrica*,

Vol.49,1981.

429. Oates, W. E., "The Effects of Property Taxes and Local Public Spending on Property Values: An Empirical Study of Tax Capitalization and the Tiebout Hypothesis", *Journal of Political Economy*, Vol.77, 1969.

430. Oates, W.E., 1972, *Fiscal Federalism*, New York: Harcourt Brace Jovanovich.

431. Oates, W.E., "Fiscal Decentralization and Economic Development", *National Tax Journal*, Vol.46, 1993.

432. Oh, D. H., Heshmati, A., "A Sequential Malmquist - Luenberger Productivity Index: Environmentally Sensitive Productivity Growth Considering the Progressive Nature of Technology", *Energy Economics*, Vol.32, 2010.

433. Oi, J.C., "Fiscal Reform and the Economic Foundations of Local State Corporatism in China", *World Politics*, Vol.45, 1992.

434. Olley, G.S., Pakes, A., "The Dynamics of Productivity in the Telecommunications Equipment Industry", *Econometrica*, Vol.64, 1996.

435. Ozturk, I., Acaravci, A., "The Long-run and Causal Analysis of Energy, Growth, Openness and Financial Development on Carbon Emission in Turkey", *Energy Economics*, Vol.36, 2013.

436. Palmer, K., Portney, P.R., "Tightening Environmental Standards: The Benefit-Cost or the No-Cost Paradigm", *Journal of Economic Perspectives*, Vol.9, 1995.

437. Partridge, M. D., Boarnet, M., Brakman, S., et al., "Introduction: Whither Spatial Econometrics", *Journal of Regional Science*, Vol.52, 2012.

438. Popp, D., "International Innovation and Diffusion of Air Pollution Control Technologies: the Effects of NO_X and SO_2 Regulation in the US, Japan, and Germany", *Journal of Environmental Economics & Management*, Vol.51, 2006.

439. Porter, M. E., "America's green strategy", *Scientific American*, Vol.264, 1991.

440. Porter, M. E., Van der Linde, C., "Toward a New Conception of the Environment-Competitiveness Relationship", *Journal of Economic Perspectives*, Vol.9, 1995.

441. Potoski, M., "Clean Air Federalism: Do States Race to the Bottom", *Public Administration Review*, Vol.61, 2001.

442. Qian, Y., Weingast, B. R., "Federalism as A Commitment to Reserving Market Incentives", *Journal of Economic Perspectives*, Vol.11, 1997.

443. Qian, Y., Xu, C., "The M-Form Hierarchy and China's Economic Reform",

European Economic Review, Vol.37, 1993.

444. Qian, Y., Roland, G., "Federalism and the Soft Budget Constraint", *American Economic Review*, Vol.88, 1998.

445. Qiao, B., Martinez-Vazquez, J., Xu, Y., "The Tradeoff between Growth and Equity in Decentralization Policy: China's Experience", *Journal of Development Economics*, Vol.86, 2008.

446. Reiner, C., Meyer, S., Sardadvar, S., "Urban Attraction Policies for International Academic Talent: Munich and Vienna in Comparison", *Cities*, Vol.61, 2017.

447. Reinhart, C. M., Rogoff, K. S., "Growth in a Time of Debt", *American Economic Review*, Vol.100, 2010.

448. Revelli, F., "On Spatial Public Finance Empirics", *International Tax and Public Finance*, Vol.12, 2005.

449. Sadorsky, P., "Do Urbanization and Industrialization Affect Energy Intensity in Developing Countries", *Energy Economics*, Vol.37, 2013.

450. Saiz, A., "Immigration and Housing Rents in American Cities", *Journal of Urban Economics*, Vol.61, 2007.

451. Salmon, P., "Decentralization as an Incentive Scheme", Oxford Review of Economic Policy, Vol.3, 1987.

452. Shibli, A., Markandya, A., "Asian Journal of Environmental Management: How Successful are the Strategies", *Asian Journal of Environmental Management*, Vol.3, 1995.

453. Shleifer, A., Vishny, R. W., "Corruption", *Quarterly Journal of Economics*, Vol.108, 1993.

454. Sigman, H., "International Spillovers and Water Quality in Rivers: Do Countries Free Ride", *American Economic Review*, Vol.92, 2002.

455. Sigman, H., "Transboundary Spillovers and Decentralization of Environmental Policies", *Journal of Environmental Economics and Management*, Vol.50, 2005.

456. Spilioti, S., Vamvoukas, G., "The Impact of Government Debt on Economic Growth: An Empirical Investigation of the Greek Market", *Journal of Economic Asymmetries*, Vol.12, 2015.

457. Tan, X. M., "Environment, Governance and GDP: Discovery Their Connection", *International Journal of Sustaintable of Development*, Vol.9, 2006.

458. Tanaka, S., "Environmental Regulations on Air Pollution in China and their Impact

on Infant Mortality", *Journal of Health Economics*, Vol.42, 2015.

459. Taylor, J. B., "An Empirical Analysis of the Revival of Fiscal Activism in the 2000s", *Journal of Economic Literature*, Vol.49, 2011.

460. Taylor, J. B., "Reassessing Discretionary Fiscal Policy", *Journal of Economic Perspectives*, Vol.14, 2000.

461. Tiebout, C. M., "A Pure Theory of Local Expenditures", *Journal of Political Economy*, Vol.64, 1956.

462. Tone, K., "A Slacks-based Measure of Efficiency in Data Envelopment Analysis", *European Journal of Operational Research*, Vol.130, 2001.

463. Vernon, R., "International Investment and International Trade in the Product Cycle", *Quaterly Journal of Economics*, Vol.5, 1966.

464. Vigdor, J.L., "Is Urban Decay Bad? Is Urban Revitalization Bad Too", *Journal of Urban Economics*, Vol.68, 2010.

465. Wang, H., Mamingi, N., Laplante, B., Dasgupta, S., "Incomplete Enforcement of Pollution Regulation: Bargaining Power of Chinese Factories", *Environmental & Resource Economics*, Vol.24, 2003.

466. Wang, H., Wheeler, D., "Financial Incentives and Endogenous Enforcement in China's Pollution Levy System", *Journal of Environmental Economics and Management*, Vol.49, 2005.

467. Wang, J., "The Economic Impact of Special Economic Zones: Evidence from Chinese Municipalities", *Journal of Development Economics*, Vol.101, 2013.

468. Wang, Z., Zhang, Q., "Fundamental Factors in the Housing Markets of China", *Journal of Housing Economics*, Vol.25, 2014.

469. Woods, N.D., "Interstate Competition and Environmental Regulation: A Test of the Race-to-the-Bottom Thesis", *Social Science Quarterly*, Vol.87, 2006.

470. Wu, H., Guo, H., Zhang, B., "Westward Movement of New Polluting Firms in China: Pollution Reduction Mandates and Location Choice", *Journal of Comparative Economics*, Vol.45, 2017.

471. Wu, J., Gyourko, J., Deng, Y., "Evaluating Conditions in Major Chinese Housing Markets", *Regional Science and Urban Economics*, Vol.42, 2012.

472. Xu, C., "The Fundamental Institutions of China´s Reforms and Development", *Journal of Economic Literature*, Vol.49, 2011.

473. Zhan, X., Lo, W. H., Tang, S. Y., "Contextual Changes and Environmental Policy Implementation: A Longitudinal Study of Street-Level Bureaucrats in Guangzhou, China", *Journal of Public Administration Research and Theory*, Vol.24, 2014.

474. Zhang, J., Fu, X.L., "FDI and Environmental Regulations in China", *Journal of the Asia Pacific Economy*, Vol.13, 2008.

475. Zhang, X.P., Cheng, X.M., Yuan, J.H., Gao, X.J., "Total-factor Energy Efficiency in Developing Countries", *Energy Policy*, 2011.